LUDWIG KLAGES

HANDSCHRIFT UND CHARAKTER

LUDWIG KLAGES

Handschrift und Charakter

Gemeinverständlicher Abriß der graphologischen Technik

Mit 18 Figuren und 20 Tabellen im Text
sowie einer Heftbeilage mit 144 Handschriftproben
und einem Tabellenanhang

Für die Deutungspraxis bearbeitet und ergänzt von

BERNHARD WITTLICH

28. Auflage

1982

BOUVIER VERLAG HERBERT GRUNDMANN · BONN

59.—61. Tausend

CIP-Kurztitelaufnahme der Deutschen Bibliothek
KLAGES, LUDWIG:
Handschrift und Charakter: gemeinverständl. Abriss d. grapholog. Technik / Ludwig Klages.
Für d. Deutungspraxis bearb. u. erg. von Bernhard Wittlich. — 28. Aufl., 59.—61. Tsd. — Bonn: Bouvier 1982.
& Beil.
NE: Wittlich, Bernhard [Bearb.]

ISBN 3-416-00312-8

Herstellung: Druckerei Plump KG, Rheinbreitbach

GELEITWORT

Es ist für ein fachwissenschaftliches Buch ein ungewöhnliches Jubiläum, wenn innerhalb von noch nicht ganz 50 Jahren 25 Auflagen erscheinen können. Dies weist uns darauf hin, daß hier nicht nur etwas vorliegt, was bereits ein halbes Jahrhundert Bestand hat und Geltung behielt, sondern auch immer wieder aufgeschlossene Leser und Lernende fand.

Im Gesamtwerk von Klages nimmt die Graphologie zwar nur einen kleinen Raum ein, gleichwohl kommt ihr aber für sein Schaffen eine besondere Bedeutung zu. Der Begründer der neuen Ausdruckswissenschaft brauchte etwas, woran er seine Entdeckungen erproben und womit er sie bestätigen konnte. Unter allen Ausdrucksbewegungen aber wie Mimik, Gestik, Gang, Haltung, Händedruck usw. nimmt die Handschrift bekanntlich einen besonderen Platz ein. Sie ist eine fixierte Bewegung, deren Variationsbreite so groß ist, daß es nicht zwei Menschen gibt, die ganz gleich schreiben. Sie ist die Spur einer Mikromotorik, die in genau analoger Weise die Wesensart eines Menschen gleichsam spiegelt, wie das die anderen makromotorischen Bewegungen auch tun. Seit langem ist es eine anerkannte Tatsache, daß die Handschrift eines Menschen unnachahmlich ist, und darauf beruht beispielsweise die Bedeutung der persönlichen Unterschrift für die Rechtsgültigkeit von Dokumenten und Verträgen.

Die früheren graphologischen Lehrbücher gingen darauf aus, bestimmte Merkmale in der Handschrift bestimmten Charaktereigenschaften so zuzuordnen, daß ein Vorhandensein des Merkmals auch die dazugehörige Eigenschaft nachwies, sein Fehlen aber die betreffende Eigenschaft verneinte (signes fixes, signes négatives).

Klages' entscheidender Nachweis betraf zunächst die Vieldeutigkeit eines jeden Merkmals. Erst innerhalb einer bestimmten Merkmalgruppierung, also in einer jeweils bestimmten Handschrift, erhält das Merkmal seine besondere Gültigkeit, seinen Akzent und sein Gewicht.

Ein lexikalisches Ablesen von Charaktereigenschaften aus den gefundenen Merkmalen, wie es bis dahin geübt wurde und höchstens durch das sogenannte Dominantenverfahren verfeinert werden konnte (signes complexes), hat sich als unhaltbar erwiesen.

Wenn dessen ungeachtet die alten Praktiker vor Klages zu richtigen Ergebnissen gelangten, so geschah das mehr auf Grund ihrer besonderen Begabung und Einfühlung, also nicht dank ihrer Methode, sondern trotz derselben.

Als weiteres Grundprinzip aller Ausdrucksdeutung ergibt sich die Doppeldeutigkeit aller Ausdrucksmerkmale. Dieses Prinzip besagt, daß grundsätzlich für das Deuten einer Ausdrucksbewegung stets zwei Möglichkeiten in Betracht zu ziehen sind.

Eine solche Bewegung kann aus Stärke eines Antriebs erfolgen, oder aber auch aus Schwäche der entgegenstehenden Hemmungen. Eine Bewegung kann aus Schwäche des Antriebes unterbleiben, oder aber aus Stärke der entgegenstehenden Hemmungen.

Durch die Entscheidung zwischen den beiden Möglichkeiten der Ausdrucksdeutung nach dem Prinzip der Doppeldeutigkeit werden alle angebotenen Merkmaldeutungen in zwei Hälften geteilt.

Die eine Hälfte umfaßt jene, die aus einem Mehr von Antrieb oder Steuerung zu deuten sind, sie stehen in den Klages'schen Tabellen unter dem + Zeichen, die andere hingegen umfaßt solche, die ein Weniger (—) davon angeben.

Diese Erkenntnis gewinnt für alle Ausdruckserscheinungen eine entscheidende Bedeutung; erst auf dieser Grundlage konnte eine wissenschaftlich begründete Ausdruckskunde entstehen.

Auf rein rationalem Wege ist nicht zu erkennen, welcher Fall jeweils vorliegt. Klages führte den Begriff des Formniveaus ein als Maßstab für Lebendigkeitsgrad, Tiefengehalt, Substanz, Fülle der Persönlichkeit, deren Handschrift vorliegt. Der oft erhobene Vorwurf, damit würde die Graphologie durch ein subjektives, intuitives Moment aus dem Bereich diagnostischer Wissenschaften herausgehoben, trifft nicht zu.

Es gibt unbestreitbar nichtrationale Gefühlsentscheide, denen dessen ungeachtet eine objektive Gültigkeit zuzuerkennen ist. M. Scheler und N. Hartmann haben den objektiven Gehalt der Gefühle im Bereich der Ethik nachgewiesen. Wir müssen uns also davon freimachen, am Gefühl immer auch das Odium besonderer Unwissenschaftlichkeit zu sehen. Nicht allein die Kunstwissenschaft bedarf bei ihren Wertungen der Gefühlsentscheide, sondern auch alle praktizierte Menschenkenntnis beruht auf dem Erfassen von Ausdruckstatsachen, die höchstens nachträglich bewußt gemacht werden können. Das Irrationale der Persönlichkeit steht überdies in guter Konsonanz mit einem Verfahren, das ein solches irrationales Moment enthält.

Die psychologische Diagnose ist zweifellos in hohem Maße lehrbar, aber in letzter Hinsicht kommt ihr eine Eigentümlichkeit zu, die nicht durch Regeln und Lehrsätze zu übermitteln ist.

Der Beurteiler einer Handschrift muß ein Organ für ihren Ausdrucksgehalt haben, er muß ihre Anmutungsqualität empfinden und in der Lage sein, sie in Worte zu fassen. Er muß in Resonanz mit dem Schreiber kommen, dessen fixierte Bewegung vor seinen Augen liegt.

Klages spricht daher vom notwendigen Erfassen des persönlichen Rhythmus einer Handschrift.

Dieser Begriff stellt einen weiteren Markstein seiner Ausdruckslehre dar. Die Handschrift wird nicht mehr als Aneinanderreihung individueller Formgestalten angesehen, sondern in erster Linie als Bewegungsspur, in welcher der persönliche (vitale) Ablaufrhythmus erscheint. Erst danach beurteilt man die Formen und endlich auch die Relationen (Verteilung) dieser zueinander und zum Schriftfelde.

Damit sind jene drei entscheidenden Entdeckungen und Erkenntnisse von Klages genannt worden, durch die eine wissenschaftliche Graphologie erstmalig möglich wurde. Klages hat nachdrücklich auf die Grenzen der graphologischen Methode hingewiesen.

Es sind, so scheint es, sehr enge Grenzen. Nicht zu erkennen ist aus der Handschrift: a) das Geschlecht, b) das Alter, c) der Beruf, d) die Krankheit, e) die Genialität und schöpferische Begabung, f) eine ganze Reihe von sogenannten Folgeeigenschaften, die allenfalls nur durch charakterologisches Denken erschlossen werden könnten, g) das Zusammenpassen oder nicht Zusammenstimmen zweier Ehepartner, h) die evtl. Kriminalität.

Außerdem engt auch eine geringe Expressivität der Handschrift die graphologische Deutung ein.

Wollte nun jemand daraus folgern, daß die Beschäftigung mit der Graphologie sich dann nicht lohne, so wäre dem entgegenzuhalten, was die Graphologie dennoch zu leisten vermag.

Sie hat den besonderen Vorzug vor anderen Verfahren, daß der zu Beurteilende nicht in eine Prüfsituation versetzt wird; das untersuchte Material ist eine zwanglose Niederschrift, aus der man die persönliche Bewegungsweise erkennen und auf Charakteranlagen schließen kann. Die Graphologie ist daher wesentlich ergiebiger als jedes andere Testverfahren hinsichtlich wichtiger Charakterzüge des zu Prüfenden, so z. B. bezüglich der Triebfedern des Handelns; der intellektuellen Anlagen wie Auffassungsgabe, Urteilskraft, Kombinationsgabe, Kritikfähigkeit; der Hingabekraft; der Gefallsucht; der Herrschsucht; der Empfindlichkeit u. a. m. Weiter gibt sie sehr sicheren Aufschluß über das Verhältnis von Selbstwertgefühl und Geltungsdrang oder Eitelkeit. Sie vermag zuverlässige Hinweise auf die Willensanspannbarkeit und Ausdauer, auf Fleiß und ehrgeiziges Streben zu geben und ermöglicht wohl als einziges Verfahren, auf die Kraft der Vitalität in ihrer geistigen, seelischen und leiblichen Komponente zu schließen. Welches Charakterbild der scharfsichtige Diagnostiker, der resonanzfähige Schriftbetrachter, der charakterologisch geschulte Deuter aus seinen Befunden aufzubauen und darzustellen vermag, ist letzten Endes nur eine Frage der persönlichen Begabung.

Diese subjektiven Grenzen des Angemutetwerdens und der überzeugenden sachlichen und sprachlichen Wiedergabe sind nie zu verleugnen. Nicht jeder Diagnostiker kann jeder Schrift gegenüber völlig gerecht sein.

Wohl aber wird der geschulte Graphologe zu Ergebnissen gelangen, die, wenn auch unterschiedlich hinsichtlich ihrer Ergiebigkeit, doch eine hohe Treffsicherkeit besitzen und Charakterzonen zu beschreiben vermögen, die durch andere Verfahren nicht abgetastet und objektiv erkannt werden können.

Die Graphologie ist also kein Testverfahren. Sie ist keine messende und zählende Methode; sie hat die gefundenen Merkmale nicht nur zu registrieren, sondern zu wägen, d. h. ihnen ihre Bedeutung und ihren Platz in der Handschrift zu geben.

Im Sinne von Klages gilt also hier: Das Ganze ist mehr als die Summe seiner Teile. Man kann wohl jenes in diese zerlegen, niemals aber aus den Teilen das Ganze aufbauen, es sei denn, man habe das leitende Prinzip, die zu erzielende Gestalt auf anderem Wege schon erkannt, erfahren oder erschaut.

In diesem Zirkel des Verstehens befinden wir uns auch sonst oft genug in den Geisteswissenschaften. Immer stehen wir vor Erscheinungen, die wir aus ihrem Sinn heraus interpretieren müssen, obwohl wir diesen Sinn nur aus jenen Erscheinungen kennen.

Dafür sei noch ein überzeugendes Beispiel gebracht. Wollte jemand von einem Graphologen die Deutung einer Handschrift verlangen, indem er diesem — etwa telefonisch — alle sachlichen Merkmale der betreffenden Handschrift nennen würde, also etwa ihre Größe, ihren Neigungswinkel, die Bindungsform. den Verbundenheitsgrad die Längenunterschiede, die Weite und Breite, die Regelmäßigkeit usw. so wäre es völlig ausgeschlossen, danach ein auch nur einigermaßen zuverlässiges Charakterbild abzuleiten. Der Graphologe würde das Ganze, den Eindruckscharakter, den Gehalt, die Lebendigkeit dieser Schrift, nach Klages also ihren Rhythmus, ihr Formniveau, nicht aus diesen Merkmalen gewinnen oder ableiten können.

Er könnte also auch kein einziges dieser Merkmale deuten, jedes von ihnen bliebe nicht allein wegen der grundsätzlichen Doppeldeutigkeit, sondern auch noch an und für sich vieldeutig.

Wollte man also Statistik und mathematisierende Testverfahren auf die Deutung der „lebendigen Bewegungsspur“, die Handschrift, anwenden, so würde, je länger, je mehr, die Eigenheit der dahinter stehenden Persönlichkeit sich verflüchtigen. Je weiter eine Analyse der Persönlichkeit getrieben wird, um so weiter entfernt sie uns von dem Bilde derselben. Man hat zum Schluß wohl nach Mephisto's Worten: „. . . die Teile in der Hand, fehlt leider nur das geistige Band . . .“.

Eine besondere Gefahr droht der Graphologie von außen durch die Forderungen, die von den Auftraggebern ausgehen.

Gerade weil sie oft überraschende Aufschlüsse zu geben vermag und sich so in der Erziehungs- und Berufsberatung und in der Bewerberauslese ihren guten Platz erobert hat, meint nun mancher Auftraggeber, über jede ihm wichtige Anlage Auskunft erhalten zu können. Da aber erweist es sich bald, was alles die Graphologie eben nicht kann. Nun wird das Kind mit dem Bade ausgeschüttet, und die Graphologie verfällt der abwertenden Kritik nur weil sie überfordert wurde.

Das Lebendige und das Psychische entziehen sich letztlich ihrem Wesen nach jeder zugreifenden, zählenden und messenden Methode, sie sind nur der mit- und nacherlebenden Einfühlung und Schau erfaßbar. „Die Zeit ist gekommen, die Vorherrschaft des objektiv Feststehenden, das von außen an uns herangetragen wird, zugunsten dessen aufzugeben, was über allen Zweifel hinaus mit eindeutiger Evidenz beglückend, verpflichtend und verwandelnd in uns selber aufgeht.“ (Der Alltag als Übung, Graf Dürckheim).

Mit diesen Worten ist genau dasselbe gemeint, was Klages über die Ermittlung des anschaulichen Gehalts einer Handschrift sagt, nämlich, daß es sich dabei nicht um irgend eine persönliche Vorliebe für große oder kleine, steile oder schräge, weite oder enge Schrift handele, nicht um Leserlichkeit oder Unleserlichkeit, sondern um den Bildeindruck, den Ganzheitseindruck, den Rhythmus, das Formniveau. Damit ist alles andere gemeint als ein subjektives Gefühl wie etwa Erwartung, Furcht, Spannung, Hoffnung usw. Es handelt sich vielmehr um ein Gegenstandsgefühl, das von verschiedenen Personen mehr oder weniger übereinstimmend empfunden wird.

Über den Geschmack, so sagt man zwar, lasse sich nicht streiten, jedoch ist beispielsweise bei der Betrachtung eines Kunstwerkes zweifellos eine objektive Beurteilung seines Wertes möglich, sofern man sich nur über die leitenden Richtlinien, also über einen Wertmaßstab einigt.

Das Formniveau ist ein solcher Maßstab, der nach der Lebensfülle fragt, und für den jeder Mensch eine gewisse Spürfähigkeit besitzt.

Dadurch erst wird ihm „der Leib zur Erscheinung der Seele, und die Seele zum Sinn des lebendigen Leibes“.

Wollten wir das nicht anerkennen, so könnten wir auch keine Persönlichkeitspsychologie treiben, deren Problem der lebendige und sich wandelnde Mensch und sein Charakter ist, sondern allenfalls eine Elementen- und Funktionspsychologie, die an der Analyse von Anlagekomponenten und Verlaufsweisen des Erlebens Genüge findet.

Ihre Hochschulreife gewinnt die Graphologie erst durch Klages. Heute ist sie Lehrfach an den deutschen Universitäten. Er selbst nennt als seine Vorläufer in der vorwissenschaftlichen Zeit die Namen von Camillo Baldo, Lavater, Hocquart, Michon, Flandrin, Crépieux-Jamin, ferner Preyer, Meyer, Busse.

Klages' eignes erstes Werk: „Die Probleme der Graphologie" erschien 1910. Von da an gab es keinen Zugang mehr zur Graphologie ohne eine Stellungnahme zu Klages, umgehen konnte man ihn nicht. Wie geschlossen seine Leistung war, wird daran deutlich, daß eine ganze Reihe von Jahren vergehen mußte, ehe selbständige und weiterführende Werke erschienen. Es wäre gewiß kein gutes Zeichen für die graphologische Forschung, wenn alle diese Arbeiten nur einen Weiterausbau der Klages'schen Lehre darstellten und nicht auch manche kritische Stellungnahme, manche Umwertung und versuchte Korrektur darunter zu finden wären.

Gerade weil als Wurzel des Lebenswerkes von Klages seine erste graphologische Abhandlung anzusehen ist und als dessen Krönung sein philosophisches Hauptwerk: „Der Geist als Widersacher der Seele", ergaben sich infolge der engen Verflechtung seiner Ausdruckskunde mit seiner Metaphysik mancherlei Angriffsflächen für philosophisch und weltanschaulich anders eingestellte Kritiker.

Es ging zumeist um das Formniveau als einen nur intuitiv zu erfassenden Wertmaßstab, es ging auch um die Hälftung der Schriftmerkmale nach + und —, in der sich die Geist-Seele-Antithetik niedergeschlagen hätte, es ging um die Unterscheidung von Rhythmus und Takt, um die Willenstheorie u. a. m. Die Bedeutung des vorliegenden Werkes beeinträchtigen alle diese Diskussionen jedoch in keiner Weise. Was hier dargeboten wird, ist das Ergebnis einer Deutung der Ausdruckserscheinung, wie sie in jeder Handschrift fixiert vor uns liegt.

Die Deutungsprinzipien sind begründet und erhärtet, die Analyse erreicht einen hohen Grad der Unabhängigkeit von der Person des Beurteilenden, also einen hohen Grad von Objektivität. Ein irrationaler Rest bleibt bestehen; aus diesem Dilemma führt im psychischen Bereich kein Weg, aber die Sicherheit der graphologischen Diagnose kann seit Jahrzehnten als erwiesen gelten durch ihre immer noch wachsende Beanspruchung in Erziehungsfragen, in der ärztlichen und seelsorgerischen Praxis, sowie seitens der Wirtschaft und Industrie.

Ein Verfahren, das sich der Statistik, dem Messen und Zählen nicht recht fügen will, begegnet heute oft einer besonderen Skepsis.

Man könnte dem Menschen der Gegenwart im großen und ganzen eine blinde Testgläubigkeit vorwerfen, sobald der Test mit Zahlenwerten arbeitet. Es gibt aber keinen graduierbaren Maßstab für Charaktereigenschaften, der für alle Personen gleich zu brauchen wäre. Die Stärke einer Anlage ist nicht durch ihre Stärke an und für sich zu definieren, sondern sie erweist sich erst im Zusammenspiel sowie im Gegeneinander aller anderen Eigenschaften des betreffenden Menschen.

Hier wäre an Goethes Worte zu erinnern: . . .

„Was ihr nicht tastet, steht euch meilenfern,
was ihr nicht faßt, das fehlt euch ganz und gar,
was ihr nicht rechnet, glaubt ihr, sei nicht wahr,
was ihr nicht wägt, hat für euch kein Gewicht,
was ihr nicht münzt, das, meint ihr, gelte nicht."

Endlich genügt nicht einmal dieses Abstimmen erkannter Eigenschaften eines Menschen im Hinblick auf seine Gesamtveranlagung, sondern seine Bewährung oder sein Versagen im Leben ist auch abhängig von der Umwelt, in der er lebt, von der Verantwortung, vor die er gestellt ist.

Es kann kein Zweifel darüber bestehen, daß die derzeitige Richtung in der Psychologie — man könnte wohl von einem Neopositivismus sprechen — einer Ganzheitserfassung, einer erscheinungswissenschaftlichen Deutung wenig geneigt ist. Aber der Ausschlag des Pendels geht sicher wieder zurück, sobald nur die Grenzen des rationalen Vermögens in der Deutung seelischer Belange nicht nur bemerkt, sondern auch offen eingestanden werden. Wenn sogar die exakte Naturwissenschaft, die Physik ergeben hat, daß ein restloses Verständnis des Wesens der Materie auf materialistischer Basis ausgeschlossen ist (C. v. Monakow), wenn Jeans sagt: „Das Weltall fängt an, mehr einem großen Gedanken als einer großen Maschine zu gleichen", haben wir guten Grund zu der Erwartung, daß auch in der Seelenkunde die messenden und rechnenden Verfahren in den ihnen zukommenden Bereich verwiesen werden.

Der lebendige, sich wandelnde und dem rationalen Verständnis nie ganz erfaßbare Mensch wird wieder als Persönlichkeit, deren Ausdruck für uns begrenzt deutbar ist, erkannt werden. Wir werden das Leibliche als Erscheinung der Seele erfassen lernen, im Rhythmus der Bewegungen und Formen die Verlebendigung des Geistes und im Takt die Durchgeistigung des Lebens erkennen. Damit berührt auch dieses Werk von Klages die tiefste von ihm aufgeworfene Frage, nämlich „nach derjenigen Fähigkeit des Menschen, die es ihm möglich macht, geistigen Akt und lebendigen Rhythmus ungeachtet ihrer Gegnerschaft in Einklang zu bringen". („Ausdrucksbewegung und Gestaltungskraft")

Bernhard Wittlich

Einige Literaturhinweise:

Bauer und Mann, Die Graphologie der Schülerhandschrift, Leipzig 1933
Becker, M., Graphologie der Kinderschrift, Hamburg 1949
Groß, Vitalität und Handschrift, Bonn 1950
Hager, Genetische Graphologie, München 1957
Heiß, Die Deutung der Handschrift, Hamburg 1943
Kienzle, Graphologie der Schülerschrift und der Schülerzeichnung, Tübingen (Manuskript)
Knobloch, Die Lebensgestalt der Handschrift, Saarbrücken 1950
Legrün, Feststellungen aus Schriftentwicklungsreihen, Zschr. f. Menschenk. 1962, II.
Müller-Enskat, Graphologische Diagnostik, Bern 1961
Peter, 100 Fragen um eine Kinderhandschrift, München 1951
Pfanne, Lehrbuch der Graphologie, Berlin 1961
Pokorny, Die Moderne Handschriftdeutung, Berlin 1963
Pophal, Grundlegung der bewegungsphysiologischen Graphologie, Leipzig 1939, Die Handschrift als Gehirnschrift, Rudolstadt 1949
Schelenz, Pädagogische Graphologie, München 1958
Victor, Die Handschrift als Projektion der Persönlichkeit, München 1956
Wieser, R., Persönlichkeit und Handschrift, München 1956
Wittlich, Angewandte Graphologie, Berlin 1951
Graphologische Praxis, Berlin 1961
Wörterbuch der Charakterkunde, 4. Aufl. München 1965

Werke von Ludwig Klages zu Graphologie und Charakterkunde

Handschrift und Charakter, 25. Aufl., Bonn 1965
Graphologie, Leipzig 1932
Einführung i. d. Psychologie der Handschrift, Stuttgart 1924
Was die Graphologie nicht kann, Zürich 1949
Wie finden wir die Seele des Nebenmenschen? Hamburg 1948
Graphologisches Lesebuch, München, 5. Aufl., 1954
Grundlagen der Charakterkunde, 6. Aufl., Leipzig 1928
Ausdruckskunde, Bonn 1964
Die Handschrift des Menschen, dtv München, Bonn 1964

INHALTSVERZEICHNIS

I. KAPITEL

REGELMÄSSIGKEIT UND EBENMASS

Begriff und Tatbestand der Handschrift. — Um den Begriff der Handschrift wenigstens in soweit abzugrenzen, als zum Behuf der Praxis erforderlich, knüpfen wir vorerst an eine jedem schon geläufige Tatsache an. — Wenn im Rechtsleben die eigenhändige Unterschrift des Abfassers unter wichtigen Urkunden für das entscheidende Beglaubigungszeichen der Echtheit des Textes gilt, so gibt man damit, ob auch unausgesprochen, der Überzeugung Ausdruck, daß schon die wenigen Buchstaben eines beliebigen Namens hinreichen, um aus ihnen nicht nur diesen, sondern sogar den Schrifturheber herauszulesen. Wie der Eigenname selber eine und nur eine einzige Person bezeichnet, ebenso, nimmt man an, könnten unter den Millionen schreibender Eigenwesen nicht zwei vorkommen, die ihn auf völlig dieselbige Weise schrieben! Wir lassen dahingestellt, warum eine so althergebrachte Überzeugung nicht weit eher, als es aus andern Beweggründen geschah, die Frage nach den Ursachen der vermeinten Einzigartigkeit herausgefordert hat; genug, daß die unbestritten geltende Rechtsverbindlichkeit der eigenhändigen Namensunterschrift jedenfalls einen Begriff der Handschrift zugrunde legt, der diese gleich der Augenfarbe, Schädelgestalt, den Papillarlinien usw. zu den beständigen Unterscheidungsmerkmalen des Schreibers rechnet. Überlegen wir endlich noch, daß die eigenhändig zu erzeugende Schrift durch eine höchst verwickelte Abfolge von Bewegungen der Fingerglieder, des Handgelenks und des Unterarms entsteht, die in ihrer Gesamtheit „Schreibbewegung" heißen, so muß offenbar schon die Schreibbewegung diejenige persönliche Note besitzen, von der man annimmt, daß sie ihr Erzeugnis, die Handschrift, besitzt; und so dürfen wir den Satz aufstellen: die Handschrift ist das bleibend gegenständliche Ergebnis der persönlichen Schreibbewegung.

Im Verkehrsleben pflegt der „Eindruck“ zu genügen, um die Handschrift jemandes grade so sicher wiederzuerkennen wie etwa sein Angesicht. Haben wir von einer bestimmten Person zwei- oder dreimal einen Brief erhalten, so befähigt uns beim Empfang eines vierten Schreibens gewöhnlich ein einziger Blick auf die Anschrift, den Absender zu erraten. Jeder Rechtskundige wird sich aber auch an Fälle erinnern, wo die Echtheit einer Namensunterschrift mit Erfolg bestritten wurde, obwohl sie der Vergleichsschrift „zum Verwechseln“ ähnlich sah; und wer einigermaßen mit den zahlreichen Fehlgriffen vertraut ist, denen bei der Urheberschaftsermittlung anonymer Schriftstücke selbst Schreibsachverständige anheimfallen, zweifelt nicht daran, daß solche Eindrücke täuschen können. Vollends nun eine Wissenschaft, welche die Entstehungsbedingungen der Handschrift erforschen und aus ihnen den Charakter des Schreibers erschließen will, bedarf einer sorgfältig durchgebildeten Methode, um die unterschiedlichen Eigentümlichkeiten jeder Handschrift zum Bewußtsein zu bringen und aufs genaueste zu beschreiben; und die wiederum fordert eine Methode der Schriftbeschreibung überhaupt. Wir geben davon vorläufig jedoch nur das Unentbehrlichste, da sich alles Weitere einprägsamer anreihen wird bei Gelegenheit der Zergliederung der persönlichen Abweichungsarten.

Nun stehen wir freilich immer noch inmitten einer tiefgreifenden Umwälzung derjenigen Schulvorlage, die vor dreißig und zwanzig Jahren vorherrschte und für die heute in mittlerem Alter befindlichen Schrifturheber das Muster gebildet hat. Mit ihrem „Ideal“ blitzsauberer „Gestochenheit“ und „Eleganz“ entsprach sie jenem ungewöhnlichen Tiefstande der künstlerischen und handwerklichen Kultur, der das letzte Drittel des vorigen Jahrhunderts kennzeichnet. Dasselbe ist zu sagen von der übermäßigen Schräglegung der Schreibfläche zwecks Hervorbringung einer möglichst liegenden Schrift, die, ohne deswegen in ihren Formen einfach und natürlich zu sein, doch den Eindruck telegrammäßiger Kürze hervorzurufen vermochte. Der Erfolg war völliger Verfall der ehemals hochehrwürdigen Schreibekunst und insbesondere die Züchtung einer unschönen Schnellschreiberei, die unter Ausschaltung der feinen Fingerbewegungen die Schreibtätigkeit mehr und mehr in das einförmige Pendeln des Handgelenks verlegte und den wunderbaren Reichtum lebendiger und gewachsener Buchstabenformen in einem fast unterschiedslosen Auf und Nieder rechtschräger Strichführung untergehen ließ.

Der erste Rückschlag gegen solche Verschleifung der Schrift ging um die Jahrhundertwende von wenigen Männern aus, die sich die Wiederbelebung künstlerischen Schreibens zum Ziel gesetzt hatten. Ihre

Bemühungen, die Schritt für Schritt eine Verschönerung der Beschriftung von Diplomen, Firmenschildern, Plakaten usw. zur Folge hatten, riefen jedoch alsbald die Pädagogen auf den Plan, aus deren naturgemäß lebhaften Meinungskämpfen allmählich bestimmte Grundsätze kristallisierten, die den Schreibunterricht wesentlich umzugestalten im Begriffe stehen und teilweise schon umgestaltet haben. Die Spitzfeder wurde zwar nicht abgeschafft, aber zunächst zurückgestellt, die Breitfeder wieder zu Ehren gebracht, die Vorlage unter Betonung der Formenmannigfaltigkeit vereinfacht und veredelt ; die Grundstriche durften sich aufrichten und geradestellen ; die „schwungvollen" Längenunterschiede sanken im Einklang mit fast allen Schriften verflossener Kulturen auf das unerläßliche Mindestmaß zusammen ; der noch schwunghaftere Schwellzug verfiel der Verpönung und, was die besondere Teilnahme des Graphologen verdient, persönliche Abweichungen vom Vorbild werden etwa vom vierten Schuljahre an zugelassen, überwacht und gefördert *). Man spricht deshalb nicht mehr von „Vorlage", sondern von „Ausgangsschrift".

Beide, die frühere Vorlage und die heutige Ausgangsschrift, haben miteinander gemein das dreigeteilte Höhenschema, wonach zu unterscheiden : „Kurzbuchstaben" (lateinisches oder deutsches i), halblange oder „Mittelbuchstaben" (lateinisches wie deutsches l oder g) und „Langbuchstaben" (deutsches h oder f). Nimmt man den Abstand der Enden eines Kurzbuchstabens (= Kurzlänge) als Maßeinheit, so betrug in der früheren Vorlage der Abstand der Enden des Langbuchstabens (= Langlänge) bald fünf, bald sieben solcher Einheiten, derjenige eines Mittelbuchstabens (= Mittellänge) deren bald drei, bald vier, während in der heutigen Ausgangsschrift die Mittellänge nur zwei, die Langlänge drei Kurzlängen umfaßt. Da man die Schrift im Geiste aufzurichten pflegt, so als ob sie eine Vertikalebene bedecken würde — wie es in Wirklichkeit ja nur beim Schreiben auf der Wandtafel geschieht —, so heißt die Mittellänge des d eine „Oberlänge", die des g eine „Unterlänge". Wir haben also Kurzbuchstaben mit Kurzlängen, Mittelbuchstaben mit Ober- oder Unterlängen, Langbuchstaben mit Langlängen, und es verhalten sich vorlagegemäß die drei Längen zueinander in lateinischer Schrift wie 1 : 3 : 5, in deutscher wie

*) In jeder Hinsicht bahnbrechend : Rudolf v. Larisch, Unterricht in ornamentaler Schrift, 10. Aufl., Wien 1919 (Rhythmus der Massenverteilung zuerst als grundlegend formuliert !). Von ihm ausgehend : Sütterlin, Neuer Leitfaden für den Schreibunterricht, 1917. — Larisch hat außerdem fünf Serien „Beispiele künstlerischer Schrift" herausgegeben, von denen die vierte und fünfte wundervolle Dokumente aus dem 15. bis 18. Jahrhundert bringen.

1 : 4 : 7, gemäß der Ausgangsschrift aber wie 1 : 2 : 3. — Mit dem Unterschied von Kurz- und Langbuchstaben darf nun keineswegs verwechselt werden derjenige von Kleinbuchstaben oder „Minuskeln“ und Großbuchstaben oder „Majuskeln“. Das große deutsche M, womit wir in deutscher Schrift nicht allein die Satzanfänge, sondern auch die sog. Hauptwörter zu beginnen pflegen, ist z. B. ein aus Oberlängen bestehender Mittelbuchstabe, während hinwieder etwa das kleine deutsche h unter die Gattung der Langbuchstaben fällt.

Betrachten wir einen Augenblick die einfachste Form des ganzen Schriftsystems, das kleine i, auf ihre Entstehung, so sehen wir, daß es dreier Bewegungen bedarf, um sie hervorzubringen : einer Streckbewegung (Textfigur VII Aa, S. 105), die den dünnen „Aufstrich“, einer Beugebewegung (b), die den breiteren „Abstrich“, und abermals einer Streckbewegung (c), die den zweiten Aufstrich erzeugt, am Schluß der Wörter auch „Endstrich“ genannt. Wie schon an dieser Stelle bemerkt sei, kehrt das besagte Auf und Ab, in dessen Ausführung sich Handgelenk und Fingergelenke teilen oder wenigstens teilen sollten, in sämtlichen Buchstaben der lateinischen wie auch der deutschen Vorlage wieder, während die mannigfachen Formverschiedenheiten vornehmlich durch Unterschiede der Verknüpfung gedachter Schriftelemente zustande kommen. — Die Spitzfedertechnik fordert nun, jede Beugebewegung mit willentlich verstärktem Reibungsdruck zu begleiten und zwar entweder gleichmäßig oder abnehmend in den Abstrichen der Kurzbuchstaben, mit allmählichem An- und Abschwellen in den Mittel- und Langbuchstaben. Dadurch wird in diesen der oben berührte „Schwellzug“ erzeugt. Man nennt deshalb die Aufstriche auch „Haarstriche“, die Abstriche dagegen „Schattenstriche“. Im Gegensatz dazu verbreitert die neuerdings wieder aufgenommene Breitfeder bei jeder Beugebewegung den Strich von selbst, macht dadurch die künstliche Drucksteigerung unnötig und den unerfreulichen Schwellzug unmöglich. (Die Ansicht, daß demgemäß der tatsächlich ausgeübte Druck vermindert werde, hat sich, wie später zu zeigen, nicht bestätigt.) — Es ist aber durchaus nicht nur die Schattierung, was den Abstrichen die Bedeutung wirklicher „Grundstriche“ verleiht.

Auch die Vorlagen älterer Zeiten stimmen nämlich überein in der Forderung der Gleichläufigkeit (Parallelität) der Schattenstriche (oder mindestens doch der Schattenstriche jeder der drei Buchstabengattungen ; denn in Musterschriften z. B. des 16. bis 18. Jahrhunderts kommt es allerdings vor, daß mit regelmäßiger Steillage der Kurzlängen regelmäßige Schräglage der Langlängen einhergeht, wodurch eine raumästhetisch reizvolle Mannigfaltigkeit erzielt wird). Infolgedessen richtet sich unsre sinnliche Auffassung der Schrift ausschließlich nach den Schattenstrichen, wovon man sich durch einen sehr einfachen Versuch überzeugt. Man lösche auf einer Schiefertafel von einem längeren deutsch geschriebenen Worte, etwa „Messerschmied“ oder „Sängerschule“, sämtliche Haarstriche aus, und jedermann wird es dennoch ohne Schwierigkeit lesen ; man lösche dagegen sämtliche Schattenstriche aus, und es wird schwer oder auch garnicht mehr zu entziffern sein. In Textfigur I findet man beides einigermaßen nachgebildet. Um deswillen sind die Abstriche allemal Grundstriche oder H a u p t t e i l e der Schrift, die Aufstriche aber N e b e n t e i l e. Aus sehr viel später folgenden Gründen bilden in der Beziehung eine Ausnahme nur die Anfangsaufstriche und Endstriche. Hier dürfte sogleich eine seelenkundliche Bemerkung am Platze sein, an die wir später wieder anknüpfen werden.

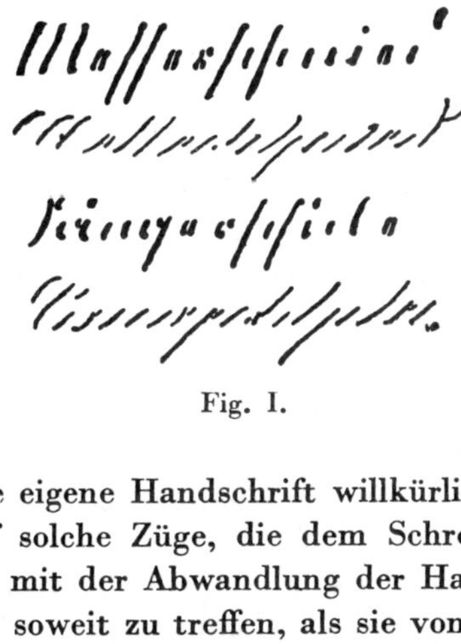

Fig. I.

Der Versuch, die eigene Handschrift willkürlich abzuändern, richtet sich naturgemäß auf solche Züge, die dem Schreiber auffällig wurden. Er setzt darum stets mit der Abwandlung der Hauptteile ein und pflegt die Nebenteile nur in soweit zu treffen, als sie von jener mitberührt werden. Wir haben es in der Folge zunächst nur mit der Deutung der gewordenen und gewachsenen, nicht der erworbenen Handschrift zu tun und leiten aus dem eben Gesagten zum voraus die Regel ab, daß der Ausdruckswert der Nebenteile gemeinhin größer ist als jener der Hauptteile. Es ist uns nicht unwichtig zu wissen, ob jemand groß oder klein schreibt, schräg oder steil, mit viel oder wenig Druck ; aber weit wichtiger noch, ob er z. B. die Grundstriche miteinander verbindet oder nicht, ob er es bogig oder winklig tut und wie er die Schleifen gestaltet. —

Die soeben berührte Verknüpfung der Teile wird im n und m der lateinischen Schrift mit „Bogen oben“ (= Arkade) gefordert, also wie deutsch v oder w; in deutscher Schrift mit doppelseitigem Winkel. Im lateinischen i wird der Endstrich mit „Bogen unten“ (= Girlande) verknüpft, also wie im deutschen a oder g. — Den Winkel, den der Grundstrich mit der Schreibzeile bildet, nennt man den Neigungswinkel und spricht von Schrägschrift, wenn er kleiner als ein rechter (Textfigur VAa—c, S. 68), von Steilschrift, wenn er ein rechter (Textfigur V Ad), von übersteiler oder linksschräger Schrift, wenn er größer als ein rechter ist (Textfigur V Ae). — Die Vorlage zur Zeit der Schuljahre des Verfassers verlangte einen Winkel von 45°, die Ausgangsschrift ist zum rechten Winkel zurückgekehrt, die Übergangsformen bewegen sich zwischen beiden Grenzen. — Endlich ist allgemein der Abstand der Fußpunkte im deutschen n ungefähr gleich der Länge des Grundstrichs. Man spricht von Weite der Schrift, wenn der fragliche Abstand die Grundstrichlänge an Ausdehnung übertrifft und je mehr er es tut, von Enge nach Maßgabe seines Zurückbleibens hinter der Grundstrichlänge. Es ist also z. B. Fig. 2 eine ausgeprägt weite, Fig. 30 eine ausgeprägt enge Schrift. Soviel von der Schriftzerlegung überhaupt.

Fig. 134 gibt eine Probe der früheren Vorlage aus Georg Langs „Technik der Feder“ (1905), Fig. 135 die deutschen Ausgangsformen Sütterlins (verkleinert). — Es ist, wie sich versteht, nicht gleichgültig, ob ein Kind nach der Methode der Fig. 134 oder der Fig. 135 gelernt hat; und es gibt Fälle genug, wo — Kenntnis des Alters vorausgesetzt — der Handschriftendeuter das unschwer wahrnimmt. Allein das Gegenteil kommt nicht weniger häufig, wahrscheinlich sogar öfter vor. Wir vermuten richtig Sütterlinmethode für Fig. 141, die von einer neunzehnjährigen Abiturientin herrührt, ebenso, obschon etwas weniger sicher, für Fig. 144, deren siebzehnjährige Urheberin das Lyzeum besucht; wir können nur noch raten bei Fig. 140, deren zwanzigjährige Urheberin wiederum das Maturum besitzt; und wir haben überhaupt keine Anhaltspunkte mehr für Fig. 142 und Fig. 143. Jene zeigt uns die Handschrift eines Fünfzehnjährigen, diese eines Neunzehnjährigen; beide sind Volksschüler, und beide wurden nach Sütterlin unterrichtet.

Die bis hierher entwickelten wenigen Grundbegriffe reichen nun schon aus, um viele Eigenzüge der Handschriften zu beschreiben. Jedermann sieht nämlich sogleich, daß wir darnach unterscheiden können Größe und Kleinheit, Weite und Enge, Verbundenheit und Unverbundenheit, Bogigkeit und Winkligkeit der Schrift. Wir können die bogigen Schriften weiter teilen in Arkaden- und Girlandenschriften; können aus dem Verhältnis von Basisbreite zur Grundstrichlänge den Grad der Weite ermitteln;

können ferner das Verhältnis zwischen Kurz- und Mittel- und Langlängen zu Hilfe nehmen, um auseinanderzuhalten Schriften von großer und Schriften von kleiner Längenunterschiedlichkeit; können weiterhin messen das Verhältnis der Oberlänge zur Unterlänge; endlich zahlenmäßig genau bestimmen die Größe des Neigungswinkels. Es würde nur einer geringfügigen Erweiterung unsres Begriffsbestandes bedürfen, um auch die Behandlung der Schleifen, Zutaten und Oberzeichen und damit schließlich alle nur möglichen Merkmale der Handschrift gleicherweise „exakt" zu zergliedern.

Allein die Ausführung eines solchen Unternehmens stößt nun selbst bei den allereinfachsten Schrifteigenschaften auf eine ganz eigentümliche Schwierigkeit. Fassen wir nämlich an einer so regelmäßigen Probe wie Fig. 26 etwa auch nur die Länge der Grundstriche ins Auge, so sehen wir, daß der letzte Grundstrich in den Wörtern „Frau" und „Baronin" jeweils gleichwohl merklich kürzer ausfiel als in den voraufgegangenen. Schon beträchtlicher schwanken die Schriftelemente in Fig. 42 sowie in Fig. 133 und vollends ganz ungemein in Fig. 5. Wie fingen wir es hier wohl an, Weite, Größe, Längenverhältnisse, Bindungsform, Neigungswinkel zu bestimmen, wo doch die dafür zu ermittelnden Zahlen Silbe für Silbe andre würden? Wir schicken die Grundtatsache voraus, welche die folgende Überlegung leitet: kein einziger Bestandteil der Handschrift wiederholt sich mit mathematischer Genauigkeit. Es ist das Kennzeichen jeder Lebenserscheinung, der Regel zu widerstreben! Würden wir unsre Messungen mit astronomischer Strenge ausführen, so fänden wir schlechterdings keine je gewesene oder gegenwärtige Handschrift, in der auch nur zweimal ein Grundstrich von völlig gleicher Länge, völlig gleicher Schattierung, völlig gleichem Neigungswinkel zum Vorschein käme. Das beschreibende und messende Verfahren hat darum hier einen andern Sinn als in der Naturwissenschaft. Wir müssen zunächst einmal zu erfassen suchen den Schwankungsspielraum der Schriftelemente, indem wir für ihrer jedes die äußersten Grenzen bestimmen, innerhalb deren sich seine Größenveränderung bewegt. So spielt die Länge der Kurzbuchstaben in Fig. 26 zwischen den Schwankungsgrenzen von 5 und 10 mm. Und wir bedürfen ferner einer Näherungszahl für die Durchschnittsgröße, weil diese nicht notwendig zusammenfällt mit dem arithmetischen Mittel der Grenzen. So bleibt z. B. in Fig. 26 letzteres hinter der Durchschnittsgröße um knapp ½ cm zurück, weil die Abstriche des e, r, g am Schluss des letzten Wortes der zweiten Zeile wegen bloss scheinbarer Verkleinerung (nämlich aus Platzmangel) nicht als vollwertig angesehen werden dürfen.

Man sieht nun sofort, daß zum Behuf der Kennzeichnung jedes Bestandstücks der Handschrift die gemeinsame Verwertung von Schwankungsspielraum und Durchschnittsgröße dieselben Dienste leistet wie die bestimmte Zahl. Vergleichen wir darnach etwa die Kurzlängen von Fig. 8, 9 und 10, so ergeben sich folgende Näherungswerte : Fig. 8 Schwankungsbreite 2,5—6 mm, Durchschnitt stark 4 mm ; Fig. 9 Schwankungsbreite 4,5—10 mm, Durchschnitt 7 mm ; Fig. 10 Schwankungsbreite 1—3 mm, Durchschnitt knapp 2 mm. Wir können jetzt also mit derselben Bestimmtheit Fig. 10 die kleinste, Fig. 8 die mittlere und Fig. 9 die größte der drei Handschriften nennen, wie wenn wir die Größe einer jeden von ihnen mit je einer Zahl gemessen hätten. Und grundsätzlich das gleiche gilt vom Neigungswinkel, der Weite, dem Längenverhältnis und allen sonstigen Schrifteigenschaften.

Einer der häufigsten Einwände gegen die Möglichkeit einer Erschließung des Charakters aus der Handschrift lautet, man schreibe bald so, bald so, abends anders als morgens, nach Tisch anders als vor Tisch, bei guter Laune anders als bei schlechter ; der Charakter hingegen bleibe inzwischen der gleiche. Uns beschäftigt an solchem Einwand vorerst nur die Verkennung des Tatbestandes dessen, was für den Graphologen das Wort Handschrift bedeutet. Die Anstoß erregenden Schwankungen gehören nämlich ebenfalls zur Handschrift. Man würde jedoch irren mit der Ansicht, es sei nun etwa erforderlich, jeweils möglichst zahlreiche Schriftstücke zusammenzutragen, um überhaupt nur die beiden Züge zu ermitteln, deren Bestimmung den Einzelbefund erst vollständig macht : Schwankungsbreite und Durchschnitt. Erfahrungsgemäß verraten nämlich sogar die Handschriften solcher Personen, die bei verschiedenen Gelegenheiten äußerst verschieden zu schreiben vermeinen, dennoch beide wenigstens annähernd auch schon in jedem einzelnen Schriftstück von nur *einigermaßen erheblicher Länge*. Abgesehen von gewissen Ausnahmefällen, worüber später, genügt uns daher ein einziges Schriftdokument, sofern es mindestens vier voll ausgefüllte Seiten bietet. Aber auch noch aus andern Gründen wäre dieses der brauchbare Mindestumfang.

Selbst der beste Stahlschuhläufer führt seine gewandtesten Kurven nicht gleich in dem Augenblicke aus, wo er die Eisbahn betritt, sondern nachdem er eine Viertelstunde gelaufen ist ; der geübteste Redner erreicht die Höchstlinie seiner Leistung bestenfalls nach Verfluß des ersten Drittels der Sprechzeit ; und keineswegs nur um der climax ad majus willen bringt jeder Zirkusreiter die gewagtesten Stücke zuletzt. Wann immer wir eine Tätigkeit eben beginnen, sind dazu spürbar stärkere Willensantriebe erforderlich, als wenn wir uns mitten darin befinden, wo dann die Sache „von selbst" abläuft. Ganz besonders aber kann der Neubeginn der Schreibtätigkeit mannigfachen Hemmungen unterliegen, die erst im weiteren Verlauf allmählich in Fortfall kommen. Sehen wir selbst von Widerspenstigkeiten der Feder, der Tinte, des Schreibpapiers ab, an die sich der Schreibende gegebenenfalls erst zu gewöhnen hätte, so wächst doch mehr oder minder bei jedem mit der Länge der Schreibausübung die Leichtigkeit der Übertragung des Gedankens in die Bewegung der schreibenden Finger (versteht sich, ehe noch Ermüdungserscheinungen gegenwirken). Hat er auf der ersten Seite nebenher an das Schreiben selber zu denken gehabt, so denkt er auf der dritten nurmehr an den niederzuschreibenden Inhalt. Jede auf das Schreiben verwendete Achtsamkeit setzt aber die Unbefangenheit herab und behindert die Wirksamkeit der unmittelbaren Bewegungsantriebe, in denen allein die natürliche Eigenart des Schrifturhebers ganz ungebrochen zum Ausdruck kommt. Das tritt zumal in solchen Fällen hervor, wo jemand anders zu schreiben wünscht, als er natürlicherweise schriebe, etwa besonders „schön", besonders „apart", besonders „fest", mit abgemessener Sorgfalt oder wohl gar verstellt : man darf gewiß sein, daß ihm das weit besser auf der ersten als auf der letzten Seite gelingt, wo die gleichsam wieder losgelassene „Natur" ihre Rechte geltend macht und dem Kenner an zahlreichen Rückfällen in die gewohnte Schreibart diese verraten wird. Im kleinen mag uns ein Blick auf Fig. 31 einen vorläufigen Begriff davon geben, wie die Bewegungsantriebe in eben dem Maße entfesselt werden, als der Schreibende „in Zug" gerät.

Schon in der ersten Zeile haben die Wörter die Neigung, vom Körper des Schreibenden sich zu entfernen und dem oberen Rand der Schreibfläche sich zu nähern oder, wie man gewöhnlich sagt, die Neigung zu steigen, werden aber von Fall zu Fall einigermaßen wieder in die randgerechte Richtung gezwungen, sodaß im Verhältnis zum Anfangswort „in" das abschließende „nennt" nur um knapp 2 mm höher beginnt. In der vorletzten Zeile dagegen setzt der Anstrich von „handeln" stark 6 mm über der Zeile an, sofern wir sie festgelegt denken vom b in „beurteilen", und die Basis des zweiten n liegt nochmals um 2 mm höher. — In der dritten Zeile ist der i-Punkt über dem Anfangsworte „weiter" vom Grundstrich des i etwa um dessen Länge entfernt, im darauffolgenden Worte „schreiben" schon merklich mehr und im Schlußwort „ich" fast um das Doppelte. Gleichsinnige Höhenverschiedenheit zeigen die i-Punkte im Wort „richtiger" Zeile 4 sowie etwas schwächer ausgeprägt in „richtigsten"

Zeile 9. In „Begleitbrief" Zeile 6 steht der erste i-Punkt, der in die Unterlänge des darüber befindlichen h geriet, in der Verlängerungslinie des Grundstrichs, der zweite um eine volle Buchstabenbreite nach rechts verschoben oder denn „voreilend" ; gleicherweise wächst die Rechtsbewegung mit dem Vorrücken in der Zeile bei den drei i-Punkten der folgenden.— Die natürlichen Bewegungsantriebe des Schrifturhebers haben demnach eine noch weit größere Mittelpunktsflüchtigkeit, als zu entnehmen wäre aus den zwei obersten Zeilen, wo sein Wille sie noch zu zügeln vermochte.

Von den hier berührten Schwankungen müssen nun völlig diejenigen Änderungen unterschieden werden, denen eine Handschrift im Verlauf größerer Zeiträume ausgesetzt ist. Niemand schreibt mit fünfzig Jahren, wie er mit zwanzig geschrieben, und selbst schon wenige Jahre können genügen, um das Gesamtgepräge der Handschrift umzugestalten. Unter den möglichen Ursachen die vorerst für uns wichtigste liegt in gewissen Änderungen der Beschaffenheit des Charakters, wie sie allmählich während des ganzen Lebens, beträchtlicher und fast sprunghaft aber an den innerlich vorgebildeten Wendepunkten seiner Bahnlinie statthaben. Die Proben Fig. 1 und Fig. 42 rühren vom selben Schreiber her und werden durch eine Zwischenfrist von nur knapp zehn Jahren getrennt ; diese aber fällt in die wichtige Übergangszeit von achtzehn bis achtundzwanzig, die den alten Satz, daß die Natur keine Sprünge mache, gelegentlich Lügen zu strafen — scheint. In Wirklichkeit trägt jeder Charakter auch das Gesetz seiner Bildung in sich, an dem die von außen kommenden Einflüsse eine unüberschreitbare Schranke finden ; und hinwieder trägt er die Spuren seiner Vergangenheit. Allein, was wir aus seiner augenblicklichen Erscheinung mit Bestimmtheit entnehmen, ist die gegenwärtige Beschaffenheit, da denn von Vorgeschichte und Zukunft immerhin einiges mag zu erraten sein.

Die Regelmäßigkeit und ihr Sinn. — In Fig. 8 schwankten die Kurzlängen zwischen 2,5 und 6 mm, in Fig. 9 zwischen 4,5 und 10, in Fig. 10 zwischen 1 und 3. Die drei Schwankungsspielräume erstrecken sich über verschiedene Abschnitte der Zahlenreihe, dergestalt daß sie von Fig. 10 über Fig. 8 bis Fig. 9 beständig vorrücken. Außerdem aber zeigen sie eine Verschiedenheit der Breiten und zwar für Fig. 10 nur 2 mm, für Fig. 8 schon 3,5 mm, für Fig. 9 aber sogar 5,5 mm. Inbetreff der Kurzlängen weist also Fig. 9 weitaus die größte Schwankungsbreite auf. Ebenso zeigt sie von allen dreien die beträchtlichste Schwankung im Verhältnis von Basisbreite und Grundstrichlänge sowie wenigstens im

Vergleich zu Fig. 10 größere Schwankungsbreite des Neigungswinkels. Endlich läuft die Schreibzeile in Fig. 8 nahezu randgemäß, in Fig. 10 durchgängig ansteigend, in Fig. 9 aber wellenförmig. Vergleicht man also die Schwankungsspielräume der Schriftelemente auf ihre Breiten, so sondern sich Handschriften mit durchgängig großer Schwankungsbreite von solchen mit durchgängig kleiner. Damit wurden indes nur andre Bezeichnungen eingeführt für den Gegensatz von Unregelmäßigkeit und Regelmäßigkeit: je größer der Schwankungsspielraum, umso geringer die Regelmäßigkeit; je kleiner der Schwankungsspielraum, umso größer die Regelmäßigkeit. Es ist aber nötig, sich solche Wechselbegriffe zum Bewußtsein zu bringen. Sprechen wir von regelmäßigen Handschriften, so will das heißen, daß die Ausschlagsweite ihrer Elemente inbezug auf den Mittelwert verhältnismäßig gering sei; und nennen wir eine Handschrift ausdrücklich unregelmäßig, so haben wir eine Ausschlagsweite im Auge, die den uns gewohnten Durchschnitt übersteigt. Wenn wir dabei nun auch sämtliche Züge beachten müssen, so werden wir doch vorzüglich die auffälligste aller Schrifteigenschaften, die Lage der Grundstriche, beachten, weil sie den Abweichungen von einer regelhaften Behandlung naturgemäß am stärksten widersteht, und ihre Schwankungsbreite mit Recht für ein Schlüsselmerkmal der Regelmäßigkeit überhaupt erachten. Sehr regelmäßige Handschriften zeigen uns demnach Fig. 26, 30, 41, 126, 131; sehr unregelmäßige Fig. 4, 5, 29, 80, 94; mittelregelmäßige Fig. 14, 23, 39, 40, 78. Der Bedeutungsermittlung des fraglichen Gegensatzes ist eine allgemeinere Erwägung vorauszuschicken.

Man muß sich vor der irrigen Annahme hüten, es sei der Charakter etwa die Ursache der Handschrift. Die Bewegungen der Finger, der Hand und des Unterarms, durch die ein Schriftstück entsteht, gehen auf Vorgänge in den motorischen Nerven zurück, und die wieder entspringen im Gehirn. Selbst nun, wenn wir uns damit nicht begnügen, sondern weiter fragen wollten, durch was denn jene Bewegungsanstöße im Nervenzentrum bewirkt worden seien, so brächte uns auch die Antwort darauf nicht hinaus über Leibesvorgänge und somit nicht im geringsten näher den Seelenvorgängen. Alle körperlichen Vorgänge der Welt bilden, wie die Naturwissenschaftler es ausdrücken, eine „Kausalkette", die für u n körperliche Glieder nirgendwo Raum läßt. „Charakter" nennen wir die Sonderbeschaffenheit einer persönlichen Seele; Seelen aber kommen nicht in der Welt der Dinge vor und dürfen daher nicht unter den möglichen Ursachen dinglicher Vorgänge aufgesucht werden. Das Verhältnis der Seele zum Leibe ist ein gänzlich andres und zwar unvergleichlich innigeres als das der Ursache zur

Wirkung. Der lebendige Leib ist nämlich die Erscheinung der Seele, die Seele der Sinn des lebendigen Leibes. Beschränken wir uns bei der Betrachtung des Körpers auf die nach außen tretenden Bewegungsvorgänge, so können wir diese zumal auch den Ausdruck der Seele nennen. — Wem es schwer wird, das ihm gewohntere Bild von Ursache und Wirkung zu meiden, der möge sich den Sachverhalt an einem analogen (gleichartigen) Verhältnis vergegenwärtigen, das ihm aus tausendfältiger Erfahrung geläufig ist.

Die Ursache jedes Sprachlauts sind Bewegungen der Stimmbänder, der Zunge und der Lippen, die abermals im Gehirn ihren Ursprung nehmen. Außerdem aber hat der Sprachlaut einen Sinn, der auf so innige Weise mit ihm verflochten ist, daß wir weit weniger auf das Wie des Sprechens als auf die Bedeutung des Gesprochenen zu achten pflegen. Genauer gesagt, ist der Sprachlaut das Zeichen einer Bedeutungseinheit, diese das vom Sprachlaut Bezeichnete. Jedermann erkennt, daß Zeichen und Bezeichnetes nicht im Verhältnis von Wirkung und Ursache stehen ; jeder erkennt aber auch, daß ein noch innigerer Zusammenhang als zwischen Zeichen und Bezeichnetem schwerlich erdacht werden könnte. Gradeso nun, wie der Sprachlaut Zeichen seiner Bedeutung, gradeso ist der lebendige Leib die Erscheinung der Seele, und gradeso wie der Sprachkundige den gesprochenen Lauten die Bedeutung der Laute entnimmt, gradeso entnehmen wir den Vorgängen des lebendigen Leibes die seelische Wallung, die in ihnen sich äußert. Nicht nach der Ursache der Bewegungen fragen wir, sondern nach ihrem seelischen Gehalt. Daraus rechtfertigt sich für das Beginnen des Seelenforschers der Name eines Deutungsverfahrens.

Welchen „Gesetzen“ nun unser Bewegungsverständnis folgt, können wir hier nicht auseinanderlegen und verweisen jeden, der sich darüber genauer zu unterrichten wünscht, auf unsre Schrift „Grundlegung der Wissenschaft vom Ausdruck“. Wir zweifeln aber nicht, daß er auch ohne jene Vorkenntnis nachkommen wird, wenn er nur seine volle Aufmerksamkeit den Erläuterungen schenkt, mit denen wir von Fall zu Fall die Bedeutungsermittlung wichtiger Handschriftenzüge begleiten. Augenblicklich beschäftigt uns die Frage nach dem Sinn der Regelmäßigkeit. —

Eine Überlegung, so einfach, daß sie auch wohl ein Kind verstände, führt uns zum Ziel. Welche Zwecke im einzelnen der Mensch verfolgen möge : wann immer er überhaupt einen Zweck verfolgt, so regelt er unmittelbar oder mittelbar die umgebende Welt. Aus der organischen macht er die planimetrische Form, aus der chaotischen Üppigkeit des Urwaldes den lichteren und „gesetzteren" Park, aus dem krümmungsreichen Flußlauf den schnurgeraden Kanal. Jeder Baum im Walde steht merklich schief; aber jedes vom Menschen gebaute Haus nähert sich so sehr der fallrechten Linie an, daß wir die tatsächlich dennoch vorhandene Abweichung nicht mehr bemerken. Die Umrißzeichnung keines einzigen Blattes, wohl aber jeder beliebigen Tischplatte verwirklicht — wenigstens annähernd — eine mathematische Figur. Kein Winter oder Sommer fängt nach dem Kalender an, und die Wandervögel ziehen bald früher, bald später fort; aber der Eisenbahnzug fährt heute zur selben Minute wie gestern ab, und jedes Geschäft öffnet und schließt unbekümmert um den wechselnden Eintritt von Helle und Dunkelheit genau nach dem Stundenschlag. Um überhaupt etwas wollend erstreben zu können, bedarf der Mensch einer „geordneten" Welt, und so führt denn die wollende und handelnde Lebenshaltung auch unwillkürlich das Ordnen mit sich. Darum, je mehr vom Menschen der Zustand des Wollens Besitz ergreift, umso mehr wird ihm die regelnde Schranke, die den reinen Naturvorgängen fremd ist, zur „zweiten Natur", und auch seine Schreibantriebe folgen allmählich unbemüht jenem Ordnungsgeist, dessen grundsätzlich unterscheidendes Merkmal darin besteht, Wechsel und Wandel niederzuhalten. Im Grade der unwillkürlichen Regelmäßigkeit äußert sich mithin eine genau entsprechende Vorherrschaft des Willens.

Der regelmäßig Schreibende, so könnte man deshalb meinen, hat also einen starken Willen, der unregelmäßig Schreibende einen schwachen. Aber das wäre nun ein höchst bedenklicher Fehlschluß! Lassen wir selbst beiseite, daß gemäß den Aufschlüssen der Ausdruckskunde der volkstümliche Begriff der Willenskraft drei verschiedene und übrigens expressiv scharf unterscheidbare Tatbestände umfaßt: die Willensenergie (auch einfach Energie genannt), das Willenstalent und die Willensvorherrschaft, so wäre doch selbst die zuletzt genannte, die uns an dieser Stelle allein beschäftigt, durch eine noch so große Regelmäßigkeit keineswegs immer gewährleistet. Wir können nämlich nicht von „Vorherrschaft des Willens" sprechen, ohne zugleich an etwas andres zu denken, das solcher Vorherrschaft unterworfen werde, und wir haben es ja bereits die „Natur" genannt. Um jedoch klarer zu erkennen, was ein so vieldeutiges und häufig mißbrauchtes Wort eigentlich meine, fragen wir jetzt, wodurch sich im Menschen selber die ursprüngliche Natur anzeigt. Der Mensch wäre nicht imstande, ordnend und regelnd eine äußere Natur zu zwingen, wenn er nicht gleichermaßen bezwänge die eigene oder innere Natur. Nehmen wir an, jemand wolle nach einer Quelle graben; er tue den ersten, den zweiten, den hundertsten Spatenstich; die Sonne scheine ihm heiß auf den Kopf; Ermüdung und Mattigkeit stelle sich ein; das Bedürfnis nach Ruhe und Müßiggang spiegle ihm angenehmere Bilder vor, als es die unbequeme Arbeit des Grabens ist, und er gebe dem schließlich nach: was wäre die Folge? Er würde den Spaten über die Schulter nehmen, er ginge davon, und der Brunnenschacht bliebe ein — frommer Wunsch! Hier sehen wir nun, was jeder in sich selber bezwingen muß, damit sein Wollen zustande komme oder beharre. Es sind einerseits die Bedürfnisse oder Triebe, anderseits die Interessen, und beide zeigen sich dem Bewußtsein an in der Form von Stimmungen, Gemütsbewegungen, „Affekten" oder im weitesten Sinn als Erlebnisse. Im Zustande des Wollens bin ich nämlich nach dem Zeugnis der Selbstbesinnung wirkender Träger eines Geschehens, im Zustande des Erlebens erleidender Träger. Mit der Tiefe und Stärke meines Erlebens wächst im genauesten Gleichschritt dessen Widerfahrnischarakter. Um Entschlüsse und Absichten kundzutun, verwendet man die tätige Form, indem man sagt: ich will das oder das; um aber kundzutun, daß man etwas Bedeutendes erlebte, verwendet man die leidende Form: ich wurde erschüttert, ergriffen, gepackt, überwältigt, hingerissen. Der sprachgebräuchlich allgemeinste Name, der die stärksten wie auch die schwächsten Gemütsbewegungen umfaßt und unter Absehung vom Anlaß des Erlebens den Ton auf das Erleben selber legt, ist „Gefühl". Darnach stehen einander entgegen das Fühlen und das Wollen, und der Wille dringt grade in soweit durch, als er Gefühle bemeistert. Zeigt sich in diesen die „Natur", so in jenem der Geist, der dem Menschen denn freilich zur „zweiten Natur" geworden ist.

Unser Brunnengräber bemeistert seine Gefühle nicht und zwar offensichtlich aus Schwäche seines Willens. Wenn er also in seiner Handschrift Ordnung und Regelmäßigkeit vermissen ließe, so hätte das wirklich die Bedeutung eines Mangels an Willenskraft. Die Umgangssprache bietet uns zahlreiche Wörter dar zur Bezeichnung sowohl verschiedener Arten als auch verschiedener Grade der Willensschwäche wie etwa: Planlosigkeit, Ziellosigkeit, Ablenkbarkeit, Verführbarkeit, Wankelmut, Inkonsequenz, Unentschlossenheit, Unentschiedenheit, Energielosigkeit, Unbeständigkeit, Unberechenbarkeit, Haltlosigkeit. Jede dieser Eigenschaften kann unter anderem in weitgehender Unregelmäßigkeit der Handschrift zum Ausdruck kommen. Hier herrscht das Gefühl aus Schwäche des Willens, es kann aber auch herrschen aus Stärke der ursprünglichen Triebe. Und alsdann sprächen sich in der Unregelmäßigkeit der Schriftzüge Eigenschaften wie die folgenden aus: Leidenschaftlichkeit, Impulsivität,

Heftigkeit der Gefühle, Pathos, Hinreißungsvermögen, nicht selten verbunden mit Phantasie und Vorstellungskraft. Das wäre, wie jedermann sieht, etwas wesentlich andres. Und daraus ergibt sich, daß Regelmäßigkeit wie Unregelmäßigkeit auch je zwei A r t e n von Bedeutungen haben kann, die zueinander in gewisser Hinsicht sogar gegensätzlich sind. Regelmäßig schreibt einmal etwa der nüchterne Bücherwurm, der, ohne von Herzenswünschen sonderlich gestört zu werden, nichts andres weiß, als tagtäglich maschinenmäßig sein „Pensum" erledigen; und regelmäßig schreibt zum andern ein Bismarck, der ein starkes und tiefes Gefühlsleben mit seinem noch mächtigeren Willen bändigt. Unregelmäßig schreibt einmal der haltlos hin- und herschwankende Abenteurer, dem es an Festigkeit der Gesinnung gebricht; und unregelmäßig schreibt zum andern etwa ein Beethoven, dessen leidenschaftlich heftige Gefühlswallungen seinen noch so großen Willen entmächtigen. Betrachten wir daher eine Handschrift n u r auf den Grad ihrer Regelmäßigkeit, so können wir durchaus nicht wissen, aus welchen der beiden gegensätzlich gearteten Eigenschaftsgruppen wir ihn herleiten sollen! Aus weiter unten folgenden Gründen versehen wir die eine der beiden jedesmal mit dem Pluszeichen, die

Tabelle I.

Regelmäßig Vorherrschaft des Willens		Unregelmäßig Vorherrschaft des Gefühls	
+	—	+	—
Willensstärke	Gefühlskälte	Gefühlsstärke	Willensschwäche
Widerstandskraft	Nüchternheit	Gefühlslebhaftigkeit	Unbeständigkeit
Festigkeit	Gemütsarmut	Seelische Intensität	Wankelmut
Beständigkeit	Gleichgültigkeit	Leidenschaftlichkeit	Unberechenbarkeit
Entschiedenheit	Langweiligkeit	Impulsivität	Unbeharrlichkeit
Stetheit	Schablonenhaftigkeit	(Gemütswärme)	Unentschiedenheit
Ausdauer			Unentschlossenheit
Folgerichtigkeit			Ablenkbarkeit
„Konsequenz"			Planlosigkeit
Beharrlichkeit			Ziellosigkeit
(Ordnungssinn)			Verführbarkeit
(Pflichtgefühl)			„Inkonsequenz"

andre mit dem Minuszeichen und vereinigen nach diesem Einteilungsgrundsatz die möglichen Hauptbedeutungen der Regelmäßigkeitsgegensätze in vorstehender Übersichtstafel I.

Ehe wir es jedoch unternehmen, das Unterscheidungsprinzip zu kennzeichnen, das uns befähigt, zwischen beiden zu wählen, wollen wir ein andres Allgemeinmerkmal der Handschrift ins Auge fassen.

Das Ebenmaß und sein Sinn. — Fig. 42 ist gewiß nicht eben hervorragend regelmäßig, bietet jedoch gleichwohl ein wohltuend harmonisches Gepräge dar, Fig. 15 ist zwar etwas unregelmäßiger, wirkt aber auf den ungefangenen Betrachter in solchem Maße störend ein, daß er Gefahr läuft, die tatsächliche Schwankungsbreite ihrer Elemente erheblich zu überschätzen. Beide Handschriften stehen gemeinsam auf der Stufe einer unter dem Durchschnitt bleibenden Regelmäßigkeit; aber sie stehen zugleich an beinahe entgegengesetzten Enden des Ebenmaßes.

Die Regelmäßigkeit ließ sich begrifflich genau bestimmen als Größe der Schwankungsbreite; den Grad des Ebenmaßes müssen wir zuvörderst erfühlen. Hohes Ebenmaß setzt zweierlei voraus: rhythmische Verteilung der Schreibantriebe und Ausgewogenheit der erzeugten Formen; niederes Ebenmaß: mangelhaften Verteilungsrhythmus und Unausgewogenheit der Formen. Scharf auseinanderzuhalten sind beide Momente nicht; doch fällt im einzelnen Fall der Ton meist mehr auf eines der beiden. Aus erst allmählich zu entwickelnden Gründen legen wir das Hauptgewicht auf die persönlich sehr verschiedenen Grade der Störbarkeit des Ebenmaßes und stellen demgemäß einander gegenüber die im Ebenmaß weitgehend ungestörte Handschrift und die weitgehend gestörte. Sobald wir an einem Gebilde den Rhythmus schlechthin aufgefaßt haben, können wir auf die Störungsstellen des Ebenmaßes den Finger legen; die Schätzung des Rhythmus aber erfolgt nur unter Mithilfe des Gefühls. Wieviel uns zu dem Behuf vom Wesen des Rhythmus zu wissen notwendig ist, das wird im nächsten Kapitel zur Sprache kommen. Hier müssen wir vorerst einmal für ihn selber das Auge schärfen am Beispiel graphischer Ebenmaßgrade. — Zuvor indes ist eine Zwischenbetrachtung von grundsätzlicher Wichtigkeit einzuschalten, ohne die unsre Deutungen fortan der festen Unterlage entbehren würden.

Weil man am Gefühl weit häufiger die Gegensätzlichkeit zum Verstande würdigt als die zum Willen, so huldigen die meisten noch immer der irrigen Ansicht, das Gefühl sei etwas schlechthin „Subjektives", daher vergleichsweise Unbestimmtes und jedenfalls Unverbindliches. Um den Gang der Widerlegung abzukürzen, beschränken wir uns auf diejenigen Gefühle, die sich am anschaulichen Gehalt äußerer Eindrücke entzünden. Gefühle sind Erwartung, Hoffnung, Spannung, Trübsinn, Furcht;

Gefühle sind es aber auch, denen zufolge wir von der Schönheit einer Bildsäule sprechen, von der Häßlichkeit eines Aussatzes, der Erhabenheit eines Sonnenunterganges. Erlebten wir angesichts der Bildsäule, des Aussatzes, des Sonnenunterganges nicht irgendwelche Gefühle, so wären wir außerstande, von der Bildsäule den Charakter der Schönheit, vom Aussatz den der Häßlichkeit, vom Sonnenuntergang den der Erhabenheit auszusagen. Nur von solchen Gefühlen soll also die Rede sein, die man auch wohl „Gegenstandsgefühle" zu nennen pflegt. Wer nun von ihnen behauptet, sie seien etwas schlechthin „Subjektives", der verknüpft entweder mit dem allerdings über die Maßen vieldeutigen Worte „subjektiv" einen unhaltbaren Sinn oder er setzt sich in Widerspruch mit sich selbst. Jenes hätte er getan, wofern seine Meinung dahin ginge, daß ein Gefühl schon deswegen „subjektiv" zu nennen sei, weil es notwendig ein Subjekt erheische als gleichsam die Bühne, auf der es sich abspiele ; denn das würde natürlich auch von jedem Gedanken gelten und mithin zu der Folgerung zwingen : das Urteil, zweimal zwei ist vier, habe bloß „subjektive" Gültigkeit, weil es durchaus nur von einem denkenden Subjekt gefällt werden könne. Dieses dagegen, nämlich der Selbstwiderspruch, widerführe ihm, wenn er mit dem Beiwort „subjektiv" die Willkürlichkeit des Gefühls oder auch nur dessen ausschließliche Abhängigkeit vom Charakter des Trägers zu behaupten gedächte.

Nicht wenige Menschen bringen den fraglichen Selbstwiderspruch beständig zum Ausdruck, ohne im mindesten daran Anstoß zu nehmen. Während sie vor dem Gemälde der Kunstausstellung einander mit Heftigkeit darüber in den Haaren liegen, ob es schön oder widerwärtig, bedeutend oder läppisch sei, geben sie zugleich mit Nachdruck zu verstehen, daß über den Geschmack sich nicht streiten lasse ; tun also ebendas, was zu tun sie sich wollen verboten haben ! Da man die Menschen stets besser nach ihren Handlungen als nach ihren Kernsprüchen beurteilt, so werden wir, was sie betätigen, für glaubwürdiger halten als die Redensarten, mit denen sie es verleugnen, und gehen gewiß nicht mit der Annahme fehl, daß jeder vom „objektiven" Werte dessen überzeugt sei, was ihm „gefällt", vom „objektiven" Unwerte dessen, was ihm „mißfällt". Wenn ein noch nicht gänzlich Verbildeter zum erstenmal eine „futuristische" Schmiererei erblickt, so sagt er denn auch keineswegs : das mißfällt mir ; sondern er sagt : das ist abscheulich ; und wenn unter Kunstkennern irgendwer zu behaupten wagte, der Bildhauer Begas übertreffe weit den Bildhauer Michelangelo, der Maler Anton von Werner weit den Maler Leonardo da Vinci, so wäre von den Hörern keiner, der auch nur den kürzesten Augenblick lang die, sei es selbst „subjektive", Berechtigung dieses Urteils erwöge, sondern es hieße sofort: der Mann versteht nichts von Kunst! Man mißt also nicht sowohl den Wert der Sache am Geschmack als vielmehr den Geschmack am Werte der Sache!

Indes bedarf es solcher Beispiele nicht, um die Selbsttäuschung derer zu enthüllen, die an die „Subjektivität" ihrer Gegenstandsgefühle zu glauben vorgeben. Wer eine Bildsäule schön findet, was findet der eigentlich schön, die betrachtete Sache oder sich, den Betrachter? Die Frage aufwerfen, heißt auch, sie beantworten. Ich fühle mich betrübt, erregt, gelangweilt, erhoben, beglückt; aber ich fühle nicht mich schön in der Schönheit der Bildsäule, nicht mich erhaben in der Erhabenheit des Sonnenunterganges, nicht mich häßlich in der Häßlichkeit des Aussatzes. Wohl werde ich durch die Schönheit anders „gestimmt" als durch die Erhabenheit und durch beide wiederum anders als durch die Häßlichkeit; aber so wenig muß meine Eigenstimmung mit dem Gefühlswert des sinnlichen Anlasses dieselbe sein, daß sie mir grade dienen kann, Eigengefühl und Gegenstandsgefühl aufs schärfste zu unterscheiden. Trete ich in gedrückter Stimmung vor die Bildsäule hin, so erlebe ich unter anderem sofort den Gegensatz zwischen der Seligkeit des Bildes und der Kümmerlichkeit meiner eigenen Gemütsverfassung. Wie Feuer und Wasser scheiden sich solchenfalls in mir die Gefühle, die ich vom Gegenstande empfange, und die Gefühle, die aus dem eigenen Innern kommen, womit unwidersprechlich dargetan ist, daß mir das Gegenstandsgefühl von der anschaulichen Beschaffenheit des äußeren Eindrucks aufgezwungen wird. Ich finde das Schönsein nicht minder an der Bildsäule vor, wie ich an ihr die Farbe des Marmors finde, und es steht ebensowenig in der Macht meiner Willkür, jenes durch Häßlichsein wie dieses durch die Farbe der Bronze zu ersetzen. Folglich gibt es genau so gut „objektive" Werturteile, wie es „objektive" Tatbestandsurteile gibt!

Aber, so wird man ungeduldig fragen, woher rührt denn die unbestreitbar wirklich bestehende Verschiedenheit des Geschmacks? Um darauf zu antworten, müssen wir uns zuvörderst darüber einigen, was unter „Geschmack" zu verstehen sei. Soll darunter die persönliche Vorliebe für bestimmte Gruppen sinnlicher Arteigenschaften verstanden sein, derzufolge einer etwa die Farbe Rot, ein andrer die Farbe Blau bevorzugt, so ist zwar auch die beileibe nicht etwas Willkürliches, stammt aber allerdings aus dem Charakter ihres Trägers. Soll dagegen unter Geschmack die Empfänglichkeit für Eindruckswerte überhaupt verstanden werden, so haben wir festzustellen, daß sie ein ebenso allgemeines Merkmal des menschlichen

Gemütes ist wie die Fähigkeit logischen Denkens ein Allgemeinmerkmal des menschlichen Geistes. Gradeso wie nun aber der eine m e h r sachliche Auffassungsgabe besitzt als der andre, gradeso besitzt auch der eine mehr Wertauffassungsgabe als der andre, und gradeso wie es tausend Gründe gibt, die den Verstand zu Irrtümern über Tatsachen führen, gradeso gibt es tausend Gründe, die das Gemüt zu falscher Beurteilung der Werte verleiten. Die Verschiedenheit der Wertauffassungen spricht ebensowenig gegen die Gültigkeit des wirklichen Wertes, wie der Irrtum überhaupt gegen die Gültigkeit der Wahrheit spricht! Sollte endlich über sinnliche Eindruckswerte noch verschiedener geurteilt werden als über Tatbestände und deren Ursachen, so wäre das nur auf S c h u l u n g s mangel des Anschauungsvermögens zurückzuführen, der sich denn leicht aus dem Umstande erklären dürfte, daß wir gemeinhin ein größeres Interesse haben an der Abschätzung der Zweckmäßigkeit einer Sache als ihres seelischen Gehalts. — Weil die eben genannte Schulung weniger eine Übung im sinnlichen Anschauen als die U n t e r d r ü c k u n g irreleitender Nebenrücksichten erfordert, so wollen wir es nicht unterlassen, wenigstens einige der wichtigsten Ursachen anzuführen, die geeignet sind, unsre Wertauffassung zu trüben.

Die weitaus harmloseste liegt in der schon erwähnten Vorliebe des persönlichen Geschmacks. Hat jemand eine Vorliebe für Einfarbigkeit, so neigt er dazu, von zwei künstlerisch gleichwertigen Blumensträußen den auf Einfarbigkeit gestimmten für gelungener zu halten als den auf Buntheit gestimmten. Mit einer Vorliebe für den Barockstil schätzt man einen Barockbau leicht zu hoch, einen gotischen oder gar antiken Bau leicht zu tief. Wer Wellenlinien bevorzugt, bringt einer bogigen Handschrift mehr Wohlwollen entgegen als einer winkligen usw. Ein bescheidenes Maß von Selbstbesinnung genügt jedoch, sich von derlei Täuschungen loszumachen, und schon im alltäglichen Leben kann man häufig Urteile wie dieses hören: beide Teppiche sind Meisterwerke; aber ich habe mehr V o r l i e b e für den türkischen als für den persischen!

Gefährlichere Geschmacksverirrungen richtet erst die Einmischung persönlicher I n t e r e s s e n an. Der Emporkömmling wählt das Aufgedonnerte, weil er damit protzen will; der Sammler opfert Schönheit, Anmut, Kerngehalt der Seltenheit; der Händler jeder Art erschlägt alle nur möglichen Werte mit dem Geldeswert. — Während in solchen und ähnlichen Fällen der Eindruck selber garnicht zur Geltung kommt, wird er verfälscht durch parteiische Wallungen. Der Verliebte ist in Gefahr, die inneren wie äußeren Mängel der Geliebten zu übersehen, ihre Vorzüge zu überschätzen und garnicht vorhandene hinzuzutun; der Hassende erblindet für die Vorzüge des Gehaßten, unterstreicht dessen Mängel und erfindet neue hinzu ; vollends der Neidische hat den „bösen Blick“, der am Beneideten nichts Gutes mehr übrigläßt. Wir dürfen das umfangreiche Kapitel derartiger Täuschungen jedoch getrost übergehen, weil sie für die Beurteilung der Schriftzüge einer übrigens uns unbekannten Person so gut wie garkeine Rolle spielen, und verfehlen nicht, auf die unvergleichliche Überlegenheit hinzuweisen, die der Handschriftendeutung allein schon daraus erwächst, daß sie gegen so viele der gewöhnlichsten Täuschungsquellen zum vorhinaus sicher ist. Dagegen gibt es nun noch eine Täuschungsursache, die alle bisherigen an verheerender Wirkung übertrifft und, weil sie das ganze Gebiet des Anschaulichen mitumfaßt, auch die Handschrift in ihre Kreise zieht : wir meinen die Täuschung aus falscher G e w o h n h e i t .

Zahllose Sachverhalte stehen nur darum in Geltung, weil sie — aus welchen Gründen immer — nun einmal bisher gegolten haben. Erziehung und Umwelt helfen beständig zusammen, uns von Kindesbeinen an falsche Maßstäbe aufzudrängen. Es genüge, auf die Macht der sog. Mode hinzuweisen, die sich jedesmal auf alle Gebiete erstreckt und mehr oder minder sämtlichen Zeitgenossen die Köpfe verdreht. „Lächerlich“ erschiene ein schlicht gescheitelter Frauenkopf, wenn die Mode grade turmhohe Haartrachten fordert ; lächerlich die Ungeschnürte bei herrschender Wespentaille ; lächerlich der Unbezopfte unter Bezopften ; der Perückenlose unter Perückenstöcken, der Lockenumwallte unter Kurzgeschorenen ; lächerlich die Frau in Hosen, der Mann im Rockkleide ; aber jedesmal auch umgekehrt bei entgegengesetzter Trachtenregel ! „Schönheitspflästerchen“, Nasenringe, Tätowierungen, Hängebrüste, Krüppelfüße können zu den unerläßlichen Vorbedingungen des „guten Eindrucks“ gehören, wenn es die Mode befiehlt, und das ist bei Bildungsvölkern nicht um ein Haar anders als unter „Wilden“ ! Es läßt sich nicht ausdenken, bis zu welchem Grade das natürliche Gefühl durch Eindrucks g e w o h n h e i t e n zu verrücken ist, und man versteht es zum mindesten, wenn manche d e s h a l b die Meinung hegen, es könne von einer Naturwüchsigkeit der wertenden Auffassungsweise überhaupt nicht gesprochen werden, da eben alles und jedes, was man dafür halte, doch wieder nur einer herrschenden Mode entspreche ! Sie täuschen sich dennoch, wie wir an zwei Beispielen zeigen wollen.

Man durchblättere ein Buch mit Leibesabbildungen der verschiedensten Völker und lasse an seinem Blicke vorüberziehen die männlichen und vor allem die weiblichen „Typen“ der Japaner, Chinesen, Inder, Neger, Indianer, Feuerländer, Eskimos, Andamanen, Ainos, Tungusen usw., und nun frage man sich, n i c h t , welches Volk schöner als das andre sei, sondern: welche z. B. Japanerin würde mir unter den übrigen Japanerinnen am schönsten erscheinen, welche Indianerin unter den Indianerinnen, welche Tungusin unter den Tungusinnen usw., und man wird die vielleicht überraschende Wahrnehmung machen, daß die Auswahl durchweg auf diejenigen Personen fällt, die auch von den fraglichen Völkern für die jeweils schönsten erachtet werden! Es hält aber nicht einmal schwer, wenigstens einen Schlüssel zum Geheimnis der Übereinstimmung zu gewinnen. Zu dem Behuf durchwandere man nacheinander ein Museum für Völkerkunde, eine Antikensammlung und eine Sammlung von Gemälden alter Meister. Ungeachtet des noch viel gewaltigeren Unterschiedes, der zwischen der Totemfigur des Ozeaniers, dem Parthenonfries und einem Gemälde Rembrandts besteht, wird man nicht nur deren jedes „genießen" können, sondern auch alsbald bemerken, daß sie gemeinsam unter der Herrschaft des Rhythmus stehen! Worin übrigens noch der Wert des Anschaulichen liegen möge, soviel ist gewiß, daß unter sonst vergleichbaren Umständen der rhythmischere Eindruck den minder rhythmischen an innerem Gehalt übertrifft. Hier hätten wir mindestens ein Stück der „Gesetzmäßigkeit", die das sinnliche Auffassen der gesamten Menschheit beherrscht und zwar, wie im nächsten Kapitel zu zeigen sein wird, aus einem Naturgrund. — Einstweilen jedoch sprechen wir vom Verteilungsrhythmus, der nicht dasselbe ist wie „Rhythmus schlechthin", wohl aber von ihm eine Seite, und machen sofort die Anwendung auf die Handschrift.

Wer den anschaulichen Gehalt einer Handschrift ermitteln will, der muß zunächst einmal beiseitestellen seine persönliche Vorliebe für lateinische oder deutsche Schrift, für Großheit oder Kleinheit der Züge, für Dicke oder Dünnheit, Weite oder Enge, Bogen oder Winkel usw. Er muß ferner auch beiseitestellen jede Gewohnheitsregel. Es hat ihn garnichts mehr anzugehen, ob die Handschrift leserlich sei oder unleserlich, stahlfedergerecht oder griffelgerecht. Er betrachte sie vielmehr vorderhand so, als wäre sie nichts als eine mit Linien belebte Fläche, und erleichtere sich das womöglich dadurch, daß er das Blatt auf den Kopf stellt. Gelingt es ihm nun, alle jene Nebenrücksichten auszuschalten, so empfängt er unfehlbar von ihr den Eindruck schlechtweg eines Gebildes und wird alsbald einen ebenso sicheren Blick gewinnen für dessen sinnlichen Charakter wie für die sachlich bestimmbaren Eigenschaften. Damit lenken wir füglich zum Ebenmaß in der Handschrift zurück.

Es wird kaum einen Leser geben, der nicht ohne Besinnen Fig. 3 für ebenmäßiger hielte als Fig. 4, Fig. 21 für ebenmäßiger als Fig. 15, Fig. 28

als Fig. 29 ; aber auch die sehr unregelmäßige und nicht grade ebenmäßige Fig. 5 für immer noch ebenmäßiger als Fig. 15 oder als die gleichfalls minder unregelmäßige Fig. 20. Er ist also fraglos imstande, das Ebenmaß zu sehen ; und das dergestalt Gesehene fällt nicht zusammen mit der Regelmäßigkeit, da es sonst unmöglich wäre, beide zu unterscheiden. Fig. 72 ist weitgehend unregelmäßig, Fig. 68 ist es mindestens nicht weniger ; aber Fig. 68 ist ebenmäßiger als Fig. 72 ! Wer das nun erschaut hat, der darf sich die aufzeigbaren Hilfen zu eigen machen, mit denen wir jetzt seine Abschätzung des handschriftlichen Ebenmaßes unterstützen wollen. — Zu dem Behuf muß er nun allerdings das Schriftsystem kennen und somit imstande sein, nicht mehr nur Linien, sondern Buchstaben wahrzunehmen und ihre Ausführungsart zu beurteilen.

Hatte uns zur Abmessung der Regelmäßigkeit die Schwankungsbreite der Schriftelemente und insonderheit des Neigungswinkels gedient, so dient uns zur Abschätzung des Ebenmaßes in erster Linie und allein schon ausschlaggebend die Schriftverteilung. Um den Begriff der Schriftverteilung richtig anzuwenden, muß man sich folgendes klarmachen. Die Schrift besteht aus Strichen, die teils winklig aneinanderstoßen, teils bogig ineinander übergehen, teils endlich Schleifen bilden. Die Kurve im ersten Teil des kleinen deutschen g hängt nun im unmittelbaren Eindruck inniger mit der umkurvten Fläche zusammen als die drei Hauptrichtungen des kleinen i mit den zwischen ihnen befindlichen Flächenstücken ; die geschlossene Schleife vollends eines g oder h noch inniger mit ihrer Innenfläche als der offene g-Bogen mit der seinigen. Wir werden später sehen, daß gewisse Verschiedenheiten in der Behandlung der Bögen und Schleifen den Unterschied eines linearen oder mageren von einem flächigen oder vollen Schrifttypus begründen. Hier sollen uns jene Hinweise nur erst einen Begriff davon geben, inwiefern die einzelnen Buchstaben, unerachtet sie nur aus Linien bestehen, dennoch bald mehr, bald minder geschlossene Flächen darstellen und nicht bloß nach Länge und Richtung ihrer Teile, sondern auch nach dem Ausmaß der hineingenommenen Flächen optisch zur Wirkung kommen. Sofern überdies jedes einzelne Wort vom neben-, darüber- und darunterbefindlichen sich weiter getrennt zu finden pflegt als Buchstabe von Buchstabe innerhalb des Wortes, hebt sich die Worteinheit wiederum als geschlossene Flächengestalt gegen die lichten Lücken zwischen den Wörtern ab ; und es bietet infolgedessen das Schriftfeld ein jeweils eigentümliches Verhältnis der Wortkörper zu den Hintergrundsausschnitten dar, das bald den Eindruck des optischen Gleichgewichts, bald des

Widerstreites hervorruft. Jenes weist u. a. auf (unbewußtes) Ebenmaß und mithin auch auf (unbewußten) Verteilungsrhythmus, dieser auf (unbewußten) Mangel an Ebenmaß der erzeugenden Bewegung zurück. Man faßt die Massenverteilung am schnellsten auf durch heraushebende Beachtung der lückenreißenden Zwischenräume.

Stellen wir Fig. 78 in genügender Entfernung vom Auge senkrecht auf den Kopf und lassen wir den Blick von links nach rechts das ganze Vertikalband des Schriftfeldes durchlaufen, so erfreut uns ein im großen und ganzen gleichgewichtiger Wechsel von lichten Lücken und Wortsilhouetten. Tun wir dasselbe mit Fig. 15, so meinen wir bald über vorspringende Spitzen und unerwartete Auswüchse der Wortumrisse zu stolpern, bald gewissermaßen ins Leere zu fallen. Die Verteilung der Schriftmassen ist in Fig. 78 rhythmisch, in Fig. 15 hervorragend unrhythmisch. Jene wäre allenfalls einem dörflichen Gatter, diese einem schiefstreifig geführten Stacheldrahtzaun zu vergleichen. — Man kann die Verschiedenheit der Eindrücke noch genauer beschreiben.

Ein Element der Eindrucksverschiedenheit ist die Art der Zeilenführung. Keineswegs durchgehend wagerecht und bei objektiv ungleichen Abständen halten die Zeilen der Fig. 78 dennoch gleichwertige Zwischenräume inne, wohingegen die der Fig. 15 bald sich einander nähern, ja sich verstricken, bald kraftlos auseinanderfallen. Damit berühren wir schon das zweite Element der Unebenmäßigkeit in dieser : den völligen Mangel an Ausgewogenheit der Formen. Die Zeilenverstrickung findet jedesmal durch übermäßig verlängerte und widernatürlich aufgebauschte Unterschleifen statt, im Verhältnis zu denen die Oberlängen derselbigen Langbuchstaben verkümmert und vollends die Kurzbuchstaben zu klein geraten sind. Dagegen zeigt Fig. 78 optisches Gleichgewicht zwischen Oberlängen und Unterlängen wie ferner auch zwischen langer Länge und kurzer Länge. Wie bald ein Verstoß gegen dieses das Ebenmaß stören müsse, geht aus folgender einfachen Erwägung hervor. Ein Künstler, der einen Text zierschriftlich („ornamental“) ausführen soll, wird seine Aufgabe ungleich leichter lösen mit sog. Antiquaversalien (A, B, C, D, E . .), die samt und sonders innerhalb einer Höhenstufe verbleiben, als mit Hilfe einer dreistufigen Laufschrift, wenn deren Langlängen die Kurzlängen um das Fünffache oder gar Siebenfache übertreffen ! Mit der Ungleichheit der Buchstabenhöhen wächst auch die Schwierigkeit rhythmischer Massenverteilung ; daher wir die Regel aufstellen dürfen : bei vergleichbaren Nebeneigenschaften sinkt der Verteilungsrhythmus der Handschrift mit wachsender Längenunterschiedlichkeit. In Fig. 78 verhält sich der Durchschnitt der Kurzlängen zum Durchschnitt der Langlängen zwar auch schon etwa wie 1 : 7, in Fig. 15 aber wie 1 : 25 ! Die drei Handschriften auf Tafel VI zeigen den erheblichsten Mangel an Verteilungsrhythmus und gehen demgemäß auch alle weit über den Durchschnitt der Längenunterschiede hinaus. Dabei ist Fig. 19 regelmäßig, Fig. 20 einigermaßen regelmäßig und nur Fig. 18 mehr unregelmäßig.

Haben wir erst für den Verteilungsrhythmus der Handschrift den Blick geschärft, so werden wir leichtlich seiner Störungen inne. Es genügt im allgemeinen schon zu ermitteln, ob die Unregelmäßigkeit innerhalb des herrschenden Verteilungsrhythmus selber wieder Rhythmus verrate oder aber eines solchen ermangle. Zur Erleichterung für den Leser ersetzen wir die rhythmische Unregelmäßigkeit durch die periodische Schwankung, die unrhythmische Unregelmäßigkeit durch die unperiodische Schwankung. Fig. 78 zeigt ein beträchtliches Schwanken in der Länge der Kurzbuchstaben : der Spielraum reicht von knapp 0,5—4 mm ! Gehen wir sie nun aber Wort für Wort und Silbe für Silbe durch, so erweist sich die Höhenverschiedenheit als einem periodischen Wechsel unterworfen. In der zweiten Zeile ist der Grundstrich im Schlußteil des h im „Ich“ kleiner als das voraufgegangene c, im nächsten Worte „sende“ das e kleiner als das s, das n kleiner als das e, das Schluß-n im darauffolgenden „Ihnen“ kleiner als das voraufgegangene e, dieses kleiner als das voraufgegangene n, der zweite Grundstrich im Worte „meines“ der dritten Zeile etwas kleiner als der erste und der dritte wieder kleiner als der zweite, der zweite u-Strich in „Buches“ kleiner als sein Vorläufer, und ähnlich in der weit überwiegenden Mehrzahl der Fälle. Statt schlechthin regelloser Unterschiede von klein und groß finden wir also ein periodisches Kleinerwerden der Wörter, Silben und zum Teil noch der Einzelbuchstaben. Im Verhältnis dazu wirkt z. B. der stark verlängerte Abstrich des zweiten r in „verehrte“ der ersten Zeile sofort im Sinne einer Störung des Verteilungsrhythmus; ebenso einigermaßen der verkümmerte Schlußteil im h von „Jahrgangs“ der fünften Zeile. Angesichts der verhältnismäßigen Seltenheit solcher Störungen ist die Handschrift der Fig. 78 jedenfalls eine vorwaltend ebenmäßige zu nennen.

Demgegenüber zeigt z. B. Fig. 79 zum ersten eine schon minder günstige Massenverteilung, die sich auch in übertriebener Längenunterschiedlichkeit äußert ; zum andern und vor allem aber innerhalb des auch ihr noch eigenen Verteilungsrhythmus bedeutendere Störungen des periodischen Wechsels. Man braucht etwa nur die Kurzlängen in „erwerben können“ der zweiten Zeile zu betrachten, um nicht nur ihre erheblichen Längenunterschiede zu bemerken, sondern auch die Verschiedenheit in der

Aufeinanderfolge von größeren und kleineren Längen. Die Mittel- und Langlängen dieser Handschrift werden häufig am Wortschluß schräger, vgl. Zeile 1 „wodurch“, „Vermögen“, „sich“ ; aber fast ebenso oft geschieht das Gegenteil, vgl. Zeile 2 „Falls“, Zeile 3 „Kapital“, Zeile 4 „beteiligen“, Zeile 5 „Bibliothek“. Der Verteilungsrhythmus ist also nicht bloß schwächer sondern zumal auch gestörter oder : Fig. 79 hat vergleichsweise das g e r i n g e r e E b e n m a ß.

Wir dürfen es mit diesen Anschauungsübungen genug sein lassen, da deren später noch Dutzende folgen werden, und wenden uns nunmehr zur Bedeutungsermittlung und zwar zunächst des Grades an Ebenmaß. Setzen wir vorderhand ohne Beweis voraus, was weiter unten genauer begründet wird, daß die „Natur“ selber ein rhythmischer Sachverhalt sei, so müßten sämtliche Bewegungen auch des Menschen umso rhythmischer verlaufen, je mehr er sich im „Naturzustande“ befände. Ein Blick auf die sog. Naturvölker kann das bestätigen. Man übertreibt nicht, wenn man sagt, sie tanzen ihre Götterdienste, tanzen ihre Feste und verrichten tanzend die bemühendste Arbeit im Takte gemeinsamer Lieder ! Aber auch uns noch löst sich die Zunge, rühren sich leichter die Glieder, wird das Schreiten zum Tanz, wann wir das Joch des Geistes vorübergehend abwerfen konnten, sei es aus großer Freude, sei es nach mäßigem Genuß betäubender Getränke; und darum soviel leichter in der Jugend als im Alter ! Hat doch gewiß nicht aus Zufall die Sprache das e i n e Wort des „Rausches“ bereit, um den Zustand sowohl des Weinberauschten als auch des Glücksberausch ten zu kennzeichnen ! Der Rausch aber ist ungeistiger, willkürloser und naturhafter als die vollbesinnliche Nüchternheit und bildet im Verhältnis zu ihr den Übergang zum bewußtlosen Schlafzustande, wo die Lebensbewegungen des Pulses und des Atems, wie jedermann weiß, den höchsten Grad von rhythmischer Gleichförmigkeit erreichen. Vergegenwärtigen wir uns indes, durch was unter anderem der Geist geweckt zu werden pflegt!

Wir können nicht wach sein, ohne nicht fort und fort wechselnde Eindrücke zu empfangen ; und wir empfangen keinen einzigen Eindruck, der nicht auch leise Schwankungen unsrer Gefühle mit sich brächte. Für gewöhnlich sind solche viel zu schwach, als daß sie uns bemerklich würden. Nehmen wir jedoch an, jemand sitze am Schreibtisch, in eine Arbeit vertieft, und plötzlich ertöne im Nebenzimmer ein lauter Knall ; dann mag er beschaffen sein, wie er will, er wird wenigstens einen Augenblick lang erschrecken. Der Eindruck braucht also nur hinreichend stark zu sein, um das Lebensgefühl eines jeden wenigstens vorübergehend zu stören. Aber während nun der eine bloß eine leichte Veränderung von Puls und Atem erlitte, sofort sich wieder beruhigt hätte und darauf gemessen sich anschicken würde, der Ursache des Eindrucks nachzugehen, sähen wir den andern erbleichen, mit Heftigkeit aufspringen und ohne Besinnen ins Nebenzimmer stürzen: derselbe Eindruck also wirkt unter übrigens ähnlichen Umständen auf diese Person um viele Male erregender ein als auf jene! Der Grad der Gefühlserregbarkeit ist eine persönliche Eigenschaft, deren Wesen uns noch genauer beschäftigen muß.

Ihre Gegensätze dürfen nicht verwechselt werden mit dem früher besprochenen Gegensatz von Willensvorherrschaft und Vorherrschaft der Triebe. Dort war von Gefühlen schlechthin, hier ist nur insofern von Gefühlen die Rede, als sie von Störungen des inneren Gleichgewichts sprechen. Die „Affekte“ sind nicht sowohl lebendige Wallungen als vielmehr dergleichen Wallungen, mit denen das Lebensgefühl sich eines von außen kommenden Eindrucks erwehrt. Ein andres ist die verhältnismäßige Stärke der Gefühle und wieder ein andres die Stärke der Gefühlserregbarkeit. Das wird uns sogleich verständlicher werden durch Betrachtung der charakterologischen Folgen.

Vorderhand haben wir festzustellen: das Ebenmaß der Handschrift entspricht dem Grade des persönlichen Mangels an Erregbarkeit, der Mangel an Ebenmaß dem Grade der persönlichen Erregbarkeit. Der sehr unebenmäßig Schreibende ist ein hochgradig erregbarer Charakter, der sehr ebenmäßig Schreibende ein schwer erregbarer Charakter. — So durchsichtig das Ergebnis auf den ersten Blick erscheinen möchte, so offenbart uns die genauere Betrachtung dennoch wieder einen ganz eigentümlichen Doppelsinn. Fassen wir zunächst die gesteigerte Erregbarkeit ins Auge, so zeigt es sich nämlich sofort, daß sie sowohl von einer gewissen Lebensarmut als aber auch von erhöhter Lebendigkeit zeugen könne. Leicht gestört ist der Reizbare, aus geringfügigen Anlässen Verstimmte, der um nichts und wieder nichts Aufgeregte, der „Fahrige“ und Unrastvolle; leicht gestört ist aber auch der „Sensible“, Empfängliche, Feinfühlige! Die Störbarkeit der ersten Art entspringt aus der Dünne des Seelenlebens und einem damit nicht selten verbundenen Hunger nach Speisung von außen, demzufolge geringwertige Eindrücke eine sonst unbegreifliche Bedeutsamkeit erlangen und nur darum auch als störend empfunden werden; mit der Störbarkeit der zweiten Art, die wir besser Erregbarkeit nennen, kündet sich eine hohe seelische Zartheit an, die vom Eindruck deshalb leicht beunruhigt wird, weil sie noch seinen schwächsten Gefühlswerten offensteht. Dort ist die Seele nach außen gekehrt aus Mangel an Widerstand gegen fremdes Leben, hier aus Aufgeschlossenheit für das fremde Leben. — Umgekehrt dasselbe ergibt sich für den verhältnismäßigen Mangel an Störbarkeit. Wer ganz von einem Gedanken, einem Ziel, einem Herzenswunsch, einer Liebe, einer Leidenschaft voll ist, an dem fliehen tausend Eindrücke unaufgefangen vorbei, die den Lebensdünnen reizen oder belästigen. Ihm wohnt Gelassenheit, Ruhe, Gleichmut inne. Aber auch derjenige fühlt sich nicht weiter gestört und belästigt, dessen Seele ein „dickes Fell" besitzt! Unempfänglichkeit, Mangel an Eindrucksvermögen, Empfindungslosigkeit, Stumpfheit, Gleichgültigkeit sind nur verschiedene Namen für das Gegenteil jener Aufgeschlossenheit, aus der wir die Schwingungsbereitschaft des Zartfühlenden verstanden haben.

Im Hinblick auf die Tatsache, daß der Verteilungsrhythmus vom „Rhythmus schlechthin" eine Seite bildet, erregt es vielleicht Verwunderung, für ein mindestens nicht schlechtes Ebenmaß die Möglichkeit negativer Ausdeutung erwogen zu sehen. Obwohl sich die Fraglichkeit klären wird durch die Erörterungen über das Formniveau im nächsten Kapitel, sollen uns ein paar Beispiele zeigen, daß ein vorwiegend negativ auszulegendes Ebenmaß ohne gedankliche Vorbereitung wahrnehmbar ist. Weist auch Fig. 48 höheres Ebenmaß auf als Fig. 52, so kann doch diese gewiß nicht als unebenmäßig bezeichnet werden. Wer aber, wenn er das Auge wandern läßt, sähe an ihr nicht mit einem Blick die verhältnismäßige Stumpfheit! Oder: die verworren anmutenden Züge von Fig. 83 bleiben an Ebenmaß ohne Zweifel zurück hinter den gleichsam abgeklärten der Fig. 84. Allein es bedarf nicht der erst später folgenden Begründung, damit man an Fig. 84 etwas vom Charakter der Hohlheit gewahre. — Wir wenden zur seelenkundlichen Betrachtung zurück.

Wir erkennen jetzt klarer den Grund des Unterschiedes von verhältnismäßiger Stärke des Gefühls auf der einen Seite und verhältnismäßiger Leichtigkeit seiner Erregungen auf der andern. Wir gewinnen den Begriff der Gefühlsstärke durch Vergleichung der Wirksamkeit des Gefühls mit der Wirksamkeit des Willens, dagegen den der Gefühlserregbarkeit durch Vergleichung des Gefühls mit seinem Anlaß. Wie es gemeinmenschliche Beziehungen zwischen Fühlen und Wollen gibt, so auch gibt es gemeinmenschliche Beziehungen zwischen dem Gefühl und dem Anlaß desselben, dergestalt daß wir sowohl ein bestimmtes Gefühl als auch einen bestimmten Erregungsgrad dieses Gefühls erwarten, wofern uns der Anlaß dazu bekannt ist. Beruht die Vorherrschaft des Gefühls bald auf der Stärke der Triebe, bald auf der Schwäche des Willens, so dagegen die hochgradige Gefühlserregbarkeit einmal auf Störbarkeit, zum andern auf

Aufgeschlossenheit; und entspringt die Vorherrschaft des Willens bald aus der Willensstärke, bald aus der Schwäche der Triebe, so dagegen die Schwererregbarkeit des Gefühls einmal aus Gleichmut, zum andern aus Stumpfheit. Störbarkeit und Aufgeschlossenheit sind aber unverkennbar geeignet, jene Wachheit des Geistes herbeizuführen, in der wir die Vorbedingung des Schwankens der Stimmungen überhaupt erblickten; Gleichmut und Stumpfheit hingegen müssen der „Ungewecktheit“ förderlich sein. — Endlich kann Leichterregbarkeit des Gefühls die Vorherrschaft des Willens erschweren, Schwererregbarkeit sie erleichtern; daher denn die unebenmäßige Handschrift oft auch noch unregelmäßig, die ebenmäßige wenigstens nicht allzu selten auch noch regelmäßig ausfallen mag. Allein wir haben zum Teil schon gesehen und werden es in der Folge wiederholt bestätigt finden, daß Ebenmaß und Regelmäßigkeit selbst dann noch gradverschieden zur Geltung kommen, wenn beide auf derselben Seite vom Durchschnitt liegen; womit die Verschiedenheit der Erregbarkeit des Gefühls von seiner Stärke im Verhältnis zum Willen auch ausdruckswissenschaftlich bestätigt wird.

Auch für das Ebenmaß also gilt, daß der Anschein der Eindeutigkeit einer wirklichen Zweideutigkeit zu weichen hat. Ungestörter Ablauf der Schreibbewegung spricht für ruhige Gelassenheit, aber auch für Mangel an Eindrucksvermögen; gestörter Ablauf für Feingefühl, aber auch für seelische Störbarkeit! Übersichtstafel II vereinigt wieder nach Plus und Minus die wichtigsten Charakterzüge, die in den Gradgegensätzen des Ebenmaßes zum Ausdruck kommen.

Tabelle II.

Ebenmaß Geringe Erregbarkeit		Mangel an Ebenmaß Große Erregbarkeit	
+	—	+	—
Gleichmut	Stumpfheit	Aufgeschlossenheit	Störbarkeit
Gelassenheit	Unempfänglichkeit	Empfänglichkeit	Affizierbarkeit
Ruhe	Starrheit	Zartheit	Reizbarkeit
Beschaulichkeit	Indifferenz	Feingefühl	Irritierbarkeit
„Harmonie“	Apathie	Eindrucksvermögen	Verstimmbarkeit
(Heiterkeit)	Dickfelligkeit	Sensibilität	Empfindlichkeit
		Gewecktheit	Aufgeregtheit
			Unruhe
			Fahrigkeit
			Launenhaftigkeit
			(Krittelei)
			(Sensationsbedürfnis)
			(Neugierde)
			(Klatschsucht)

II. KAPITEL

DOPPELDEUTIGKEIT UND FORMNIVEAU

Die Doppeldeutigkeit der Ausdrucksmerkmale. — Die Doppeldeutigkeit, die wir bisher für zwei Schrifteigenschaften, für Ebenmaß und Regelmäßigkeit, erwiesen haben, kehrt nun bei j e d e r Schrifteigenschaft wieder, ja bei jeder Eigenschaft des Ausdrucks überhaupt, und weist auf einen Sachverhalt von allergrößter Allgemeinheit zurück. Gefühlsschwäche, Willensstärke, Gefühlserregbarkeit usw. s i n d zwar nicht „Kräfte", aber sie haben mit den Kräften eines gemein : nämlich g e s t e i g e r t werden zu können. Wen wir mit Recht willensstark nennen, dem messen wir m e h r Willensstärke bei als dem zweifellos Willensschwachen, dem Gescheiten m e h r Gescheitheit als dem Dummen, dem Aufrichtigen m e h r Aufrichtigkeit als dem Lügenhaften und so fort. Da uns die Beantwortung der Frage, wieso überhaupt von einem Mehr und Weniger in Hinsicht auf Eigenschaften könne gesprochen werden, die nichts einer Menge auch nur Ähnliches haben und darum durchaus nicht wie jene durch Zahlen bestimmbar sind, weit über die hier gesteckten Grenzen hinausführen würde, so bescheiden wir uns mit der Tatsache selbst und leiten aus ihr das Recht ab, jede Charaktereigenschaft in Gemäßheit (= nach Analogie) einer Kraft zu betrachten. Dadurch erleichtern wir uns außerordentlich die Herleitung des notwendigen Doppelsinns aller Ausdruckszüge.

Wird auf einunddieselbe Billardkugel zweimal nacheinander ein Stoß ausgeübt, der zweite doppelt so stark als der erste, so bewegt sie sich beidemal fort, aber im zweiten Fall doppelt so schnell als im ersten. Träfe jedoch der doppelt so starke Stoß eine zweite Billardkugel vom doppelten Gewichte der ersten, so rollte sie nur ebenso schnell wie die erste Kugel beim halb so großen Stoß. Um also aus der Geschwindigkeit eines bewegten Körpers die Größe des Impulses zu ermitteln, müssen wir außerdem noch kennen die Größe des W i d e r s t a n d e s , die sich im fraglichen Falle zusammensetzt aus dem Reibungswiderstand des zu durchmessenden Mittels und der Masse des Körpers.

Der meßbaren Geschwindigkeit der Kugel entspricht die äußerlich sichtbare Ausdrucksbewegung. In ihr kommt zur Erscheinung das im Menschen jeweils sich abspielende Erlebnis. Wie nun aber jene Bewegungsgeschwindigkeit das Ergebnis des Gegeneinanderwirkens von Größe des Antriebs und Größe des körperlichen Widerstandes ist, ebenso ist das sich äußernde Erleben das Ergebnis des Gegeneinanderwirkens von seelischer Triebkraft und seelischem Widerstande; und ebenso wie die Geschwindigkeitsgröße bald von der Stärke des Antriebs, bald von der Schwäche des körperlichen Widerstandes herrührt, ebenso rührt die Stärke des Ausdrucks einmal von der Stärke der seelischen Triebkraft her, zum andern von der Schwäche des seelischen Widerstandes. Wir müssen also stets zu zwei auf bestimmte Art gegensätzlichen Schlüssen kommen, je nachdem wir der einen oder der andern Voraussetzung den Vorzug geben. Wir veranschaulichen den Sachverhalt am Beispiel einer sog. Triebhandlung.

Zwei Knaben stehen vor einem Tulpenbeet: der eine (A) reißt sofort einige Blumen ab, der andre (B) unterläßt es. Ginge daraus zwingend hervor, daß A das stärkere Verlangen nach den Blumen besessen habe als B? Gewiß nicht! A kann wirklich das stärkere Verlangen, beide können aber auch das gleiche Verlangen, und endlich kann sogar B das stärkere Verlangen besessen haben. Wir brauchen nämlich nur anzunehmen, daß B sich dreimal so sehr vor Strafe zu fürchten pflege als A, dann würde sein Verlangen doch nicht zum Handeln führen in einem Falle, wo das halb so starke Verlangen des andern Knaben eben noch hinreichte, die Furcht zu überwinden! Wir könnten demnach aus der wahrgenommenen Handlung schließen: A hat von beiden das stärkere Begehrungsvermögen; und wir könnten ebenfalls aus ihr schließen: A hat von beiden die schwächere Widerstandskraft. Das will aber sagen: wir können mit Sicherheit weder das eine noch auch das andre wissen! Und ebenso verhält es sich nun mit jeder Bewegung des Menschen, in der ein Seelenvorgang wahrnehmbar wird.

Ja, unsre Darstellung vereinfacht den Sachverhalt noch allzu sehr, indem sie den Anschein erweckt, als kämen Erlebnisse zur Erscheinung nur durch die Stärke der Antriebe, wo doch nicht minder sich äußern die Antriebsgestalten. Auch zwischen ihnen aber und den Bewegungsgestalten liegen bald große, bald allzu geringe Widerstände. Außerdem besteht hier ein Wechselverhältnis, insofern, bildlich geredet, die Stromstärke des Erlebens sich persönlich verschieden verteilt auf Bewegungsverstärkung und Bewegungsgestaltung und dadurch der einen zuführt, was sie der andern nimmt. Wenige Beispiele mögen das anschaulich machen. — Wie wollten wir aus der Lautheit des Stimmenschalls den Grad der Erregung entnehmen, wenn der eine drauflosschimpft, während der andre geschliffene Bosheiten flüstert ; wie aus der Wucht des Auftretens die Stärke des Tatkraft, wenn einer in seinen Entschlüssen „kalt“ bleibt, während der andre sich daran begeistert ; wie aus der entgegenkommenden Gebärde die Größe des Wohlwollens, wenn der eine mit ihr seiner wirklichen Güte folgt, während der andre nur „sich gehen läßt“ ! Hat ein Ausdrucksmerkmal X die möglichen Bedeutungen a, b, c, so m u ß es auch die möglichen Bedeutungen —a', —b', —c' besitzen ; und kann ein Merkmal Y unter anderem f, g, h bedeuten, so m u ß es zudem bedeuten können —f', —g', —h'. — Wie aber werden wir dann zwischen den je gegensätzlichen Fällen die richtige Auswahl treffen ?

Bevor wir darauf antworten, ist eine Worterklärung erforderlich. Triebe sind nicht Trieb f e d e r n (=Interessen). Indes, selbst wenn wir zunächst davon absehen, daß die Triebfederschicht der Persönlichkeit zu existieren aufgehört hätte ohne die tiefer gelagerte Schicht der Triebe, so bleibt doch das Wirkungsvermögen auch der Triebfedern nach Stärke und Spannweite angewiesen auf den persönlichen Lebensvorrat, den wir in diesem Zusammenhange nach Analogie (!) eines Kräftevorrats zu behandeln übereingekommen sind. Indem wir auf ihn zurückgreifen, dürfen wir es uns ausnahmsweise erlassen, beide, Triebfedern und Triebe, zu unterscheiden, und bedienen uns hier und allerdings nur hier des Wortes Trieb, um die Grundlage sämtlicher Antriebe zu bezeichnen, mögen ihrer noch so viele u n mittelbar aus Interessen stammen.

Legen wir dem Merkmal X die Bedeutung a zugrunde, so haben wir es aus dem D a s e i n der Kraft eines Triebes verstanden ; wenn aber die Bedeutung —a', alsdann aus der A b w e s e n h e i t einer Gegenkraft. Das Leben selber muß den Trieb, das Leben selber auch den Gegentrieb speisen, damit jener wie dieser die „Kraft“ gewinne, die ihn befähigt, sich geltend zu machen. Wir wüßten somit, ob mehr mit dem Dasein oder mehr mit der Abwesenheit von Trieben zu rechnen sei, wofern wir wüßten, wie das Leben selber zum Ausdruck komme, das Leben a b g e s e h e n von seiner Sonderung in verschieden geartete Regungen. Kännten wir nämlich den Ausdruck des Lebens selber, so hätten wir an ihm einen Maßtab der Lebens f ü l l e und könnten daraus für jeden Einzelfall abwägen, ob er mehr für Lebensreichtum oder mehr für Lebensarmut spreche. Im ersten Falle wäre zur Deutung jedes beliebigen Ausdrucksmermals das Dasein, im zweiten die Abwesenheit eines Triebes herbeizuziehen, insofern es sich irgend mit den übrigen Befunden vertrüge. Demgemäß stehen wir jetzt vor der neuen Frage: worin drückt sich das Leben selber aus *)?

Rhythmus und Takt. — Das gesamte erscheinende Weltall ist ein rhythmischer Sachverhalt. Die Naturwissenschaft hat richtig herausgefunden, wenn auch schwerlich schon recht verstanden, die rhythmische Natur von Schall, Wärme, Elektrizität und Licht. Sie braucht den Begriff der Polarität, d. i. der rhythmischen Seitlichkeit, um sei es den Magnetismus, sei es die Bewegungen der Gestirne auf ihre Weise zu deuten. Periodisch verlaufen „Konjunktionen“ und „Oppositionen“, periodisch „Präzessionen“ und „Nutationen“; die Achsendrehung verseitlicht die Massenhälften des Einzelsterns; die selbstleuchtenden Stehsterne verhalten sich polar zu den nur beleuchteten Wandelsternen usw. Wir können indes auf astronomische Aufschlüsse verzichten und dürfen uns nur an die jedermann geläufigen Erscheinungen des rhythmischen Wechsels von Tag und Nacht, von Ebbe und Flut, von Sommer und Winter erinnern, um es zur Gewißheit zu erheben, worauf an dieser Stelle das ganze Gewicht fällt, daß nämlich ein Stern von durchweg rhythmisch gegliederten Schicksalsläufen auch nur einem rhythmisch gegliederten Eigenleben zur Aufenthaltsstätte dienen könne. Die Polarität von Geburt und Tod, Entstehen und Vergehen, Wachheit und Schlaf umfaßt, in weiterem Sinne verstanden, die ganze organische Welt. Die allgemeine Schwere verseitlicht alle Geschöpfe nach einem wirklichen Oben und Unten. Die Polarität der beiden Geschlechter reicht von den niedrigsten bis zu den höchstentwickelten Metazoen hinauf. Der Gegensatz von arktischer und äquatorialer Zone wiederholt sich in entsprechenden Gegensätzen ihrer Bewohner. Größer noch als die Verschiedenheit der Totemfigur des Polynesiers von einem Gemälde von Rubens ist die der Pflanzengestalt von der des landbewohnenden Säuge-

*) Für Leser, die physikalisch zu denken gewohnt sind, ist die folgende Erläuterung vielleicht nicht überflüssig. Der hier in Rede stehende Gegensatz von Lebensfülle und Lebensarmut hat nicht das mindeste zu tun mit dem von „lebend“ und „tot“ und vollends nicht mit dem von „lebend“ und „unlebend“. Das lebende Tier, das man schlachtet, wird zum toten Tier. Der Stein ist weder lebend noch tot, sondern unlebend. Von alledem durchaus zu unterscheiden ist der Lebens r e i c h t u m des Lebensträgers oder mit andern Worten die in seinen besten Augenblicken ihm erreichbare Tiefe, Intensität und Mannigfaltigkeit des E r lebens. „Somit muß es wahr sein“, äußert Seneca, „was einer der größten Dichter orakelartig sagt: ‚Nur einen kleinen Teil des Lebens leben wir‘. Alles andre ist nur Lebenszeit, nicht wahres Leben.“ Und: “Man darf also nicht meinen, jemand habe lange gelebt, weil er grau und runzlig ist: er hat nicht lange gelebt, er ist nur lange da gewesen.“

tiers; und dennoch zeigen sie beide die nämliche Seitlichkeit! Vogel, Pferd und Mensch, aber auch jedes Blatt jedes beliebigen Baumes hat eine rechte und eine linke Hälfte, die sich annähernd ähnlich verhalten wie Urbild und Spiegelbild! Zeitlich rhythmische Wiederkehr und räumlich rhythmische Seitlichkeit sind den Millionenheeren der Erscheinungsformen alles Erdenlebens gemein *)! — Wir wollen es am zeitlichen Rhythmus erläutern, worin das Erkennungszeichen d e r Wiederholung zu suchen sei, die allein mit Recht den Namen der rhythmischen trägt.

Jedes Lied hat seinen Rhythmus u n d seinen Takt. Vielleicht war es nötig, beide erst einmal miteinander zu verwechseln, damit man lernte, sie streng auseinanderzuhalten. Obgleich sie nämlich in Vers und Lied wie ein Tänzerpaar verbündet scheinen, sind sie nach Wesen und Herkunft nicht bloß Gegensätze, sondern selbst streitende Gegensätze, die von allen Geschöpfen allein der Mensch nicht ohne Gewalt zusammenzwang. Rhythmisch ist das Flügelschlagen ziehender Wandervögel, das Traben noch ungebändigter Pferde, das wellenhafte Gleiten der Fische; aber nach dem Takte zu laufen, zu fliegen, zu schwimmen vermögen die Tiere ebensowenig, wie etwa wir es fertigbrächten, nach dem Takte zu atmen. Dampfmaschinen, Schmiedehämmer, Pendeluhren gehen im Takt, aber nicht im Rhythmus; eine vollendete Prosa hat vollendeten Rhythmus, aber durchaus keinen Takt. N i e t z s c h e vergleichnist gelegentlich den Widerstreit mit der geistvollen Bemerkung, dichten heiße „in Ketten tanzen": der Tanz wäre hier der Rhythmus der Sprachbewegung, die Kette das Metrum! Mancher Jünger der Kunstmusik schärft im Anfang sein Taktgefühl durch Zuhilfenahme eines Metronoms; allein das dergestalt Erlernte muß er beizeiten wieder zu v e r lernen trachten, wenn es nicht heißen soll, sein Spiel sei „mechanisch", seelenlos, tot! Rhythmisch äußert sich und erscheint das L e b e n ; mit dem Takte dagegen zwingt den rhythmischen Lebenspulsschlag unter das nur ihm eigentümliche Gesetz der G e i s t . Die räumliche Regelung eines Gebildes stammt aus derselben Quelle wie die zeitliche Regelung, auf die man den Taktbegriff zu beschränken pflegt. „Takt", von tangere = schlagen, nennt den in immer selbigen Zeitabschnitten erfolgenden Schlag, der den rhythmischen Ablauf jedesmal u n t e r b r i c h t und seinem stetigen Auf und Ab die U n stetigkeit einer R e i h e unterstellt. Wie die Folge der Taktschläge eine zeitliche Reihe, so bildet die Folge etwa der Teilungsstriche der Meßschnur eine räumliche Reihe, und wie diese der fast mathematisch genauen

*) Bei radial gebauten Tieren besteht natürlich nur die Polarität des Oben zum Unten.

Wiederholung von Raumstrecken, so dient jene der gleicherweise genauen Wiederholung von Zeitabschnitten. Was wäre nun demgegenüber der Rhythmus?

Die eine Seite seines wesentlichen Eigencharakters enthüllt uns bereits der Name „Rhythmus", von rheein = fließen, mit dem nicht zu verkennenden Hinweis auf jene schon flüchtig berührte Stetigkeit, die uns am schönsten der Anblick der Wasserwelle versinnlicht. Ihr unablässiger Wechsel von Berg und Tal vollzieht sich ohne Einschnitt, Sprung oder Riß aus einer unmerklich allmählichen Wandlung zwischen zwei Grenzzuständen. Sie offenbart uns auch gleich das zweite Wesensmerkmal des Rhythmus: nämlich in stets nur ähnlichen Zeiten immer nur Ähnliches wiederzubringen! Keine Wasserwelle hat genau die gleiche Gestalt und Dauer der vorigen, kein Atemzug und Pulsschlag genau die gleiche Länge des nächsten, keine linke Seite eines Blattes, Tieres oder Menschen spiegelt genau die rechte. Wenn die nie zu vermeidende Teilhaberschaft von Lebensvorgängen an ausnahmslos jeder menschlichen Handlung überdies sogar die Herstellung von zwei mathematisch genau gleich langen Maßstäben oder von zwei mathematisch genau gleich gehenden Uhren unmöglich macht, ja selbst zwei mathematisch genau gleiche Ablesungen derselbigen Zeitfrist oder derselbigen Raumstrecke ausschließt, so zeugt das natürlich erst recht von der soeben entwickelten Grundeigenschaft des lebendigen Rhythmus, darf aber nicht etwa dienen sollen, um den Unterschied von mechanischen und lebendigen Gebilden zu verwischen. Denn die Größenverschiedenheiten mechanischer Kopien können nur mit Hilfe besonderer Werkzeuge, die das Leistungsvermögen der Sinne vervielfältigen, und anhand wissenschaftlicher Vergleichsmethoden festgestellt werden, wohingegen diejenigen der rhythmischen Wiederkehr merklich und ein Bestandstück des unmittelbaren Eindrucks sind.

Das Ähnlichkeitserlebnis, das der Auffassung zeitlicher und räumlicher Rhythmen zugrunde liegt, ist ein Urphänomen, das ebenso zur Schätzung der Gleichheit wie auch der Ungleichheit taugt. Sofern zwei Gebilde einander bloß ähneln, sind sie voneinander merklich verschieden; und darin nun besteht das Eigentümliche der rhythmischen Gliederung, daß innerhalb eines Grenzbereichs, jenseits dessen die Störung des Rhythmus begänne, die Abweichung von der Regel einer beständigen Größenschwankung unterliegt, die sich jeder Berechnung entzieht. Mäßen wir mathematisch genau die Taktlängen eines tonkünstlerischen Vortrags von rhythmischer Vollkommenheit, so ergäbe sich ein Nacheinander von bald um ein weniges zu kurzen, bald um ein weniges zu langen Takten, für das wir nicht einmal imstande wären, ein Gesetz der Abfolge aufzufinden, geschweige denn der Abweichungsgrößen! Die rhythmische Überlegenheit antiker und mittelalterlicher Bruchsteinbauten über solche der Neuzeit liegt nicht bloß in der höheren Vollkommenheit des sog. Stils, sondern, wie denkenden Architekten auch nicht entging, vorzüglich darin, daß man es vermied, mit fabrikmäßig zugeschnittenen Steinen von genau gleicher Größe zu bauen, und dergestalt die Wandflächen mit einer fesselnden Mannigfaltigkeit merklich verschiedener Fugenlinien belebte!

Absichtlich haben wir bei der Aufzählung rhythmischer Züge der Lebenserscheinungen den wichtigsten übergangen, weil er in der Geschichte des bisherigen Denkens nur selten zutreffend gewürdigt wurde: wir meinen die sog. Fortpflanzlichkeit. Ihr zufolge hängt alles heute Lebendige mit den allerersten Protoplasmen zusammen, die vor Jahresmillionen auf Erden entstanden. Eine nirgends unterbrochene Kette knüpft jedes Eigenwesen der Gegenwart an die Eigenwesen der frühesten Vorzeit an und nimmt sie alle in den einen und selben durch Jahresäonen und über die ganze Erde ausgespannten Lebens v e r b a n d. Worin b e s t e h t nun aber das Bindende, da doch die Einzelwesen voneinander getrennt und für sich selber lebendig sind?

Vom Buchbaum fällt eine Buchecker und gedeiht im Waldesboden zum neuen Baum. Lebt etwa die Mutterbuche im Buchenkinde fort? Gewiß nicht! Jene können wir umhauen und verbrennen, dieses wächst fröhlich weiter. Oder lebt etwas vom S t o f f der alten in der erneuerten Buche? Ebenfalls nicht! Denn der vollerwachsene Jungbaum birgt auch nicht ein Atom mehr vom Stoff der Frucht, aus der er gedieh! Wenn aber im neuen Individuum weder das alte Individuum noch auch dessen Materie erhalten bleibt, w a s ist es denn eigentlich, das durch Abertausende von Geschlechtern ununterbrochen h i n d u r c h r e i c h t? Die Antwort lautet: ein B i l d! Das Bild der Eiche, das Bild der Föhre, das Bild des Fisches, das Bild des Hundes, das Bild des Menschen kehrt in jedem Einzelträger der Gattung wieder. „Fortpflanzung" heißt der physikalisch ewig unzugängliche Vorgang der Weitergabe des Urbilds der Gattung von Ort zu Ort und von Zeit zu Zeit. Das wandernde aber ist ein s i c h w a n d e l n d e s Bild, und unser Vermögen des Wiedererkennens der Gattung in jeglichem Einzelträger zusamt der Befähigung, nach jener ihn zu benennen, gründet wiederum im Erlebnis der Ä h n l i c h k e i t. Nicht gleich, aber ähnlich ist dem Jüngling der Mann, nicht gleich, aber ähnlich das Kind seinen Eltern, nicht gleich, aber ähnlich jede heutige

Gattung der Stammesart, der sie entzweigte, da denn in nur weit längeren Fristen die Arten nicht weniger entstehen und vergehen wie ihre einzellebendigen Träger. „Keiner bleibt“, sagt Plutarch, „keiner ist ein Einziger, sondern wir werden viele, indem nur die Materie sich um ein einziges Bild ... herumtreibt und wieder entschlüpft“. Fortpflanzung ist die in ähnlichen Zeitspannen erfolgende Wiederkehr ähnlicher Bilder; womit der Beweis geschlossen wäre, daß der Rhythmus die Urerscheinung des Lebens sei.

Das Formniveau. — Die Ähnlichkeiten der Bilder in der rhythmischen Lebenskette sind nicht zu zerlegen und können nur im groben beschrieben werden. Jedes Folgeglied steht jedem vorhergehenden nahe und ist gleichwohl von jedem auf eine jedesmal wieder andre Weise verschieden. Verglichen mit allen schon dagewesenen Formen, hat es den Charakter jener nie zu berechnenden Neuheit, die man „Eigenart“ oder noch besser „Ursprünglichkeit“ nennt. Das Leben steht immer im schöpferischen Anbeginn, trinkt stets aus einer und der ersten Quelle und ist heute so urgewachsen, wie es vor beliebigen Jahrtausenden war. — Demgemäß hat das Gepräge der Eigenart auch jede Bewegung des Menschen, soweit sie vom Leben getragen ist, insonderheit also die Schreibbewegung und deren bleibend gegenständlicher Niederschlag, die handschriftlich erzeugte Schriftgestalt. Wie sich innerhalb des Schriftfeldes das Leben im Rhythmus der Massenverteilung zeigte, so ragt an Lebensfülle die eine Handschrift der andern vor durch Überlegenheit an Eigenart und Ursprünglichkeit. Angesichts dessen, daß man den Lebensgehalt künstlerischer Gebilde die „Form“ zu nennen übereingekommen ist, können wir endlich sagen: das Leben der Handschrift liege in der Stärke der Form.

Da wir zum Zweck der Entwicklung des Lebensausdrucks von den außergeistigen Naturformen ausgegangen sind, so müssen wir der Formeigentümlichkeit geistiger Erzeugnisse umso mehr eine kurze Sonderbetrachtung widmen, als die darüber umlaufenden Ansichten völlig in die Irre gehen. Zum vorhinaus sei ausdrücklich bestätigt, was unsre Darlegung zwingend fordert, daß die reine Naturgestalt an und für sich schlechtweg vollkommener Ausdruck des Lebens ist und demgemäß allemal auch vollkommene Form besitzt. Die Gestalt der Pflanzen und die Gestalt wie Bewegung der Tiere ist in jedem Augenblick von grenzenloser Ursprünglichkeit, soweit nur der Organismus die ihm völlig angemessenen Lebensbedingungen gefunden hat, und es wäre freilich nicht anders mit der Leibes- und Bewegungsgestalt des Menschen, wenn dieser nicht unter einem grundsätzlich andern, nämlich teilweise außer natürlichen, Zwange stände. Wir vervollständigen nur den umrißmäßig geführten Beweis von der Störbarkeit des vorhandenen Rhythmus durch die Wachheit des Geistes, indem wir den selbstverständlichen, aber wichtigen Zusatz machen, daß der Rhythmus selber sich unausweichlich eingeschränkt finde vom Dasein des Geistes. Ausdruck des Lebens ist der Rhythmus, Ausdruck des Geistes die Verdrängung des Rhythmus durch die regelnde Kraft des Gesetzes. Je mehr im „Innern" der Geist das Leben überwältigt hat, umso mehr tritt an der Erscheinung des Innern der Rhythmus hinter der Regel zurück. Wie aber niemals die bloße Nachahmung eines schon vorhandenen Gebildes den Namen einer Schöpfung verdient, ebensowenig den der Ursprünglichkeit eine Körperbewegung, soweit sie nichts als Befolgung einer vorgeschriebenen Regel bietet. Bedenken wir nun, daß es kein Gebiet menschlicher Tätigkeit gibt, das nicht die Erlernung und Beherrschung überlieferter Regeln erforderlich machte, so sehen wir das Eigenleben des Menschen in einen beständigen Kampf mit der Macht der Schablone verwickelt und gewinnen den Maßstab für seine Ausdrucksursprünglichkeit zumal durch Veranschlagung dessen, worüber es Herr geworden, indem es die Regel einverleibte.

Sooft man auch die hier umschriebene Schätzungsweise tatsächlich zur Anwendung bringt, so selten findet sich ein Bewußtsein von ihr. Wer ein Kunstwerk verurteilt, weil es schablonenhaft sei (oder „trivial" oder „banal"), weil es eine „Manier" erkennen lasse, in ausgetretenen Gleisen fahre, statt innern Gehalts berechnete Effekte, eine trügliche Politur und „kitschige" Glätte zeige, hat offenbar nicht nur die Eigenart zum Maßstab der echten Form gemacht, sondern auch zutreffend gewürdigt, was ihr den Rang ablief: die dem bloßen Verstande zugängliche Vorschrift. Nichtsdestoweniger führt man Redensarten wie vom „Gesetz der künstlerischen Form" im Munde und wähnt das Gewordene und Gewachsene übersteigern zu können durch sog. Vergeistigung. Allein das „Gesetz" verhält sich zur Regel wie der Gedanke zu seiner Verwirklichung im Bereich der Erscheinungswelt. Bedeutet doch das lateinische regula, von dem das deutsche Wort Regel entlehnt ist, soviel wie Richtscheit, Lineal, Maßstab. Nicht aber die Natur liefert uns Maßstäbe, und kein Wachstumsvorgang erzeugt Lineale, sondern Maßstäbe werden gemacht, nämlich allein und ausschließlich vom Menschen. „Kunst" kommt von „Können", das Können wird mit Recht aus einer Gabe erklärt, die der Willkür weder erreichbar noch von ihr zu überbieten ist, und das Geisteswerk von tiefer Ursprünglichkeit tritt dem Naturerzeugnis zur Seite im Vergleich mit dem zu beiden gegensätzlichen „Machwerk".

Je höher der Eigenartsgrad einer Handschrift über dem zeitabhängigen Durchschnitt steht, um so entschiedener gelten ihre Einzelzüge positiv, wie im umgekehrten Falle negativ. Dabei bleiben wir vorderhand und stellen gewisse imgrunde nur scheinbare, gleichwohl nicht zu umgehende Vorbehalte einstweilen zurück. — Zwecks sicherer Einschätzung des Formniveaus empfiehlt es sich zunächst, bei jeder Handschrift zu erkunden, ob und wieweit ihr Gepräge an solchen Eigenschaften beteiligt ist, die der Ursprünglichkeit widerstreiten. „Banalität", Schablonenhaftigkeit, Schulmäßigkeit bedeuten ebenso viele Verneinungen der Form! — Des weiteren muß man auch hier von persönlichen Vorlieben absehen lernen und darf nicht verwechseln das Maß des Lebensreichtums mit der Vorherrschaft bestimmter Lebensgestalten. Bald ist es die Fülle im engeren Sinne, bald die Schwere, Dichtigkeit, Wärme, bald helldunkle Tiefe, bald loderndes Schweifen, bald haftendes Glühen, worin sich die eine und selbe Macht des Lebens bekunden kann. Die Baukunst der Inder fesselt durch flackernde Üppigkeit, die der Ägypter durch tiefen Geheimsinn, das russische Volkslied durch fernende Schwermut. Statt schlechtweg nach der Formstufe einer Handschrift zu fahnden, frage man besser : wirkt sie tief oder flach, voll oder leer, reich oder arm, dicht oder dünn, warm oder kalt ? Die Stärke der Form erscheint als Tiefengehalt des Ausdrucks, aber auch als Fülle, Flackerpracht, Dichtigkeit, Wärme ; die Schwäche der Form gleichermaßen als Flachheit, Leerheit, Armut, Magerkeit, Kälte. — Endlich werden wir nicht verabsäumen, den Rhythmus des Schriftfeldes (abzüglich seiner Störungen) in Rechnung zu ziehen, ohne jedoch aus ihm allein den Eigenartsgrad ermessen zu wollen. Die Erneuerung der lebendigen Form, die aus der Schöpferkraft des natürlichen Wachstums quillt, liegt ja keineswegs nur in der Anordnungsweise der Glieder, sondern bereits auch im einzelnen Gliede, ja noch gleichsam in dessen Splittern und beprägt mit demselben Siegel den winzigen Federzug, der den Aufstrich des kleinen i zurückläßt, wie das Gesamtbild der schriftüberzogenen Folioseite. In der kleinen Abhandlung „Von der Physiognomik", welche Lavater 1772 seinem leider enttäuschenden Hauptwerke vorangehen ließ, findet sich eine treffende Erörterung über die „Zusammenschicklichkeit" aller Teile jeder gewachsenen Form, aus der wir nicht ohne Nutzen für unsern Gegenstand einige Bemerkungen wiedergeben.

„Die Natur wirkt in allen ihren Organisationen immer von innen heraus, aus e i n e m Mittelpunkte auf den ganzen Umkreis. Dieselbe Lebenskraft, die das Herz schlagen macht, bewegt den Finger, dieselbe Kraft wölbt den Schädel und den kleinsten Nagel an der kleinsten Zehe. Die Kunst flickt zusammen, die Natur nicht.“ „Alles ist länglich, wenn es der Kopf ist ; alles runder, wenn dieser rund ist ; alles geviert wenn er geviert ist . . Daher ist jeder organische Körper so ein Ganzes, daß ohne Zerrüttung oder Verunstaltung nichts weggeschnitten, nichts angeflickt werden kann.“ „Jedes Gesicht verändert sich . . , obgleich unmerklich, auch in seinen festen Teilen, alle Augenblicke ; aber jede Veränderung des Gesichtes ist dem Gesichte angemessen. Jedes hat eine besondere ihm eigentümliche Art von Veränderlichkeit. Selbst das Affektierte, Nachgeahmte, Heterogene hat wieder seine Eigentümlichkeit, die abermals aus der Natur des Ganzen entspringt und s o b e s t i m m t nur in diesem und keinem andern Wesen möglich ist.“ „Eine andre Hand, als ich habe, würde schon eine ganz andre Proportion aller Teile meines Körpers erfordern.“ „Eine Hand von van Dyk paßt nicht zu einer Figur von Rubens.“ „D i e E n t w ü r f e d e r N a t u r s i n d E n t w ü r f e e i n e s M o m e n t e s .“ „Vielleicht findet man es lächerlich, aus einem Knochen oder einem Zahne physiognomische Beobachtungen herzuleiten. Ich finde es grade ebenso natürlich, als aus einem Gesichte. Nicht, daß das Gesicht als ein Zusammenfluß von lebendigen Expressionen nicht viel stärker und entscheidender spräche als ein einzelnes kleines Glied. Allein ich getraue mir zu behaupten, der preiswürdige Schöpfer habe eine solche Proportion . . zwischen allen Teilen . . des menschlichen Körpers festgesetzt, daß ein höherer Verstand aus einem Gelenke oder Muskel die ganze äußerliche Bildung . . des ganzen Menschen bestimmen könnte und daß folglich ihm ein einziger Muskel hinreichend wäre, den ganzen Charakter des Menschen daraus zu kalkulieren.“

Weil nun aber ohne Frage nur ein „höherer Verstand“ und nicht der unsrige in der Lage wäre, unter anderem auch den Rhythmus ü b e r h a u p t , der allerdings mit der Eigenart zusammenfiele, schon im Buchstabenbruchstück zu finden, so müssen wir seine gröbere Bekundungsweise im Rhythmus bloß der Massenverteilung von jener gleichsam verborgenen Wirksamkeit unterscheiden, durch die er ein selbst ebenmaßloses Schriftfeld wie mit einer zitternden Atmosphäre lebendiger Schwingungen überhauchen kann, und zuerst die Ursprünglichkeit selbst zu erhaschen suchen, ehe wir dann auch in Anschlag bringen ihre b e s o n d e r e Kraft zu rhythmischer Gliederung. Ein Schriftfeld wie das der Fig. 5 bleibt an ebenmäßiger Gliederung erheblich hinter dem Schriftfelde etwa der Fig. 28 zurück ; dennoch ist die Handschrift der Fig. 5 um vieles lebensvoller und ursprünglicher als die der Fig. 28 ! Ihre Formen sind noch in den kleinsten Bruchstücken eigenartig, und über dem ganzen Bilde liegt ein pulsierendes Wallen, das die übrigens auf guter Durchschnittsstufe stehende Fig. 28 vermissen läßt. Hätte nun freilich eine andre Handschrift bei auch noch rhythmischer Massenverteilung das g l e i c h e Formniveau, so stände sie um ein weniges höher. Zumal aber spräche sie für die höhere V o l l - k o m m e n h e i t des Charakters ; worunter zu verstehen größere Einheitlichkeit aus besser abgestimmtem Zusammenklange aller etwa gleichstark entwickelten Triebe. — Kaum braucht es gesagt zu werden, daß es Sache der Übung ist, w i e v i e l e Stufen man aufzufassen und zu verwerten weiß. Der Anfänger möge sich mit ihrer nur fünf begnügen : sehr hohes Formniveau = 1 ; recht hohes Formniveau = 2 ; mittleres Formniveau = 3 ; niedriges Formniveau = 4 ; sehr niedriges Formniveau = 5.

Wenn wir es jetzt unternehmen, für alle fünf Stufen Beispiele zu bieten, so kann es sich natürlich nur darum handeln, an der Hand ausmalender, hinweisender und insbesondere auch bildlicher Wendungen die seelische Schaukraft zu wecken, für die der gemeinte Sachverhalt ebenso unmittelbare und bestimmt unterscheidbare Realität besitzt wie für den erfassenden Blick des körperlichen Auges etwa die Farben. Sowenig man diese mit noch soviel Worten einem Blinden könnte verständlich machen, ebensowenig den Lebensgehalt des Ausdrucksbildes einem Betrachter, dessen Fähigkeit zur Beschaulichkeit entweder völlig verkümmert oder aber lahmgelegt wäre durch den unbezwinglichen Hang parteiischen Forschens und gruppierenden Suchens. Wer das Formniveau ermitteln will, muß ein Schriftstück zunächst weder lesen wollen noch sich kümmern um die landesübliche „Korrektheit“, „Schönheit“ oder gar schulmäßige Richtigkeit, sondern ganz und ausschließlich auf sich wirken lassen dessen s i n n l i c h e E r s c h e i n u n g . Diese, soweit möglich, zu beschreiben, ist die einzige Aufgabe nachstehender Darlegung.

Als erstes Beispiel der höchsten Formstufe wählen wir die Handschrift Fig. 2. Sie hat zugleich den „bürgerlichen“ Vorzug großer Leserlichkeit und weist in der Typenbildung keinerlei ungewöhnliche Besonderheiten auf. Allein sie zeigt in der Massenverteilung einen störungslos perlenden Rhythmus und zwingt mit scheinbar spielender Leichtigkeit jede Einzelform unter d a s s e l b e , freilich wie stets nur erfühlbare, Bildungsgesetz. Kein Buchstabe, der nicht im besten Sinne „geistvoll“ durchgemodelt wäre, und nirgends die kleinste Entgleisung, die geringste

Ermattung! Den durchweg in schwungvoll linksläufiger Kurve ausklingenden Unterlängen der h und g entspricht oberhalb der Zeile die bogenförmige Behandlung der Lang-s und die ausladende Rundung des ß; die anmutig einfache Doppelkurve des F führt zur Ersetzung des schwerfälligen deutschen durch das gestaltverwandte lateinische S; der ebenso formbestimmte als weiche Ansatz der I und J wiederholt sich in der schalenförmigen Gestalt der u-Haken und mancher Schlußzüge. Trotz vollendetem Ebenmaß ist die Schrift ohne starre Gesetzlichkeit; trotz äußerster Einfachheit formenreich, fließend, leichtfüßig, härtelos, biegsam; trotz erheblich wechselnder Längenunterschiedlichkeit von übrigens wunderbarer Belebungskraft im ganzen horizontal gelagert. (Man vergleiche im Gegensatz dazu die vertikal gelagerte und gleichsam gotische Handschrift Bismarcks, Fig. 41.) Wie durch ein fließendes Mittel von kristallischer Durchsichtigkeit — man weiß nicht, ob es helle Mittagsluft oder klarblaues Wasser sei — scheinen Gebilde von gewachsener Plastik zu leuchten.

Nicht ganz so hoch, aber kaum mehr als eine halbe Note tiefer, steht Fig. 1. Aber welche Verschiedenheit der Lebens*artung* bei nahezu gleicher Größe der Lebens*fülle*! Während Fig. 2 *bewältigtes* Leben gibt — Marmor in der Hand des Meisters, mit derselben Sicherheit in die Gestalt der tragenden Säule wie des zartgeschwungenen Ornaments gebändigt — spricht aus den wogend bewegten Zügen von Fig. 1 ein elementarisches Wallen von naturhafter Ursprünglichkeit. Fig. 2 hat vollkommenen Rhythmus, aber auch ebenso vollkommenen Takt; Fig. 1, obschon nicht weniger rhythmisch, bestürmt alle Sinne ohne Einschnitt und Atempause mit der wilden Einförmigkeit der Meeresbrandung. Und wie diese nicht die Deiche achtet von Menschenhand, so achtet die ungezügelte Federbewegung des Schrifturhebers die Vorschrift nicht, schlingt alle Formen, ihre Unterschiede verwischend, in das *eine* breite Rollen ein und rauscht mit unbewußter Mißachtung über die vorgedruckten Linien hin. Hier ist Fülle, Schwere und immerwährendes Strömen der Seele; aber der Geist hat noch die Kraft und Freiheit nicht, sich solcher Hochflut ungefährdet hinzugeben; und so fehlt es nicht ganz an widerstrebenden Einzelformen (vgl. die F in „Flut“ und „Feuer“, das G in „Glut“ der zweiten Zeile, das p in „punkt“ der sechsten, das H in „Halluncinationen“ der siebenten Zeile).

Auch die fast gleichhoch stehende Handschrift Fig. 5 ist regellos, steht außerdem aber auf der Seite eines mindestens mittleren Mangels an Ebenmaß. Hier haben wir nicht das elementarische Wallen der Seele selbst, wohl aber das beinahe fassungslose Schwanken eines den seelischen Flutungen offenen *Geistes*. Diese Schrift bleibt hinter Fig. 1 wie Fig. 2

zurück an persönlicher Lebensnähe, übertrifft aber beide an „Differenziertheit“ und an „durchgeistigter“ Besonderheit der Formensprache.

Letztere teilt mit ihr die zudem noch perlend rhythmische Handschrift Nietzsches, Fig. 3, welche uns auf die oberste Stufe des Formniveaus zurückführt. Natürliches Ebemaß und gegliederte Massenverteilung vereinen sich in seltener Weise mit geistvoller Besonderheit und geschliffener Prägnanz der Einzelformen. Im Vergleich mit dem fließenden Charakter von Fig. 2, dem wogenden von Fig. 1 und dem schwankenden von Fig. 5 hat Fig. 3 ein mehr stationäres Gepräge und bezeichnet innerhalb der Laufschrift den Übergang zur Monumentalschrift der Alten, wie uns denn das Geheimnis ihrer Eigenart in einem seidigen Glanze zu liegen scheint, atmosphärisch der Welt des Südens und der Antike verwandt.

Vollends in die Nähe gemeißelter Antiqua führt uns die Unterschrift des Papstes Alexanders VI., ein prachtvolles Dokument aus den Tagen der Renaissance, Fig. 8. Wenn der feinfühlige Leser ihr eine Ausnahmeklasse zubilligen sollte, so sei er indes davor gewarnt, dergleichen Unterschiede noch i n d i v i d u e l l zu bewerten. Lebensfülle der Menschheit und Ausdrucksgehalt ihrer seelischen Niederschläge sind seit der französischen Revolution in reißendem Absinken begriffen, dergestalt daß auch die reichste und begabteste Persönlichkeit von heute, aus einem wesentlich ärmeren Lebens m i t t e l gespeist, nur allerhöchstens die Fülle dessen erreicht, was vor vier oder fünf Jahrhunderten D u r c h s c h n i t t war. — Davon abgesehen ist nichts besser geeignet, uns vom oberen Ende der Höhenstufen einen Begriff zu geben, als Schriften aus verflossenen Geschichtsabschnitten. —

Nicht abschließend entscheiden endlich wollen wir über die Schrift Napoleon Buonapartes, Fig. 4. — Hier haben wir einen der äußerst seltenen Fälle, wo persönliche Verschiedenheiten der wertenden Betrachtung unausbleiblich sind. Uns scheinen diese Züge von einem mächtigen, aber b l i n d e n Leben erfüllt zu sein, welches den, der es nicht sowohl hat als vielmehr von ihm besessen ist, in Bahnen zwingt, hinter denen die Maße seines erbeigentümlichen Charakters als klein und gewöhnlich zurückbleiben mögen. So könnte es wenigstens annähernd verständlich erscheinen, daß hier unzweifelhaft k e i n Rhythmus waltet und dennoch ein gleichsam unterirdisches Leben wühlt.

Wir verlassen die erste und betreten die zweite Stufe mit der Handschrift Fig. 6 und 7 (Oscar Wilde). Da sind schwungvolle, gleichgewichtige, ebenmäßige (beachte insbesondere Fig. 7), anmutige und entschieden eigenartige Züge von unverkennbarem Formenreichtum, aber das sie erfüllende Leben wiegt fühlbar leichter als in den bisher betrachteten Schriften. So hoch diese Handschrift steht und so sehr sie zumal ein Bedürfnis nach „Schönheit“ befriedigt, so sehr ist sie dennoch um ein beträchtliches flacher als etwa Fig. 3.

Wiederum eine volle Stufe tiefer steht die übrigens „harmonische“, sympathische, in jeder Beziehung ansprechende Handschrift Fig. 21 (um die Hälfte verkleinert). Diese Züge sind einfach und liebenswürdig, aber verglichen mit denen Nietzsches unverhältnismäßig banaler. Mit einer aufzählenden Angabe ihrer Eigenschaften, betreffend Bindungsform, Weite, Höhe, Druckverteilung, Längenunterschiedlichkeit usw., blieben wir hinter ihrem tatsächlichen Bilde viel weniger weit zurück, als wenn wir ein gleiches bei der Handschrift Jordans versuchten, so etwa wie man zwar von einer Zeitungsnachricht über Kriegsvorgänge alles Wesentliche auch mit andern Worten wiedergäbe, nicht aber von einem Gedicht. Man möge in der Folge dieses Beispiel als Mittellinie zugrunde legen und jeweils die Frage entscheiden, ob und in welchem Maße die zu prüfende Handschrift höher oder tiefer steht. —

Wir vertauschen die deutsame Mittelstufe mit einer ausgesprochen negativen durch den weiteren Abstieg zu Fig. 15, deren lebensdünne Spitzigkeit weder durch Haltung noch Harmonie gemildert wird. Obschon übersät so mit besonderen als allgemeinen Zeichen, die im Zweifelsfalle ein Wiedererkennen leicht machen würden, ist sie nichtsdestoweniger derart unlebendig, daß sie eher auf dem Wege zur schulmäßigen Richtigkeit erstarrt als aus dieser herausgewachsen scheint.

Angesichts der Fig. 18 endlich, welche auf tiefster Stufe steht, dürfte denn doch wohl dem ärgsten Zweifler eine Fühlung kommen, was es mit dem Formniveau auf sich habe. Man halte eine solche Schrift neben diejenige Nietzsches oder Wildes, und man wird sich eingestehen, daß es unmöglich wäre, beide zu vergleichen durch Nebeneinanderstellung ihrer sachlich bestimmbaren Eigenschaften. Mit Angaben wie, eine sei schräg, die andre steiler, eine weiter, die andre enger, eine bogiger, die andre winkliger, und wie weit wir es damit treiben möchten, wüßten wir schlechterdings nichts von der Unvereinbarkeit ihrer unmittelbaren Wertarome, die der Vergleichung nicht minder widerstreben als Wasser und Öl der Mischung. Zur noch weit über Fig. 15 hinausgehenden Leerheit kommt hier ein Zug abstoßender Widrigkeit, der die innere Dürre gewissermaßen noch frech ans Licht stellt. Zudem veranschaulicht der Fall überzeugend, daß lebendige Eigenart so garnichts zu tun hat mit irgendwelcher Besonderheit, die ja in übergewöhnlichem Grade vorhanden ist: man beachte das ungewöhnliche Längenverhältnis der Lettern, die sonderbare Schleifenausbildung, die Behandlung des t-Querstriches, die Häufigkeit des Winkels, die Teigigkeit, die Verbundenheit, die Art der Hinzufügungen. Mit Leichtigkeit würde man aus ihren „besonderen Merkmalen" dieser Schrift einen Steckbrief ausstellen und bei verfügbarem Vergleichsmaterial den Anonymus fassen. Besonderheit mag gedeihen bis zu äußerster Mißgestalt ; das Geheimnis lebendiger Eigenart aber liegt in der immer ursprünglichen Ähnlichkeit, mit der sie oft nahe an Gleichheit grenzt, ohne jedoch ihr wirklich anheimzufallen. — Damit man endlich nicht meine, tote Formen rührten von niedriger Bildung her, weisen wir noch auf die Handschrift Fig. 20 hin, die an Leerheit nichts zu wünschen übrigläßt, obwohl ihr Urheber ein Mann der obersten Bildungsstufe ist.

Der Leser möge nun prüfen, ob sein Blick an dieser Beschreibung genügend erstarkt ist, um nachstehender Bestimmung des Formniveaus für verschiedene Charaktere folgen zu können. — Formniveau 2 : Fig. 78, 79 ; Formniveau 2—3 : Fig. 40, 42, 81, 82, 89, 113, 114 ; Formniveau 3 : Fig. 28, 32, 54, 84 ; Formniveau 3—4 : Fig. 29, 33, 39, 119 ; Formniveau 4 : Fig. 16, 19, 58, 60, 61, 65, 121, 126 ; Formniveau 4—5 : Fig. 57, 116, 117 ; Formniveau 5 : Fig. 95. —

Wir haben gesehen, daß die Natur vergleichbar einer rüstigen Weberin unablässig neue Muster wirkt, wohingegen es das Geschäft des Geistes ist, diese aufzuteilen, anzuordnen und gleichsam in die Fächer der Begriffe zu legen. Wenn nun in einem Charakter Verstand und Wille herrschen, so regelt sich unbewußt auch sein Bewegungsleben, und es wächst am Ende in ein Schema hinein sogar seine Handschrift. — Wir haben aber ferner gesehen, daß auch die Regelmäßigkeit einer gegensätzlichen Beurteilung unterliegt, insofern sie einmal konnte entstanden sein aus der Stärke des Willens, zum andern aus der Verkümmerung des Gemütes. Nun ist zu beachten : auch der Wille schöpft seine Kraft aus der Lebensstärke, so etwa wie die Tätigkeit einer Maschine aus der Wärme des Feuers unter dem Kessel stammt. In der Form der Willensenergie hat also das Ich in sich aufgenommen und gleichsam eingegeistet ein Stück Lebendigkeit, und darum muß solchenfalls selbst in der Schranke, an der die Lebenswelle sich bricht, und durch sie hindurch noch spürbar bleiben der Pulsschlag des „Herzens". Es gibt mit andern Worten einen leeren Schematismus und einen verhältnismäßig vollen, der unter dem Panzer der Gesetzlichkeit die Schwingung der Seele nicht verleugnet. Man nennt solche Schriften in besonderen Fällen, die wir später betrachten werden, „stilisierte".

Eine regelmäßige Schrift, die zugleich jeder Eigenart ermangelt (Formniveau 4—5), gibt uns mit ihrer gestochenen Glätte Fig. 64 ; sicher noch unter dem Mittel bleiben die schablonenhaften Schriften Fig. 26 und 65, und etwa eben an dieses heran reicht Fig. 49 ; dagegen steht bereits höher die schönschriftlich stilisierte Probe von Conrad Ferdinand Meyer, Fig. 123, und fast eine halbe Note über dem Mittel der gleichartig angelegte Abschnitt aus einer Gedichtabschrift des älteren Goethe (Fig. 124). Nahezu bis zur zweiten Stufe erhebt sich die streng geregelte und dennoch eigenartige und vibrierende Handschrift Bismarcks, Fig. 41, und schon der obersten Stufe nähert sich an die geistvoll ornamentale Probe Fig. 131. Man halte nur einmal nebeneinander Fig. 41 und Fig. 65, um mit e i n e m Blick zu erfassen den Unterschied von erfüllter und toter Gesetzlichkeit. —

III. KAPITEL

ZUR TECHNIK DER NIVEAUBESTIMMUNG

Vom Übermaß. — Der Formniveaubegriff, vor mehr als einem Menschenalter aufgestellt und erprobt, hat erst seit stark zehn Jahren Graphologen und Auchgraphologen zu beschäftigen und zu — beunruhigen angefangen. Wir übergehen die meist komischen Mißverständnisse und unfruchtbaren Streitereien, die nicht ausbleiben konnten in einer Zeit, in welcher über der Schätzung des Verstandes und des Willens der Blick für das Seelische (eigentlicher Bedeutung) verloren zu gehen droht, und halten demgegenüber mit umso größerer Genugtuung fest, daß grade dieser Begriff von andern Forschern aufgenommen und zum Ausgangspunkte wichtiger Sonderuntersuchungen gemacht wurde. Ließen wir aber selbst die Verbesserungen, die dadurch das entscheidende Prüfungsmittel erfahren hat, außer acht, so hat uns doch langjährige Unterrichtstätigkeit belehrt, daß erst die Vertrautheit mit gewissen Bewertungshilfen die volle Sicherheit im Erfassen der Niveaustufe gewährleistet. Von ihnen soll jetzt die Rede sein.

Der Satz von der Steigerbarkeit der Charakterzüge bedarf der Ergänzung in zweierlei Hinsicht : auch jede Dingeigenschaft ist steigerbar, und die Steigerungen können ohne Ausnahme dargestellt werden als Reihen zwischen Gegensätzen. Dunkel und hell sind an und für sich Artgegensätze und werden gleichwohl unterschieden nach Stärkegraden: sehr dunkel/dunkel/hell/heller/sehr hell. Dasselbe gilt von weich und hart, glatt und rauh, trocken und naß, süß und sauer, warm und kalt und so fort. Stärke des einen ist stets Schwäche des andern und das wertende Zuviel z. B. an Nässe ein Zuwenig an Trockenheit, das Zuviel an Wärme ein Zuwenig an Kälte, das Zuviel an Weichheit ein Zuwenig an Härte. Jeder Name für Dingeigenschaften kann, wie man weiß, symbolisch gebraucht werden zur Bezeichnung von Charakterzügen (vgl. etwa Herzenskälte und Herzenswärme).

Nicht anders aber steht es mit solchen Namen, welche Eigenschaften menschlichen Verhaltens betreffen: Einsilbigkeit ist ein Zuviel an Schweigsamkeit, ein Zuwenig an Gesprächigkeit, Schwatzhaftigkeit ein Zuviel an Gesprächigkeit, ein Zuwenig an Schweigsamkeit. Gleich auch bemerkt man, daß wir gefühlsmäßig bald das Zuviel aus dem Gesichtspunkt eines Zuwenig des Gegenteils, bald das Zuwenig aus dem Zuviel des Gegenteils zu beurteilen geneigt sind. So ist es uns natürlicher, unerträgliche Hitze aus dem Zuviel an Wärme als aus dem Zuwenig an Kälte zu verstehen, während wir an unerträglicher Kälte lieber das Zuwenig an Wärme betonen. Ebenso drängt sich uns an der Schwatzhaftigkeit das Zuviel auf, an der Einsilbigkeit das Zuwenig. Das ändert jedoch nichts an der grundsätzlichen Anwendbarkeit des Zuviel auf jeden beliebigen Fall.

Da die Schreibschrift bleibend gegenständliche Spur der Bewegung des Schreibens ist, gibt es keine Eigenschaft des Schriftbildes, die nicht auch Eigenschaft der erzeugenden Bewegung wäre; nur gilt dasselbe nicht umgekehrt. So kann etwa die durchschnittliche Schreibgeschwindigkeit des Schrifturhebers aus dem Bilde der Schrift bloß *erschlossen* werden. Um nun der hier erforderlichen Erörterung nicht von vornherein Schranken zu setzen, sollen mit den Schrifteigenschaften stets die Bewegungseigenschaften gemeint sein, auf denen die fußen. — Damit wären wir denn bei der ersten Bewertungshilfe: jedes *Übermaß* einer Bewegungseigenschaft ist dem Formniveau abträglich. — Gewiß, in zahlreichen, obschon nicht in sämtlichen, Fällen beeinträchtigt das fragliche Übermaß den Verteilungsrhythmus; aber selbst Unebenmäßigkeitsgrade werden oft rascher und sicherer durch Beachtung eines Übermaßes erkannt, als es in unmittelbarer Anschauung geschähe.

Die wiederholt herbeigezogene Abbildung 15 zeigt nicht nur ausgedehntere Unterlängen als Oberlängen, sondern auch, wie schon erwähnt, mehr aufgebauschte Schleifen unterhalb der Zeile als oberhalb, dazu unterzeilige Abnormitäten, entstanden durch vorschriftswidrige Endstrichverlängerung der kleinen und großen w's in „werden" der ersten und zweiten, „etwas" der siebenten, „wenn" der vierten Zeile. Das *Übermaß* unterzeiliger Formen aber würde allein schon genügen zur Begründung des weitgehend gestörten Verteilungsrhythmus; da denn ferner grade diese Weise des Sehens den Tatbestand als *Verkümmerung* des Zeilenoberhalb erscheinen läßt, dessen Kahlheit nun schmerzhaft unterbrochen wird von größtenteils übertriebenen und häßlichen d-Köpfen. — Halten wir Fig. 17 daneben, so drängt sich uns vollends ein negatives Übermaß entgegengesetzter Artung auf, nämlich die äußerst weitgehende *Vernach-*

lässigung unterzeiliger Formen: man beachte die g's in „gerade" und „Gegenteil" der ersten, „Tage" der zweiten Zeile, die f's in „fast" der vorletzten und „fünf" der letzten Zeile! So sehr nun auch der Verteilungsrhythmus von Fig. 17 dem von Fig. 15 überlegen ist, so erleidet das Formniveau doch nennenswerte Einbuße vom kaum noch zu überbietenden Unterlängenschwund. — Durch Übermaß der Längenunterschiede sind gekennzeichnet Fig. 18, 31, 93, durch Übermaß von Schnörkeln Fig. 58, 121, 125, 127, durch Übermaß von Schwelldruck Fig. 93, 116, 122; und niemand wird verkennen, daß, wie immer er diese teilweise stufenverschiedenen Handschriften bewerte, ihrer jede höher stände ohne das fragliche Übermaß.

Erinnern wir uns, daß wir stets Bewegungseigenschaften vor Augen haben, so werden wir die Möglichkeit des Übermaßes auch für Enge, Weite, Spitzigkeit, Eile, Langsamkeit usw. in Anschlag bringen und, was noch eine Sondererwägung verdient, für Regelmäßigkeit. Warum mutet uns doch im Verhältnis zur pulsenden Regelmäßigkeit der Fig. 41 diejenige von Fig. 126 trotz begleitendem Reibungsdruck öde an? Unter anderem, weil sie übertrieben wirkt. Kaum sonst etwas verleiht der Handschrift so sehr das Aussehen der Eintönigkeit als Regelmäßigkeitsübermaß. Daß aber mit dem Wachsen der Eintönigkeit das Formniveau sinkt, zeigt uns ein Blick auf folgende Reihe, in der wir mit zunehmendem Übermaß der Regelmäßigkeit vom schwachmittleren Formniveau bis zum fast tiefsten hinuntersteigen: 30, 26, 60, 61, 65, 64.

Ja, es gibt sogar ein Übermaß der Zwischenräume. Als wir im ersten Kapitel das verhältnismäßige Ebenmaß der Schriftzüge von Fig. 84 unter Aufruf der Anschauungskraft der Lesers der Minusseite zuwiesen, stellten wir genauere Begründung in Aussicht. Wir bieten sie mit dem Hinweis auf übertriebene und selbst die Wörter zerfetzende Zwischenräume, die es bewirken, daß man durch das Schriftfeld in ein Vakuum zu blicken meint. So kommt es trotz Festigkeit der Strichführung zum früher erwähnten Hohlheitscharakter, der die Handschrift in die untere Hälfte der dritten Zone herabdrückt.

Formniveau und Schreibbegabung. — Vergebens würde man nach einer menschlichen Betätigungsweise suchen, hinsichtlich deren nicht Begabungsverschiedenheiten ihrer Vertreter vorkämen. Daß man es bei noch so eifriger Übung ohne „Talent" nicht zum überdurchschnittlichen Baumeister, Bildhauer, Maler, Radierer, Musiker, Feldherrn, Staatsmann, Arzt, Forscher, Denker, Techniker, Erfinder, Wirtschaftsfachmann, Großunternehmer bringe, wurde freilich niemals bezweifelt, und daß „Talent" auch zum tüchtigen Geschäftsmann, Handwerker jeder Gattung, Rechenmeister, Schachspieler, Rennreiter, Zauberkünstler, Tänzer usw. gehöre, dürfte schwerlich bestritten werden. Allein die Einteilung nach Berufsarten ist nicht auch eine solche nach menschlichen Gaben. „Hannibal, Friedrich der Große, Napoleon waren drei unvergleichlich über dem Durchschnitt stehende Schlachtenlenker: sie können es aus gleichen, aus teilweise gleichen und aus ganz verschiedenen Fähigkeiten gewesen sein. Unter den Größen des Schachspiels gibt es solche, die fast ausschließlich dank ihrem Reichtum an treffenden Einfällen siegen, und wiederum solche, die es ebenso ausschließlich vermöge ihrer Kombinationskraft tun." Demgemäß: „Wer das Begabungsproblem aufrollt, muß sich darüber klar sein, daß aus vorzufindenden Wertunterschieden der Leistungen die persönlichen Anlagen, die abgesehen von Übung und Gunst der Umstände die Wertunterschiede ermöglicht haben, erst ermittelt sein wollen . ., und er muß ferner wissen, daß seine Bestimmungen ebenso den allersimpelsten Verrichtungen zu genügen haben wie den weltgeschichtlichen Taten und Werken . . Es kann einer besondere Tauglichkeit zeigen zum Tischlern, Schneidern, Schustern, aber sogar auch zum Bleistiftspitzen, Zuschneiden, Besohlen *)!" — Doch ehe wir fortfahren, einige Worte über den Sachverhalt, den man Begabung oder „Talent" zu nennen pflegt.

Schon der Umstand, daß man mit Vorliebe einander gegenüberstellt „Talent" und „Genie", läßt auf Unklarheiten der vorschwebenden Bedeutungseinheiten schließen. Soweit dabei unter „Genie" wenigstens mitverstanden wird seelisch-geistiges Schöpfertum, bleibt es hier ganz aus dem Spiel, und nur das sei gesagt, daß es nie möglich sein wird, echtes Schöpfertum anders zu erkennen als aus schöpferischen Qualitäten der Leistung und im Hinblick auf sie. Fühlte man sich beispielsweise bewogen, eine neuartige und zugleich außerordentlich schöne Kunstschrift „genial" zu nennen, so wäre damit eine schöpferische Fähigkeit zum Erfinden, Aneinanderreihen und Ausführen überzeugend charaktervoller Buchstaben angesetzt und nichts darüber hinaus! — Die Unzulänglichkeit der fraglichen Gegenüberstellung wird uns deutlicher anhand der Erwägung, daß ein sog. Genie gänzlich ohne „Talent" kein — „Genie" mehr wäre. „Talent" oder Begabung ist folglich der weitere Begriff, „Genie" der

---

*) Aus unsrer „Grundlegung der Wissenschaft vom Ausdruck", 6. Aufl. Leipzig 1942, S. 30—33.

erheblich engere, so zwar, daß von vielen Begabten nur wenige „Genie“ besitzen. — Der Hauptgrund der Unsicherheit aber ist folgender.

Irgendwelche Fähigkeiten müssen es sein, vermöge deren auf jedem Felde menschlichen Könnens der eine rascher als der andre und mit dauernder Überlegenheit diejenigen Fertigkeiten erwirbt, die dort in „rezeptorischer“ Hinsicht (z. B. zwecks Aneignung eines Kenntnisschatzes) oder in „effektorischer“ (z. B. zum Seefahren; physikalischen Experimentieren, Handweben) erfordert werden. Nicht derartige Gaben oder Begabungen oder „Talente“ sind es nun aber, denen die Leistung das Gepräge der Eigenart verdankt. Man nennt den Tondichter „produktiv“, den Sänger, Geiger, Orgelspieler, der das Tonwerk zu Gehör bringt, „reproduktiv“ und gibt damit zu verstehen, daß eine Abart der Gaben, die das Tonwerk entstehen ließen, auch dem Vermittler innewohne oder doch innewohnen sollte. Man unterscheidet indes mit Wohlbedacht vom großen Könner z. B. des Geigenspiels den bloßen Virtuosen und sträubt sich entschieden dagegen, die Bedingungen seelenarmer Fertigkeit, sei sie noch so verblüffend, auf die gleiche Stufe zu stellen mit den Bedingungen einer Wiedergabe, die grade die Seele des Tonwerks erweckt. Da beide Arten von Anlagen im Worte „Talent“ zusammenfließen, haben „Talent“ und „Genie“ sich entzweit und kommen aus den Grenzstreitigkeiten nicht mehr heraus. Das „Genie“, wie bemerkt, übergehen wir und nennen im übrigen die Bedingungen überdurchschnittlicher Fertigkeiten fortan „Talent“ (stets in Anführungsstrichen, damit die Sonderbedeutung gegenwärtig bleibe), die Verwirklichungsbedingungen der Leistungseigenart Begabung. Begabung mit andern Worten heißt der persönliche Anlageninbegriff, kraft dessen sein Träger auf dem ihm angemessenen Leistungsfelde das seiner Innerlichkeit entsprechende Formniveau auszuprägen vermag.

Gemäß seinem „Talent“ zum Schreiben erreicht jeder mit seiner Schreibfertigkeit eine nicht mehr überschreitbare Grenze, die höher liegt als die von weniger schreibgewandten Personen, tiefer als die der noch schreibgewandteren. Ein Merkmal erheblicher Schreibgewandtheit ist übergewöhnliche Zügigkeit, die nicht selten zum Spielen mit der Feder veranlaßt; man vergleiche etwa Fig. 121. Im Zeitalter des Barock, wo ihr der allgemeine Geschmack entgegenkam, hat die Schreibfertigkeit mitgewirkt am Zerfall der Schreibschrift in ein Gewirr von Schnörkeln, die uns heute ebenso künstlich wie erstaunlich vorkommen; aber auch im 19. Jahrhundert wurde sie gefördert und ergeht sich noch heute in jenen Namensunterstreichungen (auch Namenszug oder Paraphe genannt), die mehr oder minder berufsmäßig aufzutreten pflegen in den Unterschriften besonders von Bankleuten. Fig. 24 und 25 bieten solche — übrigens sehr bescheidenen — Namenszüge und zwar zusamt der jeweils ganz unleserlichen Namensunterschrift. Aber auch aus der Unterschrift mit Paraphe der Fig. 22 dürfte schwerlich jemand den Namen „Metternich" herausbuchstabieren *).

Bevor wir uns der Schreib b e g a b u n g zuwenden, darf der vielleicht überraschende Tatbestand nicht unerwähnt bleiben, daß sie nichts zu tun hat mit Handgeschick. Bei hoher Schreibbegabung kann es fehlen wie auch vorhanden sein, bei geringer vorhanden sein wie auch fehlen. Ein je besonderes Handgeschick benötigt der Uhrmacher, Holzschnitzer, Goldarbeiter, Setzer, Geigenbauer, Chirurg, Klavierspieler, Teppichwirker, Glasbläser und so fort ; aber es liegen bisher keine Anzeichen dafür vor, daß er deshalb mehr als gewöhnliche Schreibbegabung besitzen müsse ; und ebenso steht es umgekehrt. Kurz, Schreibbegabung läßt keinen Schluß zu auf Handgeschick. Eher noch gestattet diesen hohe Schreib f e r t i g k e i t ; doch ist auch in der Beziehung größte Vorsicht geboten. — Dieses vorausgeschickt, können wir in Ansehung der Schreibbegabung nicht ganz ein Bedauern darüber unterdrücken, daß die Einführung in die Technik der Graphologie wieder und wieder Lehrsätze von großer Tragweite einfach hinnehmen muß, weil die Begründung — der Theorie zugehörig — den Rahmen der Praxis zerbräche. Einer dieser Lehrsätze lautet : jede Begabung ist wesentlich G e s t a l t u n g s k r a f t **).

„Gestaltungskraft schlechthin" gab es einmal in ferner Vergangenheit ; es gibt sie nicht mehr und kann sie nicht geben in einer Menschheit, deren Tun sich auseinandergliedert in eine unübersehliche Mannigfaltigkeit von Betätigungs a r t e n . Eine unwillkürlich mehr oder minder gestaltete Handschrift aber weist immer über sich hinaus und zwar bald mehr auf irgendwelche Gestaltungskräfte, die unter anderem sich beteiligen an der Schreibtätigkeit, bald mehr auf jene Fähigkeit zur Gestaltung des Denkens, die ein niemals fehlendes Anzeichen dessen ist, was man Bildung nennt. Im ersten Fall sprechen wir von Schreibbegabung überhaupt, im zweiten von s p e z i f i s c h e r Schreibbegabung. Obwohl beide Möglichkeiten einander überschneiden, betrachten wir vorderhand die erste für sich.

Wer sich zurückruft, was im vorigen Kapitel zur Kennzeichnung von Fig. 2 und 3, auch noch von Fig. 7 angeführt wurde, dürfte nicht darüber im Zweifel sein, daß die fraglichen Handschriften von teils höchstem,

*) Die Psychologie der durch Paraphe unleserlich gemachten Namensunterschrift findet sich in unserm „Graphologischen Lesebuch", 4. Aufl. Leipzig 1943, S. 30—33.

**) In unsrer Ausdruckskunde ist das 15. Kapitel unter der Aufschrift „Die Gestaltungskraft" völlig dem Begabungsproblem gewidmet.

teils wenigstens hohem Formniveau unwillkürlich durchgestaltet sind und somit mehr als gewöhnliche Schreibbegabung voraussetzen. Er wird diese bestimmt nicht verwechseln mit der Voraussetzung der Schreib f e r t i g - k e i t des Urhebers von Fig. 121 und wird es mit Recht für ganz und gar unwahrscheinlich halten, daß Persönlichkeiten, denen eine dermaßen gestaltungsvolle Ferderführung zu Gebote steht, in den ihnen angemessenen L e i s t u n g e n jegliche Gestaltungskraft vermissen ließen. Er wird ferner auch ohne Erläuterung in der Lage sein, als mehr oder weniger (somit verschiedenen Grades) durchgestaltet zu beurteilen Fig. 40, 42, 48, 78, 89, 103, 113. Die in allen Fällen vorhandenen Gestaltungskräfte sind es nun, die es den Schrifturhebern ermöglichen, die ihnen jeweils eigene Lebensfülle unwillkürlich a u s z u p r ä g e n im jeweils genau entsprechenden Formniveau ihrer Handschrift. Mehr indes als dem Sachverhalt selbst müssen wir seiner Kehrseite Beachtung schenken: d a s d e r I n n e r l i c h k e i t e n t s p r e c h e n d e F o r m n i v e a u p r ä g t s i c h h a n d - s c h r i f t l i c h u m s o u n v o l l k o m m e n e r a u s , j e g e r i n - g e r d i e S c h r e i b b e g a b u n g . Nennen wir dasjenige Formniveau der Handschrift, das bei unzulänglicher Schreibbegabung wahrgenommen wird, das augenscheinliche oder o f f e n b a r e (manifeste), das der Innerlichkeit entsprechende das v e r b o r g e n e (latente), so bliebe das offenbare hinter dem verborgenen Formniveau also jedesmal mehr oder minder zurück. Wie werden wir dieser Schwierigkeit Herr?

Nochmals erinnen wir: von den Mängeln der „Schreibbegabung überhaupt" ist die Rede und noch nicht von denen der s p e z i f i s c h e n Schreibbegabung. — Geben wir den Stufen des Formniveaus die Gestalt von Zonen und leihen wir der mit 3 bezeichneten Mittelzone die größte Breite, so wäre eine Handschrift von knappmittlerem Formniveau an Lebensgehalt nicht unerheblich verschieden von einer Handschrift starkmittleren Formniveaus. — Nun müßten wir, gestützt auf die Ausführungen des vorigen Kapitels, das offenbare Formniveau z. B. der Handschrift Fig. 80 in die untere Hälfte der Mittelzone verlegen und behielten, beiläufig bemerkt, damit insofern auch recht, als von den Charakterzügen, die wir infolgedessen abzuleiten vermöchten, kaum einer fehlen dürfte. Allein die Kennzeichnung bliebe unvollständig, weil kraft ihres verborgenen Formniveaus die Handschrift dem obern Teil der Mittelzone angehört *). Wir sind mit

*) In den früheren Ausgaben des Buches wurde diese interessante Schriftprobe zwar bei elf verschiedenen Gelegenheiten herangezogen, aber nur einmal unter beiläufiger Erwähnung des offenbaren Formniveaus (S. 91). In unsrer Ausdruckskunde dagegen wird eingehend auch das verborgene Formniveau gewürdigt (S. 319—320).

dem Wissensstoff der Graphologie noch zu wenig vertraut, um das hier schon genügend begründen und die positiven Eigenschaften dieser Handschrift herausheben zu können. Zweierlei aber wird der Leser auch ohne das würdigen: daß die Handschrift jedenfalls eigenwüchsiger ist als die kalte der Fig. 26, die seichte der Fig. 33, die unangenehm verschnörkelte der Fig. 58 und daß die stoßweise einsetzenden Impulse bald vorschnell erlahmen, bald wie vor Hindernissen abprallen. So schießt der Aufstrich, der die Unterlänge des g in „Schweigen" mit dem nächsten Buchstaben verbindet, über den Zeilengipfel hinaus, während der folgende Aufstrich, im Grundstrich steckenbleibend, nur mühsam von der Zeilenbasis sich losmacht; so scheinen die beiden a's der zweiten Zeile zusammengequetscht, die Endstriche sämtlicher Wörter ganz oder größtenteils abgebrochen zu sein. Die Federführung (auch Duktus genannt) ist bei intendierter Heftigkeit gehemmt.

Lassen wir die sog. Reflexe aus dem Spiel, so bietet das Unwillkürliche jeder Bewegung des Menschen zwei Seiten dar, von denen durchweg die eine farbegebend vorherrscht: den Wesensausdruck und die Wesensdarstellung. Fassen wir beide zusammen mit dem Begriff der unwillkürlichen Wesensäußerung, so erleidet es keinen Zweifel, daß ganz abgesehen von solchen Versteifungen und Verkrampfungen, die erworben sind durch Erziehungsfehler oder naturwidrig einseitige Beschäftigung, sehr viele Menschen der Gegenwart an habitueller Gestörtheit ihres unwillkürlichen Äußerungsvermögens leiden. Je mehr das aber der Fall, umso behinderter sind, ja umso schwächer werden die Gestaltungskräfte und umso tiefer sinkt unfehlbar die Schreibbegabung *). Die Folge für die Niveaubestimmung ergibt sich von selbst. Hat der Deuter Grund zur Annahme gewohnheitsmäßig „unfreier" und gehemmter Griffelführung aus behindertem oder geschwächtem Äußerungsvermögen, so muß er das offenbare Formniveau um den mutmaßlichen Betrag des Begabungsmangels höherschrauben, um durchzudringen zum verborgenen Formniveau, das

*) „Habituell" (von habitus, eigtl. das Sichgehaben) bedeutet zunächst nur gewohnheitsmäßige Haltungen und Verhaltungen, dann aber besonders solche Gewohnheiten, die in Erbanlagen gründen; und die sind hier gemeint. Entwickelt freilich haben sich Gewohnheiten immer, bald aber durch Umgebungseinflüsse, bald infolge von Schäden der Konstitution. Gegen jene richten sich heute und meist mit Erfolg zweckentsprechende Leibesübungen, allen voran Bodes rhythmische Gymnastik, gegen diese ist wenig auszurichten (außer daß man sie nicht ins Kraut schießen läßt). Was zumal den Schreibunterricht anbelangt, so kommt eine noch so erleuchtete Methode gegen sie nicht auf, während sie allerdings kräftig mithelfen kann, erworbene Verkrampfungen zu lösen.

den Gehalt der Innerlichkeit allererst zur Erscheinung brächte. Unzulängliche Schreibbegabung zeigt außer Fig. 80 einigermaßen Fig. 29 und sehr ausgesprochen Fig. 27.

Formniveau und Bildungsgrad. — Auch bei normalem Äußerungsvermögen erreicht der Schrifturheber die ihm angemessene Schreibfertigkeit wie Schreibeigenart nur bei hinreichender Geübtheit. Da nun der Kopfarbeiter naturgemäß schreibgeübter ist als der „Arbeiter der Faust", so übertrifft er diesen bei gleichem „Talent" zum Schreiben meist an Schreibfertigkeit, bei gleicher Gestaltungskraft immer an Schreibeigenart. Schreibfertigkeitsmangel aus Übungsmangel ist durchweg leicht zu erkennen. Der Schreibungeübte schreibt gewohnheitsmäßig langsamer als der Schreibgeübte, und wenn es nun auch vielfach erhebliche Schwierigkeiten macht, aus dem Bilde der Schrift die persönlich kennzeichnende Schreibgeschwindigkeit des Schreibers zu erschließen, so gilt das gleiche nicht im Hinblick auf die Langsamkeit des Ungeübten. In der Handschrift des elfjährigen Knaben Fig. 138 von gutmittlerem Formniveau, hinter dem die Handschrift des gleichaltrigen Knaben Fig. 139 um fast eine ganze Zonenbreite zurückbleibt, verrät sich die noch mangelhafte Schreibgeübtheit durch übergewöhnliche Langsamkeit und diese wieder durch feines Zittern zahlreicher Striche. Man vergleiche das h in „Nacht", das zweite h in „hindurch", die b's in „Stube" und „beiei-" der ersten Zeile, das d in „beständig" der zweiten Zeile, das zweite b in „Gebetbuch", das G in „Ge-" der vierten Zeile, das d in „die" der letzten Zeile. Die relative Schulmäßigkeit der Formen (in Verbindung mit einigen Merkmalen, die wir übergehen) befestigt den Schluß auf einen Langsamkeitsgrad, der nur aus noch unabgeschlossener Übung verständlich wird. — In der nicht ganz so langsam, aber immer noch langsam geschriebenen Fig. 76 tritt selbst für das noch ungeschulte Auge deutlich einige Unbeholfenheit der Formgebung hervor, die erst vollends von unzulänglicher Geübtheit spricht, wenn wir vernehmen, daß es die Handschrift eines Erwachsenen ist, genauer eines landwirtschaftlichen Vorarbeiters im Alter von vierundzwanzig Jahren.

Auch in solchen Fällen gilt, daß wir das offenbare Formniveau höherschrauben müssen, aber nicht aus Rücksicht auf einen Mangel an Schreibbegabung infolge geschwächten Gestaltungsvermögens, sondern aus Rücksicht auf Mangel an Schreib*fertigkeit*, die mindestens überwiegend vom Mangel an Übung zeugt. Demgemäß liegt Fig. 76 noch in der Breite der Mittelzone. — Allein der niedrigere Bildungsgrad muß nicht in jedem

Fall mit geringerer, der höhere nicht in jedem Fall mit größerer Schreibfertigkeit einhergehen; wohl aber übertrifft bei unbehindertem Äußerungsvermögen der höhere Bildungsgrad den spürbar weniger hohen immerdar an spezifischer Schreibbegabung; daher die Vergleichung verschiedener Schriften auf ihren Eigenartsgrad allemal wenigstens annähernd gleiche Bildungsstufe der Schrifturheber voraussetzt. Mit wachsendem Bildungsgrad wächst nämlich ausnahmslos die Fähigkeit zum schriftlichen Gedankenausdruck und mit ihr die Innigkeit der Beziehung des Schrifturhebers zur Schreibbewegung schlechthin. Je gebildeter jemand, umso mehr ist er in der Tätigkeit des Schreibens „zuhause“, je ungebildeter, umso mehr steht er zeitlebens ihr fremd gegenüber. Man vermag seinen Lebensgehalt aber nur in einer solchen Tätigkeit voll zu entfalten, die einem zur zweiten Natur geworden; welchem gemäß wir das Formniveau einer Handschrift umso strenger bewerten müssen, je mehr sie von hoher Bildung ihres Urhebers spricht, umso milder, je mehr von geringer.

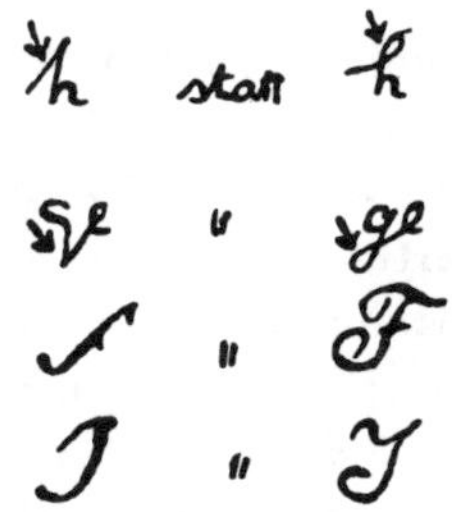

Fig. II.

Die seit Jahrzehnten bekannten Hauptkennzeichen der Bildung sind: zweckmäßige Vereinfachung der Lettern (Textfigur II das J und F; Fig. 89 Z und B); Abkürzungen des Schreibweges unter Bevorzugung rechtsläufiger Knüpfungen (Textfigur II h und g; Fig. 89 durchgehend); Einführung von Drucktypen oder wenigstens Anähnelung der Großbuchstaben an solche (Fig. 78 das B am Schluß der ersten, das D in „Da“ der letzten Zeile, Fig. 103 das G; Fig. 114 das S und K der ersten Zeile); bisweilen überdies geschmackvolle Anordnung des Gesamttextes (Fig. 2). Muster gebildeter Schriften wären darnach z. B. Fig. 7 (beachte die Einführung des griechischen ε anstelle des lateinischen e), Fig. 78, 79, 89, 113, 114; Muster ungebildeter Fig. 77 und 90, beide ausgezeichnet durch fast völlige Abwesenheit rechtläufiger Verknüpfungen und schlechte Verteilung, Fig. 77 auch noch durch unbeholfene Formen. Wie man aus den Beispielen ersieht, überschneiden einander, ohne jedoch sich zu decken, die Symptome der Schreibbegabung überhaupt und die der spezifischen Schreibbegabung. — Wir lassen noch dahingestellt, ob Dasein und Abwesenheit von Bildungskennzeichen zur Bestimmung der spezifischen Schreibbegabung ausnahmslos hinreiche, und wenden uns zunächst der Niveaufrage zu.

Versuchen wir uns an Fig. 77, so entgeht uns nicht, daß selbst bei gebührender Berücksichtigung des Bildungsmangels die Handschrift mindestens eine ganze Stufe tiefer steht als die der Fig. 76, im Hinblick nämlich auf einen Unebenmäßigkeitsgrad, der mit dem Mangel an spezifischer Schreibbegabung allein nicht zu rechtfertigen wäre ; ferner, weil sich Übermaße kundtun, die — zum Begabungsmangel sogar gegensätzlich — hier nur erläutert seien an den unverhältnismäßig vergrößerten d-Köpfen. Man beachte zumal Zeile 6, 7, 8, 9, 10, 12, 13, 14, 15, 20. Demgegenüber weist die gleichfalls ungebildete Handschrift der Fig. 76 nicht die mindesten Übertreibungen auf. — Nicht ganz so tief wie Fig. 77, jedoch nicht höher als am oberen Rande der 4 steht Fig. 90, deren Urheber zwar gewiß nicht besitzt, was man „höhere Bildung“ nennt, doch aber stärkere Gestaltungskraft (vgl. das P in „Pferde“ der dritten Zeile) und außerdem weit größere Schreib*fertigkeit* als die Urheber von Fig. 76 und 77 ; weswegen wir strenger bewerten müssen. Könnte man auf den ersten Blick sich versucht fühlen, die Handschrift an den untern Rand der Mittelzone zu stellen, so verböte das bei genauerem Zusehen die Wahrnehmung des Übermaßes und sogar eines mindestens zwiefachen Übermaßes. Da wir indes zu weit vorgreifen müßten, um das jetzt schon zu klären, genüge der Hinweis auf den übermäßigen Ausschlag *nach links*, mittelst dessen die Bewegung dreimal die sehr eigentümliche Schleife des d erzeugt. — Einen trefflichen Beleg für den Satz, daß nicht in jedem Falle Bildungstiefstand mit geringer Schreib*fertigkeit* einhergehe, gibt Fig. 121, die von den Bildungskennzeichen keines enthält, gleichwohl übergewöhnliche Federgewandtheit bezeugt und selbst nicht völlig ohne spezifische Schreibbegabung des Schrifturhebers entstanden sein dürfte. Da es diesem aber gänzlich an Gestaltungskräften gebricht, verpuffen seine Gestaltungs*wünsche* in leeren Schwüngen. Alles zusammengerechnet, kommen wir auch hier über die vierte Stufe schwerlich hinaus.

Für den Übenden besonders lehrreich gestaltet sich die Niveaubestimmung von Fig. 31, die vom Anfänger, der sich lediglich mit dem vorigen Kapitel vertraut gemacht hätte, wahrscheinlich der 4 zugeteilt würde. Zur Erleichterung der Übersicht geben wir vom Wege zur richtigen

Bestimmung nur die Stationen: Schreibfertigkeit groß, also keinerlei Rücksichtnahme; innere Beziehung zur Schreibbewegung (= spezifische Schreibbegabung) gering und beispielsweise kaum größer als in Fig. 76, die jedoch überdies noch Übungsmangel aufweist (vgl. in Fig. 31 die geschmacklose Anordnung und die ungestalten Formen), also Milderungsgrund; Übermaß zwiefach: viel zu große Längenunterschiede und dadurch in Verbindung mit der automatisch geregelten Schiefheit trotz Hast und steigender Zeile Eintönigkeit, also ungünstig. Vergleicht man nun aber mit Fig. 121, so zeigt sich: Fig. 31 ist dichter, satter, wärmer, Fig. 121 flacher und leerer. Ergebnis: schwache 3 = fast 3. Fig. 31 liegt somit um ein weniges tiefer als die weit ungebildetere Fig. 76, dagegen höher als Fig. 121, 90 und 77.

Hier könnte ein nachdenklicher Leser fragen: warum soll Fig. 121 eigentlich mehr spezifische Schreibbegabung anzeigen als Fig. 31? Er könnte ferner folgende Überlegung anstellen und im Anschluß daran noch eine Frage aufwerfen: da nach den Ausführungen über Formniveau und Bildungsgrad mit abnehmender Bildung die spezifische Schreibbegabung abnimmt, müßte Schreiber von Fig. 31 weniger gebildet sein als Schreiber von Fig. 121; ist das wahrscheinlich? Antwort: beide sind wenig gebildet, doch dürfte Schreiber von Fig. 31 immerhin der Gebildetere sein. Bleiben wir indes in der Reihe! — Wer die Feder so „spielend" über das Papier gleiten läßt wie Schreiber von Fig. 121 und dabei schwungvolle, wenn auch geschmacklose, Zutaten anbringt, schreibt gern und oft, schreibt auch mal Überflüssiges, wie er höchstwahrscheinlich am mündlichen Wortemachen gleichfalls Gefallen findet, und ist solcherart in der Schreibbewegung jedenfalls mehr zuhause als Schreiber von Fig. 31, dessen Feder schwer auf der Schreibfläche ruht und bestimmt nicht so mühelos vom Flecke kommt (vgl. die Enge!) wie die des andern. Er schreibt „lustlos", schreibt nur, wann er muß, und nicht mehr, als er muß, und ermangelt somit der inneren Beziehung zur Schreibtätigkeit. — Was aber das Verhältnis von spezifischer Schreibbegabung zur Bildungshöhe betrifft, so blieb es dahingestellt, ob die Bildungskennzeichen uns i m m e r befähigen, es mit Sicherheit zu bestimmen; und es sei nun ohne Begründung nachgeholt: ihr Vorhandensein gewährleistet die ihrer Häufigkeit entsprechende Bildungshöhe, nicht aber in a l l e n Fällen ihre Abwesenheit den entsprechenden Bildungsmangel. Die größere U n m i t t e l b a r k e i t, die der Fig. 31 eigen im Verhältnis zu Fig. 121, läßt größere S a c h l i c h k e i t des Schrifturhebers vermuten, und die wieder macht eine etwas höhere Bildungsstufe wahrscheinlich.

Federnder, schlaffer und starrer Duktus. — Sollte, was nicht verwunderlich wäre, dem Leser angesichts so vieler Unterscheidungen, die vielleicht manchmal spitzfindig aussehen, zaghaft zumute werden, so sei er versichert, daß sie vorerst nur den Zweck verfolgen, ein wenig sein graphologisches Sehen zu schulen, während die hier noch nicht spruchreife Anwendung auf den beliebigen Einzelfall ihm ein Leichtes sein wird, nachdem er später vertraut geworden mit der eigentlichen Symptomenlehre, die bisher ja nur eben gestreift wurde. Im gleichen Sinne möge er auch diesen Abschnitt durchlaufen, der nun freilich eine den vorigen Abschnitten entgegengesetzte Richtung nimmt.

Über den Bewertungshilfen, die wir vorgelegt haben, droht uns dahinzuschwinden das Formniveau selbst oder, wie wir ab nun wieder häufiger sagen wollen, jener „Rhythmus schlechthin", der so gewiß schon im einzelnen Buchstaben steckt, ja im kleinsten Buchstabenbruchstück, als er nicht zusammengesetzt werden kann aus Eigenschaften des Schreibvorganges, indem vielmehr deren jede ihren Lebensgehalt von ihm erst zu Lehen trägt. In jedem „einzelnen Linienzuge" stellt sich nach einer Äußerung des japanischen Ästhetikers Okakura (1862—1913) „ein ganzes Leben dar (!)"; aber eben deshalb spricht Taki, ein andrer Kunstschriftsteller Japans, von der Schreibkunst als einer „wahrhaft mystischen", die „ihr Geheimnis nur Eingeweihten" preisgebe. Damit ist angedeutet, was unter Verwertung einer Wendung Lavaters im vorigen Kapitel in die Worte gefaßt wurde, daß nur ein „höherer Verstand" als der unsrige in der Lage wäre, das Geheimnis — von uns auf den Namen des Rhythmus getauft — in bloßen Splittern der Handschrift zu erfassen.

Das schließt indessen nicht aus, auf rhythmische Kraft unter anderem den Federstrich zu untersuchen, nicht Aufstrich oder Abstrich allein, sondern beide, eingerechnet die Art und Weise ihres Zusammenhängens, stets aber im Hinblick auf die Strichbeschaffenheit selbst; und das ist nun aus hier zu übergehendem Anlaß geschehen durch Roda Wieser und hat uns eine Bewertungshilfe geliefert, die Erfolge verspricht zumal auf dem am wenigsten durchforschten Gebiete der Handschriften mehr oder minder bildungsfremder Berufe wie der Tischler, Schuster, Bauern, Jäger, Gärtner, Metzger, Bäcker, Melker, Kutscher, Hilfsarbeiter, Holzfäller, Knechte, Tagelöhner, Hausierer und so fort *).

*) Dr. Roda Wieser, Die Verbrecherhandschrift I, Wien 1930, Die Verbrecherhandschrift II, Wien 1933; vor allem aber: Roda Wieser, Der Rhythmus in der Verbrecherhandschrift. Systematisch dargestellt an 694 Schriften Krimineller und 200 Schriften Nichtkrimineller, Leipzig 1938. — Zur Orientierung für den Leser: soweit

Inbezug auf Schreibfertigkeit sind Fig. 74 und die von einem Vorarbeiter stammende Fig. 76 nur wenig voneinander verschieden und jedenfalls beide untermittel, an Schreibbegabung steht in Rücksicht auf Gestaltungsanläufe in mehreren Großbuchstaben Fig. 76 höher, aber, wie dargetan wurde, nicht hoch genug, um den Schluß auf Bildung zu rechtfertigen ; daher die Vergleichung auf Stärke des Rhythmus keinen Vorbehalten begegnet. Nun hat allerdings der Leser (und selbst ein zaghafter Leser !) mit e i n e m Blick schon den krassen Ebenmaßmangel (vgl. die taumelnden Zeilen) der Fig. 74, dazu eine Mannigfaltigkeit ungestalter Lettern erwischt und das Formniveau unbemüht um mindestens anderthalb, wo nicht zwei, Stufen tiefer angesetzt als das der Fig. 76. Gleichwohl sei er gebeten, seine ganze Aufmerksamkeit zu sammeln auf die Striche in den Kurzbuchstaben. Gelingt das nur einigermaßen, so sieht er : die Strichführung der Fig. 76 hat etwas Bestimmtes, Ausgesprochenes, trotz geringer Zügigkeit F e d e r n d e s , die der Fig. 74 etwas Lahmes, Unausgesprochenes, S c h l a f f e s .

Heften wir nochmals, so gut es gehen will, unter Ausschließung des Gesamtbildes, den Blick auf die Kurzbuchstaben der Fig. 75, die von einem kaufmännischen Angestellten im Alter von vierzig Jahren herrührt, so nehmen wir wahr, was R. Wieser treffend in die Worte kleidet : „Auf der Mittelhöhe erscheinen die Auf- und Abstriche wie zwischen zwei Punkten aufgespannt . .“, und hätten denn damit in Fig. 75 ein besonders grelles Beispiel für S t a r r h e i t des Duktus gefunden. Nur der Vollständigkeit halber ergänzen wir : Schreibbegabung sehr gering ; durch Starrheit verstärkte Eintönigkeit, Übermaß in Ansehung der d-Köpfe, somit Formniveau schwache 4. Hier noch einige Beispiele für unterschiedlich schlaffen und unterschiedlich starren Duktus mit Beigabe der Niveauhöhen in Klammern. Mehr oder minder schlaff : 20 (5), 29 (3—4), 70 (4) ; mehr oder minder starr : 26 (4), 30 (3), 60 (4), 64 (4—5), 126 (4). Da das Formniveau teils oben, teils in früheren Auflagen des Buches angegeben wurde, fällt die Tatsache ins Gewicht, daß der mehr oder minder schlaffe Duktus hier immer unter der Mittelzone liegt, der mehr oder minder starre Duktus ebenfalls, mit der einzigen Ausnahme von Fig. 30, deren Gesamtbild trotz starrer Strichführung die Zuordnung zur 3 verlangt. Es genügt, den Blick zwischen Fig. 30 und Fig. 26 wandern

---

wir ab jetzt Ergebnisse zeitgenössischer Forscher mitverwerten, geschieht es lediglich unter Hinweis auf die einschlägigen Veröffentlichungen, während die kritische Würdigung dem Quellennachweis am Schluß des Buches aufgespart bleibt.

zu lassen, um zu erkennen, warum jene eine volle Stufe höher steht als diese. Und so ist denn die Prüfung auf Grade der Schlaffheit oder Starrheit von nicht zu unterschätzender Bedeutung, entscheidet jedoch keineswegs allein über den „Rhythmus schlechthin". Ebensowenig gilt umgekehrt, daß ein federnder Duktus in jedem Falle mittlere oder übermittlere Niveauhöhen innehaben müsse. Man vergleiche Fig. 85, 118, 121, von denen keine die Mittelzone erreicht, ohne schlaffe oder gar starre Strichführung aufzuweisen.

Von der Synthese der Schrifteigenschaften. — Da wir von „Eigenschaften" der Schreibbewegung noch recht wenige kennen, mag es verfrüht erscheinen, bereits von ihrer „Synthese" zu sprechen. Allein es wird in einem Sinne geschehen, der das Vertrautsein mit ihnen garnicht erfordert. Außer der Niveaubestimmung, so heißt es allgemein und so hieß es in allen Ausgaben dieses Buches, müsse noch etwas stattfinden, damit man von Fall zu Fall entscheiden könne, ob eine Duktuseigenschaft auf werthaltige oder wertwidrige Eigenschaften des Charakters zurückweise : nämlich die Abwägung der Duktuseigenschaften gegeneinander oder ihre „Auswertung" durch Kombination; und eben das war gemeint mit der Wendung von scheinbaren Vorbehalten auf Seite 38. Der Gedanke ist praktisch richtig, theoretisch, streng genommen, falsch. Wir erwägen zuvörderst letzteres. — Steckt das Formniveau in jeder persönlichen Bewegung und vollends in der persönlichen Bewegungseigenschaft und hängt von ihm die Entscheidung über Plus und Minus ab, so würde zu ihr nicht den mindesten Beitrag liefern die Kombination jener Eigenschaften ; oder : läßt uns jede Bewegungseigenschaft zwischen Plus und Minus die Wahl, so steht es nicht anders mit der Synthese ihrer aller; oder: kann die Wahl nicht getroffen werden aufgrund der beliebigen Bewegungseigenschaft, so ähnelt die Bedeutung dieser der Unbekannten einer Gleichung, die Bedeutung der zweiten in derselben Handschrift einer zweiten Unbekannten, der dritten einer dritten usw.; bei lauter Unbekannten aber gibt es keine erdenkliche Kombination, die uns zur Lösung verhülfe.

Ja, theoretisch müssen wir den Satz von der „Auswertung" der Schrifteigenschaften umkehren : die Richtung des kombinatorischen Verfahrens wird jeweils bestimmt durch die zum voraus angesetzte Niveauhöhe. Steckt nämlich die Niveauhöhe in jeder Schrifteigenschaft, so steckt auch in jeder Schrifteigenschaft die ganze Handschrift ; und davon können wir uns beiläufig sofort überzeugen. Überfliegen wir nacheinander die Girlanden von Fig. 35, 52 und 120, so treten uns so gewiß drei

Girlanden a r t e n entgegen, als es drei Handschriften, d. i. drei ganz verschiedene Eigenschaftsinbegriffe sind, worin die Girlanden vorkommen, und es leuchtet ein, daß beispielsweise das hohe Niveau der Fig. 35 die Girlande mit andern Duktuseigenschaften zusammenzubringen nötigt, als es in Fig. 52 das um rund anderthalb Stufen tiefere verlangt. So steht es theoretisch immer. Dennoch hat in der Praxis die Kombination selbständigen Wert und tritt der Niveaubestimmung als unerläßlich, obwohl nicht gleichgewichtig, an die Seite.

Von den zwei Gründen dafür der eine bliebe einstweilen unverständlich und sei deshalb übergangen. Der zweite überaus leichtverständliche hat mit Theorien nicht das mindeste zu tun und liegt völlig im Felde graphologischer Erfahrung, genauer gewisser nicht allgemeingültiger Erfahrungen inbezug auf die Bewegungsweise des „zivilisierten" Menschen ungefähr der letzten fünfzig Jahre oder, enger gefaßt, inbezug auf Handschriften der Gegenwart. Für diese und nur für diese hat sich nämlich gezeigt, daß einige Duktuseigenschaften, die wir kennen lernen werden, öfter negativ auszulegen sind als die entgegengesetzten, womit natürlich für einige andre das Gegenteil obwaltet. Das allein schon, wie man bemerkt, macht die kombinatorische Abwägung unentbehrlich.

Wir möchten die grundlegenden Ausführungen über die Niveaubestimmung nicht abschließen, ohne einem sozusagen erprobten Mißverständnis zu wehren. Nicht in der Wahl zwischen Plus und Minus schlechthin besteht die Auflösung des Doppelsinns, sondern in der Wahl zwischen m e h r Plus und m e h r Minus. Einige Beispiele werden das deutlich machen. Jede werthaltige Charaktereigenschaft, gewöhnlich „Tugend" genannt, hat ihre Gefahr oder „Vorzugsschwäche". Dem Begeisterten droht die Illusionenbildung, dem Sachlichen die Trockenheit, dem Unternehmenden der Leichtsinn, dem Rührigen die Ungeduld, dem Leichtblütigen die Flatterhaftigkeit, dem Bedächtigen die Unentschlossenheit, dem Gleichmütigen die Unbeweglichkeit und so fort. Folglich darf ein übermittleres Formniveau uns nicht dazu verleiten, Licht ohne Schatten, ein untermittleres nicht, Schatten ohne Licht zu suchen. Nur auf das Übergewicht des einen von beiden und allenfalls auf dessen führende Rolle haben wir das Augenmerk zu lenken, mögen schon in äußersten Fällen, die jedoch selten genug, nur noch gewisse Reste von Licht, Reste von Schatten erkennbar sein.

IV. KAPITEL

GRÖSSEN UND GRADE DER SCHREIBTÄTIGKEIT

Zur Technik des Schreibens. — Obwohl in diesem Kapitel nur einige Seiten der Schreibtechnik Beachtung finden, seien doch sogleich alle durchgesprochen, die für den Handschriftendeuter unmittelbar oder mittelbar wichtig werden können.

Das Schreibgerät. Das einfachste Schreibgerät ist der Griffel, dessen Namen wir für alle Schreibgeräte verwenden, soweit nicht grade deren Besonderheit Berücksichtigung verlangt. Ähnlich hat man früher das Wort Feder vom Gänsekiel, der wirklich eine Schwungfeder ist, auf die Stahlfeder übertragen, das neben dem Bleistift heute gebräuchlichste Schreibwerkzeug. Unter den zahlreichen Stahlfedersorten befinden sich mehrere griffelmäßige, die bei sachentsprechender Führung Schnurzüge, d. i. Züge von durchweg gleicher Strichbreite, zu erzeugen gestatten, wie (Glasfeder, Quellstift), Plattenfeder, Pfannenfeder, Kugelspitzfeder (von denen die beiden letzteren gegenwärtig wieder im Anfangsunterricht Verwendung finden). Besonders die Kugelspitzfeder teilt mit dem Griffel die Eigenschaft, vorbildliche Formgestaltung bei jeder beliebigen Haltung von Hand und Fingern zu ermöglichen.

Anders steht es mit der Breitfeder, von deren drei Haupttypen die gerade geschnittene mehr künstlerischen Zwecken dient, während für die Verkehrsschrift links und rechts abgeschrägte Kanten bevorzugt werden. Da beim Schreiben mit der Breitfeder stets die ganze Kante auf der Schreibfläche aufliegen muß (Flächenstellung), so darf der Halter während des Schreibens nicht gerollt werden und bleibt an die Lage gebunden, die der Schreiber gewählt hat und wenigstens beim Schnellschreiben nicht wechseln kann, ohne das Schriftbild wesentlich zu verändern. Ein Blick auf die Schemata der Textfigur III zeigt überdies, daß selbst ohne Druckwechsel Striche von wechselnder Breite entstehen, Bandzüge genannt, und zwar die schmalsten bei Fortbewegung der Feder in der Richtung der Kante, die breitesten bei Fortbewegung in der dazu senkrechten Richtung. Fig. 136 gibt eine nach der Sütterlinmethode mit schwach rechtsschräger Breitfeder hergestellte Probe eines Schülers zu

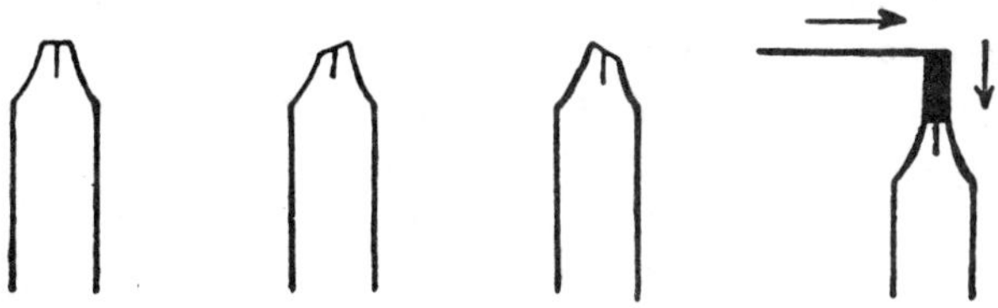

Gerade Links- Rechtsabgeschrägte
Breitfeder

Fig. III.

Beginn des dritten Schuljahres. Beim Schreiben mit linksschräger Breitfeder fällt, wie man sich aus Textfigur IV überzeugt, die größte Strichverbreiterung vorwiegend in die Übergangsrichtungen. — Die Spitzfeder erlaubt wieder freiere Handhaltungen; doch sprechen wir davon erst

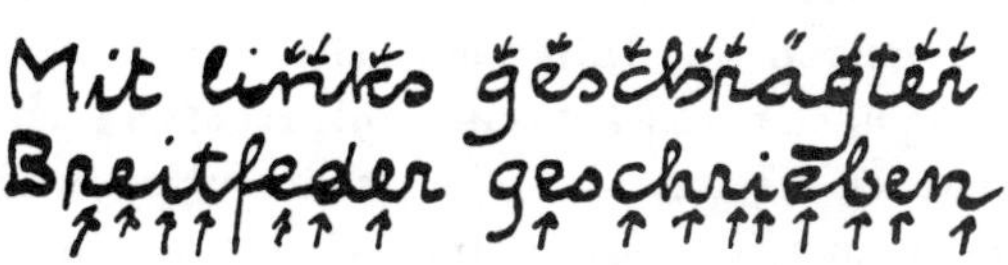

Fig. IV.

weiter unten. — Für die jetzt erforderliche, aber auf das Notwendigste sich beschränkende Kennzeichnung der Schreibhaltung verwenden wir, um Verwechslungen zu verhüten, vier Handlungsnamen (nomina actionis): Fassung, Stellung, Haltung, Setzung.

Die Griffelfassung. Ihre Gegensätze sind gekennzeichnet mit: sehr kurz und sehr lang. Bei sehr kurzer Fassung liegen die Schreibfinger, also Daumen, Zeigefinger und Mittelfinger, an der Spitze des Schreibgeräts, wodurch dieses mit der Schreibfläche einen großen, äußerstenfalls einen fast rechten Winkel bildet. Wird mit der Feder geschrieben, so fließt infolgedessen wenig Tinte aufs Papier, und wir erhalten den sog. scharfen Duktus. Umgekehrt ergibt sehr lange Fassung einen entsprechend spitzen Federwinkel, reichlichen Tintenfluß und im Bilde der Schrift den sog. teigigen Duktus. Mit beiden werden wir uns später befassen. — Wenn auch, wie sich versteht, zwischen den Endfassungen alle Übergänge vorkommen, genügt es, zu unterscheiden lange, mittellange und kurze Fassung.

D i e H a n d s t e l l u n g . Diese spielt zwischen den Gegensätzen der g e s c h l o s s e n e n und der o f f e n e n Stellung. — Geschlossene Stellung findet statt, wenn die Hohlhand auf der Schreibfläche ruht und der Schreibende den Rücken seiner Hand vor Augen hat ; offene Stellung, wenn die Hand auf Außenrand und kleinem Finger ruht, sodaß der Schreibende in die Hohlhand hineinsieht. Wiederum kommen sämtliche Zwischenstellungen vor. Insbesondere sind leicht zu markieren : ganz offene Handstellung, halb offene, halb geschlossene. — Die Auswirkung auf die Schriftgestaltung dagegen kann nicht einmal erwogen, geschweige denn entschieden werden ohne Zuhilfenahme des nächsten Punktes.

D i e G r i f f e l h a l t u n g . Die Ebene, die den menschlichen Körper in eine rechte und linke Hälfte teilt, heißt Mittelebene (Medianebene), und ebenso heißt in der Graphologie jede Vertikalebene, die mit ihr einen sehr spitzen Winkel bildet und beispielsweise die Druckseite des parallel vor dem Leser liegenden Buches in einer Linie wie dieser schnitte : \. — Jede der Stirnfläche ungefähr parallele Ebene, deren Schnittlinie durch den Gedankenstrich bezeichnet wird, heißt Stirnebene oder Frontalebene oder seitliche Ebene ; alle zwischen beiden Ebenen liegenden endlich mögen diagonale Ebenen heißen. — Hält der Schreibende den Griffel so, daß dessen Verlängerung nach rückwärts ein wenig rechts an seinem rechten Ohr vorbeiläuft, so hat er die mittlere oder mediane Haltung eingenommen. Hält er ihn senkrecht zu dieser und somit parallel seiner Stirnseite, so schreibt er mit frontaler oder seitlicher Haltung. Liegt der Griffel in einer der Zwischenebenen, so finden diagonale Haltungen statt, die naturgemäß bald mehr der mittleren, bald mehr der seitlichen Haltung angenähert sind.

Wird das Schreibgerät mit Daumen und Zeigefinger gefaßt, während der Mittelfinger als Stützfinger dient, so neigt, wie Überlegung und Versuch beweisen, die geschlossene Handstellung zu mittlerer bis diagonaler Griffelhaltung, die offene Handstellung zu diagonaler bis frontaler Griffelhaltung. Daraus folgt, daß der Veranschlagung der Handstellung diejenige der Griffelhaltung vorauszugehen hat. Obwohl nämlich aus dem Bilde der Schrift auch die Griffelhaltung nur erschlossen wird, so hinge doch o h n e Ermittlung dieser jede Spekulation über die Handstellung in der Luft.*)

*) In der Physiologie heißen die der Mittelebene genau parallelen Ebenen Sagittalebenen (von sagitta = Pfeil, also eigentlich die Richtung, in der man einen Pfeil abzuschießen pflegt). Ferner wird dort die geschlossene Handstellung „proniert“ genannt, die offene „supiniert“. Wir erwähnen das, damit der Leser Bescheid wisse, falls ihm die Namen im wissenschaftlichen Schrifttum begegnen, dürfen übrigens aber auf solche Kunstwörter verzichten.

Von den mancherlei Auswirkungen der Haltungsverschiedenheiten wenigstens eine sei hier schon erwähnt und zwar im Hinblick auf die Spitzfeder. Spricht man von spitzer und harter Feder, so meint man eine Spitzfeder von erheblicher Spitzigkeit und erheblichem Spreizwiderstand. Sie ist heute glücklicherweise aus der Mode gekommen und sei daher übergangen. — Demgegenüber ist es die breiter abgerundete, sogenannte stumpfe Spitzfeder von geringem Spreizwiderstand, daher als weich bezeichnet, die eine fast griffelmäßige Führung zuläßt und deshalb zur Erläuterung von Haltungsauswirkungen am besten taugt.

Wird eine solche mit beiden Spitzen gleichgewichtig auf die Schreibfläche gesetzt, so fällt bei medianer Griffelhaltung die geringste Strichbreite mit dem Aufstrich, die größte mit dem Abstrich zusammen. Für Fig. 45 hätten wir also anzunehmen : ziemlich weiche Spitzfeder, mediane Haltung, überwiegend geschlossene Handstellung. Ähnlich liegt es für Fig. 21, 31, 3 und 30, nur daß die Schreiber von 3 und 30 beträchtlich spitzere Federn benutzt haben. Hält man dagegen den Griffel frontal, so muß die größte Strichbreite völlig in den Aufstrich fallen, die geringste in den Abstrich ; und damit nun verbindet sich naturgemäß eine mehr offene Handstellung. Ein mustergültiges Beispiel gibt uns Fig. 36. Schreiberin hält die ihr gewohnte weiche Spitzfeder nicht zwischen Daumen und Zeigefinger, sondern zwischen Zeige- und Mittelfinger, somit völlig frontal bei äußerst offener Handstellung. Und so sind denn alle erkennbaren Grundstriche dünn ausgefallen, alle erkennbaren „Haarstriche" dick.

Die Federsetzung. Zwar haben wir die soeben schon gestreift, jedoch nur beiläufig. Da die Breitfedern Flächenstellung verlangen, schalten sie für unsre Betrachtung aus. Anders die weiche Spitzfeder. Manche Personen schreiben zwar auch mit ihr geradkantig, andre jedoch mit Linksbetonung oder mit Rechtsbetonung (Kantenstellungen). Setzt man bei mittlerer bis diagonaler Griffelhaltung die Feder mehr auf die linke Spitze, so findet ähnliche Verteilung der Strichbreiten statt, wie wenn man mit linksschräger Breitfeder schriebe. Fig. 35 zeigt die größten Strichbreiten in den Übergangsrichtungen und Aufstrichen, ist aber keineswegs wie Textfigur IV mit linksschräger Breitfeder geschrieben, sondern bei diagonaler Griffelhaltung und halb geschlossener Handstellung mit linksbetonter Spitzfeder.

Auch Griffelfassung, Handstellung, Griffelhaltung und Federsetzung spielen innerhalb persönlich verschiedener Schwankungsbreiten. Die Griffelfassung pflegt am beständigsten zu sein, die drei andern dagegen können bei Verwendung passender Schreibgeräte innerhalb desselben

Schriftstücks bis zur Vertauschung der Gegensätze wechseln. Das besonders verbreitete Rollen des Griffels zwischen den Schreibfingern führt nicht selten in einem Buchstaben von anfänglicher Linksbetonung der Feder zu ausgesprochener Rechtsbetonung und zur Linksbetonung zurück und hat merkwürdige Stricheigenschaften zur Folge, die — überwiegend nur mit starken Lupen erkennbar — von nicht zu überschätzender Wichtigkeit sind für Schriftvergleichungen zum Zweck der Urheberschaftsermittlung, bis auf weiteres aber nur von geringer für die Handschriftendeutung *).

Ausgiebigkeit und Geschwindigkeit. — Jede Bewegung ist mehr oder minder ausgiebig und kann daher inbezug auf Ausgiebigkeit mit jeder andern Bewegung auf ihre Größe verglichen werden. Wie im ersten Kapitel dargetan wurde, messen wir die Ausgiebigkeit der Schreibbewegung an der Grundstrichlänge der Kurzbuchstaben. Nur diese haben wir im Auge, wenn wir von großen, mittelgroßen und kleinen Handschriften sprechen; und zwar nennen wir groß jede Handschrift, deren Kurzlängen 3 mm durchweg überschreiten, mittelgroß jede mit Kurzlängen von höchstens 3 mm, klein jede hinter 2 mm mehr oder minder zurückbleibende. Ausgesprochen große Handschriften wären darnach: Fig. 26, 30, 41, 115, 126; mittelgroße: Fig. 12, 18, 42, 49, 89; ausgesprochen kleine: Fig. 46, 48, 51, 67, 71.

Das solcherart von Fall zu Fall Bestimmbare sind nun freilich Bewegungen der Griffelspitze, während es unentschieden bleibt, ob sie durch Bewegungen mehr der Finger oder mehr des Handgelenks oder unter harmonischer Beteiligung beider entstanden sind. Allein, wie wichtig es bisweilen sein mag, Rechenschaft zu geben, ob mehr Handgelenksschrift oder Fingerschrift vorliegt, so gründet doch die Durchschnittsgröße der persönlichen Verkehrsschrift unzweifelhaft in gewissen Charakterzügen, zu denen die Ausschlagsweite der Bewegungen sich ähnlich verhält wie zur angestrebten Leistung das dafür erforderliche Werkzeug. Wir dürfen es, wenn nicht als Gesetz, so doch als Regel hinstellen: unter den mehr automatischen Bewegungen des Menschen steht besonders die Schreibbewegung überwiegend im Dienste des Bewegungs erfolgs, mit andern Worten des Bildes der Schrift; daher sich uns ihr Sinn stets nur im Hinblick auf dieses eröffnet.

*) Die fraglichen Wirkungen wurden zuerst untersucht von A. Delhougne und von ihm auch mit Erfolg in den Dienst der Schriftexpertise gestellt. Man vergleiche vor allem seine Abhandlung „Dunkle Linien in der Schrift und verwandte Erscheinungen" in Groß' Archiv für Kriminalanthropologie und Kriminalistik, Bd. 34, S. 311—331 (1909).

Verwickelter als bei der Ausgiebigkeit liegen die Verhältnisse bei einer zweiten Bewegungseigenschaft, die Größenvergleiche zuläßt: der Schreibgeschwindigkeit. Durch Versuche wurde seit langem festgestellt:

1. Unter selbstgewählten Schreibumständen (betreffend Schreibgerät und Schreibflüssigkeit, Lage der Schreibfläche zur Tischkante, alle soeben besprochenen Schreibhaltungsmomente, Beschaffenheit des Papiers, Beleuchtung) besteht für jede Person eine grade ihr eigentümliche Durchschnittsgeschwindigkeit von verhältnismäßig hoher Beständigkeit.

2. Wie jede Bewegungseigenschaft spielt auch die persönliche Schreibgeschwindigkeit innerhalb einer persönlich charakteristischen Schwankungsbreite.

3. Die persönlichen Schreibgeschwindigkeiten verschiedener Personen von annähernd gleicher Schreibfertigkeit können um das Doppelte, Dreifache und noch Mehrfache variieren.

Vorstehende Angaben beziehen sich auf die zahlenmäßige = absolute = objektive Geschwindigkeit, und die fraglichen Ermittlungen stammen größtenteils aus dem vorigen Jahrhundert, insbesondere aus der Schule des Psychiaters Kraepelin, des Erfinders der sog. Schriftwaage, d. i. einer federnd beweglichen Unterlage, die mittelst einer sinnreichen Hebelvorrichtung die Länge des Schreibwegs abzutragen gestattet auf einer mit bekannter Geschwindigkeit rotierenden Trommel *). Da die Abschätzung der objektiven Geschwindigkeit aus dem Bilde der Schrift beträchtlichen Schwierigkeiten begegnet, hat inzwischen ein andrer Geschwindigkeitsbegriff größere Beliebtheit erlangt, nämlich der Begriff der Leistungsgeschwindigkeit, worunter die Durchschnittsgeschwindigkeit zu verstehen ist, vermittelst deren jemand bei passenden Schreibumständen mit einem Text von bestimmter Silbenzahl fertig zu werden pflegt. Sie wird durch naturgemäß sehr einfache Versuche ermittelt und kann

---

*) Zu den frühesten Versuchen, die objektive Schreibgeschwindigkeit experimentell festzustellen, gehören diejenigen von Binet und Courtier mit Edisons elektrischer Schreibfeder im Jahre 1893. Weitere experimentelle Feststellungen von Schreibgeschwindigkeit und Reibungsdruck wurden vorgenommen von den Kraepelinschülern Adolf Gross und August Diehl. Man vergleiche von jenem „Untersuchungen über die Schrift Gesunder und Geisteskranker“ in: Psychologische Arbeiten (Kraepelin), Bd. II, 1899; von diesem „Über die Eigenschaften der Schrift bei Gesunden“, ebendort, Bd. III, 1901. — Vorstehende Arbeiten sind völlig außerhalb der Graphologie und ohne Kenntnis ihrer damaligen Ergebnisse entstanden. Demgegenüber sucht neuerdings Käthe Tittel in ihren „Untersuchungen über Schreibgeschwindigkeit“ (1934) auch graphologische Befunde für die Auswertung persönlicher Geschwindigkeitsunterschiede fruchtbar zu machen.

zwar, muß aber nicht der objektiven Geschwindigkeit korrespondieren. Jeder Geistesarbeiter wird bestätigen, was schon von Preyer an den Schriftzügen Darwins erläutert wurde, daß er beim Bestreben, eine wichtige Beobachtung oder Schlußfolgerung möglichst schnell zu notieren, u n willkürlich eine Art Kurzschrift erzeugt, indem er die Buchstaben außerordentlich vereinfacht, nicht selten bis zur Unleserlichkeit für andre Personen. Wer aber solcherart den Text weit schneller als sonst zu Papier bringt, hat das nicht in erster Linie durch Bewegungsbeschleunigung geleistet, sondern durch Wegverkürzung. Die freilich sehen wir im Bilde der Schrift unmittelbar (vgl. etwa Fig. 4 und besonders Fig. 36, die ein Musterbeispiel für Wegkürzung bietet); aber die objektive Geschwindigkeit verrät sie uns nicht! Wir umgehen die entfernt noch nicht hinreichend behobene Schwierigkeit, indem wir uns erinnern, daß wir zweifelsohne befähigt sind, den Ausdruck innerer Eile, den Ausdruck innerer Langsamkeit wahrzunehmen; und fragen: wie zeigt sich im Schriftbild innere Eile an, wie innere Langsamkeit? Dabei leiten uns vornehmlich folgende Erwägungen.

Durchstreicht man mit einem einzigen Ruck eine ganze Seite, so pflegt der durchstreichende Strich in jedem geradläufigen Teilstück ebenso „schlank“ auszusehen, als wäre er mit dem Maßstab gezogen; tut man es dagegen absichtlich sehr langsam, so läßt jedes Teilstück bei schärferem Hinschauen (und zumal mit der Lupe) ein wellenhaftes Schwanken erkennen. Daraus folgt: eine Schrift fällt unter sonst gleichen Umständen umso

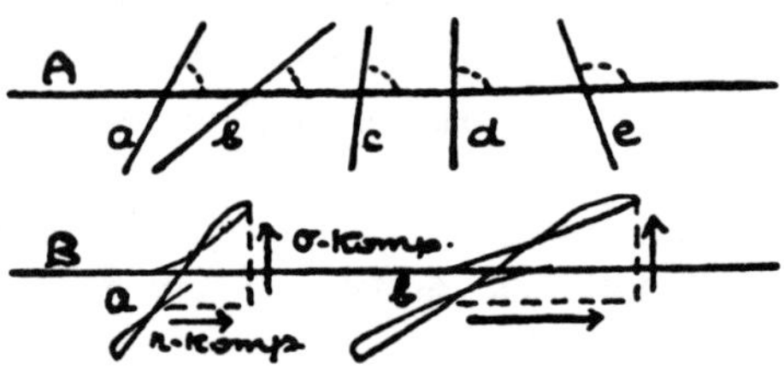

Fig. V.

„schlanker“ oder „flotter“ oder zügiger aus, je eiliger, umso unzügiger, je langsamer sie geschrieben wurde. Zur Abschätzung der Zügigkeit werden wir besonders die Langlängen heranziehen, die bei sehr langsamer Schreibbewegung sogar deutliche Zitterformen verraten. Davon war schon die Rede anläßlich des Ausdrucks mangelnder Schreibfertigkeit dank unabgeschlossener Geübtheit (vgl. Fig. 138 und 76). Aber es bedarf der extremen Fälle nicht. Fig. 21 ist zügiger geschrieben als Fig. 15, Fig. 15 zügiger als Fig. 16, die demnach von den drei Proben am langsamsten erzeugt sein dürfte. Ein Höchstmaß von Zügigkeit zeigt die sehr eilige Fig. 19, Unzügigkeit die ziemlich langsame Fig. 20. Ausgesprochen „schlanke" Schriftzüge finden sich bei Männern ungefähr dreimal öfter als bei Frauen und herrschen am stärksten vor in den Handschriften von Kaufleuten, Postbeamten und Kanzlisten. Vgl. etwa Fig. 121.

Ferner: je eiliger geschrieben wird, umso mehr ist die nach rechts gerichtete (r) vor der nach vorn (= oben = o) gerichteten Teilkraft betont, und das führt bei medianer Griffelhaltung und einigermaßen schräger Schrift unter anderem zum Wachsen der Schrägheit in den Langlängen. Denken wir uns nämlich den nach obenrechts (or) weisenden Bewegungsantrieb, der den Aufstrich des kleinen h der Kurrentschrift erzeugt, in seine r- und o-Komponente auseinandergelegt und lassen wir erstere infolge wachsender Eile größer werden, so ergibt sich eine schrägere Lage zunächst dieses Anfangszuges und, weil dessen Verbindung mit dem Grundstrich in jeweils persönlich charakteristischem Winkel geschieht, sekundär auch des Grundstriches. Textfigur V B. Bedeutende Langlängenschrägheit überhaupt k a n n daher für Eile sprechen, wachsende Schrägheit spricht i m m e r für wachsende Eile. Die Kurzlängen umgekehrt werden bei wachsender Eile häufig steiler und kippen nicht selten nach links (an zahlreichen Proben ersichtlich; vgl. etwa Fig. 78, 88, 94).

Ferner: wenn jemand gewohnt ist, ein längeres Wort, etwa „immer", in einem Zuge hinzuschreiben und dann erst den i-Punkt anzubringen, so wird er die dazu erforderliche Rückbewegung bei großer Eile zu kurz ausführen und darum den Punkt an eine Stelle setzen, die von der Verlängerungslinie des i-Grundstriches mehr oder minder rechts verbleibt. Seine i-Punkte, u-Haken, ü-Striche, kurz sämtliche Oberzeichen erscheinen — bisweilen um mehrere Buchstabenbreiten — zu weit nach rechts gerückt oder, wie man auch sagt, voreilend. — Ebenso wichtig, wenn nicht noch wichtiger, ist der Umstand, daß mit wachsender Eile die sog. Treffsicherheit abnimmt, infolge wovon die Oberzeichen gewissermaßen „in der Luft herum fliegen", bald viel zu hoch sitzend, bald zu weit links (!), bald sogar über einem der andern Wörter. Richtungsungenaue Setzung bei übrigens nur mittlerer Eile zeigt Fig. 70, bei beträchtlich grösserer Fig. 68; typisch voreilende i-Punkte haben wir in Fig. 37 sowie Fig. 103 und 104, welche beiden vom selben Schreiber herrühren. — Ferner erschwert die Eile jedes Verweilen der Federspitze auf der nämlichen Stelle. Statt der i-Punkte bekommen wir in lebhaften Schriften nach untenrechts (ur), wenn nicht nach r, gerichtete Kommata zu sehen, statt der ü-Striche horizontale Überstreichungen mit angedeutetem Endhäkchen. — Endlich pflegen —

wenigstens in ohnedies „schwungvollen" Schriften — die nach r gerichteten Schlußzüge, t-Querstriche und Überstreichungen aus Eile verlängert zu werden. Vgl. Fig. 88, 94 und 99.

Ferner ist die objektive Geschwindigkeit am größten im Mittelstück einer gerade oder annähernd gerade verlaufenden Bewegung, geringer bei jedem Richtungswechsel, am geringsten bei scharfem Richtungswechsel. Um einen Winkel zu schreiben, muß man die Federbewegung am Umkehrpunkte bremsen können. Gleitet nun die Feder aus Eile rascher und rascher dahin, so wird solche Bremsung und zumal an der Basis nicht mehr gelingen. Infolgedessen geht die Wendung in fließenden Kurven vor sich, und so ist denn die Kurve und besonders die Basiskurve gelegentlich eine Folgeerscheinung der Eile. Man vergleiche die ziemlich häufigen Basiskurven in der sonst mehr winkelreichen, aber eiligen Handschrift Fig. 31. Endlich pflegt bei den meisten Menschen mit wachsender Eile die Verbindung der Schriftelemente zu wachsen und bei immerhin noch der Mehrzahl auch die Weite der Schrift. — Als Sondermerkmal sehr großer Eile wäre schließlich noch die Verschleifung der Bindungsformen anzuführen, die am Ende der Wörter, bisweilen aber auch innerhalb ihrer zum sog. Eilefaden führt, wie ihn uns die Handschrift Napoleons (Fig. 4) darbietet. Übersichtstafel III.

Tabelle III.

Merkmale der Eile	Merkmale des Langsamkeit
1. Zügige Strichführung	1. Unzügige Strichführung
2. Wachsende Langlängenschrägheit	2. Gleichbleibende Langlängenschrägheit
3. Kürzung des Schreibweges	3. Keine Wegkürzung
4. Strichförmige Oberzeichen	4. Vorschriftsmäßige Oberzeichen
5. Richtungsungenaue Oberzeichen	5. Richtungsgenaue Oberzeichen
6. Eher kurvige Schrift	6. Eher winklige Schrift
7. Oft Eilefaden	7. Kein Eilefaden
8. Mehr Verbindungen	8. Mehr Unterbrechungen
9. Eher Weite	9. Eher Enge

Nicht eindeutig ist das Verhältnis der Eile zur Ausgiebigkeit. Die eiligere von zwei Schriften kann die größere, sie kann auch die kleinere sein ; doch kommt der erste der beiden Fälle immerhin öfter vor. —

Von den angeführten Merkmalen die wichtigsten sind 1., 2. und 7. Alle übrigen können obwalten, ohne durch Eile oder Langsamkeit begründet zu sein. Der äußerst sorgfältige Mensch bringt auch in eiligen Schriftstücken richtungsgenaue Oberzeichen an, der sehr flüchtige in langsamen Schriftstücken richtungsungenaue. Bogenbindung und Winkelbindung haben selbständige Entstehungsgründe, Verbindungen und Unterbrechungen ebenso, Weite und Enge abermals; Wegkürzungen endlich finden in hochgebildeten Schriften weitgehend auch ohne Eile statt. Sind die bedingenden Charakterzüge hinreichend stark entwickelt, so setzen sie sich durch im Gegensatz zur Eile oder Langsamkeit des Schrifturhebers; und nur das allerdings gilt uneingeschränkt, daß mit den fraglichen Gegensätzlichkeiten solche der Anlagen einhergehen.

Spricht nun der Ausdruck der Eile stets für die größere, der Langsamkeitsausdruck für die kleinere objektive Geschwindigkeit? Die Untersuchungen darüber sind bei weitem nicht abgeschlossen, und nur soviel läßt sich sagen: in der Mehrzahl der Fälle besteht annähernd Übereinstimmung, in einer prozentisch unbestimmbaren Minderzahl nicht. Indes, bis es künftiger Forschung vielleicht gelingen wird, in den Schriftbildern der Minderzahl Eile und objektive Geschwindigkeit auseinanderzuhalten, dürfen wir uns mit der Gewißheit trösten, daß für die Deutung der Handschrift Kenntnis des Ausdrucks von Eile und Langsamkeit ungleich wichtiger ist als die Veranschlagung von Zentimetersekunden.

Der Reibungsdruck. — Die Anstrengung, die jemand beim Schreiben aufwendet, kann sich auf dreierlei Weise äußern: in der Festigkeit, womit er den Griffel umspannt, im Pressen von Handwurzel oder Unterarm gegen das Schreibpult, im Reibungsdruck der Griffelspitze gegen die Schreibfläche. Davon zu ohne weiteres merklicher Auswirkung kommt jedoch nur der Reibungsdruck und auch er in erheblicher Weise nur bei Anwendung elastischer Schreibwerkzeuge wie Gänsekiel oder weiche Stahlfeder. Die verbreitete, auch vom Verfasser früher geteilte Ansicht freilich, daß bei größerem Spreizwiderstand des Schreibgeräts gewöhnlich mit geringerem Druck geschrieben werde, hat sich experimentell als irrig erwiesen. Versuche Soenneckens, mit Hilfe neuer Apparaturen angestellt, haben ergeben, daß mit wachsendem Spreizwiderstand der Nachdruck wächst, erheblich bei Kindern, geringeren Grades aber auch bei Erwachsenen. Die höchsten Drucke werden erzeugt mit Bleistift und Milchgriffel, hohe mit der Pfannenfeder, immer noch beträchtliche mit der Kugelspitzfeder, wesentlich geringere mit der elastischen Spitzfeder, die geringsten mit dem Gänsekiel *). Nun geben zwar Bleistift und

*) Dr. ing. Alfred Soennecken, Die Schreibfeder in der Schriftreform, in: Die neue deutsche Schule, 4. Jahrgang, Heft 2.

Kugelspitzfeder bei druckstarker Führung ebenfalls Schattierungen ; auch kann man die Einbuchtungen des Papiers zur Druckabschätzung mitbenutzen. Allein erst Schreibgeräte von geringem Spreizwiderstand haben d e n Strichbreitenwechsel zur Folge, der unmittelbar dem Wechsel des Nachdrucks entspricht. Wie aus den erwähnten Versuchen hervorgeht, hat die Strichbreite mit der absoluten Druckgröße, die beispielsweise mit der Schriftwaage gemessen werden kann, allerdings nichts zu tun ; das charakterkundlich wichtigere Größen v e r h ä l t n i s dagegen läßt sich aus dem fertigen Schriftstück entnehmen durch Vergleichung der Breitenunterschiede von Streckstrich und Beugestrich.

Jede Laufschrift entsteht, wie wir wissen, durch Aneinanderreihung von Aufbewegungen und Abbewegungen. (Man denke stets an das kleine deutsche oder lateinische i.) Bei mittlerer bis diagonaler Griffelhaltung und Flächenstellung der Feder liegt der schwächste Reibungsdruck in der

Fig. VI.

Aufbewegung, des stärkste in der Abbewegung. Ist die Feder hinreichend elastisch, so findet bei jeder Abbewegung Spaltung der Spitzen statt, wodurch zwei nebeneinander laufende Linien entstehen, deren Zwischenraum sich mit Tinte füllt (Textfigur VI A, erstes Bild). Man kann in druckstarken Schriften die beiden Ansätze unschwer mit bloßem Auge erkennen (Textfigur VI A, zweites Bild, sowie ausgezeichnet sichtbar in Fig. 129) und, wenn aus Tintenmangel der Zwischenraum streckenweise freibleibt, nicht selten sogar die begrenzenden Striche selbst. Findet bei gleicher Griffelhaltung linksbetonte Kantenstellung der Feder statt, so fällt, wie oben bereits besprochen, die Schattierung in die Übergangsrichtungen und teilweise in den Aufstrich (Textfigur VI B). Derselbe Effekt tritt noch schärfer zutage bei ausgesprochen seitlicher Griffelhaltung (vgl. nochmals Fig. 36). Nicht die Anordnung der Schattierung, sondern nur die verhältnismäßige Breite gibt uns das Maß für die Größe des aufgewendeten Reibungsdruckes. Wenn nun auch breitere und weichere Federn natürlich stärkere Schattierungen erzeugen als spitze und harte, so wird davon doch mehr die Strichbreite der Schrift überhaupt betroffen als der Unterschied der Breiten von Aufstrich und Abstrich; daher wir im allgemeinen nicht Gefahr laufen, den Reibungsdruck infolge der Weichheit der Feder zu überschätzen. Sehr druckstarke Schriften wären darnach: Fig. 45, 103, 108, 122, 126; mitteldruckstarke: Fig. 3, 19, 21, 49, 79; sehr druckschwache: Fig. 7, 20, 33, 44, 51.

Um Verwechslungen zu verhüten, beschreiben wir gleich noch die Teigigkeit, die durch Verkleinerung der Federwinkels unter das Mittelmaß bei ausgesprochener Langfassung des Schreibgeräts eintritt. Infolge des reichlicheren Tintenflusses verbreitern sich auch die Aufstriche und pflegen zahlreiche Schleifen ausgefüllt oder „verkleckst" zu werden. Textfigur VI C gibt das Schema des solcherart t e i g i g e n, breiigen oder pastosen Duktus, zu welchem den Gegensatz bildet der s c h a r f e Duktus mit seinem mehr oder minder regelmäßigen Wechsel von Haarstrich und Schattenstrich. Mustermäßige Teigigkeit zeigen Fig. 6—7, wo fast sämtliche Striche breit und weich sind, ferner Fig. 29, 37, 68; ungemein scharfen Duktus Fig. 30, ziemlich scharfen Fig. 45, 59, 88.

Endlich, wie schon bemerkt, unterliegt auch der Druck, den die haltenden Finger auf den Schreibgriffel ausüben, einer p e r s ö n l i c h charakteristischen Schwankungsbreite. Die seit mehr als vierzig Jahren von verschiedenen Forschern erfundenen Apparate zur Messung des Fingerdrucks sind zwar interessant für die Physiologie der Bewegung, könnten aber der Handschriftendeutung erst dienen, wenn die erforderlichen Daten aus dem fertigen Schriftstück mit hinreichender Sicherheit zu erschliessen wären. Da das jedoch einstweilen nicht der Fall ist, bleibt der Griffdruck für uns aus dem Spiel.

V. KAPITEL

SINN DER GRAPHISCHEN BEWEGUNGSGRÖSSEN

Prinzipielles. — Um in aller Strenge den Ausdrucksgehalt der graphischen Größeneigenschaften herzuleiten, müßten wir zunächst das Ausdrucksprinzip, ferner das Darstellungsprinzip, sodann deren Anwendung auf die Deutung der Bewegungsintensitäten überhaupt entwickeln und endlich die Deutung jeder einzelnen begründen. Da die drei ersten Schritte jedoch der theoretischen Ausdruckslehre zufallen, von der unsre „Grundlegung“ handelt, so stützen wir uns an dieser Stelle auf ihre nur eben zu wiederholenden Ergebnisse und beschränken uns dabei auf das Ausdrucksprinzip.

Das Ausdrucksprinzip besagt, daß jeder innern Bewegung eine analoge Bewegung des Körpers entspreche oder daß jede Ausdrucksbewegung unwillkürlich auf das Triebziel gerichtet sei, das dem Erleben innewohnt. Wir können mit seiner Hilfe sowohl die Ausdrucksform jedes hinreichend erkennbaren Erlebens als auch den Lebensgehalt jeder hinreichend erkennbaren Ausdrucksbewegung ermitteln, wie an einem Beispiel erläutert werde. Das Entsetzen ist u. a. ein Drang, nicht nur zu fliehen, sondern dem entsetzenerregenden Etwas zu entfliehen, aus seinem Wirkungsbereich herauszukommen, es sich „vom Leibe zu halten“. Unsre Frage lautet deshalb: Was tun wir, wenn wir uns von etwas abwenden wollen, etwa eine Sache nicht zu sehen wünschen? Wir schließen z. B. die Augen oder drehen den Kopf oder biegen den Körper weg oder, falls die Sache uns nahe genug, so schieben wir sie fort oder auch wir gehen davon. Diese sehr unterschiedlichen Funktionen gehören dennoch zusammen in Hinsicht auf den Endzweck des Nichtsehenwollens. Und ebendie treten nun ungewollt, ja selbst zweckwidrig ein, sooft wir uns *innerlich* von etwas abwenden, also ganz besonders im Zustande des Entsetzens. Ein geschickter Erzähler schildere in einer Gesellschaft spannend das Auftreten eines Seiltänzers, der aus schwindelnder Höhe herabfiel und zerschellte, und unfehlbar werden im entscheidenden Moment sensible Zuhörer ganz oder teilweise die Augen schließen, den Kopf zur Seite wenden und vielleicht gar die Hände abwehrend vorstrecken, wobei der Handteller dem Erzähler zugekehrt ist, so sehr auch dies alles gar keinen Zweck hat, indem dadurch weder etwas fort geschoben noch ein wirklicher Anblick gemieden wird. In der Stärke schlechthin des körperlichen Antriebs äußert sich demgemäß die Stärke schlechthin des seelischen Antriebs. Welche Seite dieser Antriebsstärke ist es nun aber, die zur Vergrößerung der Ausgiebigkeit, welche, die zur Vergrößerung der Geschwindigkeit, welche, die zur Verstärkung des Reibungsdruckes führt?

Sinn der Ausgiebigkeit. — Um dem Leser wenigstens an einem Beispiel das Grundsätzliche des Herleitungsverfahrens durchsichtig zu machen, geben wir aus unsern seit Jahrzehnten vergriffenen „Problemen der Graphologie“ nahezu ungekürzt den Gedankengang wieder, mit dem man den Sinn wenigstens dreier Intensitätseigenschaften begründet. Beginnend mit der Ausgiebigkeit stellen wir wiederum die Vorfrage: weshalb wollen wir große Bewegungen machen? „Offenbar, um ein räumlich entferntes Ziel zu erreichen. Wir neigcn demnach zur Größe der Bewegung zunächst einmal umso mehr, je räumlich entfernter das innerlich erstrebte Ziel ist. Wer beispielsweise immer große Märsche zu machen gezwungen wäre, der würde im Ausmaß seiner Körperlänge zur Größe auch des einzelnen Schrittes zweifellos eher neigen, als wer in kleinen Zimmern und zwischen winkligen Gäßchen sich zu bewegen die Gewohnheit hätte. Gleich allen Eigenschaften des Raumes aber hat auch Entfernung für uns eine symbolische Bedeutung: sie repräsentiert Entfernung des Ziels überhaupt. Wir sprechen von Zeitraum, Zeitstrecke, Zeitspanne, Länge der Zeit, Zeitenferne usw., und so verdichtet sich uns die Fülle alles dessen, was irgend vom Ziele uns trennt, zum Gefühl einer zu durchmessenden Distanz. Die Ausgiebigkeit unsrer unwillkürlichen Bewegungen hängt daher vom Grade der Verwirklichungsnähe unsrer Ziele ab. — Wir erleben nun als Ferne oder Größe eines Zieles in erster Linie das Maß der zu überwindenden Schwierigkeiten. Der Gedanke, über einen schmalen Fluß zu rudern, erscheint uns „kleiner“ als die Durchquerung eines großen Sees auf gleiche Weise, und beide Unternehmungen müßten als bedeutungslos verblassen vor einer Ruderpartie über den Ozean. Ebenso ist die Vorstellung eines morgen zu unternehmenden Spazierganges „kleiner“ als die einer Reise, die man in einem Jahre machen will. — Mehr indes als mit der Summe der Schwierigkeiten wächst das Ziel mit deren

Unübersehbarkeit. Die noch so halsbrecherische Erkletterung einer Kirchturmspitze wäre für unser Gefühl stets ein „kleineres" Ziel als die Erstbesteigung eines noch wenig bekannten Gebirges, indem nur hier, nicht aber dort die Hindernisse den Charakter verhältnismäßiger Dunkelheit hätten. Selbst bei mechanisch größerer Schwierigkeit schiene jenes nur ein „Kunststück", dieses eine „Tat" zu sein. Und so verleiht denn niemals schon die genau veranschlagbare Summe der Hindernisse, sondern erst der Einschlag unbestimmter Möglichkeiten einem Ziel „Erhabenheit" und unsern darauf gerichteten Wünschen jene Schwungkraft, welche die Alten „Pathos" tauften. — Man erkennt wohl ohne weiteres die tiefe Berechtigung dieses von der Antike für alle Zeiten wahr geprägten Namens. „Pathos" heißt in wörtlicher Übertragung etwa „Begegnis", „Erleidnis" und bezeichnet jedenfalls den Zustand dessen, dem etwas widerfährt, im Gegensatz zur eigenmächtigen und ichbedingten Kraft des Wollenden. Die Wahrscheinlichkeit mannigfacher Widerfahrnisse auf dem Wege zum Ziel wächst aber mit der Unübersehbarkeit dieses Weges. Wer die Kirchturmspitze zu erklettern sich anschickt, der sieht und bemißt zum voraus, was er wagen will, und hat nur eines genau zu prüfen : seine Kraft und Geschicklichkeit ; dahingegen, wer in ein fremdes Gebirge eindringt, überdies noch unbekannten Fährlichkeiten zustrebt. Gesetzt, er vermag das Endziel gedanklich vorwegzunehmen, was denn zwar nicht jedermanns Sache ist, so wird ein Gefühl des kräftigen Entschlusses in ihm unfehlbar verwoben sein mit dem grade umgekehrten der Passivität und des unbegründeten Vertrauens auf die Gunst des „Zufalls". Und nun nehme man vollends das Endziel des Staatsmanns, der eine Umwälzung des Gemeinwesens zu bewirken, des Feldherrn, welcher Heere zu schlagen, des Eroberers, der ein Weltreich zu begründen gesonnen ist, wo vor der Unsumme der „Zufälle", der sie sich aussetzt, auch die stolzeste Willenskraft lächerlich zusammenschrumpft ; und man begreift, daß solche Bahnen zu betreten minder ein Wille als ein Glaube befähigt. An den Tatnaturen aller Zeiten und Völker kommt denn das „Pathos" im Wollen am deutlichsten zum Vorschein. Kaum einer dieser Täter war und ist nicht, was die Menge abergläubisch nennt und womit in Wahrheit der Instinkt gebietet : sich Werkzeug zu glauben und vollziehende Kraft einer weltgestaltenden Notwendigkeit. Als das eigentliche Täterpathos trifft man überall ein Grundgefühl nicht des Wollens, sondern des Müssens an : bald in Form des unerbittlichen Nichtanderskönnens, bald zu wunderlich mysteriösen Systemen ausgeponnen, wie man von „höheren Mächten" geheimen Befehl erlausche. Den Sieges- oder Todeswagen noch jedes Eroberers lenkte nicht er, sondern das „Schicksal". — An Bestätigungen für das Gesagte kann es nicht fehlen. Die Sprache nennt ein pathosloses Streben „kleinlich", „engherzig", „beschränkt", ein von Pathos erfülltes „weitausgreifend", „hoch" oder „groß" und zuerteilt ihm eine die Seele befreiende Wirksamkeit. N i e t z s c h e kennzeichnet das Wesen des Pathos schlechthin, wenn er das Merkmal der Vornehmheit in einem „Pathos der Distanz" erblickt. Ferner d e u t e n wir gefühlsmäßig als pathosvoll niemals kleine, kurze, abgebrochene Bewegungen, sondern stets nur lange. ausladende, also recht eigentlich „großzügige". Die „Majestät" des Königs etwa würde ein Schauspieler glaubhaft versinnlichen nur durch große, getragene Bewegungen. Ferner sei an eine bildungsgeschichtliche Parallele erinnert. Im Altertum herrschte das Pathos, das Christentum schuf in immer zunehmendem Maße eine Menschlichkeit des „Fortschritts" und des Willens. Daß in Übereinstimmung damit dem heutigen Leben Größe der Bewegung abhanden kam, sehen wir ; daß sie dem Altertum im höchsten Grade eignete, machen schon die Berichte wahrscheinlich, und es wird vollends gewiß bei Betrachtung seiner künstlerischen Hinterlassenschaften. Der großen B e w e g u n g nämlich entspricht im räumlichen Gebilde die große L i n i e. Auf ihr allein wiederum beruht jener Charakter des „Monumentalen", durch den die Kulturniederschläge der gesamten Antike (von den Bauten bis zu den Gewändern) denen der Neuzeit unstreitig überlegen sind" (S. 132—135).

Darnach stände also fest : je größer eine Schrift, umso mehr waltet im Charakter des Urhebers die Eigenschaft des Pathos vor ; je kleiner, umso mehr tritt diese zurück. Wir gehen der Deutung für einmal in zahlreiche Einzelanwendungen nach und unterscheiden zu dem Behuf rein aus praktischen Gründen drei Arten von Pathos : das Pathos des Gefühls, das Pathos des Willens (ein uneigentlicher Ausdruck, der aber zu technischem Zweck gefahrlos Verwendung findet) und das Pathos des Selbstbewußtseins.

Zuvor eine Zwischenbemerkung. — Es gibt keine hinreichend scharf erfaßbare Eigenschaft der persönlichen Bewegungsweise, für deren Deutung nicht die ganze Charakterkunde aufgeboten werden müßte, wofern man erwöge, welche Charakterzüge sie zu steigern, welche sie herabzusetzen vermöchten ; und es wäre eine durchaus mögliche, obschon langwierige, Aufgabe, das für sämtliche Bewegungseigenschaften durchzuführen. Für eine einzige haben wir es tatsächlich einmal geleistet mit unsrer Arbeit „Zur Theorie des Schreibdrucks", die 1902—1903 in den „Graphologischen Monatsheften" veröffentlicht wurde, und es dürfte den

Leser interessieren zu hören, daß dabei für Druckstärke als förderlich aufgewiesen wurden: von seelischen Zuständen 15, von Charakterzügen 187, von Eigenschaften des Betragens 79; als abträglich: von seelischen Zuständen 13, von Charakterzügen 118, von Eigenschaften des Betragens 41; insgesamt 453 seelische Sachverhalte *). — Allein derartiges taugt nicht für Unterweisungen in graphologischer Technik. Hier darf der jedesmal sehr viel kleinere Kreis nur unmittelbare Entstehungsbedingungen, nicht bloß förderliche Züge umfassen. Aus diesem Gesichtspunkt wollen sämtliche Übersichtstafeln, ob kurz oder lang, gewürdigt sein. —

Gleich dem Übergewicht der Gefühle und dem Grade der Gefühlserregbarkeit kann das Übergewicht pathischer Züge im Insgesamt des Charakters gegensätzliche Ursachen haben, von denen wir die eine Gruppe mit positivem Vorzeichen, die andre mit negativem Vorzeichen versehen müssen. Suchen wir unter den Wörtern der Umgangssprache nach einem Namen, der vornehmlich die Anlage zum Pathos des Fühlens bedeutet, so treffen wir auf die Fähigkeit zur Begeisterung. Die Ermittlung der Gegenanlage geschieht nach folgendem immer wiederkehrenden Muster. Wir fragen: gesetzt, die seelische Vorbedingung der Begeisterung wäre vorhanden, welche Eigenschaften würden das wirkliche Eintreten der begeisterten Stimmung erschweren? Jedermann weiß, daß die Begeisterung Erwartungen erregt, denen die Wirklichkeit nur selten zu entsprechen vermag. Darum, wem sich das Nüchterntatsächliche aufdrängt, der büßt dadurch an Begeisterung ein. Aber auch dazu bedarf es einer Anlage, daß man die Dinge nehme, wie sie sind, das „Gewicht der Tatsachen“ wäge, im Fühlen und Wollen beim Möglichen bleibe; und wir meinen, die Sprache nenne sie Wirklichkeitssinn. In je höherem Grade wir diesen entwickelt denken, um desto schwächer fällt unter sonst vergleichbaren Umständen die Begeisterung aus. Demnach äußert sich in der gewohnheitsmäßigen Ausgiebigkeit der Federführung positiv die Stärke der Begeisterungskraft, negativ die Schwäche des Wirklichkeitssinnes; in der gewohnheitsmäßigen Unausgiebigkeit positiv die Stärke des Wirklichkeitssinnes, negativ die Schwäche der Begeisterungskraft.

Die Anlage zum Willenspathos heißt Tatendrang. Wie die Begeisterung nicht mit dem Widerstand der Dinge rechnet, so liegt es im

*) In seiner „bewegungsphysiologischen Graphologie“ hat neuerdings Pophal diese Methode nachgeahmt.

Wesen des Tatendranges, nicht verharren zu können beim jeweils Erreichten, sondern stattdessen von Ziel zu Ziel zu fliegen und die Erfüllung im Geiste vorwegzunehmen. Soll er nicht in ein bloßes Planen und Wünschen geraten, so muß ihm regelnd entgegenstehen eine Kraft zur Sammlung oder Konzentration. In einer willensbetonten Handschrift rührt deshalb die Größe der Federzüge positiv her von der Stärke des Tatendranges, negativ vom Mangel an Konzentrationsvermögen; die Kleinheit positiv vom Konzentrationsvermögen, negativ von der Engherzigkeit (wie wir mit Rücksicht auf die dem Tatendrange eigentümliche „Großzügigkeit" dessen Gegenteil füglich benennen werden).

Kommen wir endlich zum Pathos des Selbstbewußtseins, so darf man es nicht verwechseln mit der Größe des Selbstvertrauens. Diesem nämlich entspricht das Bewußtsein des Umfangs der persönlichen Macht, das zum Hingebungsdrange grade das völlige Widerspiel ist. Für den Träger des sozusagen nackten Selbstschätzungsdranges fällt Glück zusammen mit Willensbefriedigung oder Erfolg, Unglück mit Mißerfolg. Der Pathiker dagegen erlebt sich als wertvoll nicht durch Verdienst, sondern aus „Gnade", als wertlos oder gar unwert nicht durch Schuld, sondern aus „Ungnade". Er glaubt teilzuhaben an einer außer ihm und weit über ihm stehenden Macht, bald unter Menschen ihre Würde vertretend, bald dankbarkeitspflichtig für ihre Geschenke. Seine Lebensgrundstimmung ist echter Frommsinn, mag er dabei an Götter denken oder an die Natur, die Vorfahrenschaft oder was nun immer.

Wer mit Hilfe der richtigen Frage forscht, muß stets von neuem staunen über den Finderblick und das Unterscheidungsvermögen der Sprache. Kein Sittlichkeitsforscher hat uns mit voller Schärfe zu sagen vermocht, worin die Eigenart des „Stolzes" liege. Bringen wir aber von vornherein den Begriff des persönlichen Pathos mit, so erkennen wir in ihm die pathische Gestalt des Selbstgefühls. Mit dem natürlichen Stolz erhebt sich im Bewußtsein der Teilhaberschaft an ihr das Selbstgefühl zur Größe einer überpersönlichen Lebensmacht; mit der natürlichen Demut beugt es sich ihr in bejahender Ehrfurcht. Sowohl die Erhebung als aber auch das Gefühl der Abhängigkeit wird indessen erschwert durch den vergleichenden Seitenblick auf andre Träger der nämlichen Teilhaberschaft und durch die daraus sich etwa entwickelnde Rivalität. Demzufolge schlägt bei fehlender Wertkritik die Selbsterhebung des Stolzes in Selbst**über**hebung, die Selbsterniedrigung der Demut in Kleinmut um. In Anbetracht des Selbstbewußtseins kann daher Großheit der Handschrift positiv von Stolz und Würde sprechen, negativ von Hoffart und Dünkel; Kleinheit der Handschrift positiv von Demut und Ehrfürchtigkeit, negativ von Kleingläubigkeit.

Indem wir den zweimal drei Paaren gegensätzlicher Eigenschaften, die wir dergestalt für den Ausgiebigkeitsgegensatz der Schreibbewegung ermittelt haben, in nachstehender Übersichtstafel IV je noch einige nahe verwandten Anlagen hinzugesellen (die schon etwas entfernteren sind eingeklammert), kommen wir auf nicht weniger als 50 „Bedeutungen" der großen und 46 der kleinen Schrift, eine Gesamtzahl, die, wenn anders es erforderlich schiene, unschwer könnte verdoppelt werden. Ebenso groß ist die Anzahl möglicher Entstehungsgründe für alle übrigen Duktuseigenschaften, ob wir auch fürder mit kürzeren Anführungen uns begnügen werden.

Die Größe der Handschrift ist nun eine derjenigen Duktuseigenschaften, die zwar durchaus nicht allgemein, wohl aber in der Gegenwart erfahrungsgemäß häufiger negative als positive Auslegung fordert; wohingegen die Kleinheit, soweit sie nicht in Winzigkeit ausartet, öfter in Handschriften von mittlerem oder übermittlerem Formniveau auftritt. Von den „ausgesprochen großen" Handschriften, die im vorigen Kapitel aufgezählt wurden, liegt Fig. 30 innerhalb, Fig. 41 oberhalb der Mittelzone, während die drei übrigen, nämlich Fig. 26, 115, 126 untermittleren Zonen angehören. Der Leser möge einmal selber prüfen, indem er sämtliche Figuren, obige eingerechnet, von wenigstens mehr als durchschnittlicher Größe durchgeht. Er lasse dabei Tafel IV mit den Unterschriften und Tafel XXXII mit den stilisierten Schriften fort, ferner die Kinderschriften, ferner die in Fig. 45 gebotene Kuvertaufschrift, endlich die unter Ausnahmebedingungen entstandenen Fig. 100 und 102, weil alle diese einschränkenden Beurteilungsgrundsätzen unterstehen, und halte sich übrigens an solche Schriften, die kein allzu starkes Schwanken der Grundstrichlängen in den Kurzbuchstaben aufweisen. So verfahrend wird er vielleicht selbständig feststellen können, daß unter den insgesamt 22 Proben von überdurchschnittlicher Größe 14 unterhalb der Mittelzone bleiben, also erheblich mehr als die Hälfte. Auch ohne bereits begründen zu können, warum z. B. Fig. 115 einen teilweise unechten Duktus zeigt, wird er die Größe der Schriftzüge übertrieben finden und aus ihnen schwerlich Enthusiasmus, Unternehmungsgeist, Vornehmheit herauslesen, wohl aber eine Überspanntheit, die das Gefühl der Unausgefülltheit zu verhehlen hat. Ebenso bleibt die große Handschrift der Fig. 141 hinter der überwiegend kleinen der Fig. 143 um mindestens eine halbe Niveaustufe zurück. Beide

Tabelle IV.

Große Schrift — Kleine Schrift

I. Pathos des Gefühls.

Große Schrift +	Große Schrift —	Kleine Schrift +	Kleine Schrift —
Begeisterungsvermögen	Mangel an Wirklichkeitssinn	Wirklichkeitssinn	Mangel an Begeisterungsvermögen
Enthusiasmus	Illusionsfähigkeit	Realismus	Nüchternheit
Bewunderungshang	Überspanntheit	Gründlichkeit	Trockenheit
Verehrungsdrang	Exaltiertheit	Sachlichkeit	Dürre
Überschwänglichkeit	(Parteilichkeit)	Besonnenheit	Schwunglosigkeit
Schwärmerei	(Kritiklosigkeit)	Umsicht	Strenge
(Idealismus)		(Beobachtungsgabe)	Unerbittlichkeit
		(Feinfühligkeit)	Tätigkeitsunlust
		(Unparteilichkeit)	

II. Pathos des Willens.

Große Schrift +	Große Schrift —	Kleine Schrift +	Kleine Schrift —
Tatendrang	Mangel an Konzentrationsvermögen	Konzentrationsvermögen	Engherzigkeit
Unternehmungsgeist	Flüchtigkeit	Pflichtgefühl	Beschränktheit
Großzügigkeit	Unvorsichtigkeit	Bedachtsamkeit	Kleinlichkeit
Weitblick	„Leichtsinn“	Mäßigung	Pedanterie
Unabhängigkeitssinn	Zerstreutheit	Bündigkeit	Bedenklichkeit
Freiheitsdrang	(Inkonsequenz)	Präzision	Kurzsichtigkeit
(Freimut)	(Gewissenlosigkeit)	Sinn für engen Wirkungskreis	
		(Häuslichkeit)	

III. Pathos des Selbstgefühls.

Große Schrift +	Große Schrift —	Kleine Schrift +	Kleine Schrift —
Stolz	Dünkel	Demut	Kleingläubigkeit
Vornehmheit	Hoffart	Ehrfurchtsfähigkeit	Selbstzweifel
Würde	Hochmut	Bescheidenheit	Kleinmut
Ernst	Aufgeblasenheit	Anspruchslosigkeit	Ängstlichkeit
Feierlichkeit		Ergebenheit	Selbstquälerei
Repräsentationsgabe	Anmaßlichkeit	Friedfertigkeit	
Großmut	Großsprecherei	Genügsamkeit	
Ritterlichkeit	„Prätention“	Frömmigkeit	
„Noblesse oblige“		Fügsamkeit	
„Feudalität“	Befehlshaberei	„Duldernatur“	
„Herrennatur“	Despotie		
„Ahnenstolz“	Eingebildetheit		
	Größenwahn		

Urheber, wie man sich erinnert, haben nach der Sütterlinmethode schreiben gelernt. — Weitere Beispiele wie auch Gegenbeispiele folgen am Schluß des Kapitels.

Sinn von Eile und Langsamkeit. — Zur Geschwindigkeit überleitend werfen wir die Frage auf: wann beeilen wir uns geflissentlich? „Offenbar, wenn Eile zu den Mitteln der Verwirklichung eines Zweckes gehört. Dazu aber ist erforderlich, daß der Gedanke an den Zweck uns mehr beherrsche als die Vorstellung der Hindernisse. Wir durch l a u f e n , weil der Zug in fünf Minuten abfährt, die zwischenbefindliche Straße nur dann, wenn der Wunsch, ihn zu besteigen, in uns mächtiger ist als der Seitenblick auf die deshalb aufzuwendende Mühe. Wir n e i g e n folglich zur Eile genau in dem Grade, als wir etwaiger Hemmungen ungeachtet innerlich auf etwas lossteuern. Die unwillkürliche Geschwindigkeit der Funktionen drückt den Zustand des strebenden Fortschreitens aus oder der „Aktivität“ im engeren Sinne. — Es hat sich wohl jedermann schon einmal auf zwecklos eiliger Gangart ertappt beim Ausmalen künftiger Taten. Eine Unternehmung, ein Werk, ein Wiedersehen planend, schreitet er schneller und schneller aus und erlebt die plötzliche Zügelung durch eine die Straße sperrende Wagenkette mit weit größerem Widerspruch der Ungeduld als in einem Augenblick, wo er der Vergangenheit gedenkt. Träumerisch veranlagte Individuen pflegen, sich selbst überlassen, mehr langsam zu gehen, während notorische „Pläneschmieder“ sogar unter Mitgängern unfehlbar ins „Rennen“ kommen, wofern man sie nicht beständig zurückhält. Umgekehrt zeigt sich Verlangsamung des Tempos beim erweislichen Stocken der Gedanken. Zahlreiche Personen haben die Angewohnheit, die Höhepunkte eines im Gehen geführten Gesprächs gradezu durch Stehenbleiben zu markieren. Der Wunsch nach Eindringlichkeit hemmt mit den Forderungen an die Darstellung ihren Redefluß so sehr, daß auch der Körper wie vor einem Hindernisse haltmacht“ (S. 132). — Nach den ausführlichen Darlegungen über die Ausgiebigkeit leuchtet es wohl ohne nähere Begründung ein, daß der Eile positiv entspreche: inbetreff des Willens T ä t i g k e i t s d r a n g und Betriebsamkeit, inbetreff des Gefühls L e b h a f t i g k e i t („sanguinisches Temperament“); negativ: dort U n r u h e und Hast, hier A u f g e r e g t h e i t und Haltlosigkeit; der Langsamkeit beziehungsweise positiv: R u h e und Gelassenheit sowie G l e i c h m u t („Phlegma“); negativ: U n t ä t i g k e i t und Willensschwäche sowie S t u m p f h e i t und Apathie. Übersichtstafel V.

Tabelle V.

Eile		Langsamkeit	

I. Wille.

+ Tätigkeitsdrang	— Unruhe	+ Ruhe	— Untätigkeit
Rührigkeit	Hast	Sammlung	Unschlüssigkeit
Betriebsamkeit	Ungeduld	Bedächtigkeit	Unentschlossenheit
Geschäftigkeit	Flüchtigkeit	Besonnenheit	Unentschiedenheit
Emsigkeit	Oberflächlichkeit	Vorsicht	Willensschwäche
Regsamkeit	Voreiligkeit	Unablenkbarkeit	Trägheit
Strebsamkeit	Ablenkbarkeit	Beständigkeit	
Eifer	Unbeständigkeit	(Tatsachensinn)	
Flottheit	Planlosigkeit	(Konkretes Denken)	
„Elan"	Eilfertigkeit	(Verläßlichkeit)	
Rastlosigkeit	(Unzuverlässigkeit)		
(Initiative)			
(Abwechslungsbedürfnis)			
(Veränderlichkeit)			
(Abstraktionsvermögen)			
(Kombinationsgabe)			

II. Gefühlsbeschaffenheit.

+ Lebhaftigkeit	— Aufgeregtheit	+ Gleichmut	— Stumpfheit
„Sanguiniker"	Unstetheit	„Phlegmatiker"	Indolenz
„Temperament"	Fahrigkeit	„Passivität"	Apathie
Impulsivität	Flatterhaftigkeit	Beschaulichkeit	Unbeweglichkeit
Erregbarkeit	Wetterwendischkeit	Stetheit	(Ungewecktheit)
Beweglichkeit	Verführbarkeit	Gelassenheit	(Befangenheit)
Leichtblütigkeit	Wankelmut	(Schwerblütigkeit)	(Furchtsamkeit)
(Sorglosigkeit)	Haltlosigkeit		
(Gewecktheit)			

Sinn des Nachdrucks. — Wir wenden uns schließlich der expressiven Wucht der Bewegung zu. „Zweck jeder Nachdrücklichkeit der Bewegung ist offenbar die Überwindung irgendwelcher Widerstände. Die Wucht nimmt zu mit deren Größe, sofern die Absicht, ihrer Herr zu werden, nicht aufhört. Wir *neigen* darnach zur Wucht des Ausdrucks, wenn die auf das Ziel gerichtete Tätigkeit Hemmungen erleidet. Auf die Hemmung bezogen, wird unser Trieb zu dem, was wir im engeren Sinne als Betätigung einer „Kraft" erleben ; und dies ist die Wurzel des bloßen Existensgefühls wie jeder äußersten Anspannung unsres Wollens. Indem wir „Kraft“ durch das hier noch bessere Fremdwort „Energie“ ersetzen, können wir sagen : in der Wucht der Bewegung bekundet sich die „Energie“ der inneren Tätigkeit. — Von den äußerst mannigfachen Belegen dafür sei nur ein einziger angeführt. Von allen Affekten die größte seelische Energie entwickelt der Zorn : daher die Wucht seines Ausdrucks. Bei der Freude hingegen herrscht Abfluß und Eile bei weitem über die Spannungserzeugung : daher die so viel größere „Leichtigkeit“ ihrer Bewegungen. Die Freude „beflügelt“ (S. 135—136).

Die Anstrengung oder Anspannung hat nun wiederum bald mehr die Form der Willensenergie, bald der Intensität von Spannungs*gefühlen*, und es beruht daher der Nachdruck in regelmäßigen Schriften positiv auf *Willenskraft*, Selbstbeherrschung, Zähigkeit ; in unregelmäßigen auf *Triebstärke*, Kampflust, Impulsivität ; der Mangel an Nachdruck dort auf *Gewandtheit*, Rührigkeit, Beweglichkeit, hier auf *Zartgefühl*. Wir finden die Kehrseiten durch Betonung einerseits des Hemmungsgefühls im Kraftaufwande, anderseits des überdurchschnittlichen Hemmungs*mangels*. Demgemäß : negative Bedingung des Reibungsdruckes in Willensschriften *Gehemmtheit* und infolgedessen Schwerfälligkeit oder aber auch Härte, in Affektschriften *Reizbarkeit* ; des Mangels an Druck dort *Willensschwäche*, hier *Triebschwäche* und Labilität. — Damit ist über den Reibungsdruck nur das Allerunentbehrlichste gesagt. Grade er wie kaum eine andre Duktuseigenschaft gibt Gelegenheit, an ihm die gesamte Charakterkunde zu erproben, wie es in unsrer oben genannten Arbeit geleistet wurde. Da jedoch kein Reibungsdruck der einen Handschrift völlig derselbe ist mit dem ungefähr gleichstarken einer zweiten, üben wir, soweit erforderlich, die wichtigsten Verbesonderungen besser an Beispielen. Nur zwei Punkte seien noch kurz erwähnt.

Beim Worte Triebstärke für die positive Seite *un*mittelbar erscheinender Spannungen schweben uns *nach außen* gerichtete Triebe vor oder mit andern Worten die verhältnismäßig animalen. Dadurch gewinnen wir Einsicht in die Zugehörigkeit überdurchschnittlichen Reibungsdruckes zur typischen *Männlichkeit* und dann wohl auch zur Mannhaftigkeit. Beachtet man nämlich „den eigenartigen Gefühlston einer durch intermittierenden Gegendruck erzeugten Widerstandsempfindung, so versteht man ohne weiteres, daß starke Druckunterschiede häufiger bei Männern auftreten als bei Frauen . . ; was überdies ein Licht wirft auf die oft zu beobachtende Tatsache des *Mangels* an

Nachdruck in hochgradig geistigen Schriften" (Probleme S. 247). — Ferner: außer aktiven Willenskräften wie Entschlossenheit, Tatkraft, und passiven Willenskräften wie Selbstbeherrschung, Standhaftigkeit, gibt es reaktive Willenseigenschaften: auf der Seite der Spannungsstärke den Eigenwillen, Eigensinn und Verwandtes, auf der Seite der Spannungsschwäche die Ablenkbarkeit. Mit ihnen ist vor allem zu rechnen bei mehr oder minder erheblichem Mangel an Gleichmäßigkeit nicht nur der Schrift überhaupt, sondern zumal auch der Druckgebung selbst. Theoretisch angesehen, wären sie negativ auszulegen. Da indes der vorwiegend jugendliche Eigensinn zum Selbständigkeitsdrange sich auswachsen kann, während umgekehrt die Beeinflußbarkeit manchmal als Bildsamkeit fruchtbar wird, haben wir in der Übersichtstafel VI für diese Gruppe auf strenge Scheidung verzichtet und stattdessen die in Frage kommenden Charakterzüge zwischen Plus und Minus untergebracht.

Ein vergleichender Blick auf die drei Übersichtstafeln graphischer Bewegungsgrößen zeigt uns die Wiederkehr der nämlichen Charaktereigenschaft an verschiedenen Stellen und läßt uns unter den zugehörigen Schrifteigenschaften eine bemerkenswerte Beziehung erkennen. Auf der Plusseite der Größe sehen wir etwa Tatendrang und Unternehmungsgeist, und diese stehen mindestens nahe der Strebsamkeit, Rührigkeit, Betriebsamkeit auf der Plusseite der Eile. Besonnenheit, Umsicht, Bedachtsamkeit begegnen uns auf den gleichnamigen Seiten der Kleinheit und der Langsamkeit. Umgekehrt finden sich nicht wenige Vorbedingungen der Eile und Größe wie Rührigkeit, Betriebsamkeit, Erregbarkeit unter denen der Schwäche des Reibungsdruckes, manche der Langsamkeit und Unausgiebigkeit wie Beschaulichkeit, Gewissenhaftigkeit, Verläßlichkeit unter denen seiner Stärke. Es scheinen also miteinander bedeutungsverwandt zu sein Ausgiebigkeit, Eile und Schwäche des Reibungsdrucks einerseits, Unausgiebigkeit, Langsamkeit und Stärke des Reibungsdrucks anderseits. Der Grund dafür ist kaum zu verkennen. In der Ausgiebigkeit, Eile und druckschwach gleitenden Führung entfaltet sich der Antrieb, in der Unausgiebigkeit, Langsamkeit und Reibungsverstärkung scheint er sich einzuschränken. Dort äußert sich eine Lösung, hier eine Bindung der Antriebskraft; wobei es gleichgültig bleibt, ob der für die Bindung erforderliche Widerstand unmittelbar im Innern liegt oder nur mittelbar, wie es beispielsweise der Fall ist, wenn er gesucht und geschaffen wird durch Erhöhung des Nachdrucks. — Damit sind wir auf einen Grundunterschied zahlreicher Bewegungseigenschaften gestoßen, der uns alsbald und hinfort wiederholt beschäftigen wird.

Tabelle VI.

Druckstärke Spannungsstärke	Druckschwäche Spannungsschwäche

I. Aktiver und passiver Wille.

+	—	+	—
Willenskraft	Gehemmtheit	Gewandtheit	Willensschwäche
Tatkraft	Härte	Anpassungsgabe	Mangel an Initiative
Energie	Rücksichtslosigkeit	Rührigkeit	Unentschlossenheit
Entschlossenheit	Unnachgiebigkeit	Beweglichkeit	Unentschiedenheit
Entschiedenheit		Betriebsamkeit	Energielosigkeit
Selbstbeherrschung	Schwerfälligkeit	Tätigkeitslust	Ziellosigkeit
Beständigkeit	Gedrücktheit	(Leichtblütigkeit)	
Ausdauer	Befangenheit	(Optimismus)	Mangel an Widerstandskraft
Fleiß	Krampfhaftigkeit		
Widerstandskraft	(Gemütsschwere)		Unbeständigkeit
Standhaftigkeit			Haltlosigkeit
Zähigkeit			Untätigkeit
Verläßlichkeit			
Gewissenhaftigkeit			

II. Reaktiver Wille.

Eigenwille	Ablenkbarkeit
Eigensinn	Beeinflußbarkeit
Unfügsamkeit	„Suggestibilität“
Rechthaberei	
Trotz	Fügsamkeit
(Unverträglichkeit)	Folgsamkeit
	Erziehbarkeit
Selbstbehauptungsdrang	Bildsamkeit
Selbständigkeitsdrang	(Verträglichkeit)
Unabhängigkeitssinn	

III. Gefühl.

+	—	+	—
Triebstärke	Reizbarkeit	Zartgefühl	Triebschwäche
Männlichkeit	Heftigkeit	Erregbarkeit	Empfindlichkeit
„Virilismus“	Hitzigkeit	Sensibilität	Furchtsamkeit
Mannhaftigkeit	„Affektivität“	Feingefühl	Labilität
Kampflust	Streitsucht	Geistigkeit	Erschöpfbarkeit
Leidenschaftlichkeit	Aggressivität		
Impulsivität			

Hier müssen wir den Leser vor einem Irrtum warnen, von dem auch besonnene Forscher nicht immer sich freihalten. Bedeutet Zusammengehörigkeit Entstehung aus Charakterzügen, die nachweislich miteinander verwandt sind, so muß sie aufs strengste unterschieden werden von Zusammenbefindlichkeit. Kehren wir einen Augenblick beispielsweise zu den objektiven Geschwindigkeiten zurück, auf die wir verzichtet hatten zugunsten von Eile und Langsamkeit. Wie Eile samt Schwäche des Nachdrucks auf der Seite der Lösung steht, Langsamkeit samt Stärke des Nachdrucks auf der Seite der Bindung, so auch wird aus bloß äußern Gründen die Geschwindigkeit herabgesetzt durch Verstärkung der Reibung, erhöht durch Reibungsverminderung. Dessenungeachtet können druckstarke Handschriften mit großer Geschwindigkeit ausgeführt sein, und die verbreitete Ansicht, erheblicher Schwelldruck zeige durchweg geringe Geschwindigkeit an, geht fehl. Es war der Barock, der uns mit nicht nur unerfreulichen, sondern auch wahrhaft künstlerischen Schriftschnörkeln beschenkt hat ; und es bedarf virtuosischer Federgeschwindigkeit, um sie nachzuahmen oder stilähnliche (von dann meist verblüffender Geschmacklosigkeit) zu erzeugen. Sie alle aber zeigen typischen Schwelldruck ! Man vergleiche die in Fig. 137 wiedergegebenen „Beispiele moderner Initialen“ aus Langs „Technik der Feder“ (nach Anweisung des Federkünstlers in doppelter Größe auszuführen !) und frage sich, ob deren wohl eine einzige anders als mit äußerster Schnelligkeit hervorgebracht werden könnte ! *) Diese Zwischenbetrachtung war erforderlich zum Verständnis des Folgenden.

---

*) Lesern, die grade den problematischen Sachverhalten nachzugehen lieben, geben wir einen Fingerzeig, in welcher Richtung die Anlagen zu suchen sind, von denen die persönlichen Unterschiede der objektiven Durchschnittsgeschwindigkeit abhängen. Holen wir uns ein Beispiel aus dem Alltag ! Manche Frauen, die das Zimmer aufzuräumen pflegen ohne Aufwand, lärmlos, geschickt, gründlich und mit geringem Zeitverbrauch, sind dabei innerlich keineswegs eilig ; andre, die es mit Hast tun und dann wohl weniger gründlich, benötigen durchweg längere Zeit dazu. Jedem dürften aus andern Alltagsbereichen weitere Beispiele einfallen. Sie sind überaus lehrreich. Durchlaufen wir die Tabelle V, so entgeht uns nicht, daß die positiven wie negativen Entstehungsbedingungen der Eile und ebenso die der Langsamkeit überwiegend der Struktur des Charakters angehören, einige außerdem noch der Triebfederschicht. Ziehen wir nun Wahrnehmungen wie die eben beschriebenen zu Rate, so müssen wir schließen, daß die Entstehungsbedingungen persönlich großer wie geringer objektiver Bewegungsgeschwindigkeit ganz woanders, nämlich innerhalb der Fähigkeiten liegen. Jene hausfrauliche Flinkheit z. B. ist eine spezifische Begabung, das Gegenteil ein spezifischer Begabungsmangel. Mit dieser Andeutung muß es hier genug sein.

Vom verborgenen Übermaß. — Wie wir vernommen haben, schmälert jedes graphische Übermaß das Formniveau. Liegt insbesondere ein Übermaß vor von Größe oder Kleinheit, Eile oder Langsamkeit, Stärke oder Schwäche des Nachdrucks, so fallen Größe, Eile, Drucklosigkeit nicht sowohl unter den Begriff der Lösung als vielmehr übermäßiger Ungebundenheit, Kleinheit, Langsamkeit, Stärke des Reibungsdruckes nicht mehr unter den der Bindung, sondern der Gehemmtheit; daher sie samt und sonders überwiegend negative Deutung verlangen. — Aber es gibt noch ein andres Übermaß, das aus dem Bilde der Schrift nur erschlossen wird und deshalb „verborgenes Übermaß" zu heißen verdient.

Die charakteristischen Bedingungen der Ausgiebigkeit erfahren Steigerung, ihrer Stärke durch danebenbefindliche Eile und Drucklosigkeit, Minderung durch mitvorkommende Nachdrücklichkeit und Langsamkeit, die der Kleinheit Steigerung durch gleichzeitige Langsamkeit und Stärke des Nachdrucks, Minderung durch mitvorkommende Eile und Drucklosigkeit. Das k a n n auf jene Einheitlichkeit im Wesen des Schrifturhebers weisen, für die man mit Recht das Wort Harmonie gebraucht. Häufen sich aber die graphischen Eigenschaften der Lösungsseite oder der Bindungsseite mehr und mehr, indem zur Größe, Eile und Drucklosigkeit etwa noch Kurvigkeit und Weite hinzutreten, zur Kleinheit, Langsamkeit und Druckstärke noch Winkligkeit und Enge, dann darf das graphische Insgesamt n i c h t mehr aus dem Gesichtspunkt der Harmonie beurteilt werden. Der Mensch, so wie er im Laufe der „Weltgeschichte" sich nun einmal entwickelt hat, fällt nur in Ausnahmezuständen dem vollen Enthusiasmus und das will sagen der schrankenlosen Herrschaft der Seele anheim, nur in Ausnahmezuständen der überlegungslosen Zielsicherheit der Triebe und benötigt daher durchweg das Steuer des Geistes wie insbesondere zum Handeln unbedingt des gesteuerten Wollens. Demgegenüber spricht s e h r weitgehender Fortfall von Bindungen für eine mindestens ähnliche Hemmungslosigkeit, wie sie soeben für ein sichtbares Übermaß von Größe, Eile und Drucklosigkeit in Anspruch genommen wurde, s e h r weitgehende Häufung von Bindungen für eine mindestens ähnliche Gehemmtheit, wie sie angezeigt wird vom sichtbaren Übermaß der Kleinheit, Langsamkeit und des Nachdrucks.

Damit kennen wir d e n Grund für die Erforderlichkeit kombinatorischer Abwägung der Bewegungseigenschaften gegeneinander, der im dritten Kapitel als noch nicht spruchreif vorgemerkt wurde; oder genauer: wir haben für die Niveaubestimmung eine neue Bewertungshilfe gewonnen, die von den bisher uns bekannten allerdings dadurch abweicht, daß sie beim

Anschaulichen nicht stehen bleibt, sondern von vornherein den Zeichenwert der graphischen Merkmale ins Spiel bringt. Es bedarf mit andern Worten der Veranschlagung symptomatischer Möglichkeiten, um die Niveaustufe sei es zu befestigen, sei es um etwa eine Zonenhälfte zu korrigieren.

Beispiele. — Wir bemühen uns an erster Stelle um Sonderbedeutungen der Größe und beginnen mit Fig. 31. Da wir uns mit ihr in der unteren Hälfte der Mittelzone befinden und deshalb beide Deutungsmöglichkeiten zu erwägen haben, die positive und die negative, so richten wir unser Augenmerk zuerst einmal auf jene und werfen die Frage auf, ob wir mehr an Begeisterungsvermögen oder mehr an Tatendrang zu denken hätten. Nun ermangelt die Federführung des Schrifturhebers zwar völlig des Ebenmaßes, zeigt aber im Verhältnis dazu bemerkenswerte Regelmäßigkeit. Man beachte die Gleichläufigkeit der Grundstriche und die engen Schwankungsgrenzen der Grundstrichlängen. Es fehlt also dem Schreiber zwar nicht an Affizierbarkeit, aber sein Gefühlsleben überhaupt tritt in den Hintergrund gegenüber seiner Bereitschaft zum Wollen. Der dieserhalb anzusetzende Tatendrang findet zudem eine Stütze in der unverkennbaren Eile, die von Betriebsamkeit und Geschäftigkeit zeugt. Man beachte die am Zeilenschluß bisweilen um Buchstabenbreite voreilenden Oberzeichen, z. B. im „Sie" der siebenten Zeile. Aus den starken, jedoch etwas unregelmäßigen Druckbetonungen geht einesteils, unsre Deutung bestätigend, Widerstandskraft und Anspannungsgabe hervor, andernteils aber auch innere Gehemmtheit und daher in Rücksicht auf bedeutende Aktivität „cholerisches" Temperament und Reizbarkeit. — Eindeutig spricht die Größe von Fig. 45 für kaufmännischen Unternehmungsgeist und weitblickende Praxis, und als nahezu auf der zweiten Stufe des Formniveaus verrät uns vollends ein mächtiges Willenspathos die streng geregelte und keineswegs unebenmäßige Handschrift Bismarcks, Fig. 41. Demgegenüber zeugt in der gleichfalls übermittleren Fig. 9 bei schwankendem Neigungswinkel die Größe zumal von Stärke, um nicht zu sagen Robustheit, der Gefühle. Entschieden unvorteilhaft präsentiert sich endlich die wenigstens gelegentliche Größe der untermittleren Fig. 16, die mit dem Mangel an Straffheit ebenmaßlose Verteilung verbindet: Schreiber ist überspannt, ungründlich, ohne Konzentrationsvermögen. — Die erhebliche Kleinheit der gutmittleren Fig. 48 deutet im Verein mit Ebenmaß und hinreichender Regelmäßigkeit auf Pflichtgefühl, Takt und Sinn für engen Wirkungskreis hin; die von Fig. 57 bei völlig fehlendem

Ebenmaß und tiefstem Formniveau auf Kleinmut, Selbstquälerei und Beschränktheit.

Indem wir — uns der Eile zuwendend — Fig. 19 herausgreifen, haben wir außer dem schon untermittleren Formniveau noch den Umstand zu beachten, daß wesentliche Buchstabenteile (z. B. die ü-Striche in „für") fortgelassen sind : Hast, Flüchtigkeit, Ungeduld. Überdurchschnittliche Eile zeigt auch die Handschrift Wagners, Fig. 88 (Kurvigkeit, Weite, kommaförmige Oberzeichen, wiederholter Ansatz zum Eilefaden), gemäß der höheren Formstufe Lebhaftigkeit, Temperament, betriebsamen Eifer bekundend. — Erhebliche Langsamkeit geht hervor aus den Rückbiegungen, ausführlichen Schleifen, verweilenden Kurven der Fig. 52, die daher in Ansehung des knappmittleren Formniveaus solides Phlegma verrät neben einiger Schwerfälligkeit.

Etwas länger verweilen wir beim Reibungsdruck. Klar ausgeprägt bieten ihn Fig. 30 und Fig. 45, beide innerhalb der Mittelzone (obschon 45 um einiges höher liegend) und beide in Verbindung mit Regelmäßigkeit. Unter Berücksichtigung einer gewissen Starrheit der Federführung kommen wir für Fig. 30 auf Zielbestimmtheit und Korrektheit, für die im Vergleich mit ihr sehr zügige und verhältnismäßig eilige Fig. 45 aber auf resolute Tatkraft. Dagegen spricht im zwar gleichfalls zügigen, jedoch unregelmäßigen Insgesamt der gutmittleren Fig. 23 die kräftige Druckbetonung für Triebstärke, Mannhaftigkeit, „Virilismus". Impulsives Handeln und „ausgesprochen männlichen Einschlag" werden wir ansetzen, wenn wir erfahren, daß der Urheber der großen, „flotten" und druckstarken Züge von Fig. 32 weiblichen Geschlechtes ist. In der kaum noch an die Mittelzone heranreichenden Fig. 108 zeugen die gewissermaßen zur Schau getragenen Druckbetonungen von Rücksichtslosigkeit, in der untermittleren Fig. 126 von Teilnahmemangel und Härte. Gehemmtheit nebst Befangenheit und Gesuchtheit erscheint im unbeholfenen Schwelldruck der Fig. 93, äußerste Gehemmtheit, ja Krampfhaftigkeit in dem der Fig. 57. Im Hinblick auf die hier besonders grell hervortretende Ungleichmäßigkeit der Druckbetonung wäre außerdem Widerspenstigkeit heranzuziehen. Ein Muster vorwaltend reaktiver Willenskräfte wie Eigensinn und Rechthaberei gibt aus Gründen, die der Leser selber finden wird, die Art der Druckbetonung in Fig. 39. Auch für Fig. 94 ist natürlich Widerspruchsgeist in Anschlag zu bringen, jedoch zumal als Werkzeug streitfertiger Reizbarkeit. — Nach so ausführlichen Begründungen dürfen wir die Schwäche des Reibungsdruckes kürzer behandeln. Fig. 51 : Beweglichkeit und Rührigkeit aufgrund von Druckschwäche, Eile, Regelmäßigkeit,

Ebenmaßmangel bei mittlerem Formniveau. Fig. 42 : Feinfühligkeit und Geistigkeit neben einiger Willensschwäche aufgrund von Druckschwäche, mittlerer Regelmäßigkeit, Ebenmaß bei gutem Formniveau. Fig. 48 : wiederum Zartgefühl und Empfänglichkeit samt jedoch mehr idyllischer Geistigkeit aufgrund von Druckschwäche, mittlerer Regelmäßigkeit, knappmittlerer Eile, Kleinheit bei etwas übermittlerem Niveau. Fig. 46 : Willensschwäche, Unentschlossenheit, Ziellosigkeit aufgrund von Druckschwäche, Langsamkeit, Regelmäßigkeit, äußerster Kleinheit bei entschieden untermittlerem Niveau. Fig. 110 : ebenfalls Willensschwäche, aber mehr noch „Suggestibilität" und Haltlosigkeit aufgrund von Druckschwäche, Kleinheit, zerfallender Bogigkeit bei untermittlerem Niveau. Fig. 44 : Zartgefühl, Sensibilität, Sublimität, aber auch Triebschwäche und Erschöpfbarkeit aufgrund von Druckschwäche, Größe, Unregelmäßigkeit, etwas herabgesetzter Koordination, stockendem Schreibzug bei mittlerem Formniveau.

VI. KAPITEL

WEITE, NEIGUNGSWINKEL, TEIGIGKEIT

Weite. — Wie schon angedeutet, bestimmt man die Weite der Schrift aus dem Verhältnis der Basisbreite (etwa des n) zur Grundstrichlänge : echter Bruch ergibt eine enge, unechter eine weite Schrift. Sehr weite Schriften liegen vor in Fig. 2, 12, 14, 15, 19, 51 ; mittelweite in Fig. 1, 28, 32, 133 ; sehr enge in Fig. 26, 30, 41, 43, 107, 115. — Der seltene Fall, daß bei übrigens mittlerer Weite oder gar Enge der Schrift die Verbindung der Buchstaben untereinander eher als weit sich erwiese (Andeutung dessen in Fig. 39 und 59), würde lediglich jene bedeutungsmäßige Gliederung verstärken, die wir später bei der Besprechung der wörtertrennenden Zwischenräume ins Auge fassen, und ließe die größere oder geringere Enge der Schrift unangetastet.

Wir schreiben von links nach rechts mit dem rechten Arm und mithin naturgemäß umso weiter, je mehr die r-Komponente vorherrscht. Da diese zusammenfällt mit der Richtung auf das Bewegungsziel, so entspricht ihrer Überbetonung die Stärke der Zielvorstellung oder : in der Weite der Schrift drückt sich positiv der persönliche E i f e r aus. Denselben Erfolg hätte aber auch ein bloßer Mangel an Rücksichtnahme auf die unvermeidlichen Hindernisse ; und so rührt denn die Weite der Schrift negativ von U n g e b u n d e n h e i t her. — In der Enge erscheint die Zielbewegung als aufgehalten und eingeschränkt durch eine Gegenbewegung, die im positiven Falle der F ä h i g k e i t z u r S e l b s t b e h e r r s c h u n g entstammt. — Wer das Wort „Selbstbeherrschung" ohne nähere Erläuterung gebraucht, meint damit jene schlechthin wertvolle Eigenschaft, derzufolge die Persönlichkeit mittelst einer innewohnenden Widerstandskraft augenblickliche Wallungen meistert und ihrem äußeren Leben eine angemessene Haltung gibt. Diese Stärke hat ihren Quell stets in der Wirksamkeit allgemeiner Forderungen, sei es der Logik, sei es der Sittlichkeit, oder kürzer in der Wirksamkeit des geistigen Prinzips im Menschen. Dagegen spricht man nicht von Selbstbeherrschung, wenn das Ansichhalten unwillkürlich aus selbstischer Vorsicht geschieht. Hier nämlich wäre die Zugkraft des Zieles nicht sowohl eingeschränkt als vielmehr abgeschwächt, indem die verfügbare Triebkraft teilweise in den Dienst des persönlichen Selbstschutzes tritt. Eifer und Strebsamkeit setzen voraus eine gewisse Liebe zur Sache, und die nun kommt überhaupt nicht mehr zustande bei unablässig sich vordrängender Bedachtheit auf persönliche Sicherungen. Der egoistisch Besorgte geizt gewissermaßen mit der Ausgabe seiner Kräfte, um sie fortwährend möglichst unverbraucht in Bereitschaft zu halten zur Verteidigung seiner Stellung. Demgemäß werden wir die negative Vorbedingung der Enge in einem Mangel an Unmittelbarkeit erblicken, der bald mehr im Vorwalten mißtrauischer und ängstlicher Gefühle, bald vorzugsweise in kleinlich egoistischer Berechnung gründet. Im letzteren Falle besteht eine nahe Beziehung zu Ehrgeiz, Mißgunst, Bosheit. Übersichtstafel VII.

Tabelle VII.

Weite		Enge	
+	—	+	—
Eifer	Ungebundenheit	Selbstbeherrschung	Mangel an Unmittelbarkeit
Strebsamkeit	Flüchtigkeit	Mäßigung	Ängstlichkeit
Freimut	Ungeduld	Zügelung	Egoistische Vorsicht
Zwanglosigkeit	Mangel an Gründlichkeit	Zurückhaltung	Mißtrauen
Frische	Ungenauigkeit	„Haltung"	Zaghaftigkeit
Beweglichkeit	Nachlässigkeit		(Verlegenheit)
(Liebe zur Sache)	(Bequemlichkeit)		
	Unbeherrschtheit		Berechnung
	Unkonzentriertheit		Mangel an Sachlichkeit
			(Ehrgeiz)
			(Mißgunst)
			(Bosheit)

In der Weite offenbart sich also positiv eine Lösung, in der Enge eine Bindung der Antriebskraft. Nochmals und abschließend sei daran erinnert, daß damit nichts ausgemacht ist über die Zusammenbefindlichkeit der Schrifteigenschaften. — Erfahrungsgemäß fällt auf die Plusseite am häufigsten die mittelweite Handschrift, fast nie die extrem weite und extrem enge und von den weniger abweichenden die einigermaßen übermittelweite seltener als die einigermaßen übermittelenge. Unter sonst vergleichbaren Umständen hat man für übermittelweite Schriftzüge öfter Konzentrationsmangel als Eifer heranzuziehen.

Die immerhin vorwaltende Enge der Fig. 31 vermehrt zwar die Symptome der Willenskraft, aber auch die der Gehemmtheit. Umgekehrt bekräftigt die Weite der Fig. 16 in Ansehung des niedrigen Formniveaus unsre Deutung auf einen Mangel an Halt. Für die Weite der mittleren Fig. 51 wählen wir füglich Eifer und Strebsamkeit neben einiger Ungebundenheit. Diese tritt stärker hervor bei der schwachuntermittleren, wenig ebenmäßigen und ungeregelten Fig. 85 und ist in Anbetracht der fast völligen Drucklosigkeit außerdem zu beziehen auf Ablenkbarkeit und häufig planlosen Tätigkeitsdrang. — Als mit hervorragender Regelmäßigkeit verknüpft deutet die Enge der mittleren Fig. 30 auf erhebliche Selbstbeherrschung, diejenige der fast zweistufigen Handschrift Bismarcks, Fig. 41, auf ungewöhnliche Beharrlichkeit. Ungünstig dagegen muß die Enge der Fig. 43 beurteilt werden. Die Handschrift bleibt unter der Mittelstufe, ermangelt des Ebenmaßes und weist mit verschiedenen erst später zu erläuternden Nebenzügen für die beträchtliche Enge auf intrigante Berechnung hin.

Neigungswinkel. — Der Neigungswinkel in heutigen Schriften höherer Altersstufen bewegt sich in einem Spielraum von 30—130°. (Vgl. unser Muster in Textfigur VA, S. 68; von Handschriften etwa Fig. 19 mit Fig. 108.) Im Vergleich mit andern Schrifteigenschaften ist er sowohl einem stärkeren Schwanken als aber auch einer bedeutenderen Entwicklung ausgesetzt, deren überwiegender Verlauf bis vor kurzem von größerer zu geringerer Schiefheit, bei steiler Ausgangsschrift dagegen naturgemäß meist in umgekehrter Richtung geht. So zeigt beispielsweise Fig. 140 einen mittleren Neigungswinkel von 75°, Fig. 143 von 60° in den Langlängen, von 70—80° in den Kurzlängen, Fig. 142 von 40—50°, ungeachtet die drei jugendlichen Schrifturheber Steilschrift gelernt haben. Die steilgestellte, ja leicht zurückgelehnte Fig. 47 rührt von demselben Schrifturheber her, der zwölf Jahre früher die Probe Fig. 46 erzeugte. Obwohl auch in diesem Falle die Steilschrift nicht etwa Zufall ist, so büßt sie doch an Bedeutungsgewicht um ein weniges durch den Umstand ein, daß, wie aus der Druckanordnung ersichtlich, inzwischen vom Schrifturheber seitliche Griffelhaltung angenommen wurde. Dagegen sind die nahezu steile Fig. 54, die völlig steilen Fig. 89 und Fig. 114 mit medianer Griffelhaltung geschrieben. — Ebenso wie Steilung bisweilen infolge von Seitlichkeit auftritt, ebenso bei mittlerer Griffelhaltung Schrägheit oft in Verbindung mit Eile. Erhebliche Schiefe, Weite und Eile finden wir vereinigt in Fig. 19, wo daher jedes von ihnen nur eben bekräftigen hilft die Deutung auf Eifer, Ungeduld, Betätigungsdrang, Flüchtigkeit, Unrast. Demgegenüber brauchen wir nur etwa Fig. 124 zu betrachten, um zu bemerken, daß erhebliche Schrägheit auch mit weniger eiliger Federbewegung verknüpft sein kann, und wiederum Fig. 88 als Beleg für das Zusammenvorkommen beträchtlicher Eile mit geringerer Schrägheit. Wer Tausende von Schriften durchgeprüft hat, zweifelt nicht daran, daß jede beliebige Größe des Neigungswinkels unmittelbaren Ausdrucksgehalt besitzen kann. Nur von ihm soll in der Folge die Rede sein.

Halten wir uns zunächst an Lageverschiedenheiten zwischen 30 und 85° (Textfigur V A, b, a, c, S. 68), so hat die über rund ein halbes Jahrhundert sich erstreckende Erfahrung der Handschriftenforscher wahrscheinlich gemacht, daß die jeweils schiefere Schrift im Verhältnis zur minder schiefen eine dem Ausmaß des Unterschiedes entsprechende Vorherrschaft des Gefühls vor dem Verstande bedeute. Diese der Praxis entnommene Fassung ist der wissenschaftlich genaueren Bestimmung und, wie wir sehen werden, einer nicht unwesentlichen Einschränkung bedürftig; allein im großen und groben hat sie sich bewährt. Wir müssen darum mit ihr beginnen, wenn wir versuchen wollen, das Zustandekommen der Lageverschiedenheiten von unmittelbarem Zeichenwert verständlich zu machen.

Hier aber zeigt sich ein völliges Versagen des Ausdrucksprinzips. Halte ich nämlich bei etwa dreißiggradiger Schräglage der Schreibfläche zur Tischkante den Griffel in Mittelstellung und will ich nun schräger schreiben, so muß ich das Handgelenk ein wenig nach außen drehen. Damit indes fänden wir uns vor die aussichtslose Aufgabe gestellt, plausibel zu machen, daß die Anlage zur Vorherrschaft der Gefühle vor dem Verstande in einem Antrieb zum Ausdruck komme, der das Handgelenk in die zweifellos unbequemere Lage drängt, oder daß der Vorherrschaft des Verstandes vor den Gefühlen eine Gegenkraft entspreche, die jene Drehung verhindert! Umgekehrt sollte bei offener Handstellung und seitlicher Griffelhaltung Steilschrift entstehen. Sie entsteht gleichwohl nicht, wenn — aus welchen Ursachen immer — die Tendenz zur Schiefheit obwaltet. In der Handschrift Fig. 36, die auf solche Weise und noch dazu mit Griffel zwischen Zeige- und Mittelfinger hervorgebracht ist, finden wir eine

Durchschnittslage von 70—75°. Die Urheberin der Fig. 37 gebraucht das Schreibgerät ebenso, ist aber beständig im Begriff, aus der schreibtechnisch bedingten Steilheit in eine ihr mehr entsprechende Schrägheit zu geraten (vgl. das b in „bei“ und das Z und ch in „Zürich“). Die Lage der Grundstriche in Fig. 38, die mit normal zwischen Daumen und Zeigefinger, aber gänzlich seitlich gehaltener Füllfeder geschrieben ist, schwankt zwischen 60 und 90° bei einem mittleren Winkel von etwa 75°. Man hat neuerdings inbezug auf zahlreiche Schrifteigenschaften, darunter auch die Lage der Schrift, überaus sorgfältig untersucht, welche Änderungen sie erfahren sollten durch Änderungen der Schreibhaltung und mit alledem erst vollends die Hoffnungslosigkeit des Bemühens enthüllt, den persönlichen Neigungswinkel aus der Schreibhaltung a b z u l e i t e n . Ein Sonderfall wird das unwiderleglich machen.

Zur Schreibhaltung gehört auch der Winkel zwischen Blattrand und Tischkante. Manche Schrägschreiber nun kommen zu ihrer überdurchschnittlichen Schrägheit, indem sie u n willkürlich die Schreibfläche schräger gegen die Tischkante stellen! Es kann nämlich auch der gewohnheitsmäßige Steilschreiber eine sogar „liegende“ Schrift erzeugen, wenn er den Winkel zwischen Schreibfläche und Pultkante entsprechend vergrößert, zunächst allerdings mit der Nebenwirkung fallender Zeilen. Man ginge jedoch fehl, wollte man deswegen etwa einen Zusammenhang zwischen Schriftlage und Zeilenführung vermuten; denn erfahrungsgemäß tritt jeder beliebige Neigungswinkel zusammen auf mit jeder beliebigen Zeilenbeschaffenheit.

Noch überzeugender kann es uns schwerlich vor Augen treten, daß, wie im IV. Kapitel unter „Ausgiebigkeit und Geschwindigkeit“ vorbemerkt wurde, die Eigenschaften der Schreibbewegung, eingerechnet die dazu erforderlichen Haltungen von Fingern, Hand und Unterarm, nur im Hinblick auf die E r s c h e i n u n g der Schrift verständlich sind. Was zumal die persönliche Schriftlage anbelangt, so müssen wir zur Ermittlung ihrer charakterlichen Entstehungsgründe das D a r s t e l l u n g s p r i n z i p in Anspruch nehmen, wogegen das Ausdrucksprinzip hier nur Hilfsdienste leistet zur Erklärung von Ä n d e r u n g e n des Neigungswinkels innerhalb einunddesselben Schriftstücks.

Da der Gegenstand dieses Buches nicht die Lehre vom Ausdruck ist, sondern deren Anwendung auf die Deutung der Handschrift, so begnügen wir uns wieder mit dem Allernotwendigsten. — Alle menschlichen Bewegungen werden mitgestaltet von u n b e w u ß t e n E r w a r t u n g e n i h r e s E r f o l g e s . Weil z. B. das Sprechen nicht nur vom Hörer, sondern auch vom Sprecher vernommen wird, so überwacht und modelt die Sprechbewegungen unwillkürlich der Hörsinn des Sprechenden, was sogleich an den Tag tritt, wenn der gewöhnliche Erfolg einmal ausbleibt. Wessen Stimme sich im Zorn überschlägt oder aus plötzlicher Heiserkeit klanglos wird, der fühlt sich augenblicklich vom Ergebnis seines Sprechens enttäuscht und bekundet dadurch, daß er, ohne davon zu wissen, ein bestimmtes Ergebnis erwartet hatte. Dann muß an der Eigenart seiner Stimmentfaltung aber mitteilhaben sein persönlicher Klangsinn, der seinerseits wieder, wie sich versteht, eine Teildarstellung seines Charakters bildet und deshalb in irgendeiner Hinsicht diesen zu enthüllen vermag. Da die Wirksamkeit des Klangsinns weitgehend herabgesetzt, wenn nicht völlig vernichtet, wird bei fehlender Ohrenkontrolle, so erklären sich daraus die mancherlei stimmlichen Abänderungen, die nach kürzerer oder längerer Frist mehr oder minder jeder gänzlich Ertaubte aufweist. — Indem die Schreibbewegung ein nicht bloß gegenständliches, sondern selbst bleibend gegenständliches Ergebnis liefert, so wird sie naturgemäß in noch viel höherem Grade gemodelt vom persönlichen Raumsinn. Legen wir nun diesen zugrunde, so enthüllen wir mit einem einzigen Griff den Ausdrucksgehalt des Neigungswinkels.

Wie schon früher bemerkt, ist für unser optisches Erfassen die Schrift ein auf der Schreibfläche stehendes Gebilde. (Man beachte die Wendungen „über" und „unter" der Zeile, „steigende" und „fallende" Zeile, „Oberlänge" und „Unterlänge", „hohe" und „niedrige" i-Punkte, „steile" und „liegende" Schrift usw.) Je mehr sich daher der Neigungswinkel der Grundstriche der Lotlinie nähert, umso mehr scheint der Buchstabe aufgerichtet zu sein, auf eigenen Füßen zu stehen, unbekümmert um seine Nebenbuchstaben sich selber genug zu tun; je mehr der Neigungswinkel spitzer und spitzer wird, umso mehr scheint der Buchstabe „sich vorzuneigen", schließlich zu „liegen", unter Verzicht auf „Selbständigkeit" mit seinen Nachbarn in Verbindung zu treten. Demgemäß bestimmen zwar nicht die Gefühle überhaupt den Neigungswinkel, wohl aber solche Gefühle, auf denen die Wahlverwandtschaft zur sei es Verknüpfung, sei es Vereinzelung räumlicher Formen beruht. Die Sprache orientiert uns an der vorgeneigten Haltung dessen, der mit einem andern in Verkehr tritt, wenn sie den Zustand der Sympathie mit „Neigung", „Zuneigung" benennt oder die davon zeugende Verhaltungsweise als „entgegenkommend", „zuvorkommend", „verbindlich" bezeichnet und für die entgegengesetzten Zustände und Verhaltungsweisen Wörter wie „Abneigung", „Zurückhaltung", „Ablehnung" wählt.

Wir haben mit dieser Erklärung mehr gewonnen als nur die Einsicht in einen erfahrungsgemäß wahrscheinlichen Sachverhalt und zwar zunächst einmal etwas zur Vervollständigung der Formel selbst. Wenn wir inbetreff der Regelmäßigkeitsgrade das Gefühl dem Willen gegenüberstellten, so wiese uns freilich schon der empirisch angesetzte Unterschied von Gefühl und Verstand darauf hin, daß inbetreff des Neigungswinkels ein andrer Gegensatz in Frage komme. Wir können es jetzt aber auch ausdruckskundlich näher bestimmen, was dabei eigentlich vorschwebt. Die Tätigkeit des Verstandes und des Willens wird natürlich ebenfalls von den verschiedensten Gefühlen begleitet (sog. logische und voluntarische Gefühle), nur daß in ihnen allen die Persönlichkeit gegen die Macht irgendwelcher Wallungen entweder sich behauptet oder aus ihr sich zurückgewinnt; und insbesondere sind es die Verstandesgefühle, mit denen der Geist im Menschen jedem Anheimfall an die Lockung so der sinnlichen als aber auch der seelischen Regungen widerstrebt. Darum geht mit dem Übergewicht der „Kopfgefühle" der Hang einher, den Geist auf sich selber zu stellen, und es braucht nicht betont zu werden, daß dabei der Nachdruck liegt auf der Wahrung der Selbstbestimmung gegenüber dem Nebenmenschen. Dem stehen entgegen zumal die geselligen Neigungsgefühle mit ihrer das Urteil parteiisch machenden Auswahl. Der Gegensatz, von dem wir handeln, ist der Gegensatz der hinreißungsfähigen „Herzgefühle" zur griechischen Sophrosyne, die mit „Besonnenheit" nur ungefähr übertragen wird. Gemäß dem gewöhnlichen Gange der Dinge im Menschenleben folgt aber auf einen jugendlichen Abschnitt überwiegender Hingebungsbereitschaft der „reifere" Abschnitt überwiegender Besonnenheit, bald aus Erkaltung des Herzens, bald aus Erstarkung des Kopfes, und mit ihm jene Wahlverwandtschaft des Auges zur unbewegteren Raumgestalt, die den Neigungswinkel in immer „aufrechtere" Lagen hinüberzwingt. —

Da in irgendeiner Hinsicht ein jeder „Kind seiner Zeit" ist, muß der graphologische Praktiker, sofern er nicht nur Handschriften der Gegenwart beurteilt, von dem Zeitalter, dem eine Handschrift angehört, den Durchschnittsduktus kennen, der sogar erheblich wichtiger ist als die jeweilige Vorlage samt zugehörigem Schreibgerät. Die Abweichungen vom Durchschnittsduktus sind es ja, die für die Untersuchung ganz besonders ins Gewicht fallen. Schwerer als sonst wiegt eine Steilschrift unter usuellen Schrägschriften, eine Schrägschrift unter usuellen Steilschriften. Die Durchschnittslage der Handschriften des 18. Jahrhunderts und beispielsweise grade diejenige seiner führenden Geister war schräg, die des 19. teilweise noch schräger. Seit den achtziger Jahren aber beginnen die Handschriften sich aufzurichten. „Steil“ heiße einmal der Kürze halber die Lage von 80—90°, „mittelsteil“ die von ungefähr 70°, „schräg“ jede von weniger als 70°. Dieses festgesetzt, hat die Durchsicht von 766 Handschriften von Politikern, Künstlern, Gelehrten und Schriftstellern aus der zweiten Hälfte des vorigen Jahrhunderts ergeben: steil 105 — mittelschräg 189 — schräg 472. Da ferner seit ungefähr 1890 steilgestellte Zierschriften auftraten, so erleidet es keinen Zweifel, daß die steile Ausgangsschrift im heutigen Schulunterricht, weit entfernt, durch Wiederaufnahme der Breitfeder bedingt zu sein, Darstellung einer Veränderung des Zeitgeschmacks ist, der seinerseits wieder im „Geiste“ der Gegenwart wurzelt. Nur geringfügig brauchen wir obige Überlegungen zu erweitern, um Einblick zu gewinnen in die Beschaffenheit der Wandlung.

Ungeachtet einer Vielfarbigkeit ohnegleichen war das 18. Jahrhundert in allen seinen Ausstrahlungen ein Jahrhundert hochkultivierter Geselligkeit, ausmündend in die Freundschaftsschwärmereien des „Sturmes und Dranges“ und in die recht anfechtbare Humanistik des Klassizismus. In der z. T. noch schrägeren Durchschnittslage des dann folgenden Abschnitts bis ungefähr 1885 spiegelt sich natürlich die Vielgeschäftigkeit des industriellen Unternehmertums, das den Charakter jener Generationen geprägt hat. Im Rückschlag gegen die alles nach außen treibenden Kräfte wetteifernder Welt- und Tatmenschen erstarkte zunächst heimlich, dann offen zum Widerstande hervortretend ein teils auf Sammlung, teils auf Disziplin im Dienste staatlicher Gemeinschaft abzielender W i l l e. Mit der Sammlung ging Hand in Hand ein bescheidener Aufschwung des künstlerischen Handwerks, mit der Disziplin die dem „Individualismus“ absagende Betonung und Überbetonung der „Organisation“, mit beiden aber naturgemäß die Tendenz zur steileren Schriftlage. — Damit indes hat sich uns schon noch eine Seite des Schriftlageproblems angezeigt.

Alle Charaktere lassen sich bekanntlich nach denkbar verschiedenen Einteilungsgrundsätzen in zwei Gruppen sondern. Eine zurzeit vornehmlich beliebte Hälftung ist die in vorwiegend nach außen gekehrte und vorwiegend nach innen gekehrte Persönlichkeiten. Unter sonst vergleichbaren Umständen (!) neigen die nach außen gekehrten naturgemäß mehr zur Schrägheit, die nach innen gekehrten mehr zur Aufrichtung und schließlich zur Steilung der Grundstriche. Mit der Geselligkeit der Gefühle kann Veräußerlichung, mit der Ungeselligkeit Verinnerlichung einhergehen. Droht dieser durch V e r d o r r u n g die Gefahr einer hochmütigen Selbstgerechtigkeit, so jener durch V e r f l a c h u n g die einer Mußelosigkeit, die in lauter „Verkehr“ jede Selbstbesinnung und am Ende die

Gefühle selber erstickt. Nicht die Eile allein trägt das unerfreuliche Berufsmuster der formenarmen, überaus schiefen und sozusagen durchgekämmten Kaufmannsschriften, sondern mit ihr gemeinsam die leitbildliche Beziehung zur unrastigen Geschäftigkeit der vornübergeneigten Langbuchstaben, von denen ein feinfühliger Betrachter zu sagen wußte, sie lägen auf der Linie wie „englische Pferde beim Wettrennen“. Vgl. etwa Fig. 19. — Dank der Ausführlichkeit unsrer Ableitung dürfte jeder Leser

Tabelle VIII.

Schrägheit		Steilheit	
+	—	+	—
Vorwalten geselliger Gefühle	Unbesonnenheit	Vorwalten der Vernünftigkeit	Kälte
„Herzgefühle“	Maßlosigkeit	„Kopfgefühle“	Teilnahmlosigkeit
Entzündbarkeit	Zügellosigkeit	Besonnenheit	Kaltherzigkeit
Leidenschaftlichkeit	Haltlosigkeit	Überlegung	Herzlosigkeit
Hinreißbarkeit	(Zuchtlosigkeit)	Mäßigung	
Hingebungsvermögen	(„Leichtsinn“)	Selbstbeherrschung	Bewußtheit
„Gemütsbedürfnisse“		Gefaßtheit	Isoliertheit
(Aufopferungsfähigkeit)	Mangel an Selbständigkeit	Disziplin	Ungeselligkeit
(Triebhaftigkeit)		Wille	
(Ursprünglichkeit)	Veräußerlichung	Widerstandskraft	
(Natürlichkeit)	Verflachung	Organisationsgabe	
(„Instinktmensch“)	Unvernunft	Unbeirrbarkeit	
Nachaußengekehrt	Mußelosigkeit	Nachinnengekehrt	
Geselligkeit	Hast	Sammlung	
Geschmeidigkeit	Unruhe		
Weltgewandtheit	Unstetheit	**Linksschrägheit (Übersteilheit)**	
Anpassungsgabe	Zerfahrenheit		
Gelehrigkeit		+	—
		Selbstüberwindung	Gezwungenheit
„Expansivität“		Selbstverleugnung	Gemachtheit
„Dynamik“		Selbstentäußerung	Affektation
„Unternehmungsgeist“			Verstelltheit
			Gekünsteltheit
			Selbstgerechtigkeit
			Selbstüberhebung
			Unzugänglichkeit
			Unnahbarkeit
			(Hochmut)

imstande sein, die hier nicht durchgesprochenen Daten der Übersichtstafel VIII und insonderheit die zusätzlich gebotenen Auslegungen der Linksschrägheit selbst zu entwickeln.

Wie man bemerkt, steht Schrägheit auf der Lösungsseite, Steilheit auf der Bindungsseite. — Dabei ist freilich mittlere bis diagonale Griffelhaltung vorausgesetzt. Aber sogar die als Folge stark seitlicher Griffelhaltung auftretende Steilung (vgl. Fig. 47) ermangelt durchaus nicht jeglichen Zeichenwertes. Kann die Neigung zur Unsteilheit sich g e g e n die Schreibhaltung durchsetzen wie z. B. in Fig. 36, so muß umgekehrt die n i c h t angefochtene Steilheit (z. B. der Fig. 47) mit dem Leitbild im Einklang stehen ; oder aber es war das persönliche Leitbild selbst, das sich verwirklicht hat mittelst seitlicher Haltung. D e r Fall, beiläufig bemerkt, bildet die Regel. —

Zur Eile und Größe der Fig. 31 tritt bedeutungverstärkend die verhältnismäßige Schrägheit hinzu, wodurch angesichts des Mangels an Ebenmaß aber auch verstärkt erscheint der Widerstreit zwischen „cholerischem“ Tatendrange und den zügelnden und hemmenden Kräften, von denen die Regelmäßigkeit und druckfeste Enge zeugt. — Stuft man mehrere übermittlere Bildungsschriften von ähnlichem Tempo nach ihrer Lage ab, so meint man unmittelbar zu s e h e n den Übergang von leichter Entzündbarkeit zu sinnender Innerlichkeit und Verhaltenheit oder aber verständiger Kühle. Man überfliege nacheinander Fig. 124, 2, 1, 3, 89 ! Fig. 124 : obwohl von Goethe im Alter geschrieben und schönschriftmäßige Abschrift, mit schwungvoller Schiefe der Langbuchstaben die noch ungebrochene Hinreißungsfähigkeit verratend ! Fig. 2 : wiederum Schrift eines Siebzigjährigen, der noch mit einem Fuß im Goethealter steht ; aber welche, wenn auch gezügelte, Leidenschaftlichkeit spricht allein aus dem J in „Jordan“ ! Fig. 1 : Schrift eines Achtzehnjährigen von elementarer Ursprünglichkeit ; aber in sich gekehrter, weltfremder, unteilnehmender, gemäß dem Neigungswinkel von etwa schon 60° ! Fig. 3 : noch erheblich unschräger ; Einsamkeit, Verschlossenheit des Herzens aus Herrschaft einer unerbittlichen Geistigkeit ; Fig. 89 : zwanglose Steilschrift aus unbestrittenem Übergewicht der „Kopfgefühle“ ! — Die Steilschrift Fig. 103 läßt uns in Anbetracht der Kleinheit, Druckstärke und der gestalteten G-Form vor allem das erfolgreiche Streben nach Selbstbeherrschung erkennen, woraus wir auf die Unterschicht eines triebkräftigen Gefühlslebens schließen, wie es unmittelbar aus der Schräge und Eile der von der gleichen Hand herrührenden Fig. 104 hervorgeht. Wir haben den nicht allzu seltenen Fall vor Augen, daß grade die Heftigkeit der Gefühle die

Schutzwehr der Haltung errichten half, infolge wovon sich die Handschrift in zwei verschiedene Schriften gegabelt hat, eine zwanglose Schrägschrift in mehr vertraulichen Schriftstücken und eine gehaltene Steilschrift in geschäftlichen und „offiziellen". — Weniger günstig wirkt die Übersteilheit in Fig. 115, die trotz offenbar gewollter Regelmäßigkeit ein feineres Schwanken nicht verleugnet. Die verhältnismäßige Künstlichkeit wird verstärkt durch die dreiecksförmigen Unterschleifen, die in Schau- und Zierschriften häufig wiederkehren. Angesichts des schon etwas untermittleren Niveaus schließen wir auf einen vielleicht großzügig angelegten, aber schwachen Charakter, dessen Haltung nicht frei von Übertriebenheit und „Gemachtheit" ist. In weit höherem Grade gilt das aber von der untermittleren Fig. 118, in der sich mit entschiedener Linksschrägheit zahlreiche „unechte" Züge zusammenfinden, wie freilich erst in der Folge begründet wird.

Teigigkeit und Schärfe. — Den Gegensatz der graphisch schon erläuterten teigigen oder pastosen Schrift (Fig. 7, 14, 29) bildet die scharfe Schrift (Fig. 30), die durch Kurzhaltung des Griffels entsteht. — Die Teigigkeit ist entweder unmittelbarer Ausdruck oder Verwirklichung des seelischen Leitbildes. Leitbildlich entsteht sie aus der Wahlverwandtschaft des Schrifturhebers zu jener gleichsam farbigen Sattheit des Tons, die nur der teigigen Schrift eigentümlich ist. Diese wiederum beruht auf einem Anschauungsvermögen, das nach kräftigen Reizen verlangt, und zeigt daher sinnenfreudige Ursprünglichkeit (bisweilen insonderheit Farbensinn) an, welchem gemäß die zu ihr gegensätzliche Schärfe eine vergeistigte Reizsamkeit und Sensibilität bekundet. Die Kehrseite jener wäre Mangel an Geistigkeit, dieser gedankenblasse Begrifflichkeit aus Mangel an Anschauungskraft. — Den Unterschied einer farbenfrohen „Sensualität" von vergeistigter Feinfühligkeit vergegenwärtigt aufs beste das Schriftenpaar Fig. 97 und 98 *). In derartigen Fällen bildet die jeweilige Griffelfassung natürlich nur das unwillkürliche Mittel zur Realisierung des Leitbildes.

Wenn und soweit dagegen die Teigigkeit Ausdruck ist, haben wir grade umgekehrt die Griffelfassung zu deuten, da denn Langfassung offenbar weitgehende Unbekümmertheit um regelgenaue Letterngestaltung anzeigt, Kurzfassung Sorgfalt und Genauigkeit. Aus dem

*) Die beiden Proben sind einem kleinen Aufsatz „Über den Farbensinn" von D. Poppée entnommen. Graph. Monatshefte, 1899, S. 49—51.

Bemühen, vorlagemäßig zu schreiben, faßt das Kind den Halter bekanntlich mit Vorliebe ganz vorn an der Spitze an! Die fragliche Ungezwungenheit pflegt in Triebhaftigkeit zu gründen, die Sorgfalt in Selbstdisziplin, oder negativ jene in Disziplinlosigkeit, diese in Unfähigkeit zum Lebensgenuß. — Da die Triebe überhaupt und insbesondere der Geschlechtstrieb durch Sinneseindrücke erregt werden, so hat das Wort „Sinnlichkeit" unter anderem die Bedeutung von „geschlechtlicher Erregbarkeit" angenommen, und die kann natürlich ebenfalls aus dem Gesichtspunkt bald einer starken Vitalität, bald mangelhafter Selbstbeherrschung betrachtet werden. Die eigentümliche Doppelbedeutung von „Sinnlichkeit" weist auf den fraglos bestehenden Zusammenhang hin zwischen Sinnenfreudigkeit und Triebhaftigkeit auf der einen Seite, zwischen „Spiritualität" und Selbstdisziplin auf der andern. — Bei expressiver Teigigkeit wird der Griffel nicht nur lang, son-

Tabelle IX.

Teigigkeit		Schärfe	
+	—	+	—
Anschauungsfreude	Mangel an Geistigkeit	„Spiritualität"	Mangel an Anschauungskraft
„Sensualität"	Grobbesaitet	Feinfühligkeit	Begrifflichkeit
„Ursprünglichkeit"	Derbheit	Reizsamkeit	Gedankenblässe
(Farbensinn)	Dickfelligkeit	Sensibilität	
+	—	+	—
Triebhaftigkeit	Mangel an Selbstdisziplin	Selbstdisziplin	Sinnlichkeitsmangel
Sinnlichkeit	Sichgehenlassen	Haltung	Genußunfähigkeit
Lebensfreude	Liederlichkeit	Straffheit	Gezwungenheit
Genußfähigkeit	Ausschweifungshang	Bestimmtheit	Asketik
Ungezwungenheit	Vergnügungssucht	Entschiedenheit	
(Abwechslungsbedürfnis)			

dern meist auch locker gefaßt, bei expressiver Schärfe nicht nur kurz, sondern auch fest; daher die expressive Teigigkeit auf der Lösungsseite steht, die Schärfe auf der Bindungsseite. — Raumsymbolische Teigigkeit und Schärfe dagegen sind nach Lösung und Bindung nicht aufzuteilen. Einmal nämlich wird Teigigkeit auch bei Kurzfassung mit solchen Federn erzeugt, die Schnurzüge liefern; sodann kann Schärfe als Teilauswirkung des Gestaltungsdranges trotz Langfassung mittelst unelastischer Spitzfeder bewirkt werden. — Übersichtstafel IX.

Beispiele. — Wir geben einige Deutungen unter Betonung des Gegensatzes von Schärfe und Teigigkeit. Fig. 1 : sehr teigig, einige Druckbetonung, Eile, hohes Niveau, Ebenmaß : sinnlich gefärbte Phantasie von großer Lebhaftigkeit. — Fig. 7 : sehr teigig, schwacher Druck, geringe Schreibeile, gutes Niveau, Ebenmaß, gestaltete Formen : sinnliches Eindrucksvermögen von ästhetischem Gepräge. — Fig. 13 : sehr teigig, starker Druck, ungestalte Formen : brutale Triebhaftigkeit. — Fig. 14 : sehr teigig, druckstark, Eile, Weite, Flottheit : Gemütswärme und Tatendrang. — Fig. 23 : teigig bei vorwaltendem Druck und lebhafter Federbewegung : männliche Vitalität. — Fig. 29 : teigig, erheblicher Mangel an Ebenmaß : Mangel an Widerstandskraft gegen sinnliche Stimmungen. — Fig. 68 : sehr teigig, einiger Druck, gutes Niveau, mittleres Ebenmaß, sehr unregelmäßig, Eile : sinnliche Auffassungsweise und einige Zerfahrenheit. — Fig. 90 : sehr teigig, untermittleres Niveau : materielle Genußsucht. — Fig. 95 : teigig (man beachte die Verklecksungen), unregelmäßiger Druck, sehr niedriges Niveau, Schrägheit : Naschhaftigkeit. — Fig. 127 : einige Teigigkeit, Drucklosigkeit, Künstlichkeit : sinnlich erregbare Geistigkeit. — Fig. 2 : unteigig, einiger Druck, höchstes Niveau und vollendetes Ebenmaß : vollkommenes Gleichgewicht der Triebe, „Harmonie". — Fig. 3 : scharf, Druckbetonung, höchstes Niveau, erhebliches Ebenmaß : Geistigkeit und Selbstdisziplin. — Fig. 26 : Schärfe, Drucklosigkeit, Regelmäßigkeit, Schrägheit, untermittleres Niveau : Kälte und Zähigkeit. — Fig. 33 : unteigig, drucklos, regelmäßig, eigenartslos : Sinnlichkeitsschwäche. — Fig. 44 : unteigig, drucklos, schwankend : reizbare Sensibilität.

VII. KAPITEL

BINDUNGSFORM UND VERBUNDENHEIT

Beschreibung und Würdigung der Bindungsformen. — Wie schon angeführt wurde, entstehen sämtliche Formen deutscher wie lateinischer Laufschrift aus den Richtungselementen : Aufstrich, Abstrich und Endstrich und zwar teils durch deren unterschiedliche Dauer, teils durch verschiedene

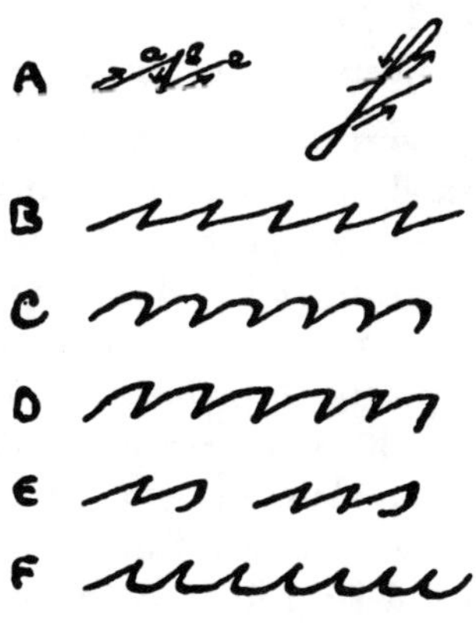

Fig. VII.

Arten ihrer Aneinanderreihung. Bald geschieht sie im Winkel oder „gebrochen“ (Frakturschrift), bald im Bogen entweder oben oder unten, bald im Schleifenbogen (vgl. das h in Textfigur VII). Die handschriftlichen Besonderheiten erfordern in erster Linie eine Teilung nach *scharfer* und u n s c h a r f e r Bindungsform. Unter den scharfen oder ausgeprägten Bindungsformen unterscheiden wir folgende Hauptarten:

1. Doppelte Winkelbindung (W) = Winkel oben wie unten. Textfigur VII B.
2. Arkadenbindung (A) = oben Bogen, unten Winkel. Textfigur VII C.
3. Girlandenbindung (G) = unten Bogen, oben Winkel. Textfigur VII F.
4. Doppelte Bogenbindung (B) = beiderseits Bogen. Textfigur VII G.

Davon hat indes die doppelte Bogenbindung so gut wie garkeine praktische Bedeutung, weil sie fast stets in unscharfe Bindung übergeht. Zu den ausgeprägten Bindungsweisen ist es ferner noch zu rechnen, wenn Arkade oder Girlande mit Winkeln a b w e c h s e l n oder wenn Winkel und Arkade sich miteinander v e r w e b e n zur:

5. Winkelarkade (WA) = winkliger Arkadenbogen. Textfigur VII D.

Unter den unausgesprochenen Bindungsweisen haben wir vornehmlich drei Fälle auseinanderzuhalten:

1. Schulmäßige Bindung.
2. Wechsel von Arkade und Girlande.
3. Fadenbindung (F) = beiderseits unscharf. Textfigur VII H.

Der Grad der Unausgesprochenheit ist als wachsend zu erachten im Sinne vorstehender Reihenfolge. — Wir wollen uns zuvörderst an tatsächlichen Vorkommnissen davon überzeugen, daß jede ausgeprägte Bindungsform gegen das gewählte Schriftsystem vollständig unempfindlich ist. Doppelte Winkelbindung sehen wir in den l a t e i n i s c h e n Schriften Fig. 26, 30, 113, 114; doppelte Bogenbindung in der zweiten Zeile der d e u t s c h e n Schrift Fig. 33, sowie etwas schwächer ausgeprägt in der ebenfalls deutschen Fig. 98; klare Arkaden in den deutschen Schriften Fig. 58 und 63 und in der lateinischen Fig. 54, wo im Doppel-n der vorschriftsmäßige Basisbogen jedesmal fortgefallen ist (vgl. „kann" der ersten, „Kenntnis" der zweiten und „wenn" der dritten Zeile) und das u im „nun" der dritten Zeile zwischen die ausladenden Arkadenbögen der umrahmenden n's gleichsam eingeklemmt erscheint. Die deutsche Probe Fig. 55 rührt vom g l e i c h e n Schreiber her, Beweis dafür, daß vom Wechsel des Schriftsystems die Bindungsform n i c h t betroffen wird! Breite Girlanden finden wir in den deutschen Schriften Fig. 52, 115, 120, wie ebenso in der lateinischen Fig. 35, 127; unscharfe oder Fadenbindung u. a. in Fig. 5, 20, 38, 68, 70, 91, 110, 118; eine überaus deutliche Winkelarkade in Fig. 65. Endlich zeigt uns n e b e n einander: Winkel und Girlande Fig. 2, 31, 89 — Winkel und Arkade Fig. 77.

Zum Verständnis des ungemein wichtigen Unterschiedes von scharfer und unscharfer Bindungsform ist eine Vorbetrachtung erforderlich über die Bedeutung der Bindungsform überhaupt. — Außer dem Formniveau und dem Ebenmaß kann keine Schrifteigenschaft an diagnostischer Wichtigkeit der Bindungsform verglichen werden. Man überzeugt sich davon in unmittelbarer Weise ebenso aus der anschaulichen Wirkung fester Gebilde wie aus der Charakterverschiedenheit flüchtiger Bewegungen. Blicken wir etwa auf die Natur, so treten vom Größten bis zum Kleinsten die Formen gegensätzlich auseinander nach dem Vorwiegen entweder des Bogens oder des Winkels. Die ganze Welt der Wolken und Gewässer weist niemals, die ganze Welt des Steinigen fast immer eckige Umrisse auf, dergestalt daß ein Zeichner uns zwar die türmendsten Haufenwolken und mächtigsten Gebirge im winzigen Rahmen einer Postkartenfläche vorführen kann, dagegen auch bei wandgroßem Bildraum unverständlich bliebe, wenn er es unternähme, jene eckig, diese rundlich zu gliedern. Im Verhältnis ferner zur Welt des Steinigen wird die Welt des organisch Lebendigen von der Kurve beherrscht, während hinwieder innerhalb ihrer durch einen größeren Reichtum an Winkeln das Pflanzliche sich gegen das Tierische abhebt. Die fragliche Teilung hälftet das Ganze wie jeweils auch dessen mindeste Einzelheiten. Linden, Buchen und Weiden sind wesentlich weich und „fließend" gebaut, Eichen wesentlich eckig und hart, und jene Bogigkeit, diese Eckigkeit wiederholt sich in den Formen der Blätter. Vergleichsweise rundlich ist das Kind, eckiger der Greis ; rundlich das Weib, eckiger der Mann ; rundlicher der Asiat, eckiger des Europäer usw. Den Stil des abendländischen Altertums kennzeichnet die g e r a d e Linie, den ihm am meisten verwandten romanischen Stil die g e b o g e n e Linie, den ganz bedeutungsverschiedenen gotischen Stil die g e b r o c h e n e Linie ; und auch hier kehrt das je eigentümliche Bildungsprinzip in sämtlichen Niederschlägen des Geistes wieder, in den Gewändern, Waffen, Gebrauchsgegenständen und nicht zuletzt in den Schriftsystemen : Antiqua, Unziale, Fraktur. — Und ebenso gliedern sich darnach die Bewegungsarten : geradlinig z. B. Hagelschauer und Regengüsse, bogig die Wasserwellen, eckig der Blitz. Wer endlich hätte es nicht schon beachtet, daß manche Menschen durchgängig geradlinig-eckige, andre bogig-geschweifte Bewegungen bevorzugen !

Vergleichen wir nun den E i n d r u c k , sei es der bogigen Linie, sei es Bewegung, mit dem Eindruck des Winkels, so erleben wir diesen als etwas verhältnismäßig Festes, Entschiedenes, Hartes, jene als ein mehr Fließendes, Weiches, „Verbindliches". Wir kommen aber zu demselben

Bedeutungsgehalt durch Zurückführung der Bewegung auf den erzeugenden Antrieb nach dem Ausdrucksprinzip. Es fällt nämlich die Bewegung offenbar umso geradliniger aus, je mehr der Antrieb ausschließlich vom Bilde des Zieles bestimmt wird, umso winkliger, je mehr in derselben Weise die Wendung geschieht auf das neue Ziel; dagegen umso bogiger, je mehr er nicht so sehr dem Bilde des Ziels als dem Bedürfnis nach Knüpfung und Vereinigung folgt. Die gerade Linie ist der Ausdruck einer schlechtweg zielenden und treffenden, die gebogene einer vornehmlich umfangenden Seelenbewegung. In beiden Bewegungsgestalten offenbaren sich ganz bestimmte Verhaltungsarten, denen naturgemäß ganz bestimmte Artungen des Gefühls entsprechen. Daraus folgt, daß es an einer gefühlsbedingten Artung des Wünschens und Wollens gebricht, wenn die Bewegungsgestalt diejenige Bestimmtheit des Gepräges vermissen läßt, die es ermöglichen würde, sie zuzuteilen dem Typus des Bogens oder dem Typus des Winkels. Es fehlt aber z. B. daran, wenn die Bindung den schulmäßigen Wechsel von Winkel und Bogen innehält, wie er nicht bloß in der lateinischen, sondern mit Bezug auf die Rundung der a und o auch in der deutschen Vorlage stattfindet; und es fehlt daran in noch höherem Grade, wenn die Bewegung der bestimmten Richtungsverknüpfung schlechterdings ausweicht.

Mathematisch freilich besteht zwischen Winkel und Bogen kein Übergang, anschaulich aber eine beliebige Stufenreihe. Fig. 3, 26, 30 zeigen scharfe, Fig. 28, 38, 44, 106 unscharfe, weiche Winkel; Fig. 52, 115, 120 ausgeprägte, Fig. 31, 85, 88 unausgeprägte Girlanden; Fig. 54, 58, 63 ausgeprägte, Fig. 40, 62, 69 unausgeprägte Arkaden. Jede Verknüpfungsweise mit andern Worten stellt sich mehr oder minder deutlich dar und demgemäß kann die Bindungsform überhaupt einen Grad von Unbestimmtheit erreichen, der es nicht mehr gestattet, ihren Typus auch nur näherungsweise festzustellen. So z. B. könnten wir angesichts der Fig. 70 ebenso gut von weichen Winkeln sprechen wie von unscharfen Girlanden, endlich aber auch von unscharfen Arkaden. Mit Rücksicht auf den Umstand, daß dergleichen Schriften in ihrer weit überwiegenden Mehrzahl die regelmäßigen Druckunterschiede vermissen lassen, wird ihre Bindungsweise „Fadenduktus“ und bei gleichzeitig schwankender Haltung mehr oder minder aller Schriftelemente „labiler Fadenduktus“ genannt. — Inwiefern von der vorlagemäßigen Bindungsgestaltung zum Fadenduktus die Mischung Arkade-Girlande den Übergang bilde, besprechen wir weiter unten. — Um dem Leser Gelegenheit zur Übung im Sehen zu geben, stellen wir eine größere Zahl von Figuren in der Reihenfolge von völliger

Schärfe der Richtungsverknüpfung bis zu völliger Labilität zusammen.
1. Schärfe der Bindungsform : Fig. 1, 52 = G ; 2 = G + W ; 15, 54 = A ; 3, 18, 26, 27, 30, 75, 80, 122, 126 = W ; 65 = WA.
2. Beginnende Unschärfe bei noch vorwaltendem Typus : Fig. 28 = weicher W ; 40 = unscharfe A ; 44 = unscharfer W ; 81 = unscharfe G.
3. Fadenhafter Doppelbogen oder „stabiler Fadenduktus" : Fig. 33 = B + fadenhafte A ; 73 ebenso ; 118 = B + fadenhafte G.
4. Nahezu aufgelöste Bindungsform :
a) Fadenwinkel : Fig. 20, 71.
b) Fadenarkade : Fig. 17, 62, 69, 93.
c) Fadengirlande : Fig. 88, 119 (mit W vermengt).
5. Völlig aufgelöste Bindungsform oder „labiler Fadenduktus", begleitet vom allgemeinen Schwanken der Schriftelemente :
a) Winkelhaft : Fig. 68, 110.
b) Arkadenhaft : Fig. 72.
c) Girlandenhaft : Fig. 85, 116.
d) Ungruppierbar : Fig. 4, 5, 16, 67, 70, 91, 109, 117.
Wir fassen jetzt vorstehende Schriften in zwei Gruppen zusammen : solche von ausgesprochenem Bindungscharakter (Abt. 1 und 2) und solche von unausgesprochenem Bindungscharakter (Abt. 3 bis 5), und geben für jede die Stufe des Formniveaus sowie nach demselben Zählungsprinzip den Grad von Regelmäßigkeit und Ebenmaß. Ein Fragezeichen deutet Unentscheidbarkeit an.

Ausgesprochener Bindungscharakter.

Figur	Niveau	Ebenmaß	Regelmäßigkeit
1	2—1	2—1	3
2	1	1	2
3	1	1—2	3—4
15	4	4—5	3—4
18	5	5	3—4
26	4	3—4	1
27	3—4	4—5	4
28	3	3—2	3—2
30	3	3	1
40	3—2	3—2	3
44	3	3—4	4
52	3—4	3—4	3
54	3	3	3—4
65	4	4	2

Ausgesprochener Bindungscharakter (Fortsetzung).

Figur	Niveau	Ebenmaß	Regelmäßigkeit
75	4	3—4	2
80	3	4	4
81	3—2	3—2	3
122	3	4	3
126	4	3—4	2—1

Unausgesprochener Bindungscharakter.

Figur	Niveau	Ebenmaß	Regelmäßigkeit
4	?	5	5
5	2—1	4	5
16	4	4—5	4
17	3—4	3	4
20	5	5	3—4
33	3—4	3—4	2
62	4	3	3—4
67	4	4	3
68	2—3	3	4
69	3	3—4	3—2
70	4	4—5	4
71	3	3—4	3—4
72	4	4—5	4
73	3	3	3
85	3—4	4	3—4
88	3	3—4	3—4
91	4	4	3
93	3—4	4	2
109	3—4	3—4	3
110	3—4	3	3
116	4—5	5	3—4
117	4—5	4—5	4
118	4	3—4	3—2
119	3—4	4	3—4

Ergebnis.

Unter 19 Handschriften von ausgesprochenem Bindungscharakter zeigen:

Formniveau	übermittel	5	untermittel	8
Ebenmaß	„	6	„	11
Regelmäßigkeit	„	7	„	6

Unter 24 Handschriften von unausgesprochenem Bindungscharakter zeigen:

Formniveau	übermittel	2	untermittel	17
Ebenmaß	„	0 (!)	„	19
Regelmäßigkeit	„	4	„	15

Zur Psychologie der Fadenbindung. — Wenn die Fadenbindung dem Bedürfnis entspringt, die bestimmte Bindungsform zu vermeiden, und daher mindestens eine Vieldeutigkeit der Bewegung anzeigt, und wenn vollends der labile Fadenduktus gleichsam die Flucht vor der festen Entscheidung ausdrückt, so wählen wir zur Ermittlung des tieferen Sinnes füglich die Minusseite des Sachverhalts. — Da hätten wir denn in erster Linie festzustellen, daß im System der Triebfedern der monarchische Aufbau einem Zustande Raum zu geben begonnen hat, den wir am besten als Anarchie der Triebe bezeichnen. Die aber konnte nur dadurch entstehen, daß von sämtlichen Trieben kein einziger genügend Farbe besaß, um unter den möglichen Zielen zu wählen und dem Wünschen und Wollen von Fall zu Fall die Richtung zu geben. Wenn wir mit Wendungen wie vom „ausweichenden" und „gewundenen" Verhalten gewissermaßen einen Fadenduktus des Betragens aufstellen oder mit der artverwandten Wendung, jemand wolle nicht „Farbe bekennen", den Nachdruck auf das Hehlen und Ableugnen der wirklich vorhandenen Farbe legen, so muß indessen gesagt werden, daß die gewohnheitsmäßige Gewundenheit, von der die Auflösung der handschriftlichen Bindungsform kündet, vielmehr aus dem Verlust der wahlbestimmenden Gefühlsqualitäten und aus der Unfähigkeit zum Ja oder Nein herrührt. Der Fadenschreiber bekennt nicht Farbe, weil er keine hat, und er weicht, soweit möglich, solchem Bekenntnis aus, weil es ihm keine innere Notwendigkeit vorschreibt. Er weiß imgrunde nicht, was er bevorzugen soll : rot oder blau, Töne oder Farben, Kunst oder Wissenschaft, Geschäft oder Politik, Island oder Capri, Sommer oder Winter, Mondschein oder Mittag, Weib oder Mann, den Peter oder den Paul. Er könnte immer ebenso gut das eine wie auch das andre tun und sucht sich daher stets ein Seitenpförtchen offenzuhalten, das etwa diene, aus der soeben bekundeten Gesinnung wieder heraus- und zur entgegengesetzten hinüberzuschlüpfen. „Der moderne Mensch", sagt Nietzsche in „Contra Wagner", „stellt biologisch einen Widerspruch der Werte dar, er sitzt zwischen zwei Stühlen, er sagt in einem Atem Ja und Nein."

Mag nun aber das Leben noch so entblutet sein, so berührt das doch nicht die Triebfeder der Selbsterhaltung. Als vorwiegend geistig bedingt pflegt diese sogar umso mehr hervorzutreten, als „instinktive" Nötigungen zurücktreten. So gewiß der Fadenschreiber der Sachinteressen ermangelt, so gewiß doch kann er in jedem Ausmaß „Egoismus" besitzen, sei es in der Form erwerblichen Eigennutzes, sei es von Ehrgeiz, Geltungstrieb, „Willen zur Macht" ! Erwägen wir endlich, daß zum

Daseinswillen des Ichs auch dessen Wille gehört, sich für wertvoll zu halten, daß die Selbstwertung wiederum der Unterstützung bedarf durch die Anerkennung des Nebenmenschen, daß endlich diese am ehesten zuerteilt wird der echten „Liebe zur Sache", so werden wir uns nicht darüber wundern, wenn nach Maßgabe seines Selbstschätzungstriebes im labilen Charakter der Hang entsteht, sich in garnicht vorhandene Sachinteressen hineinzutäuschen und die fehlenden Begeisterungen durch eine Art Mimikry der Begeisterung zu ersetzen. Bei mehr passivem Habitus gibt diese Anlage den Boden ab für die Entwicklung jener Bestimmbarkeit und widerstandslosen Beeinflußbarkeit (Suggestibilität), die ihren Träger zum Wiederschein der Gesinnungen, Ansichten und Benehmungsweisen seiner jeweiligen Umgebung macht. Bei mehr aktivem Habitus führt sie zu derjenigen Lebensunechtheit, für die sich infolge irrtümlicher Voraussetzungen die Bezeichnung des „hysterischen Charakters" eingebürgert hat.

Wir dürfen jedoch auch hier nicht die Plusseite des Sachverhalts aus den Augen lassen. Wie selten es auch vorkommen mag, daß labiler Fadenduktus mit übermittlerem Formniveau zusammenbesteht, so kommt es doch vor und nötigt uns solchenfalls, die verhältnismäßige Unbestimmtheit des Fühlens in Einklang zu bringen mit gleichwohl mehr als gewöhnlicher Lebensfülle. Da setzen wir denn an Vielfältigkeit der Triebe und bei hinreichender Geistigkeit zugleich Vielseitigkeit der Interessen. Charaktere von solcher Verfassung verfügen gemeinhin über eine außerordentliche Stimmbarkeit, zeichnen sich ferner aus durch „politische" Anpassungsgabe und nicht selten durch einen embarras de richesse von „Talenten". Man lernt die Bedeutung der Ausdruckslehre für die schwierigsten Fragen der Menschenkunde verstehen, wenn wir hinzufügen, daß unter den schöpferischen Geistern der Menschheit bei weitem am häufigsten labile Verfassung besitzen Tondichter einerseits, Tatmenschen andererseits (Feldherren, Staatsmänner, Entdeckungsreisende usw.). Man vergleiche etwa die Handschrift Beethovens Fig. 5 und teilweise Napoleons Fig. 4. Wir treten hier nicht den schillernden Problemen näher, betreffend die lebenswissenschaftlichen Unterlagen einmal der „reinen" Musik, zum andern des Tätertums, und lassen dem Nachdenken des Lesers nur noch diesen Satz aus der Charakterkunde empfohlen sein, daß die Entartung der „musikalischen Konstitution" den Hysteriker ergibt, die der täterischen aber den Verbrecher. —

Wir haben vom eigentlichen Faden gehandelt, der meist in labilen Handschriften erscheint, seltener aber auch in stabiler Form und alsdann den Übergang bildet zum Doppelbogen. — Vom echten Faden müssen nun scharf unterschieden werden zwei fadenförmige Vorkommnisse wesentlich andrer Herkunft : der Eilefaden und jener fadenähnliche Schreibzug, der dem eileverwandten Bedürfnis nach Kürzung des Griffelweges entstammt. — Überwiegenden Eilefaden neben Ansatz zum echten Faden zeigt Fig. 4, gelegentlichen Eilefaden an mindestens fünf Wortenden und zweimal im Innern der Wörter Fig. 29, wiederholt an den Enden der Wörter neben echter Fadenbindung im Innern Fig. 38, häufig im Wortinnern bei übrigens vorwaltender Girlande Fig. 51, andeutungsweise neben echtem Fadenduktus Fig. 67. — Wiederum anders sieht die fadenähnliche Wegkürzung aus, die beinah ausschließlich in den Handschriften Hochgebildeter auftritt. Angesichts der mit seitlicher Griffelhaltung erzeugten Fig. 36 ist der Anfänger in Gefahr, die Bindungsform, die als weicher Winkel zu kennzeichnen wäre, zu verfehlen, weil die Wegkürzungen ungemein oft zu fast völliger Unterschlagung der Auf- und Abbewegung geführt haben. Man vergleiche : erste Zeile „zu“, „aber“, „den“, „Entschluß“, zweite „des“, „mich“, dritte „zu“, „und“, vierte „im“, „und“, „den“, fünfte „es“, „sich“, „und“, sechste „vor“, „in“, siebente „Übrigens“, „hat“, „auch“, „es“, „bei“, achte den Schluß von „Wetter“, neunte „hier“, „und“ (!). Wohl hat Schreiberin einigermaßen eilig geschrieben, aber sie hat sicher eine über die objektive Geschwindigkeit weit hinausgehende L e i s t u n g s geschwindigkeit erzielt durch unwillkürliche Umwandlung der Kurrentschrift in eine Art Kurzschrift. Als kleine Übung sei dem Leser anempfohlen, sich Rechenschaft darüber abzulegen, warum die Leserlichkeit dieser Handschrift dadurch nur unerheblich gelitten hat. Gleichfalls ein gutes Beispiel für Wegkürzungen gibt trotz übrigens aufgelöster Bindungsform Fig. 68. Man beachte zumal das „sonst“ der Schlußzeile. — Die früher schon gebotenen Erklärungen des Eilefadens und der Wegkürzungen haben, wie man bemerkt, nichts zu tun mit der Entstehung der echten Fadenbindung.

Vom psychopathischen Charakter. — Der „hysterische Charakter“, von dem oben die Rede war, ist eine Spielart des gegenwärtig so genannten „psychopathischen“ Charakters, dessen genauere Kennzeichnung hier zu weit führen würde. Nur dieses sei gesagt : jeder Psychopath leidet an l e b e n s n o t w e n d i g e n S e l b s t t ä u s c h u n g e n. Ohne es zu wissen, muss er beständig sich wappnen gegen heimliche Minderwertigkeitsgefühle und, ohne es zu wissen, tut er es, indem er zwangsmäßig entweder Vorzüge sich andichtet, die er nicht hat, oder Werte in Unwerte umfälscht und umgekehrt, ähnlich wie es die Fabel vom Fuchs erzählt, der — nun allerdings wissentlich — die Trauben für sauer erklärt, weil er sie nicht erlangen kann. Die Psychopathie durchdringt und färbt die gesamte Persönlichkeit, jedoch äusserst verschiedenen Grades, was man sich passend mit einem Gleichnis veranschaulicht. Ist einem grossen Becher voll süssen oder säuerlichen Weines nur e i n bitterer Tropfen beigemengt, so wird der Geschmack kaum spürbar verändert und der Tropfen hat nichts zu bedeuten ; sind es aber zehn, zwanzig oder gar hundert Tropfen, so wird das Getränk gleichläufig übler schmecken und schließlich ganz ungenießbar sein. — In geringen Graden ist die Psychopathie heute sehr verbreitet und hat alsdann wenig zu sagen ; starke und stärkste Grade dagegen machen das Leben ihres Trägers für ihn selbst zum Fegefeuer und erschweren, ja verunmöglichen äusserstenfalls seine Einordnung in die menschliche Gemeinschaft, woraus sich natürlich unabsehbare Folgen ergeben. Durch Pharmaka und Kuren heilbar ist sie nicht, kann aber im Laufe des Lebens sowohl anwachsen als auch abklingen.

Auf die naheliegende Frage, ob der „psychopathische Einschlag" in der Handschrift zum Ausdruck komme, lautet die Antwort entschieden bejahend. Doch wolle man beachten, dass durchaus nur eine vollständig durchgeführte Analyse die Voraussetzung der Erkennbarkeit bildet. Ist die geschehen, so gibt es ein besonderes Merkmal, das den Befund gleichsam besiegelt und sogar den Grad der psychopathischen Störungsbedingung einigermaßen zu bestimmen gestattet. Es ist das eine bestimmte Art der Verbesserung, von uns „Hineinbesserung" oder symptomatische Verbesserung genannt.

Ob jemand sich oft oder selten verschreibt, oft oder selten verbessert, hat damit nichts zu tun. Häufiges Sichverschreiben und entsprechend häufiges Verbessern, falls gewohnheitsmäßig auftretend, hat natürlich ebenfalls seine Gründe. Es kann von Zerstreutheit herrühren, von allzu leichter Ablenkbarkeit, von Mangel an Konzentration, von schnellem Denktempo, dem das Schreibtempo nicht zu folgen vermag, und manchem dergleichen mehr ; aber das alles spricht keineswegs für Psychopathie. Nicht auf die Häufigkeit des Verbesserns kommt es an, sondern auf die Art und Weise, wie die Verbesserungen vorgenommen werden. Gewöhnlich geschieht das ja dadurch, daß der Buchstabe oder das Wort bald diagonal, bald horizontal durchgestrichen oder auch durch Zickzacklinien völlig unkenntlich gemacht wird. Anders verhält es sich, wenn nicht durchgestrichen, sondern derart in den Buchstaben hineingeschrieben wird, daß statt der beabsichtigten Verbesserung imgrunde Verundeutlichung entsteht. Dir Ursache ist ein dem Schreiber nicht bewußter V e r d r ä n g u n g s t r i e b , entsprechend der psychopathischen Verdrängung jener

Charaktermängel, die sich einzugestehen ihrem Eigner unerträglich wäre. Besser als viele Worte zeigen uns einige Beispiele, um was es sich handelt.

Andeutungen dessen finden wir in den sinnlosen Strichen nach (falsch geschriebenem) „fallirter“ der ersten Zeile von Fig. 18, ebenso im oberen Teil des O von „Oktober“ und im a von „absolute“. Diese auf tiefster Formstufe stehende, dazu verzerrte Handschrift macht Kriminalität wahrscheinlich und ist tatsächlich die eines Verbrechers, dem die Verantwortlichkeit für seine Handlungen abzusprechen allerdings kein Anlass wäre. Ein, wenn auch schwacher, psychopathischer Einschlag steht jedoch ausser Frage. Eine aus dem Rahmen des Üblichen herausfallende Nachbesserung bietet auch das y von „Harry“ der Fig. 39; doch ist sie zu unbedeutend, um den Schluß auf Psychopathie zu rechtfertigen. Schon etwas robuster präsentiert sich die symptomatische Verbesserung in der 3 der vierten Zeile von Fig. 90, und zweifellos symptomatisch sind die Nachbesserungen in „war“ und „dort“ der Schlußzeile von Fig. 139, die ebenso wie Fig. 138 von einem elfjährigen Knaben herrührt. Da das Formniveau von Fig. 139 eine volle Stufe tiefer steht als das von Fig. 138, ist die Annahme einer psychopathischen Konstitution nicht abzuweisen.

Doppelte Winkelbindung. — Auch ohne lehrhaft ausführlich zu werden, vermögen wir einzusehen, was der Doppelwinkel bedeuten m ü s s e. — Damit ein Winkel entstehe, muß die Bewegung der Federspitze bis zum Nullpunkt der Geschwindigkeit verlangsamt werden, um dann sofort in die neue Richtung hinüberzubiegen. Die dazu von Punkt zu Punkt erforderliche Bremsung setzt im Schrifturheber eine beständige Spannungsbereitschaft voraus, und so ist denn die positive Bedeutung des Winkels: W i d e r s t a n d s k r a f t. — Fragen wir jetzt nach derjenigen Anlage, deren Fehlen geeignet wäre, die Entfaltung von Widerstandskraft zu erleichtern, so finden wir uns hingewiesen auf eine Seite des Gefühls, für welche die Sprache den charakteristischen Namen der „Weichheit“ wählt. Je mehr einer Weichheit des Herzens besitzt, umso schwerer wird es ihm unter sonst vergleichbaren Umständen, die Stellung des Widerstandleistenden innezuhalten. Darnach entspränge der Winkel negativ der H ä r t e. — Er kann indessen noch eine hiervon verschiedene, aber gleichfalls negativ zu wertende Bedeutung haben. Auch dann nämlich wird die Bewegung winklig gebrochen verlaufen, wenn im Schreiber die Vorbedingungen einander w i d e r s t r e i t e n d e r Interessen liegen, deren Auswirkungen sich gegenseitig bekämpfen. Die sozusagen demokratische Vielfalt der Triebe, auf die wir dergestalt gestoßen sind, darf jedoch nicht verwechselt werden mit der oben entwickelten Anarchie. Nur auf einen Mittelpunkt ausgerichtete Antriebe der Vitalität können einander widerstreiten, wohingegen erst dann, wenn ihr gemeinsames Zentrum mehreren Zentren gewichen ist, die Möglichkeit jener Anarchie besteht, für deren schon nicht mehr normalen Endzustand sich die Wendung von der „Spaltung der Persönlichkeit" eingebürgert hat. Ein zwiespältiger oder sogar ein zerrissener Charakter ist also kein labiler Charakter. Die Geschlechterfolge allerdings wird nicht selten folgende Linie der Entwicklung zeigen: der Vater zwiespältig, der Sohn vielseitig begabt, der Enkel Hysteriker. So läuft die Kurve des Verfalls über Haltestellen von verführerischer Geistigkeit und warnt uns, „Begabungen" ohne weiteres für Lebenswerte zu halten.

Arkade und Girlande. — Die gewohnheitsmäßige Arkadenbindung gibt eines der schönsten Beispsiele für die Wirksamkeit des Raumgefühls. Wie schon die Bezeichnung „Arkade" vermuten läßt, entspringt sie nämlich aus der seelischen Wahlverwandtschaft zu solchen Formen, die den Eindruck des Überwölbenden und Verdeckenden machen, und ist deshalb erfahrungsgemäß bedeutungsverwandt den „zugeschlossenen" oder gar „verknoteten" a, o, g (Textfigur X C, S. 144) sowie einigermaßen noch den nach links ausklingenden u-Haken, die, obschon infolge genau entgegengesetzter Federbewegung, gleichfalls das Bild umschlossener Flächen bieten. Die fragliche Eigentümlichkeit des Raumgefühls wurzelt bald in der positiven Eigenschaft der Verschlossenheit, bald in der negativen des Mangels an Offenheit. — Ob etwa auch an der bildgegensätzlichen Form der Girlande das Raumgefühl teilhabe, wollen wir hier nicht untersuchen; gewiß ist, daß ihre Hauptursache woanders liegt. Man hat, weil sie rechtsherum geführt wird, die Arkadenbewegung eine Auswärtsbewegung, weil linksherum gehend, die Girlandenbewegung eine Einwärtsbewegung genannt; läuft aber mit dieser an und für sich zutreffenden Auffassungsweise Gefahr, das Wesentliche des Sachverhalts zu übersehen. Einmal nämlich ist aus bisher noch nicht abschließend geklärten Gründen die nach links gewölbte Aufbewegung, die den Bogen oben erzeugt, bei jeder Griffelhaltung um ein weniges schwieriger auszuführen als die nach links gehölte Aufbewegung, die den Bogen unten entstehen läßt; sodann liegt das unwillkürliche Ziel der Arkade auf der Zeilenbasis, das Ziel der Girlande am Zeilenfirst. Läßt für die Arkadenerzeugung die Tatsache der Bewegungserschwerung keine andre Erklärung zu als die aus der Stärke des persönlichen Leitbildes, so spräche bei der Girlande schon die leichtere Ausführbarkeit für eine Bewegungstendenz, deren charakterliche Voraussetzung Sorglosigkeit und „Natürlichkeit“ wären. Entscheidend aber ist der Umstand, daß der Streckstrich, der vorlagegemäß den Abschluß fast aller Kurzbuchstaben und handschriftlich der Girlande bildet, der Verbindung der Buchstaben untereinander dient. Von ausgesprochenen Bindungsformen ist die Girlande die einzige, in der sich Knüpfungs e r w a r t u n g und Knüpfungs b e r e i t s c h a f t äußern; welchem gemäß sie positiv im Bedürfnis nach V e r m i t t l u n g u n d A u s g l e i c h gründet.

Vergleicht man hinreichend ausgesprochene Girlandenschriften mit hinreichend ausgesprochenen Arkadenschriften, so wird man überwiegend feststellen, was wir jetzt an einigen Figuren aufweisen wollen. In Fig. 21 wechseln deutliche Girlanden mit deutlichen Arkaden. So oft nun ein Wort mit der Arkade schließt, fehlt der Endstrich, so oft es mit der Girlande schließt, ist der Endstrich mindestens ansatzweise vorhanden und gelegentlich sogar ausgiebig wie im „dem“ der letzten Zeile. Die Arkaden der Fig. 40 haben nicht nur zum Fortfall der Schlußzüge geführt, sondern auch zur Häufung von Unterbrechungen im Innern der Wörter. Die mehr girlandenartige Fig. 42 zeigt neben zweimaligem Fortfall der Endstriche neunmalige Ausführung, wenn auch zum Teil nur im Ansatz. Die vier mit Arkaden schließenden Wörter der Fig. 54 weisen zwar langausgezogene Endstriche auf, aber ihr dreimaliges Größerwerden verrät uns Mitbeteiligung der Willkür; in der von der gleichen Hand herrührenden Fig. 55 fehlen denn die Endzüge völlig. Der Arkadenschreiber von Fig. 58 zieht den Aufstrich jedesmal im Grundstrich hinauf und beraubt ihn dadurch seiner Eigenschaft eines Verknüpfungsmittels. Fig. 62: gänzlicher Fortfall; Fig. 63: schulmäßig angesetzter Endstrich bei unverkennbarer Tendenz, mit dem Grundstrich zu enden, wie beispielsweise am e in „viel“ ersichtlich; Fig. 120: Girlande mit Endzügen; Fig. 121: fadenhafte Girlande mit schwungvollen Endzügen; Fig. 127: Girlande mit Endzügen. Kurz, Knüpfungstendenz und Girlande gehören zusammen wie umgekehrt Arkade und Distanzierung.

Das maßgebende Bedürfnis nach Vermittlung und Ausgleich kann nun begründet liegen positiv in H e r z e n s g ü t e und Wohlwollen; negativ in einem M a n g e l a n S e l b s t ä n d i g k e i t, demzufolge teilnahmeheischende Eindrücke über den damit Behafteten augenblicklich Gewalt erlangen und aus seinem „guten Herzen“ einen Quell gesinnungsloser Schwäche machen, die, unfähig Nein zu sagen, zum gefügigen Werkzeug in der Hand jedes stärkeren Willens wird. — Sofern die bejahende Lebenshaltung wenig zum kritischen Abwägen neigt, wird der

Tabelle X.

Der Bindungscharakter

Verhältnis der Triebe zur Selbsterhaltung

Fadenbindung Labilität		Winkelbindung Stabilität	
+	—	+	—
Vielfältigkeit	Unbestimmtheit	Widerstandskraft	Härte
Vielseitigkeit	Pathoforme Beeinflußbarkeit	Festigkeit	Teilnahmlosigkeit
Veränderlichkeit		Entschiedenheit	Unnachsichtigkeit
Anpassungsgabe	„Suggestibilität“	Sicherheit	Unduldsamkeit
Gewandtheit	„Reflexnatur“	Standhaftigkeit	(Kälte)
„Begabung“	Vieldeutigkeit	Unbeirrbarkeit	
Politik			
Diplomatie			
Undurchdringlichkeit			
	Unechtheit		Zwiespältigkeit
	„Charakterlosigkeit“		Uneinheitlichkeit
	Verstellungsgabe		„Zerrissenheit“
	Verschlagenheit		
	Schauspielerei		Schroffheit
	Lebensneid		Reizbarkeit
	„Ressentiment“		Jähzorn
	Hysterische Mimikry		Tatkraft
Girlande		Arkade	
+	—	+	—
Güte	Unselbständigkeit	Zurückhaltung	Mangel an Offenheit
Wohlwollen	Ablenkbarkeit	Überlegung	Unaufrichtigkeit
Bejahungsbereitschaft	Beeinflußbarkeit	Verschlossenheit	Lügenhaftigkeit
Anerkennungstrieb	Unentschiedenheit	Vorsicht	Mißtrauen
Ehrfurchtsfähigkeit	Schwäche	Besonnenheit	
	Mangel an Halt	Distingiertheit	„Äußerlichkeit“
Duldsamkeit	Wankelmut	„Vornehmheit“	Förmlichkeit
Nachgiebigkeit	Bestimmbarkeit	Gewählte Umgangsformen	Prätention
Versöhnlichkeit	Sichgehenlassen		„Suffisance“
Milde		„Distanz“	(Subalternität)
Mitgefühl	Müßigkeit		
Entgegenkommen	Lässigkeit		
	Bequemlichkeit		
„Natürlichkeit“	Mangel an Initiative		
Zwanglosigkeit			
Sorglosigkeit			
Aufgeschlossenheit			
Vertraulichkeit			
Offenheit			

Girlandenschreiber im Auftreten und Betragen für gewöhnlich größere Aufgeschlossenheit und Vertraulichkeit bekunden als der Arkadenschreiber, der seinerseits öfter zur Förmlichkeit neigt. — Die Girlande steht auf der Seite der Lösung, Winkel wie Arkade auf der Seite der Bindung. In heutigen Handschriften verlangen s e h r ausgeprägte Girlanden viel häufiger negative Auslegung als einigermaßen ausgeprägte Winkel. — Übersichtstafel X.

Beispiele. — Zusammenstimmend mit allen entstehungsverwandten Schrifteigenschaften und darum deren Bedeutung verstärkend bekundet die Winkelbindung in Fig. 41 ein ungewöhnliches Maß von Widerstandskraft und Gesinnungstreue. Schon nur noch teilweise positiv, nämlich auf Entschiedenheit und Tatkraft, teilweise (in Ansehung der berührten Widersprüche) jedoch negativ zu deuten auf Reizbarkeit und Mangel an Einheitlichkeit ist der immerhin vorherrschende Doppelwinkel in Fig. 31, deren verwickeltes Gefüge uns noch wiederholt beschäftigen wird. Vollends negativ schätzen wir den überaus spitzen und scharfen Doppelwinkel der Fig. 43 ein: mit der aus ihm sprechenden Kaltherzigkeit ergänzen wir passend die aus der Enge erschlossene diplomatische Berechnung. — Für den minder scharfen Doppelwinkel der mittleren Fig. 80 wiese uns allein schon sein Zusammenbestehen mit Mangel an Ebenmaß und an Regelmäßigkeit auf Widersprüchlichkeit, wodurch die früher bereits gestreifte Gehemmtheit wenigstens teilweise sich erklären dürfte. Gleiches gilt, aber höheren Grades, für den Doppelwinkel der Fig. 27. Als dem echten Doppelbogen wenigstens nahestehend und verschwistert mit Regelmäßigkeit fordert der stabile Fadenduktus Fig. 33, soweit es das schwachuntermittlere Niveau zuläßt, positive Begründung aus Gewandtheit und kluger Anpassungsgabe. Solche hat zweifellos a u c h der Schreiber der Fadenschrift Fig. 67; aber er hat sie im Dienste gefährlichen Eigennutzes. Der Eilefaden allein würde nicht genügen zum Verständnis dieser entschieden untermittleren Handschrift, in der alles darauf hinausläuft, die Unterschiede der Typen zu v e r w i s c h e n, eine Neigung, die uns später begegnen wird als Symptom des Vertuschungstriebes. Im Zusammenhang mit vollkommener Fadenbindung weist sie auf Verschlagenheit und skrupellose Durchtriebenheit.

Unter den mannigfachen Spielarten offener und versteckter Labilität tut man gut, in der Praxis auseinanderzuhalten eine geistige und eine ungeistige Klasse. In der Anarchie der Triebe begegnen sich beide, aber die Wirkungen davon sind verschieden nach dem Maß der geistigen

Bedeutung und Begabung. Ein Blick auf die unterschiedlich labilen Schriften der Tafel XVII zeigt uns als auf höchster Bildungsstufe befindlich die Urheber von Fig. 68, 69, 71, 73. Unter ihnen behauptet das überlegene Formniveau der Verfasser von Fig. 68, den wir deshalb füglich aus dem Spiele lassen, wo es die negative Seite des Sachverhalts zu erläutern gilt. Dagegen können wir es bei den drei übrigen wagen, ohne fürchten zu müssen, ihren anderweitigen Werten unrecht zu tun. — Fig. 71 und 73 veranschaulichen vortrefflich jenen gefühlsarmen Intellektualismus, der unter billiger Rhetorik oder anschauungsloser Haarspalterei die Flachheit des inneren Lebens birgt. Die hochintelligente Probe Fig. 69 als bei weitem „festgestellter" gibt in ihrer bildfremden Kälte mit der fugenlos verdekkenden Fadenarkade, wie wir völlig erst später würdigen können, ein Musterbeispiel für die schon minder harmlose Neigung zur Umdekorierung der inneren Ausgeschlossenheit in einen „Idealismus", dessen verkleidete Triebkraft werbende Mißgunst gegen die Fülle ist. — Wesentlich leichter faßbar ist der Typus der Labilität in den handschriftlichen Bildern der minder angegeistigten Fadenschreiber von Fig. 70 und 72 ; und wir dürfen gewiß sein, daß im selben Maße die seelische „Falschmünzerei" zu weniger sublimen Mitteln greift. Schreiber von Fig. 70 ist ein krankhafter Aufschneider, dessen vorgebliche Abenteuer jeweils eines einzigen Jahres für eine (nur nicht so kurzweilige !) Münchhausiade ausreichen würden. Fig. 72 gibt den unverbesserlichen Renommisten. — Im Urheber der halbgebildeten Fadenschrift von Fig. 85 verknüpft sich mit widerstandslosem Gesinnungswechsel die Gabe der „autosuggestiven" Hineinversetzung in jede vorgestellte Rolle, die ihn, um nur eines zu nennen, zur Erfindung und Anfertigung charakterologisch überzeugender „Handschriften" befähigt ! So rühren von ihm z. B. auch Fig. 86 und 87 her. — Die fadenhafte Zerlöstheit der Winkel und Arkaden in der ungebildeten Handschrift von Fig. 74 bildet offenbar den Hauptbestandteil der früher von uns gewürdigten außerordentlichen Schlaffheit des Striches und läßt in Verbindung mit niedrigem Formniveau und völligem Mangel an Ebenmaß Haltlosigkeit und Verschlagenheit erkennen. Hören wir, daß Schrifturheber wegen Mordversuchs abgeurteilt wurde, so wundern wir uns daher gewiß nicht, ohne jedoch dem Irrtum zu verfallen, wir könnten aus der Handschrift die Anlage zu s p e z i f i s c h e n Verbrechen erschließen. Im übrigen ist es die s i c h a u f l ö s e n d e Bindungsform, die bei schwachmittlerem oder untermittlerem Niveau am häufigsten den h y s t e r i s c h e n Typus anzeigt. Dahin gehört u. a. Fig. 62 und höheren Grades Fig. 117 ; ferner Fig. 110 wie abermals höheren Grades die urheberschaftsidentische Fig. 109. Die hysterisch veranlagte Schreiberin war inzwischen an akuter Hysterie erkrankt.

Ausgerüstet mit der Einsicht in die Herkunft der Fadenbindung, können wir jetzt auch schon den wichtigsten Grund angeben, warum die Linksschrägheit der untermittleren Fig. 118 negativer zu beurteilen war als etwa der Fig. 115. Diese zeigt nämlich eine sogleich noch etwas genauer zu betrachtende Girlande, jene unverkennbare Fadenbindung. Verrät nun schon der Faden uneingeständliche Lebensarmut, so tut das erst recht der Widerspruch zwischen ihm und der Haltung der Unbeirrbarkeit, die uns die linksschräge Lage vortäuscht. — Ohne nähere Erläuterung dürfte es jetzt auch verständlich sein, warum ein Wechsel von Arkade und Girlande zur Fadenbindung den Übergang bildet. Man braucht ja nur Girlande und Arkade aneinanderstoßen zu lassen, und man hat einen Doppelbogen, der gemeinhin von selbst in unscharfe Bindung übergeht. In der gemischtbogigen Fig. 21 setzen sich freilich die Girlanden klar gegen die Arkaden ab ; dagegen z. B. in Fig. 85 wechselt eine sich auflösende Girlande mit welligen Arkaden ; und vollends Fig. 105 läßt uns die Wahl zwischen der Annahme beginnender Zerlösung und derjenigen gemischtbogiger Bindung.

Eine wesentlich negative Arkade zeigt die untermittlere Fig. 58 mit ihren zudem verknoteten a's, linksherum geworfenen u-Haken, in sich selbst zurücklaufenden Hinzufügungen und jenem charakteristischen Anstrich, der den Buchstaben oder das ganze Wort kreisartig abschließt. Wir haben also festzustellen Mangel an Aufrichtigkeit. Die Arkade der Fig. 63 spricht von den fast mißtrauisch vorsichtigen Sicherungen jener — nicht selten zumal um die Angehörigen besorgten — Selbsterhaltung, wie man sie häufig bei Frauen kleinerer Stände findet. — Die Winkelarkade fordert gleich jeder Verwebung deren Zerlegung in ihre Teilgestalten und Deutung beider. So rührt der Arkadenbogen der untermittleren Fig. 65 von einem etwas überheblichen Nolimetangere her, der Winkel von unteilnehmender Herzenskälte, die steife Verwebung beider von gekünstelter Förmlichkeit, wie denn die Winkelarkade nicht selten in den Handschriften aristokratischer Damen vorkommt. — Zwecks Deutung der Arkade in der tiefstehenden und ebenmaßlosen Fig. 77 ziehen wir außer ihrer Mischung mit Winkeln die häufig fadenförmigen Enden der Wörter herbei sowie die an den d-Köpfen schon erläuterten Formübertreibungen, eingerechnet viele aufgebauschte und schwungvoll linksherum geworfene Schlußzüge. Schreiberin ist ein hysterisch schwer erkranktes Dienstmädchen von erstaunlicher Suggestibilität.

Ist die Arkade aus Unaufrichtigkeit herzuleiten, so empfiehlt es sich stets, den Stand des Urhebers zu erkunden. Zu jeder Zeit mußten die unteren Stände sich nach den oberen richten, wollten ihre Glieder nicht Stellenverlust und Erwerbslosigkeit gewärtigen. Wo immer es Mächtige und Schwache gab, entwickelten sich daher aus Selbstschutztendenz in den Schwachen Eigenschaften wie: Unoffenheit, Verschlagenheit, Schlauheit, List usw.; weshalb der Arkadenduktus im Rahmen einer hochgebildeten Handschrift allemal schwerer wiegt als im Rahmen einer ungebildeten. — Endlich haben wir mit noch einer Entstehungsbedingung der Arkade von nicht geringer Verbreitung zu rechnen. Wir geben die darauf bezüglichen Ausführungen in unsrer kleinen „Graphologie" (Leipzig, Quelle und Meyer) nahezu wörtlich.

„Das siebzehnjährige Mädchen, von dem die Arkadenschrift der Fig. 34 herrührt, war unter erzieherischen Einflüssen aufgewachsen, die jede Selbständigkeit der Entwicklung abschnitten. Die Arkade, überwache Selbstkontrolle zwecks Sperrung unvorsichtiger Gefühlskundgabe verratend, tritt uns hier in einem Gesamtbild entgegen, dessen Hauptzüge wir, ein wenig über das Mitgeteilte hinausgreifend, im Vertrauen auf das Eindrucksverständnis des Lesers etwa so auslegen: das Schwanken der Zeilenrichtung im Verein mit allgemeiner Linienzartheit und teils niedrigen, teils sehr hohen, stets aber wie hingehauchten i-Punkten als Symptom großer Feinfühligkeit, aber auch ebenso großer Störbarkeit und häufigen Stimmungswechsels; die Zügigkeit der Federführung im Verein mit manchmal schwungvollem Majuskelanhub (vgl. „Wir" der letzten Zeile) und stark nach unten ausholenden Langbuchstaben als Symptome für Drang, Antriebskraft, Wunschträume, Sehnsucht und Lebenserwartung; die trotz kräftig ausgeweiteten Unterschleifen die Zeilenverhäkelung vermeidende Gliederung .. als Symptom für geistigen Selbständigkeitsdrang und kritikbereites Urteilsvermögen." Rund vier Jahre später kam Schreiberin in eine Umgebung, die ihrem Wesen entsprach und freie Entfaltung ihres Charakters erlaubte. Der Erfolg war, daß in weiteren vier Jahren ihre Handschrift sich *so* zu entwickeln vermochte, wie es Fig. 35 — aus einem Dokument der ungefähr Fünfundzwanzigjährigen — dartut! „Das ist ein selten schöner Beleg für die Möglichkeit des Umschlagens der Arkadenschrift noch jugendlicher Personen in Girlandenschrift nach stattgehabter Enthemmung infolge günstigen Wechsels der Umwelt und eben damit ein Beweis dafür, daß in der Arkade *unter anderem* die noterzwungene Selbstsicherung der Seele durch Sperrung ihrer unwillkürlichen Äußerungen sich darstellt."

Wenn wir in diesem Abriß die Lehre vom Bindungscharakter auch nicht erschöpfen können, so dürfen wir doch nicht an zwei wichtigen Sonderheiten der Arkade vorbeigehen. Die eine ist die linkswärts eingekrümmte Schlußarkade (Textfigur VII E), die erfahrungsgemäß zu beruhen scheint auf einem Widerspruch zwischen angeborener Anlage und erworbener Lebenshaltung, negativ also auf Unstimmigkeit zwischen Sein und Schein und möglicherweise auf Heuchelei und Scheinheiligkeit, positiv auf beständiger Selbstüberwindung im Dienste aufgezwungener Ziele. Die Probe Fig. 59, die das Merkmal in typischer Prägung zeigt, rührt von einem Pfarrer her. — Die andre, eine ausnahmslos negativ zu deutende Verwebungsform: die sogenannte gestützte Nebenrichtung, kommt, wie man aus Textfigur VIII ersehen möge, dadurch zustande, daß der Haarstrich im Endstück des Grundstriches ein wenig emporgeführt wird, dann etwas geschweift nach rechts abbiegt, endlich steiler nach oben wendet und dadurch zusammengerät mit dem Anfangsstück des folgenden Schattenstriches. Bei Vorkommnissen von solcher Deutlichkeit wie in unsrer zeichnerisch imitierten Probe hat das Merkmal jedoch nicht viel zu sagen,

Fig. VIII.

sondern erscheint als Ergebnis eines Stilisierungsbestrebens, dessen tiefere Ursachen noch nicht ermittelt wurden. Fig. 60 und 61, die nicht etwa von einem Urheber herrühren, sondern von zwei verschiedenen, zeigen es gemäß einer Wienerischen Manier früherer Jahre in jener künstlichen und übertriebenen Fassung, der nur mittelbare Bedeutung zukommt. Vollen Symptomwert gewinnt es erst bei nur angedeutetem Auftreten innerhalb eines übrigens mehr schulmäßigen Zusammenhanges. Davon ein Beispiel gibt die glatte, schräge, mit rückläufig zuschließenden Kurven behaftete, sonst aber fast kalligraphische Fig. 64 von untermittlerem Formniveau, wo man schon scharf achthaben muß, um die gestützte Nebenrichtung überhaupt zu bemerken. In solchen Fällen nun ist an folgende Entstehung zu denken: die ursprüngliche Arkadenneigung (aus allgemeiner Unaufrichtigkeit) wird vom Schreiber unwillkürlich bemäntelt aus dem Bestreben, jede verräterische Besonderheit niederzuhalten mit schulmäßiger Glätte. Dem entspräche genau eine Lügenhaftigkeit, die sich geschickt zu verstecken weiß hinter anstoßvermeidenden Umgangsformen. Hier ist der „Wolf im Schafspelz", der liebenswürdig gesprächige „Bauernfänger", unter Umständen der gefährliche Verbrecher zu suchen. Fig. 64 rührt von einer wegen Betrugs und Diebstahls vielfach bestraften Persönlichkeit her.

Inbetreff der Girlande dürfen wir uns kürzer fassen. Im positiven Ausdrucksbilde der Fig. 1 weist sie auf Offenheit, Freimut, große Natürlichkeit; im immerhin noch übermittleren von Fig. 42 auf Eindrucksvermögen, Empfänglichkeit und Zartgefühl, dem freilich auch einige Willensschwäche mag verschwistert sein; in der übrigens vorwiegenden Winkelschrift von Fig. 31 auf sinnliche Gemütsbedürfnisse; in Verbindung mit Teigigkeit in der ziemlich winkelreichen Steilschrift von Fig. 89 auf verhaltenes Gefühlsleben; in der untermittleren Schrägschrift Fig. 121 in Verbindung mit überflüssigen Hinzufügungen auf wortreiche „Liebenswürdigkeit" der Umgangsformen; in der stilisierten Fig. 127 auf fast allzu widerstandslose Weichheit. In Fig. 19 dagegen ist sie durchaus nur Nebenergebnis der Eile und daher ohne diagnostischen Eigenwert.

Eine kurze Sonderbetrachtung erheischen Fig. 52 und Fig. 115: beide als Ausnahmen von der Regel, daß Girlanden am Wortschluß meist mit Streckstrich enden. Nun verrät Fig. 52 nicht bloß Langsamkeit, sondern gradezu den Hang des Schreibers zu nichtstuerischem Verweilen. Sein Griffel, nur mühsam vom Flecke kommend, ergeht sich in schwerfälligen Bogenformen, und so erläßt sich Schreiber auch die Schlußzüge. Wir haben es mit derjenigen Spielart des sog. Phlegmas zu tun, das zur Bequemlichkeit disponiert. — In der übersteilen, ungemein engen und künstlich überhöhten Fig. 115 dagegen weist der Fortfall der Schlußzüge auf den Widerstreit hin zwischen sinnlich betonter Weichheit und einer Abwehrhaltung, deren tiefere Gründe noch zur Sprache kommen.

Der Verbundenheitsgrad. — Außer der Bindungs*form* müssen wir nun aber bei jeder Handschrift auch den Verbundenheits*grad* der Schriftelemente ins Auge fassen. Es gibt Schriften, wo nicht nur die einzelnen Buchstaben, sondern sogar sämtliche Grundstriche für sich allein stehen (vgl. Fig. 66 oder 96), und es gibt andre, wo man innerhalb der Wörter überhaupt keine Absetzungen findet und selbst bisweilen die i-Punkte in den ununterbrochenen Abfluß der Schreibbewegung einbezogen sieht. So zeigt uns die Handschrift Wagners, Fig. 88, sowohl viele eingebundene Oberzeichen als auch nicht selten aneinander gebundene Wörter (vgl. „viel wonnige“ in der fünften Zeile). Zwischen den Grenzfällen äußerster Unverbundenheit und äußerster Verbundenheit bestehen alle nur denkbaren Übergänge. Man vergleiche etwa folgende Reihe: Fig. 46, 66, 81, 71, **78**, 7, 82, 2, 38. — Schriften, die gleich der fettgedruckten ungefähr Gleichzahl von Bindungen und Trennungen aufweisen, nennt man wohl „equilibriert“.

Nicht brauchen wir zu wiederholen, daß die Verbundenheit wachsen kann aus Eile, die Unverbundenheit aus Sorgfalt und Langsamkeit und daß der Bedeutungsgehalt beider Schrifteigenschaften dementsprechend geringer wird. So hat für die Deutung zunächst aus dem Spiele zu bleiben die wesentlich eilebedingte Verbundenheit der Fig. 19 wie umgekehrt erst recht die Unverbundenheit der gewillkürten Fig. 106, deren leicht gekünstelte Formen die Zwanglosigkeit der Bewegung vermissen lassen. Aber selbst davon abgesehen muß man die Binnenlücken nicht nur zählen, sondern auch wägen.

Jemand mag vorherrschend verbunden schreiben, dennoch aber die Gewohnheit haben, zwecks Anbringung der Oberzeichen und insbesondere des i-Punktes nach Vollendung des zugehörigen Kurzbuchstabens jedesmal abzusetzen. Solche Lücken wiegen naturgemäß leichter und schließen es z. B. nicht aus, daß ebenderselbe Schreiber den fraglichen i-Punkt mit der folgenden Type verbinde (vgl. das „bin“ in der ersten, das „ich“ in der zweiten Zeile der Fig. 80; immer wiederkehrend im äußerst verknüpfenden Linienfluß der Handschrift Wagners, Fig. 88). Ebenso ist entsprechend vorsichtiger zu bewerten die Vereinzelung solcher Großbuchstaben, welche durch ihre Form der Einbindung widerstreben. Es hat also keinen Unterbrechungswert, wenn das stilisierte V oder D oder B der Fig. 105, das der Übergangsrichtung entbehrende T der Fig. 97, das I und F oder selbst das rückläufig ausklingende kleine b der Fig. 113 oder gar das D der Fig. 10 jeweils für sich verbleiben; es hat ihn dagegen sogar in erhöhtem Maße die Vereinzelung des verknüpfungsbereiten M in Fig. 45 oder des H in Fig. 39. Anderseits fällt es natürlich für das Bindungsbedürfnis mehr als nur zahlenmäßig ins Gewicht, wenn ihm auch endstrichlose Großbuchstaben gehorchen müssen (vgl. das W in „Wilhelm“ der Unterschrift Fig. 2, das V in „Vermögen“, erste Zeile Fig. 79, das S in „Sie“ der ersten, vierten, fünften, achten Zeile der Fig. 88, das R und W in der zugehörigen Unterschrift). —

Auch für den Verbundenheitsgrad haben wir die jeweilige Ausgesprochenheit und das will in diesem Falle sagen die persönliche S t a b i l i t ä t zu ermessen. Während in den meisten Handschriften eine große, mittlere oder geringe Verbundenheit das Gesamtbild beherrscht, in jedem Wort und in jeder Zeile gleichmäßig wiederkehrend, gibt es daneben auch solche, wo mit nahezu verbundenen Wörtern nahezu unverbundene unregelmäßig abwechseln. Aus Gründen, die wir zu weit aus der allgemeinen Ausdruckslehre herholen müßten und daher hier übergehen, spricht die Ungleichmäßigkeit des Verbundenheitsgrades für eine viel zentraler bedingte Störbarkeit, als es diejenige ist, die wir sich bekunden sahen im Schwanken des Neigungswinkels, der Höhenausdehnung, der Zeilenführung usw. Sie legt nämlich die Vermutung des drohenden Verlustes der geistigen Beziehungssysteme oder in Kürze des geordneten Denkens nahe und wird bei entsprechenden Begleitmerkmalen zu einem wichtigen Hilfsindizium der Anlage zum Irresein. (Einigermaßen angedeutet in Fig. 15.) — Nicht ganz im gleichen Maße ungünstig, aber immerhin als Nebenzeichen für eine Verstandestätigkeit, die des Zusammenhanges mit orientierenden Trieben ermangelt, sind solche Absetzungen zu bewerten, die den Wortkörper gewissermaßen zerstücken. Man findet dergleichen z. B. im „mein“ der Fig. 44 und etwas ausgeprägter in Fig. 81 und 84.

Wenden wir uns jetzt den klaren Gegensätzen der Verbundenheit zu, so treffen wir auf den von M i c h o n in den Mittelpunkt seines ganzen Systems gestellten Bedeutungsgegensatz des d i s k u r s i v e n oder logisch folgernden und des i n t u i t i v e n Kopfes. Diese Deutungen, denen für bestimmte Fälle das bewußte Körnchen Wahrheit durchaus nicht abzusprechen ist, leiden mit allen übrigen der alten Zeichengraphologie an viel zu großer Besonderheit. Der Verbundenheitsgrad will aus dem Gesichtspunkt einer allgemeineren Gesetzmäßigkeit gewürdigt sein. — Gemäß der früher besprochenen Rhythmik aller Lebenserscheinungen verläuft keine menschliche Tätigkeit in ununterbrochenem Fluß, sondern sie pendelt zwischen zwei Grenzzuständen und vorbereitet dadurch den geistigen Takt. Ebenso wie das Schreiten und das Sprechen ist auch das Schreiben ein g e g l i e d e r t e s Tun, und seine Gliederung zeigt sich u. a. im gleichmäßigen Absetzen und Wiederansetzen des Griffels. Werfen wir die Frage auf, ob es für die Atemlänge der Schreibbewegung einen sozusagen natürlichen Durchschnitt gebe, so scheinen viele Erfahrungen dafür zu sprechen, daß er im equilibrierten Duktus (Fig. 78) verwirklicht ist. Wir hätten mithin diesen als den Nullpunkt einer Reihe zu betrachten, die nach oben zur Verbundenheit, nach unten zur Unverbundenheit weitergeht, und würden demzufolge zu begründen haben, warum in der verbundenen Handschrift das naturgemäß Geteilte verknüpft und warum in der unverbundenen Handschrift das naturgemäß Fließende zerschnitten werde.

Da bietet sich nun für die Knüpfung des Unverknüpften die den *Michon*schen Befund aufhellende Erklärung dar, daß es die Tätigkeit des geistigen *Beziehens* ist, die unbekümmert um die Periodik der Lebensvorgänge der Unterbrechung widerstrebt und daher zum Ausdruck kommt in beliebig weitgehender Unterschlagung natürlicher Bewegungspausen. In theoretischer Hinsicht stellt sich die beziehende Tätigkeit dar als *Kombinationsgabe* und Dialektik, in praktischer als *Überlegung*, Berechnung, Vordenklichkeit. Indem aber das ableitende, beweisende und folgernde Verfahren allemal eine wirkliche oder vermeinte Einsicht bereits voraussetzt und seine Stärke nur in deren Verarbeitung bezeugt, so werden wir seine negative Vorbedingung in einer *Armut an neuzuströmenden Gedanken* erblicken. Damit treten denn auch sofort zwei Bedeutungsseiten der *Un*verbundenheit hervor. Wenn diese darnach nämlich negativ begründet liegen mag: auf theoretischem Gebiete in *Sprunghaftigkeit* und Mangel an Logik, auf praktischem in *Unüberlegtheit* und „kurzem Verstand“, so muß ihr von positiven Eigenschaften entsprechen ein verhältnismäßiger *Reichtum unvermittelter Einfälle*, der theoretisch entdeckerische Ursprünglichkeit und geistige Initiative zur Folge hat, praktisch Findigkeit und Schlagfertigkeit.

Obwohl dergleichen Deutungen in Ansehung der Bindungsneigung befriedigen können und sicher auch für eine erkleckliche Reihe unverbundener Handschriften taugen, so dürfen wir doch nicht übersehen, daß sie der Zerteilung des naturgemäß Verbundenen nur im Hinblick auf den entgegengesetzten Sachverhalt gerecht werden, nicht aber im Hinblick auf die „natürliche“ Bewegungslänge. Wir glauben zwar begriffen zu haben, warum bei „intuitiver“ Geistesartung gewisse Knüpfungen fehlen, die der Ausdruck des Beziehens wären; wir wissen aber noch nicht, warum die Bewegungsunterbrechung bisweilen noch weit darüber hinaus und bis zur Zerstückelung der Schrift in lauter vereinzelte Schattenstriche gelange! Wir stehen hier vor einem jener zahlreichen Probleme der Ausdruckslehre, deren völlige Durchleuchtung erst von der Zukunft erhofft werden darf, und begnügen uns deshalb damit, aus der Mannigfaltigkeit der Lösungs*möglichkeiten* dem Leser wenigstens noch soviel darzubieten, als im Interesse der Technik geboten erscheint.

Wenn wir zur Erklärung der Verknüpfung des lebensgesetzlich Unverknüpften den Schlüssel in der beziehenden Tätigkeit des Geistes fanden, so werden wir füglich aus ihr auch zu verstehen versuchen die Zerteilung des lebensgesetzlich Verknüpften. Obwohl nun in jedem Beziehen ein Erfassen und Feststellen liegt, in jedem Erfassen ein Beziehen, so kann doch bald die beziehende Seite der Geistestätigkeit überwiegen, bald die erfassende Seite. Dort hat das Festgestellte jeweils nur die Bedeutung des Fußpunkts für den folgenden Denkschritt, hier bildet umgekehrt das Beziehen und Vergleichen nur den Auftakt des Verweilens im Kenntnisnehmen und allenfalls des Sichversenkens in das Erfaßte. Wie dergestalt schon im Einzelgeiste die gedankliche Bewegung des Vergleichens abwechselt mit der Gedankenpause des Findens, so neigt auch die eine Spielart der Charaktere zum geistigen Schweifen, die andre zum geistigen Haften. Dem (geistig) Schweifenden ist es nicht so sehr um die Befunde als um deren widerspruchslose Vereinigung zu tun, während der (geistig) Haftende, unempfindlicher für Widersprüche, Befunde neben Befunde stellt und für jeden zunächst die gleiche Gewichtigkeit ansetzt. Dort haben wir die Systematiker, die sich nicht sonderlich kümmern um Einzelheiten, hier die Sammler, die ebenso unbekümmert sind um deren „geistiges Band", dort die abstrakten Köpfe, die sich nicht scheuen, Tatsachen zu verbrennen auf dem Altar des Allgemeinbegriffs, hier die Empiriker, die sich ebenso leicht überreden, die Kenntnis eines Sachverhalts sei auch schon dessen Erklärung. Leuchtet es nun ohne weiteres ein, warum der schweifenden Geistesart eine über die natürliche Rhythmik hinausgehende Bewegungsverknüpfung entspricht, so verstehen wir jetzt aber auch, warum die haftende Geistesart zur Zerstückelung des natürlichen Flusses neigt. Wie nämlich im Schweifenden der Lebensvorgang gegängelt wird von der Bewegung des Denkens, so im Haftenden vom Ergebnis des Denkens. Wenn dort die Urteils funktion der Vereinheitlichung die natürliche Gliederung auslöscht, so ist es hier die Vereinzelungskraft der Tatbestände, die den natürlichen Fluß zerbricht. Entartend wird das geistige Schweifen zu Gedankenflüchtigkeit, Unachtsamkeit und Mangel an Beobachtungsgabe, das geistige Haften zu jener, sei es theoretischen, sei es praktischen Verbohrtheit, die vom einmal gefällten Urteil nicht wieder loskommt. Von den weittragenden Überlegungen, die hier anzuknüpfen wären, deuten wir nur noch die allerwichtigsten an.

Die schweifende Geistesart ist die mehr männliche und aktive, die haftende die mehr aufnehmende und weibliche. Auf je 100 gebildete Männerhandschriften kommen etwa 80 weitgehend verbundene, aber nur 10 weitgehend unverbundene; auf dieselbe Zahl gebildeter Frauenhandschriften dagegen etwa 50 weitgehend verbundene neben

30 weitgehend unverbundenen *). — Ferner: die schweifende Geistesart hat ihre Stärke im unanschaulichen Denken, die haftende im vorbegrifflichen Anschauen („Intuition"). Künstler schreiben vergleichsweise öfter unverbunden als Wissenschaftler. — Ferner: jeder Affekt nimmt den Geist unverhältnismäßig in Anspruch für seinen Gegenstand, unterbricht dadurch dessen eigentätiges Schweifen und fesselt ihn an den Augenblick, woraus hervorgeht, daß unter sonst gleichen Umständen die größere Gefühlserregbarkeit mit größerer Unverbundenheit einhergeht. — Ferner: philosophische, mathematische und physikalische Forschung setzt in erster Linie Folgerungsgabe und Abstraktionsvermögen voraus; beschreibende Naturlehre, Archäologie und teilweise Geschichtswissenschaft überhaupt in erster Linie Tatsachensinn, Beobachtungsgabe und Sammelinteresse; daher begabte Vertreter jener Klassen öfter verbunden, dieser öfter unverbunden schreiben. — Ferner: zum Unterschiede vom Erwerbssinn ist der Geiz zu bestimmen als ein auf das Geld gerichteter Sammeltrieb. Darum spricht eine zerstückelnde Unverbundenheit garnicht so selten für Geiz!

Höchst merkwürdige Ausblicke endlich eröffnen sich an der Hand der Erwägung, welche von beiden Geistesarten, die schweifende oder die haftende, besser zum s a c h l i c h e n Denken tauge. Bringt man das sachliche Denken in Gegenstellung zum überwiegend gefühlsbedingten oder gar affektiven und in dieser Bedeutung „persönlichen" Denken, so erleidet es allerdings keinen Zweifel, daß der schweifende Geist in weitaus höherem Grade als der haftende Geist befähigt sein müßte, wie vom Augenblick überhaupt so auch von seiner je gegenwärtigen Stimmung a b z u s e h e n und sich in jedem beliebigen Ausmaß gleichsam zu e n t p e r s ö n l i c h e n. Wird dagegen sachlich gleichsinnig mit „objektiv" gefaßt und dem Parteiischen („Subjektiven") entgegengesetzt, so möchte die Frage schwer zu entscheiden sein. Gefühlsbedingtheit des Denkens schließt die objektive Verbindlichkeit des Gedachten so wenig aus, wie Unpersönlichkeit des Denkens sie gewährleistet! Wenn die Gefahr des geistigen Haftens darin liegt, die Tatbestände zu verwechseln mit der Stimmungsbeleuchtung, so droht dem geistigen Schweifen die Gefahr der Verwechslung von Sachverhalten mit logischer Paßlichkeit. Jenes neigt, wenn es fehlgeht, zu parteiischer Auswahl, dieses zu gewaltsamer Unterordnung; jenes

*) Aus einer auf Veranlassung und unter Anleitung des Verfassers unternommenen, aber noch nicht veröffentlichten Untersuchung über Männer- und Frauenhandschriften von Prof. Dr. J. N i n c k.

erdichtet das ihm garnicht bekannte Ganze aus einer persönlichen Beziehung zu dessen Teil, dieses den ihm garnicht bekannten Teil aus seinem Begriff vom Ganzen. Die Unsachlichkeit des haftenden Kopfes trägt den Charakter launischer Willkür, des schweifenden Kopfes gesinnungsfester „Prinzipienreiterei“. Diese ist blind für Tatsachen, jene unempfänglich für Gründe. — Da jede Art von Unsachlichkeit das Anpassungsvermögen herabsetzt, hat man sowohl bei den sehr unverbunden schreibenden Personen wie aber auch bei den äußerst verbunden schreibenden mit verminderter Anpassungsgabe zu rechnen, während der „equilibrierte Duktus“ in der Beziehung den günstigsten Fall darbietet. Immerhin wird jedoch unter sonst gleichen Umständen die tatsächliche Anpassung noch schlechter gelingen dem Eigner einer gänzlich zerstückten Schrift als einer gänzlich verbundenen, weil es jenem infolge der stärkeren Gefühlsbetonung seines Urteilens überdies gemeinhin noch mangelt an der Bereitschaft, sich anzupassen. — Wie kaum betont werden muß, haben wir hier nur den habituellen Duktus im Auge. Außergewöhnliche Seelenzustände können nicht nur Formniveau, Ebenmaß, Regelmäßigkeit, Zeilenführung, Reibungsdruck, Neigungswinkel, sondern auch den Verbundenheitsgrad verändern, wie beispielsweise Wörterzerstückung nicht selten aus starker Erschöpfung eintritt *). Übersichtstafel XI.

Von einer im systematischen Denken geschulten Logik zeugen etwa Fig. 68, 79, 113 ; von einer Folgerichtigkeit, die immerhin schon durch

*) Der uns vertraute Unterschied offenbarer (manifester) von verborgenen (latenten) Erscheinungszügen findet gelegentlich Anwendung auch auf den Verbundenheitsgrad. Nach ihrer offenbaren Erscheinung fällt beispielsweise Fig. 96 auf die Seite des weitgehend unverbundenen Duktus. Genauere Betrachtung macht jedoch knappmittleren Verbundenheitsgrad wahrscheinlich. Für verhältnismäßig fließende Pendelbewegungen nämlich spricht nicht nur die fast tänzerische Eleganz der Großbuchstaben, sondern mehr noch der Umstand, daß an der Basis mehrerer äußerlich isolierter Kurzlängen deutlich der Ansatz zum überwiegend nur in der Luft ausgeführten Aufstrich hervortritt. Man vergleiche den zweiten n-Grundstrich in „Darstellung“, das erste e in „Begier“ und „geweckt“, das w im selben Worte, die drei vorletzten Grundstriche in „Medium“, das r in „Ulgren“. — Ein treffliches Gegenbeispiel bietet Fig. 75, deren Kurzbuchstaben weit überwiegend aus einzelnen Auf- und Abbewegungen bestehen, die nicht ohne Anstrengung aneinander gebunden sind. Man beachte in dem Zusammenhang auch die völlig unmotivierten Unterbrechungen zwischen z, h, g, G und dem jeweils folgenden Buchstaben in sämtlichen Zeilen sowie zwischen M und ä in „Mäderln“ der dritten Zeile.

Wer für solche Feinheiten das Auge schärft, hat sicher Gewinn davon ; nur möge er dabei eingedenk bleiben des Sprichwortes : Allzu scharf macht schartig ! Sonst läuft er Gefahr, in die Schriftbilder viel Unsichtbares hineinzusehen, das zwar in seiner Phantasie, sonst aber nirgends existiert.

Gedankenarmut erleichtert wird, spricht die etwas schablonenhaftere Fig. 59 ; von „realpolitischem“ Kombinationsvermögen die zugleich fadenhafte und brutale Handschrift Napoleons, Fig. 4 ; von niedriger Berechnung die tiefstehende Fig. 18. Wesentlich praktische Deutung des jeweiligen Verbundenheitsgrades fordern u. a. noch folgende Proben : Fig. 26, 30, 43, 45, 63, 65, 121, 126. — Eine recht glückliche Mischung von Folgerungskraft und Gedankenfülle geht aus der Mittelverbundenheit von Fig. 78 und 124 hervor und bereits ein Vorwalten der „Intuition“ aus Fig. 3. Von Sprunghaftigkeit der Ideenverbindung zeugt die manifeste Zerteiltheit der Fig. 96, während die verborgen fortgleitende Auf- und Abbewegung auf ein fast spielerisches Schalten mit dem Gedankenstoff schließen läßt. Mangel an Lebensschwung der geistigen Tätigkeit liegt den zersetzenden Lücken von Fig. 84 zugrunde. Die äußerste Zerstückelung der untermittleren Fig. 46 läßt im Verein mit Kleinheit, Unebenmäßigkeit und mangelndem Schreibfluß auf erhebliche innere Hemmungen schließen sowie auf beträchtliches Anpassungsunvermögen, wovon angesichts der bedeutenden Schiefheit der Ursprung zu suchen sein dürfte in Störungen des Trieblebens. Nach Überwindung der kritischen Übergangsjahre hat sich ihr Urheber übrigens zu einem, wenn auch nicht eben eigenartigen, so doch tüchtigen und entschlußfähigen Charakter entwickelt, von dessen abwägender Sachlichkeit die zwölf Jahre später entstandene Fig. 47 Zeugnis gibt.

Tabelle XI.

Verbundenheitsgrad

Verbunden		Unverbunden	
+	—	+	—
Kombinationsgabe	Gedankenarmut	Gedankenreichtum	Mangel an Logik
Logik	Mangel an geistiger Initiative	Initiative	Unfolgerichtigkeit
Folgerichtigkeit	Unselbständigkeit des Urteils	Selbständigkeit des Urteils	Sprunghaftigkeit
„Diskursivität“ „Raisonnement“		„Intuition“ „Entdecker“ „Pfadfinder“	Launische Willkür
Überlegung	Unfindigkeit	Findigkeit	Unüberlegtheit
Berechnung	Mangel an Schlagfertigkeit	Schlagfertigkeit	„Kurzer Verstand“
Vordenklichkeit	Mangel an Einfällen	Witz	„Projektenmacher“ „Utopist“

+	—	+	—
Schweifende Geistesart	**Gedankenflüchtigkeit**	**Haftende Geistesart**	**Verbohrtheit**
Systematisches Denken	Unachtsamkeit	Achtsamkeit	Mangel an Abstraktionsgabe
Abstraktionsvermögen	Mangel an Beobachtungsgabe	Beobachtungsgabe	Anpassungsunfähigkeit
„Spekulation“	Tatsachenblindheit	Tatsachensinn	
(Männlicher Verstand)	(„Prinzipienreiterei“)	Auffassungskraft	Geiz
		Eindrucksgedächtnis	
		Anschauungsvermögen	
		Sammeltrieb	
		(Weiblicher Verstand)	

VIII. KAPITEL

REICHHALTIGKEIT UND RICHTUNGSCHARAKTER

Völle und Magerkeit. — Zu wiederholten Malen haben wir darauf hingewisen, daß im Verhältnis zum Bogen der Winkel den Eindruck nur eines Lineamentes, im Verhältnis zu diesem der Bogen den Eindruck zudem auch noch einer Fläche mache. In Rücksicht darauf können wir auseinanderhalten einen flächigen und einen linearen Typus und hätten damit das Hauptanzeichen des Gegensatzes von Völle und Magerkeit kenntlich gemacht. Die Völle verstärkt sich unmittelbar durch Schleifenerweiterung, mittelbar durch Breite der Striche, die Magerkeit unmittelbar durch Schleifenfortfall, mittelbar durch Dünnheit der Striche. Inbezug

Fig. IX.

auf die Flächenwirkung offener Bögen und geschlossener Flächen vergleiche man Textfigur IX. — Um die Völle des Schriftbildes zutreffend einzuschätzen, muß man dessen Bögen nicht aus dem Gesichtspunkt einer Bindungsgattung, sondern daraufhin prüfen, ob und inwieweit sie ausladend, flächig, bauchig gerieten. Fig. 7 mit ihren weichen Umrissen, ausholenden Bögen und erweiterten Schleifen wirkt flächig und voll, Fig. 43 mit ihren harten Konturen, verminderten Schleifen und zusammengezwängten Winkeln mager und linear. Tafel XXI zeigt uns neben der dürren Fig. 80 die quellende Fig. 81 und die gradezu üppige Fig. 82.

Hat man sich an besonders augenfälligen Beispielen hinreichend eingeübt, so wird man hinfürder, ohne erst Bögen und Schleifen herauszusondern, die handschriftliche Völle und Magerkeit unmittelbar zu s e h e n vermögen und grade infolgedessen gesichert sein vor falscher Bewertung scheinbar widersprechender Einzelzüge. So wird die Saftarmut der Fig. 80 noch erheblich überboten von der Blutleere der Fig. 15, deren überspannte d-Köpfe und Unterschleifen durchaus nicht geeignet sind, die ebenmaßlose Dünnheit und Spitzigkeit des Schriftgerüstes zu überkleiden. Dasselbe gilt ungeachtet der ausschweifenden g-Schlingen und der teigigen Strichführung von der gequetschten Winkelschrift Fig. 18. Umgekehrt wird uns die Zartheit der Linien zusamt ihrer häufigen Winkelknüpfung und dem Fortfall der Oberschleifen nicht daran hindern, die, wenn auch gehaltene, Völle der Fig. 2 zu erkennen, für die der Charakter ausladender Flächigkeit zu begründen ist aus den schalenförmig geöffneten u-Bögen, den gleichartig ausgestalteten Unterschleifen und der lockernden Weite. Wir geben zur Übung für den Leser eine abgestufte Reihe von Beispielen, beginnend mit schwellender Völle und endend mit skeletthafter Magerkeit. V ö l l e : 82, 1, 88, 35, 37, 48, 133, 94, 62, 42, 114 — 65, 41, 43, 19, 26, 30, 61, 60, 126 : M a g e r k e i t .

Die Lehre vom Raumgefühl macht es ohne weiteres verständlich, warum es entweder die Stärke der V o r s t e l l u n g s g a b e ist oder die Fülle der P h a n t a s i e, was sich unwillkürlich gefallen muß in der Flächigkeit und Völle des Bildes. Zu jener die Kehrseite wäre die S c h w ä c h e d e s t h e o r e t i s c h e n V e r s t a n d e s, zu dieser die U n k l a r h e i t d e s D e n k e n s. Umgekehrt befriedigt sich die „reine Vernunft“ in der begriffsverwandten Linearität des Bildes, die daher positiv für theoretisches Denken und g e i s t i g e K l a r h e i t spräche, negativ für M a n g e l a n V o r s t e l l u n g s g a b e oder für P h a n t a s i e l o s i g k e i t.

Inbetreff des wichtigen Unterschiedes von Vorstellungsgabe und Phantasie sei hier noch folgendes eingeschaltet. Unter dem Vorstellungsvermögen, an dem sich wieder verschiedene Seiten aufweisen lassen wie Reichtum, Lebhaftigkeit, Deutlichkeit usw., versteht man die Fähigkeit zur geistigen Vergegenwärtigung eines a n s c h a u l i c h e n Denkinhalts (vorstellen = etwas vor sich hinstellen). Es bildet die Grundlage der besonderen Denktätigkeit, die man eine Tätigkeit des Vorstellens nennt, schließt also außer starkem Eindrucksgedächtnis überdies noch in sich die f r e i e V e r f ü g b a r k e i t des Erinnerungsschatzes. Wer etwa ein Bauwerk, das er gesehen, deutlich genug vergegenwärtigen kann, um es aus dem

Kopfe hinzuzeichnen, hat eine starke Vorstellungsgabe, mindestens für Sehgegenstände. — Es mag nun einer äußerst phantasievoll sein, ohne es je zu dieser oder einer ähnlichen Leistung zu bringen. Das Phantasieren nämlich (von Phasma, Phantasma = Erscheinung) ist nicht ein Tun, sondern ein Erleidnis des Geistes, der, dem Wahrnehmungsraum entrückt, in die Strömung eigenlebendig aufquellender Bilder gerät. Im Hinblick auf den gleichartigen Schlaftraum wäre „Phantasie" zu verdeutschen mit : Wachtraumbegabung. — Die Beziehung zur Völle ergibt sich für beide mitsammen aus dem (schon für die Teigigkeit beanspruchten) Mehrgewicht der Völle an Erscheinungsgehalt. Im übrigen werden wir eher auf Vorstellungsgabe schließen, wenn das Schriftbild zahlreiche Merkmale für geistige Aktivität darbietet, eher auf Phantasie, wenn für geistige Passivität. Beispiele folgen weiter unten.

Bereicherung und Vereinfachung. — Die Reichhaltigkeit der Schrift wächst außer mit der Völle durch Hinzufügungen, und sie nimmt ab außer mit der Magerkeit durch Fortlassungen. Das dem Anfangsbuchstaben von „Duploy" aus Fig. 10 nachgebildete D der Textfigur IX zeigt neben ausgebauchter Innenfläche auch noch zwei entbehrliche Zutaten : einen hakenförmigen Anstrich und einen schlingenförmigen Endstrich. Demgegenüber ist in den P's der Fig. 12 der Ansatzteil des Kopfbogens sowie ebendort im W die Anfangskurve fortgeblieben. Fig. 10 ist abgesehen von ihrer Völle bereichert, Fig. 12 vereinfacht. Eine Schrift kann voll und bereichert sein, aber auch voll und vereinfacht ; mager und vereinfacht, aber auch mager und bereichert. Voll und bereichert : Fig. 10, 82, 88, 133; voll und vereinfacht: Fig. 1, 7 (!), 35, 37, 81; mager und bereichert : Fig. 26 (!), 95 ; mager und vereinfacht : Fig. 41, 80 (!), 106, 126. Indessen wird bald die Frage, ob mager oder voll, im Vordergrunde stehen, bald die, ob vereinfacht oder bereichert. An Fig. 1 beschäftigt uns zumal die Völle, an Fig. 77 die Art der Zutaten ; Fig. 12 und 89 sind schlechtweg vereinfacht, Fig. 30 und 126 schlechtweg mager. — Unter Bereicherung, wie noch angefügt sei, verstehen wir eine Zutat, die nicht etwa zweckwidrig den Buchstaben entstellen würde, unter Vereinfachung eine Fortlassung, die nicht etwa seine Leserlichkeit gefährden würde. — Als Zuwachs an Reichhaltigkeit muß es endlich noch gelten, wenn die Großbuchstaben eigenartig gestaltete oder gar wechselnde Formen zeigen (vgl. z. B. die verschiedenen D's in der Schlußzeile von Fig. 114), daher eine sonst vereinfachte Handschrift daneben noch kann bereichert sein. Fig. 2 : durchgestaltet, voll, teilweise vereinfacht ; Fig. 3 : bei beträchtlicher Vereinfachung hervorragend gestaltet; Fig. 20: ganz ungestalt, mager, aber bereichert; Fig. 36, 40 und 42: vereinfacht und gestaltet; Fig. 48: etwas bereichert, nicht ungestalt, verhältnismäßig voll; Fig. 78: vereinfacht und sehr gestaltet (man beachte die geistvollen B-Formen); Fig. 88: bereichert und ziemlich voll; Fig. 89: vereinfacht, aber gestaltet; Fig. 113: vereinfacht neben einzelnen Zufügungen und äußerst gestaltet; Fig. 114: ziemlich voll, bereichert und durchgestaltet; Fig. 123: bereichert und gestaltet; Fig. 130: durchgestaltet und sehr vereinfacht.

Fassen wir an den Zutaten nichts als den Sachverhalt der Vermehrung der Linien, an den Gestaltungen nichts als den der Vermehrung der Formen ins Auge, betrachten wir also die erzeugten Figuren, immer vorausgesetzt, daß sie nicht zweckwidrig seien, nur um des Beitrages willen, den sie zur Bereicherung des Schriftbildes liefern, so müssen wir sie herleiten aus einem Gestaltungstriebe, der im Leben des Schreibers überhaupt und ganz besonders, wie sich versteht, auf dem Felde seiner vorherrschenden Interessen zur Geltung kommt. Ist er ein vorzugsweise praktischer oder technischer Charakter, so wird sich sein Gestaltungstrieb bald vornehmlich auf die äußere Lebenshaltung (Kleidung, Betragen, Wohnungsausstattung), bald auf die Durchdringung seines Berufes mit den ihm eigentümlichen Anordnungs- und Verteilungsbedürfnissen richten; ist er dagegen ein vorzugsweise geistiger Charakter, so wird er sich fühlbar machen in einem architektonischen Zuge seines Denkens. Die Kehrseite werden wir in jener Art der Unform erblicken, die allemal dann entsteht, wenn ein Gestaltungsdrang des inneren Regulativs ermangelt. Wir dürfen sie genauer als Übertriebenheit bezeichnen und können an dieser abermals unterscheiden das Ausarten der äußeren Lebenshaltung in Umständlichkeit und Weitschweifigkeit und das Ausarten der geistigen Haltung in Unsachlichkeit aus Überschätzung von Nebenzügen.

Ein Buchstabe kann Gestalt gewinnen durch Bereicherung wie aber auch durch Vereinfachung. Nachdem wir jedoch das Gestaltetsein aus dem Gesichtspunkt der Bereicherung abgehandelt haben, müssen wir bei den Vereinfachungen von jenem selbst dann absehen, wenn sie im Dienste des Gestaltungstriebes bewirkt worden sind. Ein andres ist der Gestaltungstrieb und wieder ein andres die Tatsache, daß er grade auf Vereinfachung abzielt. Die Macht, die bis ins Grenzenlose Gestalten hervortreibt, heißt Leben; die Macht, die bis ins Grenzenlose die Lebensgestalten vereinfacht, heißt Geist! Der Gestaltungstrieb steht auf der Lebensseite, der ihm im Menschen entgegengesetzte Vereinfachungstrieb auf der Geistesseite des Charakters. Sein Vorzug ist der Zweckmäßigkeitssinn, eine Gefahr der Mangel an Formgefühl. — Unterscheiden wir weiterhin den sozusagen eigenherrlichen Vereinfachungstrieb von einem solchen, durch den sich nur ein Trieb nach Gestaltung vermittelt, so hätten wir dort den mehr logisch gerichteten, hier den mehr aesthetisch gerichteten Charakter. Wir können endlich noch die geschmackvolle Einfachheit hälften in: Abschälung des Unwesentlichen oder Heraustreibung der Wesentlichen.

Verschnörkelung und Vernachlässigung. — Ob unsre Deutung jeweils positiv oder negativ ausfalle, das hängt natürlich (wie immer) in erster Linie vom Formniveau ab. Bei den Zutaten und Gestaltungen werden wir jedoch außerdem noch fragen, ob und wieweit sie gelungen sind. So erscheinen uns die gestalteten Bereicherungen der Fig. 52, 53 und 127 z. B. minder gelungen als die der Fig. 2, 82 und 133; und so werden wir diese günstiger als jene bewerten. Aber selbst, wenn sie so wenig gelungen sind wie in Fig. 77, so scheinen sie doch immer noch aus sich selbst und um selbst willen dazusein, sehr zum Unterschiede von den Großbuchstaben der Fig. 125, angesichts deren wohl niemand daran zweifelt, daß sie ihr Dasein weit weniger einem Gestaltungsdrange als dem Wunsche, Aufsehen zu erregen, verdanken. Waren alle bisher betrachteten Bereicherungen sachlich und echt, so haben wir es hier mit einer unechten Bereicherung zu tun, für die wir den Namen Verschnörkelung wählen (obschon das Negative wieder ein wenig gemildert wird durch die Tatsache des Herstammens der Schriftprobe aus dem vorigen Jahrhundert, wo, wie wir wissen, der Barockschnörkel noch im Abklingen war). Da solcherart die Negation bereits in die Kennzeichnung des handschriftlichen Merkmals aufgenommen wurde, so läßt dieses natürlich eine positive Auslegung nicht mehr zu und wird daher stets zum Ausdruck der Gefallsucht und Effekthascherei. Beispiele für schnörkelhafte Zutaten geben u. a. Fig. 39 (H und K), 58, 86, 116, 121.

Der verschnörkelten stellen wir füglich die vernachlässigte Schrift gegenüber, worunter eine solche zu verstehen, in der zweckwidrig Buchstabenteile fortgelassen sind, die der notwendigen Unterscheidung dienen. Dahin gehören z. B. die Oberzeichen, deren selbst nur gelegentlicher Fortfall oder weitgehend ungenaue Setzungsart allemal für Ungenauigkeit, Unpünktlichkeit, Mangel an Verläßlichkeit und an Zielbestimmtheit spricht. Man vergleiche Fig. 19 (Fortfall der ü-Striche in „für"), Fig. 29 (i-Punkt des „in"), Fig. 115 (ü-Striche), Fig. 85 (i-Punkt hoch, u-Haken eingebunden). — Besteht die Vernachlässigung zumal in einer

Verwischung der Formverschiedenheiten und kommt etwa noch fadenhafte Richtungsverknüpfung hinzu, so hat man die Vorbedingung dessen in der ganz andersartigen Eigenschaft des Vertuschungstriebes zu suchen. Man vergleiche die dafür schon angeführte Fig. 67. Übersichtstafel XII.

Beispiele. — Abgesehen von Vernachlässigung und Vertuschung, die als hinreichend schon veranschaulicht gelten mögen, bietet nachstehende Übersichtstafel noch 13 Teilgruppen, für deren jede wir einige Beispiele anführen wollen.

1. Plusseite der Völle. — Fig. 1 : sehr voll, weit weniger gestaltet, mehr rhythmisch perlend als getaktet, von knapp mittlerer Regelmäßigkeit, äußerst teigig : das Seelen leben herrscht über die Tätigkeit des Geistes ; also reiche Phantasie. Ähnlich Fig. 81 ; bei gelegentlich verhäkelten Zeilen und zersetzenden Binnenlücken jedoch einige Gefahr der Phantastik. — Fig. 82 : sehr voll, aber auch gestaltet, weit stärker gegliedert als Fig. 1, ebenfalls nicht ohne Zeilenverstrickung : seelisch gespeiste Vorstellungs gabe mit hie und da einiger Gefahr des Ausartens in Bizarrerie.

2. Minusseite der Völle. — Teilweise Fig. 57 : nicht ohne beschwerliche Völle bei tiefstem Niveau : Verworrenheit und Verstandesschwäche. Ferner einigermaßen Fig. 90 : einige Völle, Teigigkeit, niedrige Formstufe : geistige Unklarheit (aber ohne Wirkung auf die praktische Lebensführung).

3. Plusseite der Bereicherung in praktischer Hinsicht. — Fig. 26 : die an und für sich nicht ungestalten Zutaten weisen angesichts der schon berührten kaltherzigen Berechnung auf Vorliebe für repräsentative Lebensformen hin ; das untermittlere Niveau nötigt überdies jedoch zur Annahme parteiischer Unsachlichkeit. — Fig. 48 : nicht ohne gestaltete Zutaten ; bei gutem Niveau und erheblicher Kleinheit zu deuten auf: Sinn für würdige Haltung. — Fig. 88 : ausfahrende, aber nicht gestaltete Zutaten in fließender, voller, lebensgewandter diplomatischer Schrift : phantasievolle Prunkliebe.

4. Plusseite der Bereicherung in geistiger Hinsicht. — Fig. 2: durchgestaltete Völle, betonte Gliederung bei störungslosem Rhythmus, regelmäßig, höchstes Formniveau : Bildnertrieb, Schönheitssinn, Darstellungsvermögen. — Fig. 114 : durchgestaltete Zutaten, bewußte Formung, ziemlich ebenmäßig, gutes Niveau (starke Anfangsbetonungen) : Vervollkommnungstrieb, Darstellungswünsche, die eigene Lebenshaltung

Tabelle XII.

Völle		Magerkeit	
+	—	+	—
Phantasie	Verstandesschwäche	Verstandesstärke	Phantasielosigkeit
Vorstellungsgabe	„Phantastik"	Theoretische Denkbegabung	Mangel an Vorstellungsgabe
Anschauungsvermögen	Geistige Unklarheit	Geistige Klarheit	Mangel an Anschauungsvermögen
(Einbildungskraft)	Kritiklosigkeit	Scharfsinn	Nüchternheit
	Verworrenheit	Kritik	Dürre
			Saftlosigkeit

Bereicherung Gestaltungstrieb		Vereinfachung Vereinfachungstrieb	
+	—	+	—
Formensinn	Übertriebenheit	Zweckmäßigkeitssinn	Mangel an Formgefühl
In praktischer Hinsicht:			
Sinn für „Repräsentation" Wertlegen auf das Äußere Prunkliebe Begabung zu „arrangieren"	Umständlichkeit Weitschweifigkeit Ungeschmack	Ordnungssinn Einfachheit Geschmack	Vernachlässigung des Äußern „Utilitarismus" „Puritanismus"
In geistiger Hinsicht:			
Darstellungsvermögen Bildnertrieb „Bautrieb" „Lebenskünstlertum" Schönheitssinn	Unsachlichkeit Überschätzung des Nebensächlichen Pedanterie (Silbenstecherei) Verstiegenheit Übersichhinauswollen (Größenideen)	Sachlichkeit Erfassen des Wesentlichen Urteilsbestimmtheit Präzision (Selbstdisziplin)	Mangel an Schönheitssinn Innere Kahlheit Schablonenhaftigkeit

Verschnörkelung	Vernachlässigung	
—	—	—
Gefallsucht	Ungenauigkeit	Vertuschungstrieb
Effekthascherei	Ungründlichkeit	Vieldeutigkeit
Originalitätssucht	Flüchtigkeit	Verstecktheit
Selbstgefälligkeit	Mangel an Ordnungssinn	Verschlagenheit
Wichtigtuerei	„Schlampigkeit“	
Renommisterei	Liederlichkeit	
Eitelkeit	Unpünktlichkeit	
Anspruchsvolles Wesen	Unverläßlichkeit	
	Indolenz	

betreffend. — Fig. 131 : durchgestaltete Völle, Engführung, Rhythmus, äußerst regelmäßig, sehr hohes Niveau : eine ganz im Anschaulichen webende Geistigkeit.

5. Minusseite der Bereicherung in praktischer Hinsicht. — Fig. 53 : etwas unbeholfene Bereicherung bei schwerfälliger Federführung : Umständlichkeit und Weitschweifigkeit. Ähnlich Fig. 52. — Fig. 95 : störende Zutaten in gänzlich „materieller“ Schrift : Geschmacklosigkeit.

6. Minusseite der Bereicherung in geistiger Hinsicht. — Fig. 69 : Aufbauschungen bei fadenhafter Arkadenbindung : nicht ohne geistige Verstiegenheit bei übrigens klug lavierender Haltung nach außen. — Fig. 75 : geschmacklose Zutaten oberhalb der Zeile bei tiefem Niveau : unklares Übersichhinauswollen (Entwicklung krankhafter Größenideen nicht ausgeschlossen).

7. Verschnörkelung. — Fig. 18 : Lügenhaftigkeit. Fig. 39 : Wichtigtuerei und Rechthaberei. Fig. 58 : Unaufrichtigkeit und gedankenarme Eitelkeit. Fig. 116 : Hysterie. Fig. 120 : scheinbar aus erfindungsarmen Gestaltungswünschen hervorgegangene Aufbauschungen, in Wirklichkeit „subjektive“ Formübertreibungen, wie im nächsten Kapitel genauer begründet wird : große Selbstgefälligkeit. Fig. 121 : einer, der „sich aufspielt“ ; aber harmlos. Fig. 125 : Effekthascherei und barocke Übertreibung. Einigermaßen Fig. 127 : Originalitätsbedürfnis.

8. Plusseite der Magerkeit. — Fig. 80 : geistige Klarheit, Scharfsinn, Kritik.

9. Minusseite der Magerkeit. — Fig. 15 : Dürre und Saftlosigkeit. Fig. 60 : große Nüchternheit. Fig. 126 : nackter Wille.

10. Plusseite der Vereinfachung in praktischer Hinsicht. — Fig. 30 : Zweckmäßigkeitssinn und Ordnungsgeist.

11. Plusseite der Vereinfachung in geistiger Hinsicht. — Fig. 3 : Vereinfachung im Dienste des Gestaltungstriebes und zwar vorzüglich durch Heraustreibung des Wesentlichen, verbunden mit großer Schärfe : geistiger Bildnertrieb, vor allem auf k r i t i s c h e Durchdringung zielend. Ähnlich, nur weitaus weniger durchführend, Fig. 78. — Fig. 7 : auch hier müssen die Vereinfachungen aus dem Formungsdrange verstanden werden, gehen aber mehr auf Abschälung des Unwesentlichen : höchst gebildeter Geschmack und kritisches Anschauungsvermögen. — Fig. 41 : stark vereinfachender Formungswille (bei außerdem vorhandener Magerkeit) : Einfachheit und Urteilsbestimmtheit. — Fig. 89 : ebenso, aber bei stärkerem Übergewicht der geistigen über die praktischen Neigungen. — Fig. 79 : Mischung aus Fall Fig. 3 und Fall Fig. 89 : Erfassen des Wesentlichen, gedanklicher Bautrieb. — Fig. 113 : Mischung aus Fall Fig. 7 und Fall Fig. 89 : mehr kritisch aufnehmende als bildnerische Geistigkeit, aber fast gleichstark logisch wie ästhetisch beteiligt. — Fig. 130 : Mischung aus Fall Fig. 41 und Fall Fig. 89 : auf W i l l e n s bildung abzielender Vereinfachungstrieb.

12. Minusseite der Vereinfachung in praktischer Hinsicht. — Fig. 126 : Utilitarismus.

13. Minusseite der Vereinfachung in geistiger Hinsicht. — Fig. 71 : geistige Blutarmut.

Besonderheiten der Formgestaltung. — Unter den aus sehr verschiedenen Gesichtspunkten zu betrachtenden Gestaltungsbesonderheiten haben wir als Bildungskennzeichen schon erwähnt die Ersetzung schreibschriftlicher durch druckschriftliche Großbuchstaben (vgl. Fig. 8, 78, 105, 106, 113). Hat man dabei in erster Linie an literarische Neigungen zu denken, so k a n n es hinwieder für musikalische Neigungen sprechen, wenn sich Einzelformen finden, die an G-Schlüssel, Notenköpfe und Notenbalken erinnern, oder für rechnerische Neigungen, wenn ziffernartige Gestaltungen auftreten ; doch ist in der Beziehung größte Vorsicht geboten.

Durch zweckmäßige Vereinfachung können zufällig Zahlzeichen entstehen, denen dann natürlich jede Sonderbedeutung abgeht. Solcherweise ist aus dem B in „Busse" der Fig. 129 eine prächtige 3 geworden ; aber der Schrifturheber verstand sich weder theoretisch noch praktisch aufs Rechnen. Das L in „Lavater", Fig. 53, zeigt einen G-Schüssel, ungeachtet von musikalischer Begabung des berühmten Physiognomisten nichts bekannt ist. Ebenso wenig muß d e r musikalisch sein, dessen Handschrift notenähnliche

Bildungen aufweist, weil es zu seinen Obliegenheiten gehört, Noten abzuschreiben. Über die beliebten Kindereien, in der Handschrift etwa jemandes, der freiwillig aus dem Leben geschieden, nachträglich Revolverformen zu entdecken, brauchen wir keine Worte zu verlieren.

Der nicht selten vorkommende Fall, daß eine deutsche Schrift mit lateinischen oder eine lateinische mit deutschen Buchstaben durchsetzt ist, spricht gewöhnlich für vielseitige Interessen bei autodidaktischem Bildungsgang (vgl. Fig. 79, auch Fig. 69). Läge zugleich labiler Duktus vor, so würde dadurch sich verstärken die Deutung auf allgemeine Wesensunbestimmtheit. — Besondere Aufmerksamkeit verlangt die nun freilich nur noch expressiv zu verstehende Behandlung von Anfangsanstrichen und Endstrichen.

Schwungvolle Verlängerung des Anstrichs, wie sie typisch in Fig. 1, einigermaßen in Fig. 79 und Fig. 127 auftritt, wird mit hoher Wahrscheinlichkeit auf streitfertige Behauptung und Verteidigung der eigenen Anschauungen gedeutet. — „Flotte" Bewegungsanfänge beginnen meist mit (bisweilen allerdings winzigen) Rückschwüngen, entfernt vergleichbar der rückläufigen Armbewegung, die zwecks Kraftsteigerung der Speerwerfer vor der Schleuderbewegung ausführt. Wir sehen ihre Spuren z. B. im w des „wir" der Fig. 23, in zahlreichen Wortanfangsstrichen zumal am Zeilenbeginn der Fig. 31, gelegentlich in Fig. 47, 49, 78, 88 („Nun", „habe"), 141. Spricht daraus fraglos eine gewisse Antriebsintensität schlechthin, so darf diese doch nicht ohne weiteres gleichgesetzt werden der Beharrlichkeit in der Ausführung. — Das Vorkommnis einer sozusagen ausführlichen Behandlung des Anfangszuges gewisser Großbuchstaben in sonst vielleicht mehr nüchternen Schriften scheint langer Erfahrung zufolge hervorzugehen aus mehr als gewöhnlicher Arbeitslust und Arbeitsbefähigung, kürzer aus der Eigenschaft des Fleißes. Dahin gehören z. B. die T-Anfänge der Handschrift Jordans, Fig. 2, die B-Anfänge der Fig. 47 sowie die J-Anfänge der Fig. 78. Wenn nun Fig. 2 und Fig. 78 daneben auch noch Phantasie verraten, so weisen doch die fraglichen Anfangszüge auf erhebliche Arbeitskraft hin. — Die Gewohnheit, dergleichen Anfangszüge zumal beim lateinischen M mit einem mehr oder minder kräftigen Punkt auszustatten, erlaubt bei gleichsinnigen Nebenmerkmalen den Schluß auf einigen Hang zu breitem Behagen, zu bedächtiger Wohlhäbigkeit, zu langsamer Gründlichkeit in Dingen des äußern Lebens und gelegentlich selbst auf Freude an materiellem Besitz ; deshalb von der alten Graphologie „Besitzpunkt" genannt (angedeutet im M und N der Fig. 45, sehr ausgeprägt in „Mittwoch" von Fig. 114).

Die vorwissenschaftliche Graphologie kannte noch zahlreiche „Zeichen". Den „Säbelstrich" übergehen wir. — Günstiger steht es mit dem „Zähigkeitshaken". Doch hier müssen wir einen Irrtum der vorigen Ausgabe richtigstellen. Wir haben dort Beispiele gebracht für das sog. Rückstoßhäkchen (entstanden durch plötzliche Bremsung einer geradlinigen Bewegung). Diese sind sämtlich untauglich ; wie hier nur an Fig. 56 gezeigt werde. Da der Aufstrich des b mit einem nach ul gerichteten Federzuge beginnt, der mit einem „Rückstoß" natürlich nichts zu tun hat, kommt für die oberen Häkchen leitbildliche Entstehung in Frage und nicht der weit überschätzte „Rückstoß". — Damit kehren wir zu unsrer ursprünglichen Auffassung in den „Problemen der Graphologie" (1910) zurück. Das graphische Gebilde erinnert, so heißt es dort (S. 231 f.) „wonach man es genannt hat, an einen Haken ; und dessen Funktionen sind uns bekannt ... aus tausendfältiger Erfahrung". Der „Zähigkeitshaken" mag für Zähigkeit oder auch Eigensinn sprechen, „weil er das Schema eines Dinges ist, das zum Festhalten dient und darum gleichsam konsoniert mit dem Beharrungsvermögen .. des Menschen". — Wieder anders liegt es mit den Endrückläufigkeiten in der auf Seite 146 besprochenen Figur 90, die allesamt durch gesteigerte Linksläufigkeit entstehen. — Eine abermals andre Häkchenbildung finden wir in der auf Seite 147 angeführten Figur 97, wo das Schlußhäkchen in der Überstreichung des Wortes „Tabor" dadurch entsteht, daß ein Teil der Bewegung sichtbar wird, die auf die U n t e r - streichung eben dieses Wortes abzielt. — Weitere Einzelheiten bringen wir auf Seite 162—164.

Richtungscharaktere. — Obwohl zu den Gestaltungsbesonderheiten auch die Anfangsbetonungen und Überstreichungen gehören, so ziehen wir es doch vor, diese um ihrer hervorragenden Wichtigkeit willen im nächsten Kapitel für sich zu behandeln. Dagegen schließen wir sogleich jene Eigentümlichkeit des Richtungscharakters an, derzufolge sich mehr r e c h t s - l ä u f i g e von mehr l i n k s l ä u f i g e n Handschriften unterscheiden lassen. — Im großen und groben betrachtet, ist allerdings bei unsrer rechtshändigen Schreibausübung die erzeugende Bewegung jeder Handschrift eine vorwaltend rechtsläufige, weshalb insbesondere eine in der Beziehung vorlagemäßige Schrift entschieden rechtsläufig genannt werden muß. Genauere Untersuchung zeigt indes, daß diese Rechtsläufigkeit einesteils noch gesteigert, andernteils in ganz beträchtlichem Maße abgeschwächt werden kann. S t e i g e r u n g der Rechtsläufigkeit haben wir in folgenden Zügen zu erblicken :

1. Verlängerung rechtsläufiger Schlußzüge nach or.
2. Abbiegung solcher Schlußzüge nach r (mit oder ohne Verlängerung). Textfigur X B, zweite Hälfte.
3. Ersetzung linksläufiger Schleifen durch rechtsläufige Verbindungen. Textfigur X B, erste Hälfte.

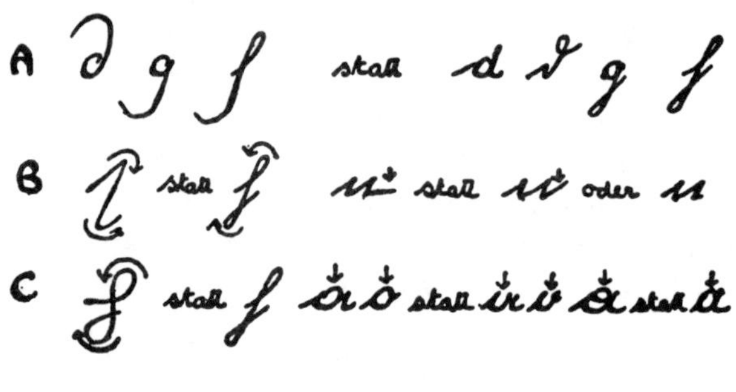

Fig. X.

Die letzte dieser drei Abweichungen haben wir teils aus dem Gesichtspunkt der Kürzung des Schreibweges, teils der Vereinfachung betrachtet und demgemäß auf Geistesgewandtheit und Bildung gedeutet. Jetzt sehen wir, daß sie zudem noch aus dem Gesichtspunkt der Rechtsläufigkeit aufgefaßt werden kann und in der Tat so aufgefaßt werden muß, wenn die sonstigen Befunde dazu herausfordern. Wir weisen bei der Gelegenheit darauf hin, daß es grundsätzlich zulässig ist, jede Bewegungsbesonderheit in mehrfacher Weise auszulegen. Obwohl z. B. Fig. 42 linksläufiger Abweichungen nicht völlig ermangelt, so spricht doch für gesteigerte Rechtsläufigkeit die Abbiegung der Schlußrichtungen nach rechts. Da im übrigen die Schrift zwar mancherlei Vereinfachungen darbietet, aber keine besondere Eile verrät, so werden wir an der gelegentlichen Ersetzung der Schleife durch einfache Knüpfung (vgl. in der ersten Zeile „gerade", in der vierten „machen") außer dem Vereinfachungsbestreben auch noch die Rechtsläufigkeit der Bewegung beteiligt denken. — Die Abbiegung der Schlußzüge nach r, verbunden mit deren Verlängerung, zeigt uns vortrefflich die auch sonst vorwaltend rechtsläufige Fig. 99, ebenso Fig. 26, einigermaßen Fig. 35 ; Verlängerungen nach or bemerken wir in Fig. 15, 20, 33, teilweise 88 und 114.

Aus M i n d e r u n g der Rechtsläufigkeit oder, was dasselbe, aus Steigerung der Linksläufigkeit haben wir folgende Eigentümlichkeiten zu verstehen:

1. Fortfall rechtsläufiger Schlußzüge.
2. Linksläufige Verstärkungen. Textfigur X C.
3. Linksläufige Hinzufügungen. Textfigur XI.
4. Linksläufige Abbiegungen. Textfigur X A.

Fig. XI.

Die Eigentümlichkeit Nr. 1 — abermals außerdem ein Fall von Vereinfachung und Kürzung — tritt hie und da in Fig. 42 (zweite Zeile „bei", vierte „zu"), kräftiger schon in Fig. 40 und 41, höchst entschieden in Fig. 44, 79, 80, 113 hervor. — Unter den linksläufigen Verstärkungen begegnen uns zweierlei Formbesonderheiten wieder, die wir oben in ganz andern Zusammenhängen angetroffen haben, wo sie einander fremd gegenüberstanden: nämlich die Zuschließung und die gebauchte Schleife. Wie ein Blick auf Textfigur X C verrät, fordert die Schleifenausbauchung allemal eine Verlängerung der linksläufigen Übergangsrichtung, die Zuschließung streng genommen sogar Vermehrung der erzeugenden Bewegung um ein nach links gerichtetes Zusatzstück. Sofern wir die erweiterte Schleife etwa aus Phantasie, die Zuschließung aus Unaufrichtigkeit herleiten, ist der Richtungscharakter beider Gestaltungen selbstverständlich außer Frage gestellt. Ob und wieweit wir überdies auch noch ihn zu erwägen haben, entscheidet sich jedesmal aus dem Gesamtbild der Handschrift. Während sich für die erweiterte Schleife die Notwendigkeit dazu verhältnismäßig selten ergeben wird, kann die überhaupt schon bedeutungsverwandte Schließung dem Übergewicht der Linksantriebe sogar vornehmlich ihre Entstehung verdanken. — Auch aus sog. Leerbewegungen, d. i. ü b e r der Schreibfläche ausgeführten, können Verstärkungen ermittelt werden, so beispielsweise in Fig. 88, deren drei Überstreichungen der dritten und zwölften Zeile unverhältnismäßig weit links beginnen, ebenso in Fig. 94, von deren t-Querstrichen dasselbe gilt. Jedesmal hat der Schrifturheber beträchtlich nach links ausgeholt, bevor er zur Überstreichung ansetzte, und dadurch die Tendenz zu Linksläufigkeit nicht weniger deutlich dargetan, als es durch rückläufige Striche geschähe.

Der stärkste und für die üblichste Deutung entscheidende Fall ist die linksläufige Hinzufügung, deren Struktur aus Textfigur XI ohne nähere Erläuterung erhellen dürfte. Man findet sie sehr ausgeprägt in Fig. 77, 86, 90, 95, 117, 123, 124 (vgl. „innere"). Eine Musterkarte so ziemlich aller bisher besprochenen Linksläufigkeiten bietet Fig. 90, deren am meisten charakteristische Verstärkungen und Zufügungen wir in Textfigur XII

Fig. XII.

nachgebildet und mit Pfeilen versehen haben. Sehen wir ab von den insgesamt vier u-Haken, so ist keine einzige Linksläufigkeit dieser Handschrift aus dem vorhin erwähnten Rückstoß erklärbar. Selbst der hakenförmige Schluß des t-Querstrichs in „etc" der ersten Zeile gibt lediglich den Ansatz einer auf das darunter befindliche Komma gerichteten Bewegung, und wir erkennen nun, daß die absonderliche Gestalt der d's, die im dritten Kapitel erwähnt wurde, nur Teilerscheinung unzweifelhaft übermäßiger Linksläufigkeit ist, der sich hinzugesellt die gleichfalls übermäßige Teigigkeit. Man vergleiche für die daraus sich ergebenden Verklecksungen das e in „Betten" und das l in „Nagel" der ersten Zeile, L und h in „Löcher" der zweiten, die untere f-Schlinge in „kaufte" der dritten, F in „Für" und das a der vierten, endlich das a in „Markt" der letzten.

Von den Linksläufigkeiten 1—3 wesentlich entstehungsverschieden ist die unter 4 genannte linksläufige Abbiegung, d. h. die Ersetzung der rechtsläufigen Schlußzüge von Unterschlingen durch eine schwungvoll nach ol ausklingende Endrichtung. Ebendahin muß auch die gleichsinnige Umgestaltung der d-Köpfe gerechnet werden (Textfigur X A).

Sinn der Linksläufigkeit und der Rechtsläufigkeit. — Da die Schreibbewegung an und für sich eine rechtsläufige Bewegung ist, werden wir an erster Stelle den Sinn der Linksläufigkeit ermitteln und erst von ihm aus den Ausdrucksgehalt der Rechtsläufigkeit zu bestimmen trachten. Dabei bieten sich nun zwei verschiedenartige Überlegungen dar, je nachdem wir ausgehen von den drei ersten Formen oder von der vierten. — Für das

Verständnis der linksläufigen Hinzufügung ist es von Bedeutung, sich klarzumachen, daß sie mit beliebiger Verlängerung des rechtsläufigen Schlußzuges einhergehen kann (Fig. 95), die, für sich allein genommen, auf Betonung der Zielvorstellung und somit auf Strebsamkeit hinwiese. Im Verhältnis dazu dürfte der rückläufige Zug einer Sondergattung von Zielen entsprechen. Wir haben hier einen jener Fälle, wo Darstellungsprinzip und Ausdrucksprinzip dasselbe leisten. — Symbolisieren wir das Ich durch einen Punkt und die verschieden gearteten Strebungen durch richtungsverschiedene Linien, deren jede vom Ichpunkt ausgeht, so bedeutet der Drang nach rechts und die aus ihm unter anderem hervorgehende Abwandlung der Endstriche offenbar den Zustand des Strebens schlechthin, der darauf folgende linksläufige Zug aber den eines solchen Strebens, das auf das Ich zurückführt, oder kürzer gesagt den Zustand des nehmenden Strebens. Das wäre die Herleitung aus dem persönlichen Leitbild. — Indessen, genau analog verläuft diejenige Bewegung des Nehmens, die das Bewegungsleben des Kindes beherrscht: wir meinen das Ausstrecken des Armes, das Ergreifen eines eßbaren Gegenstandes und das Führen des Gegenstandes zum Munde. Inbezug auf Arme und Hände ist somit die unwillkürliche Bewegungsfolge: mittelpunktsflüchtig (zentrifugal) ——→ mittelpunktsstrebig (zentripetal) expressiv für den Aneignungstrieb im weitesten Wortsinn.

Der Aneignungstrieb hat bald die mehr stoffliche Form von Eigennutz und Erwerbssinn, bald die mehr geistige von Herrschsucht und „Willen zur Macht" und ist übrigens in jeder seiner Formen eine Weise des Selbsterhaltungs- und Selbsterweiterungstriebes, den man aus sittlichen Gründen als „Egoismus" zu tadeln pflegt. Er mitumfaßt darum auch diejenigen Strebungen, mit denen der Egoismus auf Störungen seines Machtbereichs antwortet, die Strebungen des Neides, der Abgunst, der Bosheit.

Wir müssen an dieser Stelle auf die weitläufigen Auseinandersetzungen verzichten, zu denen die Frage Anlaß böte, ob die sittlich zweifellos abschätzige Beurteilung der Selbstischkeit auch lebenswissenschaftlich zu Recht bestehe, und begnügen uns mit der Bemerkung, daß man den Aneignungswillen bald vornehmlich aus einer Stärke der Triebfedern, bald aus einer Schwäche der „sympathetischen" Gefühle zu verstehen hat. Im ersten der beiden Fälle bildet er den Hauptquell der nach außen gerichteten Tatkraft und der für gewöhnlich mit ihr verknüpften Selbständigkeit und Entschiedenheit, im zweiten werden wir von Egoismus in eigentlicher Bedeutung sprechen.

Dem nehmenden steht gegenüber das gebende Streben, dessen Grundlage wir füglich mit Schenktrieb bezeichnen. Sofern also die Rechtsläufigkeit zur soeben betrachteten Linksläufigkeit gegensätzlich ist, geht sie hervor aus Uneigennützigkeit, Güte und Wohlwollen, deren Kehrseite, wie schon früher ausgeführt wurde, in einem Mangel an Selbständigkeit, in Beeinflußbarkeit und Willensschwäche gesucht werden muß.

Die linksläufige Abbiegung. — Diese sehen wir unübertrefflich schön in Fig. 2 an den untern Schleifen der h und g sowie am Endbogen des J in „Jordan". Denkt man sich den Endstrich jeweils verlängert, so käme in drei Fällen eine stark erweiterte Schleife heraus, während in den übrigen die Linie teils parallel dem Grundstrich nach or verliefe, teils — nach ol ausklingend — nur die jedesmal angelegte Schalenform vervollständigen würde. Haben wir es derart durchaus nicht mit der Spur einer nehmenden Bewegung zu tun, sondern mit der einer rückläufigen Welle, so sehen wir uns vor die Frage gestellt, ob noch ein andrer Seelenzustand als die bisher beschriebenen rückläufige Bewegungen hervorzubringen oder zu verstärken vermöge. — Selbstsüchtig nennen wir den, dessen Verhalten unter den verschiedensten Bedingungen vorzüglich vom Aneignungswillen bestimmt wird, nicht aber den, der (aus welchen tieferen Gründen immer) unwillkürlich dazu neigt, sich viel mit dem eigenen Selbst zu beschäftigen. Ein solcher mag zwar überdies noch selbstsüchtig, kann aber ebenso gut von zartestem Mitgefühl sein. Wie nun den so Beanlagten alles äußere Erleben immer wieder in sich selbst zurückführt, so auch wohnt seinen Bewegungsantrieben gleichsam eine Scheu vor dem mittelpunktsflüchtigen Hinauseilen inne, und die wird ihn gleichfalls zu wieder zurückkreisenden Bewegungen veranlassen und zwar insbesondere dann, wenn solche geeignet sind, zugleich das Bild einer in sich gesammelten Form zu erzeugen. Sämtliche Abbiegungen — eingerechnet die schwungvoll linklsäufig ausklingenden d-Bögen — stehen im Dienste der Erzeugung eines kreisartig oder ellipsenförmig zusammengefaßten Buchstabenbildes, wie wir es z. B. zierschriftlich ausgestaltet finden in der ornamentalen Meisterleistung Fig. 131. Die innere Sammlung aber, die demgemäß in der schließenden Rückbiegung Gestalt gewinnt, ist selbst wieder nur eine Seite der Innerlichkeit überhaupt und bildet die Vorbedingung jener „kontemplativen" Vergangenheitsbeziehung, die keinem wirklichen Dichter fehlt; daher denn die Abbiegungen so häufig in den Handschriften der „Lyriker" auftreten. Vgl. Fig. 2, 123 (die d's), 124. Zur sinnenden

Innerlichkeit die unerfreuliche Kehrseite ist die Eigenbezüglichkeit und sentimentale Empfindlichkeit.

Sofern nun die Rechtsläufigkeit zu dieser Linksläufigkeit gegensätzlich ist, liegt sie begründet in einer beständig nach außen gekehrten Gemütsverfassung, deren positive Seite unternehmender Tätigkeitsdrang, deren negative die Unfähigkeit zur Muße ist. — Die Rechtsläufigkeit steht auf der Seite der seelischen Lösung, die Linksläufigkeit auf derjenigen der Bindung. Übersichtstafel XIII.

Tabelle XIII.

Rechtsläufigkeit Schenktrieb		Linksläufigkeit Aneignungstrieb	
+	—	+	—
Uneigennützigkeit	Willensschwäche	Tatkraft	Selbstsucht
Güte	Unselbständigkeit	Selbständigkeit	Mitgefühlsmangel
Wohlwollen	Unentschiedenheit	Entschiedenheit	Teilnahmlosigkeit
Mitgefühl	Beeinflußbarkeit	Selbsterhaltung	„Egoismus“
Anpassungsneigung			
„Nächstenliebe“		Erwerbssinn	Eigennutz
„Humanität“			Habsucht
„Altruismus“			
			Neid
			Bosheit
			„Ressentiment“
Nach außen gekehrt		**Innerlichkeit**	
+	—	+	—
Tätigkeitsdrang	Mußelosigkeit	Sammlung	Eigenbezüglichkeit
Unternehmungslust]	Eilfertigkeit	Beschaulichkeit	„Egozentrizität“
Betriebsamkeit	Mangel an Beschaulichkeit	„Kontemplation“	Empfindlichkeit
Gewandtheit	Ruhelosigkeit	„Lyrismus“	„Sentimentalität“
			Übelnehmerei

Im Zusammenhang mit der Girlande spricht die Rechtsläufigkeit der Fig. 42 für Wohlwollen, die der schon untermittleren Fig. 85 vorwiegend für willensschwache Betriebsamkeit. — Die tänzelnden Basisbögen der Fig. 121 zeigen Höflichkeit an und „verbindliche“ Umgangsformen ; die zurückkreisenden Schlußkurven lassen im Verein mit den sonstigen Linksläufigkeiten auf jene Berechnung schließen, die im Erwerbsleben fast unvermeidlich ist und deshalb in kaufmännischen Handschriften nicht allzu schwer genommen werden darf. In der untermittleren Fig. 90 verrät die Häufung aller nur möglichen Linksläufigkeiten schroffen Egoismus, der sich in Habsucht, Geiz und Rücksichtslosigkeit entfalten mag ; in der noch beträchtlich tiefer stehenden Fig. 95 offenbart die regelmäßig wiederkehrende schwungvolle Schlußschlinge eine hinter schöntuenden Phrasen sich versteckende allerkleinlichste Selbstsucht. — Von seelischer Innerlichkeit zeugen die Abbiegungen der Fig. 81, von Konzentrationswünschen die linksläufigen Verstärkungen der Fig. 114, mehr von Eigenbezüglichkeit die der Fig. 96.

Im fangschlingenartigen Namenszug (Paraphe) Buonapartes, Fig. 13, wie ebenso im darüber befindlichen t-Querstrich haben wir die keineswegs etwa durch Rückstoß entstandenen, weil viel zu langsam erzeugten, Endhaken von plumper Wucht als Erscheinung einer fürchterlichen Zähigkeit zu würdigen.

IX. KAPITEL

ANFANGSBETONUNG
ÜBERSTREICHUNG
BEWEGUNGSVERTEILUNG

Die Anfangsbetonung. — Wenn wir bereits den Richtungscharakter zumal in den Endzügen ausgesprochen fanden, so ist nunmehr darauf hinzuweisen, daß ganz allgemein die Schlüsse wie aber auch die Anfänge der Wörter optisch bevorzugte Stellen sind, an die sich in erster Linie Gestaltungstriebe heften werden. Ganz besonders gilt das von den an und für sich formreicheren Großbuchstaben und im allerhöchsten Maße, wenn diese zusammentreffen mit entweder räumästhetisch oder begrifflich ausgezeichneten Örtern, wie es etwa die Adresse eines Briefes ist oder dessen Anfang oder die Namensunterschrift.

Fig. XIII.

Die bemerkenswertesten Anfangsbetonungen sind:

1. Großbuchstaben mit überragender Höhenausdehnung der ersten Hauptrichtung (kommt auch bei Kleinbuchstaben vor). Textfigur XIII A „Nein“.

2. Überragende Höhenausdehnung schlechtweg der Großbuchstaben. Textfigur XIII A „Erzherzog“, „Nahrung“.
3. Verbreiterte Großbuchstaben mit oder ohne Höhenüberragung und häufig verstärkt durch Formübertreibungen und Zusätze. Textfigur XIII B „Mahnung“, „Herrn“.

Um den Sinn solcher Bildungen zu ermitteln, braucht man sie nur unbefangen auf sich wirken zu lassen. Dank einer leichtverständlichen Eigenschaft des Raumgefühls machen sie nämlich den Eindruck der Überlegenheit und verkörpern sozusagen einen Rangunterschied. Ganz allgemein erscheint unter sonst vergleichbaren Umständen das räumlich Größere und vorzüglich das räumlich Höhere als der Ausdruck entsprechend größerer Macht; woher es sich schreibt, daß schon Kinder eine Vorliebe haben „für den größten Erdteil oder Ozean auf der Landkarte, für die breiteste Pfütze auf der Straße, für den höchsten Baum im Walde und den größten Respekt vor dem längsten Spielkameraden. Als im dritten nachchristlichen Jahrhundert die Ermordung des jeweiligen römischen Kaisers zur Regel wurde und die Neubesetzung des Throns häufig in den Händen der Soldaten lag, kam es nicht selten vor, daß die Wahl einfach auf den Größten und Stärksten fiel: Maximin, der Nachfolger des Alexander Severus, war ein thrakischer Hirt, Sohn eines Goten und einer Alanin, also völliger Barbar. „Aber die Armee“, heißt es in Burckhardts „Zeitalter Konstantins“, S. 15, „welche hier selbst die letzte Rücksicht beiseite ließ bestand auch aus lauter Barbaren von der Ostgrenze, denen garnichts daran lag, ob ihr Kandidat von Antoninen abstammte, in hohen Ämtern sich gebildet hatte, Senator gewesen war oder nicht. Dafür war Maximin achthalb Fuß hoch, riesenstark und ein Korporal, wie vielleicht im ganzen römischen Heer kein zweiter.“ Aus keinem andern Grunde hat für den Touristen besondere Anziehungskraft der höchste Punkt einer Bergkette, mit dessen Besteigung man des Gebirges ‚Herr‘ wird. Ein Rundblick gestattender Hügel ‚beherrscht‘ die Gegend, die Kirche das Städten, der Turm die Kirche. Da die Schrift, wie wir wissen, als stehend erlebt wird, so zeigt die Tendenz zur Vergrößerung der Anfangshöhen die Stärke des Vergnügens an, das der Schreiber an dominierenden Formen empfindet. Das aber wurzelt notwendig in einem Erlebnis des Selbstgefühls. Wer die Überlegenheit seiner selbst nicht erfahren könnte, sei es über fremde Willenskreise, sei es über Teilansprüche des eigenen, für den wäre die Tatsache der Herrschaft überhaupt unerfahrbar. Im Sympathisieren mit dem Bilde der Überlegenheit offenbart sich der Hang, sich selbst überlegen zu fühlen“ (Probleme der Graphologie, S. 206—207).

Demgemäß geht die gewohnheitsmäßige Anfangsbetonung jedenfalls aus dem Selbstschätzungsbedürfnis hervor, das in Charakteren von tieferem Lebenspathos zum Wunsch nach Größe wird.

Das Bedürfnis nach Selbstschätzung ist eine, aber durchaus nicht die ganze Bedingung des wirklich bestehenden Selbstgefühls, das sprachgebräuchlich „Selbst bewußtsein" und mit Beziehung auf die praktische Lebenshaltung „Selbst vertrauen" heißt. Ob dieses noch über den Wunsch nach Bedeutung hinausgehe oder vielmehr hinter ihm zurückbleibe, folgt teils aus dem Verhältnis der Anfangsbetonungen zum Gesamtduktus, teils aber schon aus den besonderen Gestaltungen jener. Den günstigsten Fall, nämlich des Gleichgewichts beider Eigenschaften, gibt uns das optisch sozusagen natürliche Verhältnis von Breite zu Höhe des Großbuchstabens. Bei übertriebener Breite ist Anmaßlichkeit zu vermuten und gelegentlich krankhafte Selbstüberschätzung (Textfigur XIII B „Mahnung", „Herrn") ; bei der eigenartigen Überbetonung der unteren L-Schleife (Textfigur XIII B „Leute"), wie sie handschriftlich z. B. in „Landsleuten", Fig. 88, siebente Zeile, auftritt, insbesondere sehr oft Dünkel ; bei übertriebener Schmalheit dagegen (Textfigur XIII A „Herrn") große Empfindlichkeit des Ehrgefühls aus unbefriedigtem Geltungsbedürfnis. Vortrefflich äußert darüber Preyer : „Sind aber die Riesenbuchstaben sehr schmal, indem ihre Längslinien ganz nahe zusammenrücken, dann ist falsche Bescheidenheit und sehr leicht Verlegenheit vorhanden, d. h. die betreffende Persönlichkeit zeigt sich im Verkehr, eigene Verdienste geflissentlich verschweigend, bescheiden, ehrerbietig, ehrfurchtsvoll, fast schüchtern, obgleich ein starkes Selbstgefühl sie beherrscht. Dieses wird leicht verletzt und führt zu einer Überschätzung der eigenen Kenntnisse und Leistungen. Mit solchen ist es schwer, sich zu verständigen, da sie trotz des zur Schau getragenen, bescheiden sein sollenden Wesens rechthaberisch, empfindlich und übelnehmerisch zu sein pflegen. Selbst dann, wenn die Majuskeln nicht auffallend groß, aber durchweg gestreckt und sehr eng und steil sind, kann man auf diesen Charakterfehler schließen. Er ist bei begabten, strebsamen jungen Gelehrten häufig" (Psychologie des Schreibens, S. 93 und 94). Im übrigen entscheidet, wie gesagt, das Gesamtbild der Handschrift und zumal das Formniveau darüber, ob wir den positiven oder negativen Bedingungen den Vorzug geben. Übersichtstafel XIV.

Fig. 2 : starkes Selbstbewußtsein ; Fig. 26 : einige „Suffisance" ; Fig. 39 : Wichtigtuerei ; Fig. 92 : Größenideen ; Fig. 93 : Befangenheit aus Geltungsbedürfnis ; Fig. 105 : einige Selbstüberschätzung ; Fig. 114 :

starkes Bedeutungsbedürfnis ; Fig. 120 : Selbstgefälligkeit und Empfindlichkeit ; Fig. 125 : Großtuerei.

Tabelle XIV.

Anfangsbetonung
Selbstschätzungstrieb

+ Bedeutungsbedürfnis	— Eitelkeit
Wunsch nach Größe	Anspruchsvolles Geltungsbedürfnis
Ehrgefühl	Ruhmsucht
(Selbstbewußtsein)	Hochmut
(Stolz)	Anmaßlichkeit
	Arroganz
	Eingebildetheit
	Dünkel
	Breitspurigkeit
	„Größenwahn“

Ansteigen von Großbuchstaben und Endzügen. — Mit der nur raumsymbolisch verständlichen Anfangsbetonung sinnverwandt sind ansteigende Großbuchstaben. Unser oben entwickeltes Bewegungsschema des „Strebens schlechthin“ (anschaulich *so* zu fixieren : Ichpunkt —→ Zielpunkt) erführe, wofern das Streben zumal aus *Ehrgeiz* statthätte, folgende Wandlung :

Denn dem Ehrgeizigen erscheint im Verhältnis zur je gegenwärtigen Lage die zu erstrebende immer als etwas *Überlegenes* ; will er doch manchmal sogar, wie man zu sagen pflegt, „höher hinaus“ ! Daraus erklärt es sich, daß seine Großbuchstaben gern *ansteigen* (vgl. Textfigur XIII B „Herrn“). Wir sehen das u. a. in folgenden Proben : Fig. 11 M in „Marie“, 12 P in „Preyer“, 13 B in „Buonaparte“, 14 H in „Hindenburg“, 39 H in „Harry“ und K in „Kahané“, 54 W in „Wie“, 55 V in „Vorstellung“, 72 W in „Wiegen“ und B in „Befinden“, 86 R in „Reichsbehörden“, 105 stilisiertes V in „Vielen“. Besonders schwer wiegt das einem Schluß-s gleichende Groß-S in Kurrentschriften : „Sache“ in Fig. 49 und „Schubladen“ in Fig. 57, wo überdies die Buchstaben innerhalb der Wörter wiederholt ansteigen ; vgl. das „selbst“ der zweiten Zeile.

Werthaltig ist der Ehrgeiz, der ausschließlich im Dienste der Leistungssteigerung steht, wertwidrig der aus bloßem Geltungsbedürfnis. Darüber entscheidet das Niveau ; doch zeigen ansteigende Formen öfter den persönlichen als den sachlichen Ehrgeiz an und verraten z. B. in Fig. 57 subalterne Strebsamkeit. — Dank der Labilität seines Wesens (in Verbindung mit einem Spezialgedächtnis für graphische Formen) konnte, wie bemerkt, Urheber von Fig. 85 handschriftlich wirkende Verstellungen erfinden und zwar, indem er sich hineinversetzte in allerlei Persönlichkeits t y p e n . Solcherart schuf er u. a. ohne graphologische Kenntnisse die mit stark überhöhter Majuskel beginnende und mit linksläufigen Zutaten übersäte Fig. 86 aus dem Bestreben, eine „elende Streberkreatur“ darzustellen ; ein für die theoretische wie praktische Graphologie gleichermaßen erfreuliches Versuchsergebnis *).

Nur in Schriftbildern, die auch sonst für Ehrgeiz sprechen, wird die Deutung befestigt von nach or verlängerten Schlußzügen. Dagegen verdient unsre Teilnahme eine andre Abwandlung dieser, die im letzten Drittel des 18. Jahrhunderts und bis hinein in die Mitte des vorigen häufig, dann seltener und ungefähr seit 1900 recht selten in ausgesprochener Form vorkommt : nämlich die Verlängerung n a c h o b e n . Sie versinnbildet jenen Drang zum s c h l e c h t h i n H o h e n , den man Frommsinn nennt oder fremdwörtlich Religiosität. Spricht man doch bezeichnenderweise von Gott als dem „Allerhöchsten“. Auch der Frommsinn freilich ist doppeldeutig, selbst wenn wir den unechten, d. i. die Frömmelei, beiseite lassen. Bald nämlich gründet er in der Stärke des Charakters und berührt sich dann mit Bejahungsbereitschaft und Verehrungsdrang, bald in einer Schwäche, wie beispielsweise in heimlichem Mangel an Selbstvertrauen, ein Mangel, der sich vor dem Gewissen verstecken kann durch die Geneigtheit zum Glauben an höhere Bestimmungen. — Auf positiv zu bewertenden Frommsinn deutet die „religiöse Kurve“, wie wir sie genannt haben, in Fig. 2 : man vergleiche das r in „meiner“ der ersten Zeile, „Dichter“ der zweiten, „Jeder“ der dritten, „Für“ der fünften, „Jahr“ der sechsten Zeile, die u-Haken über „Glückwunsch“ und „Stunden“, endlich die sie

*) Über die insgesamt 33 erstaunlichen Verstellungsleistungen des Schrifturhebers hat unter der Aufschrift „Ein Handschriftenkünstler“ Hans H. Busse berichtet in den Graph. Monatsheften 1901 und 1903.

wenigstens andeutenden Schlußzüge von „Tage“, „Grüße“, „Stunden“. Mehr für ein Kokettieren mit Heiligkeitsideen dagegen spricht ihr ungefähr siebenmaliges Vorkommen in Fig. 69. In der Altershandschrift C. F. Meyers, Fig. 123, endet sie stets mit Rückbiegung, den inneren Widerstreit zwischen Schicksalsbereitschaft und Selbstsicherung bekundend.

Die Überstreichung. — Der Anfangsbetonung ferner bedeutungsverwandt ist die Überstreichung, die freilich fast nur in lateinischen Schriften und zwar vorzüglich im t, daneben auch im F, T, V, W auftritt (Textfigur XIII C) und von der alten Graphologie als „Protektionsstrich“ bezeichnet wurde. Textfigur XIV erste Zeile zeigt ihn lang und niedrig, zweite hoch, aber kurz, dritte hoch, lang und ansteigend, vierte hoch, lang und wagerecht; und man bemerkt nun sogleich, daß die vierte den Eindruck einer beherrschenden Form am stärksten hervorbringt. Der Strich muß sich nämlich in einiger Höhe über dem Worte befinden und zugleich mit der

Fig. XIV.

Schreibzeile parallel laufen, damit er alle über diese emporstrebenden Richtungen gewissermaßen n i e d e r h a l t e. „Er d r ü c k t gleichsam auf die darunter befindliche Zeile oder zum wenigsten „er hält seine Hand darüber“. Der Gedanke des unbefangenen Beschauers pflegt von der Betrachtung der fraglichen Form tatsächlich weiterzugehen zur Gebärde des Darüberhaltens der Hand, und wir können daher den Sinn des Federzuges vortrefflich erläutern an der noch deutlicher „sprechenden" Gestalt der Geste, die bald ein segnendes Beschützen, bald ein herrisches Besitzergreifen ausdrückt und etwa dem Polykrates anstände, wenn er (bei Schiller) zum König der Ägypter die Worte spricht : „Dies alles ist mir untertänig !"" (Probleme der Graphologie, S. 212). — Wie ein Blick auf die fünfte Zeile der Textfigur XIV enthüllt, liegt der Bedeutungsgrund des Federzuges zweifellos n i c h t in der Eigenart der erzeugenden Bewegung, die nicht minder ja auch die U n t e r streichung hervorbrächte, sondern in der anschaulichen Beziehbarkeit der bewirkten Linie auf das ihr raumsymbolisch untergeordnete Wort. Demgemäß deutet die Überstreichung zumal auf H e r r s c h t r i e b und alles ihm Nahestehende hin.

Fig. 88 : Querung bei T und F, als Schwellzüge gebildet, im Augenblick des stärksten Druckes mit Häkchen abbrechend, schräg ansteigend : ehrgeiziger Durchsetzungsdrang, Zähigkeit, Rücksichtslosigkeit, Befehlstemperament, Mangel an Anpassungsneigung (angesichts der weichen, gelegentlich fadenhaften Bindungen aber verknüpft mit Anpassungs f ä h i g k e i t und Diplomatie) ; Fig. 91 : rechthaberischer Eigenwille ; Fig. 94 : Querungen gewölbt, druckbetont, spitzausklingend : impulsiver „Wille zur Macht", Angriffslust ; Fig. 119 : stark ansteigende Querung : ehrgeiziges Emporstreben.

Längenunterschiedlichkeit und Längenteilung. — Das wichtigste Merkmal der Bewegungs v e r t e i l u n g ist der handschriftlich feststehende Längenunterschied zwischen Kurz- und Langbuchstaben, welcher willkürlich nur äußerst schwer und auf die Dauer überhaupt nicht kann verändert werden. In Fig. 18, 19, 20 überragen die Mittel- und Langbuchstaben nach oben wie nach unten um ein Erhebliches die Kurzbuchstaben : starklängenunterschiedlicher (st. u.) Duktus ; in Fig. 30 tun sie es so wenig, daß wir mindestens oberhalb der Zeile sämtliche Buchstabenspitzen fast in einer Linie sehen : schwachlängenunterschiedlicher (schw. u.) Duktus. St. u. sind : Fig. 15, 46, 49, 51, 68, 82, 88, 123, 124 ; schw. u. sind : Fig. 7, 9, 32, 41, 107, 113, 130, 131 ; mittlere Längenunterschiedlichkeit zeigen : Fig. 28, 39, 40, 42, 44, 54, 89, 94.

Der Versuch einer theoretischen Herleitung der Bedeutung dieses Gegensatzes würde hier viel zu weit führen. Nur auf eine Tatsache wollen wir aufmerksam machen, die den Schlüssel dazu enthält. Die st. u. Schriften sind durchweg mehr oder minder klein (vgl. etwa Fig. 15, 46, 51, 68, 82, 88), die schw. u. Schriften mehr oder minder groß (Fig. 9, 30, 32, 41,

107, 113). Die starke Längenunterschiedlichkeit beruht also mehr auf Kleinheit der Kurzbuchstaben als auf Größe der Langbuchstaben, die schwache Längenunterschiedlichkeit mehr auf Größe der Kurzbuchstaben als auf Kleinheit der Langbuchstaben. Darum halten wir für die Hauptursache der st. u. Schrift einen zu Handlungen drängenden Unlustzustand oder das beinahe beständige Grundgefühl einer Verbesserungsbedürftigkeit der je augenblicklichen Lage. Durch Betonung des Unlustmomentes kommen wir zur Unzufriedenheit, durch Betonung des Momentes der Tatbereitschaft zur Strebsamkeit. Für die schw. u. Schrift ergibt sich darnach positiv Zufriedenheit, negativ Gleichgültigkeit. L. U. klein steht auf der Lösungsseite, L. U. groß auf der Bindungsseite. Übersichtstafel XV.

Tabelle XV.

Große Längenunterschiede (L. U. groß)		Geringe Längenunterschiede (L. U. klein)	
+	—	+	—
Strebsamkeit	Unzufriedenheit	Zufriedenheit	Gleichgültigkeit
Unternehmungslust	Selbstbetonung	Anspruchslosigkeit	Phlegma
Tätigkeitsdrang	Mißverhältnis zw. Wollen u. Können	Bescheidenheit	Indolenz
	Über-sich-hinaus-wollen	Genügsamkeit	Teilnahmlosigkeit
		Insichruhen	
	Zerfahrenheit	Sachinteresse	Apathie
Ehrgeiz		Mäßigung	

Neben den Längenunterschieden ist es ferner von Wichtigkeit, ob sich die Mittel- und Langbuchstaben mehr oberhalb oder mehr unterhalb der Zeile ausdehnen. Die auf Eindrucksgefühle und praktische Erfahrungen gestützte Graphologie Michons pflegte vorwaltende Oberlängen (O > U) auf Vorherrschaft geistiger, vorwaltende Unterlängen (U > O) auf Vorherrschaft praktischer und materieller Interessen zu deuten. Wir wollen uns zunächst einmal überlegen, wie die Verschiedenheiten der Längenteilung entstehen.

Nehmen wir den Fall, die Langlänge zweier Handschriften betrage im Durchschnitt je 3 cm; in der einen aber verhalte sich O zu U gewöhnlich wie 2 zu 1, in der andern wie 1 zu 2: welche Verschiedenheit der Bewegungen läge dieser Verschiedenheit der Längenteilung zugrunde? Auf den ersten Blick möchte man entgegnen: keine, die von einer

Verschiedenheit der Antriebe herrühren könnte! Scheint doch in Textfig. XV B has h der Textfig. XV A nur um 1 cm heruntergerutscht zu sein! Zur Erzeugung der Langlänge mußte beide Male eine Beugungsbewegung von gleicher Länge ausgeführt werden; und wenn nun auch Schreiber A die Oberschleife länger und größer bildete und dazu im Anstrich einer doppelt so langen Streckung bedurfte als Schreiber B, so mußte doch dieser die Unterschleife länger und größer bilden und bedurfte dazu einer doppelt so langen Streckung im Endstrich. Beuge- und Streckbewegungen sind also in beiden Fällen zwar verschieden verteilt, nicht aber von verschiedenem Ausmaß, woraus die wesentliche Gleichartigkeit der Antriebsformen hervorgehen dürfte! — Die Sache verhält sich jedoch anders, sobald wir zum Ausgangspunkte unsrer Betrachtung die Aufeinanderfolge der Bewegungen nehmen.

Fig. XV.

Setzen wir nämlich die Länge der Hauptrichtung als eine anlagemäßig feststehende Größe an, so hängt die Teilung offenbar nurmehr von der Länge des Anstrichs ab. Fällt dieser größer als die halbe Länge aus, so scheint der Buchstabe nach oben, wenn aber kleiner, alsdann nach unten verschoben. Das Vorherrschen der Oberlänge weist also tatsächlich auf ein Übergewicht der nach vorn gerichteten Streckbewegung über die von vorn gegen den Körper gerichtete Beugungsbewegung hin, das Vorherrschen der Unterlänge auf ein grade umgekehrtes Verhältnis. — Von den drei Grundrichtungen der Streckung (und den ihnen entsprechenden Grundrichtungen der Beugung), nämlich nach der Seite, nach vorn und nach oben, haben wir die nach der Seite schon kennengelernt bei Gelegenheit der weiten und engen Schrift. Ob und in welchen Fällen auch für die Streckung nach vorn der Grund ihrer Bedeutung in der Betontheit der Zielvorstellung vermutet werden dürfte, erwägen wir im nächsten Kapitel.

Zum Verständnis des Gehaltsunterschiedes von Oberlänge und Unterlänge müssen wir darauf Bedacht nehmen, daß es sich hier um Bewegungen der Fingergelenke und allenfalls noch des Handgelenks handelt, durchaus aber nicht des Unterarms. O > U entspräche einer Neigung zum Öffnen, U > O zum Schließen der Hand. Das unwillkürliche Öffnen der Hände tritt aber niemals als Ausdruck der Strebsamkeit auf, ausgenommen, es wäre nur Auftakt zum Greifen, Festhalten, Nehmen. Erinnern wir uns ferner, daß in den obern Gliedmaßen die Streckmuskeln nennenswert schwächer sind als die Beugemuskeln, so müssen es verhältnismäßig starke Antriebe und folglich starke Zustände sein, denen ein unwillkürliches Öffnen der Hände, Heben der Arme entspricht. Nun, es sind die der „aus sich herausgehenden" Freude, des „überströmenden" Glückes, der alle Fesseln zerreißenden, alle Hindernisse überfliegenden Begeisterung.

Der hiermit angerührte Bedeutungsgegensatz von B e g e i s t e r u n g s v e r m ö g e n u n d N ü c h t e r n h e i t findet nun aber erfahrungsgemäß vorzugsweise Anwendung auf die Arten des Setzens der Oberzeichen. Erst wenn sich der Griffel zum Behuf der Anbringung von i-Punkt, u-Haken usw. von der Schreibfläche losmacht, scheint die solcherart bedingte Strecktendenz vornehmlich zur Entwicklung zu kommen, daher aus fliegenden und zugleich dünnen Oberzeichen schon bei übrigens kaum betonten Oberlängen ein schwärmerischer Anflug des Gemütes sprechen kann, während niedrige und druckschwere Oberzeichen fast immer von W i r k l i c h k e i t s s i n n und oft von Beobachtungsgabe zeugen. Dem Begeisterungsvermögen entspricht negativ eine zu weitgehend unkritische I l l u s i o n s g a b e. — Dagegen scheint es aus noch nicht völlig geklärten Gründen mehr die einer solchen Gemütsverfassung zugehörige Artung des G e i s t e s zu sein, was in der Längenteilung selber zum Ausdruck kommt. Ohne daß grade Stimmungsverschiedenheiten fühlbar werden müßten, lassen sich nämlich Charaktere mit immer flugbereiter L e i c h t i g k e i t des Geistes von solchen mit gleichsam immer wurzelschlagender S c h w e r e des Geistes unterscheiden; und wer kein Bedenken trüge, im Sinne der metaphysischen Kühnheiten des Altertums auch einmal Ausdruckslehre zu treiben, der dürfte es vielleicht mit einigem Recht vertreten, daß die damals angenommenen drei Stockwerke der Menschenstruktur zur Erscheinung kämen u. a. auch in den drei Höhenstufen der Handschrift: die somatische, d. i. die leibliche, Innerlichkeit in den Unterlängen, die psychische, d. i. die seelische, Innerlichkeit in den mittelständigen Kurzlängen und die noëtische, d. i. die geistige, Innerlichkeit in den Oberlängen.

Wir müßten weit ausgreifen, um auch nur annähernd zu erschöpfen, was der Gegensatz einer somatischen zu einer noëtischen Innerlichkeit alles in sich berge ; dürfen aber sagen, daß er im wesentlichen zusammenfällt mit dem Gehalt des Gegensatzes von schwerer und leichter Geistigkeit. Ist jene besser unter Dingen als unter bloßen Begriffen zu Hause und darum häufig mit praktischen und technischen Neigungen verschwistert, diese besser unter Begriffen und deshalb oft in Begleitung theoretischer und künstlerischer Neigungen, so kann doch auch wiederum aus jener die größere Fülle des Trieblebens sprechen, die animalischere Wärme des Gemütes wie aber freilich nicht minder dessen mühsame „Erdenschwere“, aus dieser dünnblütiger Flattersinn und kalte Gedanklichkeit wie aber ebenso auch eine Hölderlinsche Ätherverwandtschaft. — Angesichts dessen wird man sich nicht verwundern zu vernehmen, daß Ausbauchungen und Bereicherungen in männlichen Handschriften sehr viel öfter oberhalb der Zeile, in weiblichen vorzugsweise unter der Zeile platzgreifen. Was zumal die Längenteilung angeht, so sind unterlängenbetont von je 100 Handschriften männlicher Urheber 51, von 100 weiblichen Urhebern durchschnittlich 64 *). — Die Oberlängenbetonung steht auf der Seite der Lösung, die Unterlängenbetonung auf der Seite der Bindung. Übersichtstafel XVI.

Tabelle XVI

O > U		U > O	
Leichtigkeit des Geistes		Schwere des Geistes	
+	—	+	—
Begeisterungsvermögen	Dünnblütigkeit	Schwerblütigkeit	Nüchternheit
„Enthusiasmus“	Mangel an „Bodenständigkeit“	Gemütswärme	Beweglichkeitsmangel
Schwärmerei	Wurzellosigkeit	Wirklichkeitssinn	Schwerfälligkeit
Geistige Neigungen	Überspanntheit	„Realismus“	Pedanterie
„Idealismus“	Illusionenbildung	Konkretes Denken	Mangel an Denkgewandtheit
			„Materialismus“
Schweifendes Wesen	Unsachlichkeit	Haftendes Wesen	
Beweglichkeit	Oberflächlichkeit	Sachlichkeit	
Abstraktes Denken	Flüchtigkeit	Praktische Neigungen	
	(Leichtsinn)	Technische Neigungen	
		Genauigkeit	
		Gewissenhaftigkeit	
		Beobachtungsgabe	

*) Aus der oben erwähnten Arbeit von Prof. Dr. J. Ninck.

Beispiele. — Ein umfangreiches Unterkapitel wäre erforderlich, um die bis heute bekannte Mannigfaltigkeit artverschiedener Ober- und Unterlängenbehandlungen zu beschreiben ; doch ist Beschränkung hier umso mehr geboten, als die Deutungsergebnisse wissenschaftlichen Ansprüchen nur zum Teil genügen. — Vorweg sei erinnert : wann immer Überbetonung der Streckungen aus dem Gesichtspunkt einer Unterbetonung der Beugungen oder Überbetonung der Beugungen aus dem einer Unterbetonung der Streckungen verstanden werden muß, haben wir auszugehen von der Unterbetonung, die selbstverständlich immer negative Bewertung verlangt. So weist der Unterlängenschwund in Fig. 17 auf Wurzellosigkeit hin und entsprechend das bloß sekundäre Vorherrschen der Oberlängen auf eine zwar höchst gewandte, aber dünnblütige Geistigkeit, die vor Illusionen naturgemäß nicht geschützt ist. Umgekehrt bekundet der Oberlängenschwund der Fig. 15 gänzliche Abwesenheit nicht nur geistiger Neigungen, sondern auch der Sachlichkeit überhaupt, und entsprechend die Überbetonung der Unterlängen weitgehende Vorherrschaft n u r persönlicher und größtenteils materieller Interessen. — Verstehen wir unter „Materialismus" Genußwünsche, die auf gröbere Befriedigungen, zumal in geschlechtlicher Hinsicht, abzielen, hinzugenommen den allenfalls in ihrem Dienste stehenden Profitsinn, so ist damit durchweg auch dann zu rechnen, wenn infolge kräftiger Verlängerung mancher Abstriche durch die Zeile hindurch nach unten eine Art Unterlängen v e r m e h r u n g eintritt. Vgl. in der ersten Zeile der Fig. 31 das W von „Weise", ferner die kleinen w's in „will" der zweiten, „weiter" der dritten, „wenn" der fünften und „werden" der achten Zeile. — Dieses vorausgeschickt, kommen wir zu einigen größtenteils nur aus der Erfahrung bekannten Besonderheiten.

Die schon rein äußerlich scharf und schroff anmutenden Winkelformen der Textfigur XVI a lassen gemeinhin auf einige Anlage zu zornigem Aufbrausen schließen. Meist pflegt der rückläufige Endstrich nach kurzer Dauer mit Zuspitzung abzubrechen, kann aber auch zwecks Schleifenbildung weitergeführt werden, wie es besonders in Fig. 15 geschehen ist. Nicht jedoch darf mit ihm verwechselt werden die dreiecksförmige Unterschleife der Fig. 115, von der wir erst später sprechen. — Vorwiegend in weiblichen Handschriften trifft man nicht selten auf ein g oder h, dessen Schlußstrich nach r oder ur verläuft und den Buchstaben gegen den folgenden isoliert (Textfigur XVI b). Die Deutung auf „Neigung im kleineren Kreise zu herrschen" geht fast niemals fehl. In Fig. 61, deren g in „Dienstag" die Form sehr ausgesprochen darbietet, haben wir im Hinblick auf die auch übrigens wachsende Druckbetonung sämtlicher Endstriche, die an den Rückstoßhäkchen ersichtliche Schnelligkeit der Schreibbewegung und die herrisch wirkende Überstreichung rücksichtslosen Dominationsdrang anzunehmen. Anders liegt es in Fig. 127, wo die Einkrümmungen der fraglichen Endstriche fast ängstliche Selbstsicherung anzeigen und uns vermuten lassen, daß Schreiberin zu schwach ist, ihre inneren Ansprüche auf Überlegenheit zu verwirklichen.

Zu den Oberlängen übergehend erwähnen wir zwei Merkwürdigkeiten, von denen grade die am besten bewährte einwandfrei noch nicht erklärt werden konnte, nämlich die „geknickten d-Köpfe" (Textfigur XVI d), die — man übertreibt kaum — unfehlbar Empfindlichkeit, Verletzlichkeit, Kränkbarkeit, bisweilen auch Übelnehmerei verraten und zumal, obschon

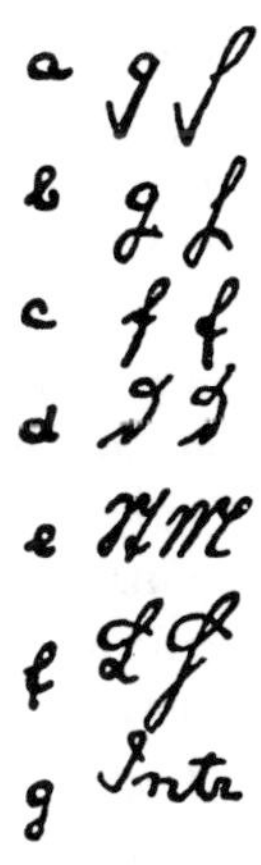

Fig. XVI.

keineswegs nur, in den Handschriften alter Jungfern auftreten (vgl. Fig. 15, 51, 88). — Für durchstrichene Großbuchstaben (Textfigur XVI f) hatte die alte Graphologie die ausmalende Wendung vom „Strich durchs Leben" bereit. Sicher ist, daß man dergleichen Bildungen nicht selten in den Handschriften von Personen findet, deren Wesen bleibende Spuren größerer Enttäuschungen trägt. Nicht damit zu verwechseln sind gewisse Anfänge mancher Großbuchstaben im „englischen" Duktus (Textfigur XVI g). Die Deutung verliert viel von ihrer Wunderlichkeit, wenn wir bedenken, daß der Anfangsschwung bei normaler Fortsetzung einen weit größeren Buchstaben bedingen würde. Wir haben es also hier mit verhältnismäßig temperamentvollen Antrieben zu tun, die jedoch auf halbem Wege erlahmen, was denn unter anderem stattfinden mag bei ursprünglich lebhaften, aber irgendwann einmal gründlich enttäuschten Naturen. — Man findet Handschriften mit meist nach rechts gewölbten und solche mit meist nach rechts gehöhlten Langbuchstaben (Textfigur XVI c). Jene, falls nicht etwa in schwungvoller Kurve gebildet, bekunden gelegentlich einen Bruch im Lebensgefühl, welchem gemäß Schreiber leicht der Stimmung von Entmutigung, Enttäuschung, Verzicht anheimfällt; diese pflegen begründet zu sein in einem Zustande kampfbereiter Selbstbehauptung und trotzigen Sichstemmens gegen vermeinte oder wirkliche Hindernisse. Für den ersten Fall vergleiche man etwa Fig. 69 und 71, für den zweiten, dessen Deutung bei weitem zuverlässiger, Fig. 62, 78, 90, 109, 119, 120. — Immer aus dem Widerstreit wesentlicher Triebfedern stammen die doppelt geknickten Langbuchstaben, die wir ausgeprägter auch nur in Schriften mehr oder minder zwiespältigen Aussehens antreffen (vgl. Fig. 31 und Fig. 57). — Endlich reihen wir noch an die „sperrangelweit offene" Acht, die unter allen Umständen von der Neigung des Schreibers erzählt, bisweilen „kein Blatt vor den Mund zu nehmen" und wohl auch einmal „saugrob" zu werden. Man findet sie ausgesprochen in der Handschrift Wagners, Fig. 88.

Kehren wir von unsrer Nachlese der Besonderheiten zu den Durchschnittsfällen zurück, so haben wir für die stark vorherrschenden Oberlängen der Fig. 42, wo auch die i-Punkte überwiegend hoch und dünn sind, in Ansehung des immerhin übermittleren Formniveaus Begeisterungsvermögen, Feinfühligkeit und Idealismus anzusetzen. Ähnliches gilt von Fig. 6—7, 40 und 48. Weniger günstig beurteilen wir dagegen die hohen Oberzeichen in den Fadenschriften Fig. 69, 85 und 91. In den beiden letzten sind sie Ausdrucksbestandteil einer allgemeinen Dünnblütigkeit, verbunden mit Flüchtigkeit und Wurzellosigkeit des Denkens; in Fig. 69 aber einer schon oben angedeuteten Scheinidealität, die wir noch etwas genauer betrachten wollen. Zunächst fällt uns auf, daß bei unfraglich betonten Unterlängen die Oberzeichen teils ebenfalls genau und niedrig stehen, teils aber sich gleichsam in „höheren Regionen" zu verlieren drohen. Man vergleiche für jenes die i in „nicht" und „minder" der dritten, in „überein" und „beiderseitigen" der fünften und etwa noch das erste u in „unterzuordnen" der sechsten Zeile; für dieses die i in „einen" der ersten, „sein" der zweiten, „dieses" (!) der dritten und „diese" der fünften Zeile, die u in „nur" der ersten und zweiten, die ü in „Gefühl" der dritten und „Gefühle" der sechsten Zeile. Tritt nun schon im Wechsel einer durchgehenden Beugungsbetonung mit ganz unregelmäßiger Ü b e r betonung der Streckung mindestens ein eigenartiges Schwanken zutage zwischen „Realpolitik" und Geistigkeit, so wird uns indessen diese sogar als unecht verdächtig angesichts einer fadenhaft welligen Arkadenbindung bei noch dazu übergewöhnlicher Verbundenheit. In ein solches Gefüge feinstgewobener Überlegsamkeit paßt uns so garnicht hinein der gleichsam himmelnde Augenaufschlag verschwebender Oberzeichen ! Nehmen wir hinzu das schon besprochene Ausklingen zahlreicher Züge nach o nebst den aus dem sonst vereinfachten Duktus herausfallenden ballonartigen Aufbauschungen gewisser Großbuchstaben im Zeilenoberhalb (z. B. G in „Gefühl" der dritten, A in „Aber" der vierten, S in „Schwere" und „Situation" der sechsten Zeile), so dürften uns die mittelpunksflüchtigen Züge hier wohl im Lichte weihebedürftiger Aspirationen erscheinen, die den inneren Mangel keineswegs nur vor den Augen der Welt, sondern jedenfalls auch für das Bewußtsein des Schrifturhebers mittelst mehr als gewöhnlicher Kombinationsbegabung in das Gewand begrifflich ausschweifender Tugendlichkeit verkleiden. — Niedrige Oberzeichen bei vorherrschenden Unterlängen zeigen u. a. Fig. 80 : Wirklichkeitssinn, Begabungsschwerpunkt im Praktischen, Beobachtungsvermögen; Fig. 88: Organisationstalent; Fig. 113: Genauigkeit und — in Rücksicht auf das leise Voreilen der Oberzeichen, das einen Anflug von Neugier verrät — fast weiblich geartete Beobachtungsgabe ; ähnlich Fig. 114 ; Fig. 123 : Genauigkeit, Sorgfalt, Pünktlichkeit.

X. KAPITEL

ANORDNUNG DER SCHRIFT UND VERWANDTES

Gliederung der Schrift. — Für die Abhängigkeit der Schrift von Forderungen des Raumgefühls gibt es schwerlich ein überzeugenderes Beispiel als den Umstand, daß alle Lautzeichensysteme der Menschheit beflissen waren, die Einheit der Begriffszeichen, d. i. der Wörter, a n s c h a u l i c h zu betonen! „Das einfachste Mittel aber, um aus einer Vielheit von Figuren eine Gruppe sinnlich herauszuheben, ist außer der umkreisenden Linie ein sie von den übrigen trennender Zwischenraum. Die Stetigkeit der Auffassungsbewegung findet sich durch ihn unterbrochen und der Geist verknüpft demgemäß enger miteinander, was dicht beisammensteht, als das durch leere Flächen Geschiedene. Es erklärt sich so nicht nur der Zwischenraum überhaupt, sondern auch die unterschiedliche Art seines Vorkommens. Abgesehen von den Anfängen der Schriftentwicklung, wo L a u t - zeichen noch nicht vorhanden sind, bildet erst eine Gruppe von Buchstaben das Wort. Wenn nun fast ohne Rücksicht auf Wort- und Satzenden die Buchstaben einfach nebeneinander stehen, wie in der „scriptura continua" der Alten, so spricht das für ein Übergewicht des Vorstellens über das Denken; wie denn die Schrift auf dieser Entwicklungsstufe auch sonst noch mancherlei zu bewahren pflegt von ihrem ursprünglichen Charakter der Bildlichkeit. Mit der Verbreiterung des Abstandes zwischen dem Endbuchstaben des einen und dem Anfangsbuchstaben jedesmal des nächsten Wortes vollzieht sich umgekehrt der entscheidende Schritt in der Geschichte der Unterordnung der schriftlichen unter die sprachliche und damit unter die begriffliche Einheit. Das nämliche Motiv liegt der Gliederung in Absätze zugrunde und führt zur sinnlichen Kennzeichnung des Satzbaues durch eine grammatikalische Interpunktion" (Probleme der Graphologie, S. 200).

Handschriftlich stehen nun einander gegenüber: weite Trennung der Wörter und Zeilen auf der einen, besonders ausgesprochene Engführung auf der andern Seite. Jene entspräche also der vorherrschenden Neigung zu begrifflicher Unterscheidung; diese dem Vorwalten des sinnlichen Anschauungsvermögens. Negativ angesehen, mag die (dann meist übertriebene) Gliederung eine beständige Furcht vor der logischen Entgleisung bezeichnen, wie sie zumal bisweilen bei solchen Personen vorkommt, die (mit einem dumpfen Vorgefühl davon) vor dem Ausbruch des Irreseins stehen, während die Engführung, wenn mit Verhäkelung der Zeilen verbunden, einen Mangel an Geistesklarheit verrät.

Fig. 78 gibt das Muster einer geistesklaren Handschrift. Man beachte die nur mittlere Verbundenheit und daß sich Binnenzwischenräume bis zu 3 ½ mm finden. Da aber die Lücken zwischen den Wörtern mehr als doppelt so groß sind, so werden dessenungeachtet und trotz den nicht unbeträchtlichen Längenunterschieden die Wortkörper durch den leeren Hintergrundsausschnitt zusammengeschlossen und im Schriftfelde allseitig isoliert. Wir haben mithin auf einen äußerst kritischen Verstand zu schließen. — Noch stärker ist Fig. 79 gegliedert, zu deren schon durchweg beträchtlichen Zwischenräumen die Markierung des Satzbaues hinzutritt durch Vergrößerung des Abstandes der Wörter bei Gelegenheit des Satzschlußpunktes. Ebenso spricht scharfes Auffassungsvermögen aus der Gegliedertheit von Fig. 80 oder Fig. 113. Dagegen haben in Fig. 84 die Hintergrundslücken von übrigens wechselnder Weite etwas Künstliches und Übertriebenes und weisen im Zusammenhange mit den zerstückenden Binnenabständen auf eine Unsicherheit des Urteils hin, die sich hinter dialektischer Aufmachung verbirgt. Fig. 82 und mehr noch Fig. 81 zeigen schon Zeilenverhäkelungen, letztere auch noch Binnenzwischenräume, welche die Hintergrundslücken an Weite übertreffen und dadurch zersetzend wirken (vgl. „gepuderten", „Locken", „hervorquoll"). Wir ermitteln die Ursache dieses noch ungeklärten geistigen Ringens durch Mitbeachtung der Nebenzüge: Teigigkeit, Völle, Basisbögen. Wenn die aus ihnen hervorleuchtende Lebhaftigkeit der Phantasie schon an und für sich das schulgerechte Denken zu stören vermag, so wird uns das vollends für einen Schrifturheber wahrscheinlich sein, der erst im neunzehnten Lebensjahre steht. — Zur Deutung der außerordentlichen Unklarheit von Fig. 83 müssen wir besondere Wege einschlagen, die für den Anfänger einige Schwierigkeit bieten. Hier ohne näheren Zusatz bloß von geistiger Verworrenheit zu sprechen, wäre irreführend. Hervorragende Gewandtheit der Federführung, Nüchternheit der Formgebung, weitgehende Verbundenheit zwingen uns die Annahme diplomatischer Klugheit auf; da denn der (wahrscheinlich weibliche) Schrifturheber nicht bloß planmäßig folgerichtig zu handeln versteht, sondern gegebenenfalls auch selten verlegen sein dürfte um unvermutete Ausflüchte. Nun weisen aber Schiefheit und Ebenmaßlosigkeit auf erhebliche Reizbarkeit innerhalb des Spielraums geselliger Gefühle und Ansprüche hin, und dazu zeigt die Größe der Schrift ein Bedürfnis nach Pathos an, das — angesichts der Dünnheit der Züge — des Nährquells aus dem Erdreich der Triebe ermangelt. Daraus entspringt eine der hysterischen mindestens nicht allzu fernstehende Gesamtverfassung, die grade bei mehr als gewöhnlicher Intelligenz den keimkräftigen Boden gibt für oft schwer zu durchleuchtende Selbsttäuschungen im Dienste einer höheren Nützlichkeit. Die Zeilenverstrickung, wenn auch nicht vom Schreiber beabsichtigt, verwirklicht doch hier seinen Wunsch, den Ausdruck zu verundeutlichen, und zwar zugleich mit kluger Vermeidung der gemeinhin daraus entspringenden Unleserlichkeit.

Zeilenführung. — Für die Untersuchung jeder Art von Ungeradzeiligkeit muß man wissen, daß diese Eigenschaft oft schon im einzelnen Schriftstück, ganz besonders aber in einer größeren Reihe von Schriftstücken des nämlichen Schreibers stärker als sonstige Schrifteigenschaften zu schwanken pflegt. Man beachte z. B. die rasche Zunahme der Steigung in Fig. 6 und 31. Man hat um deswillen die Vorbedingung der Zeilenbehandlung in Stimmungsanlagen gesucht.

Das Fallen der Zeile (Textfigur XVII c), gleichgültig, ob auf liegender oder auf stehender Fläche, findet allemal statt, weil der Arm des Schreibenden allmählich gegen den Körper zurücksinkt. Die solchenfalls obwaltende Beugebewegung ist spannungslos und tritt z. B. stets bei körperlicher Ermüdung ein. Erschlaffung der Muskulatur mit darauffolgendem Zusammensinken des Körpers begleitet aber auch jene Zustände spannungsloser Verstimmung, für deren verschiedenartige Abschattungen uns die Sprache eine große Mannigfaltigkeit von Namen wie Trübsinn, Sorge, Kummer, Mutlosigkeit, Enttäuschtheit, Resignation an die Hand gibt, darunter solche, die unmittelbar deren Bewegungsgestalt beschreiben: „Niedergeschlagenheit", „Depression", „Gedrücktheit". Die sinkende Zeile verrät insofern eine bald mehr dauernde, bald wenigstens zeitweilige Herabgestimmtheit. Man vergleiche etwa Fig. 81, wo wir auf jugendliche Melancholie zu deuten hätten.

Im wesentlichen nicht anders steht es mit der dachziegelförmig fallenden Zeile (Textfigur XVII e), nur daß sie uns überdies ein Ankämpfen des Schrifturhebers gegen die Niedergeschlagenheit anzeigt. In Fig. 51

sinkt jedes Wort und z. T. jede Silbe, obschon die Zeile gerade verläuft: Beweis, daß Schrifturheberin einen gedrückten Gemütszustand überwinden oder mindestens doch verhehlen möchte. — Noch ausgeprägter in Fig. 71. — Das seltene Vorkommnis der flach gehöhlten Zeile (Textfigur XVII g) tritt bei Charakteren auf, die gemeinhin mit Widerwillen und geringer Zuversicht eine Unternehmung beginnen, aber mehr und mehr in tatkräftigen Eifer geraten, nachdem sie erst einmal „warm geworden". Man hat hier nicht ganz mit Unrecht von theoretischem Pessimismus bei praktischem Optimismus gesprochen. Sehr schön bisweilen wahrzunehmen in der Handschrift Schopenhauers! Man vergleiche übrigens Fig. 34; auch in Fig. 35 hat sich von der Gehöhltheit der Zeile noch ein Rest erhalten.

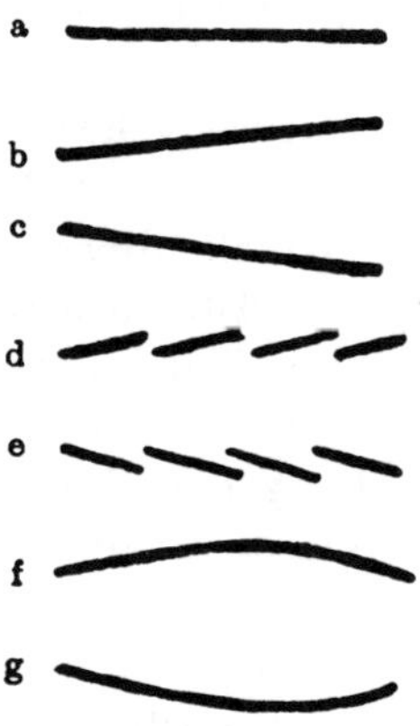

Fig. XVII.

Demgegenüber kann nun die steigende Zeile (Textfigur XVII b) zwei völlig verschiedene Ursachen haben. — Kommt die zur Herabgestimmtheit entgegengesetzte Gemütsverfassung, die man bezeichnenderweise Gehobenheit nennt, u. a. in der Streckung der Glieder überhaupt zur Erscheinung, so führt sie zur Streckung natürlich auch des Unterarms und demgemäß beim Schreiben zu einer vom Körper weg gerichteten, also steigenden Zeile. Somit wiese steigende Zeile bald auf freudige Erregung hin, bald auf Begeisterung, Glück und Übermut oder, falls immer wiederkehrend, auf die Anlage zur Euphorie und die beständige Geneigtheit des Schreibers, alles in „rosigem Lichte" zu sehen und etwa auch einer optimistischen Weltauffassung zu huldigen

(Schopenhauers „Eukolos"). Entsprechend ginge ein dachziegelförmiges Steigen (Textfigur XVII d) wiederum aus dem Bestreben des Schreibers hervor, seine Hoffnungsgläubigkeit und Zuversicht zu verschließen, während endlich die flach gewölbte Zeile (Textfigur XVII f) das bisweilen vorzeitige Erlahmen eines anfänglich feurigen Interesses verriete. Durchweg so schreibende Personen — vielfach Pläneschmieder und „Sanguiniker" — pflegen gewöhnlich mit Voreingenommenheit und Lust ihre Unternehmungen zn beginnen, alsbald jedoch zu erkalten und nachzulassen, um vollends angesichts ernstlicher Hindernisse die „Flinte ins Korn zu werfen". Indessen sind dabei stets auch die Nebenmerkmale in acht zu nehmen. In einer sehr flüssigen Handschrift von gutem Formniveau kann die flache Gewölbtheit der Zeile auch einfach der Gleichgültigkeit des Schreibers gegen die schulmäßige Randgerechtheit entspringen, da namentlich bei größerer Seitenbreite der Unterarm einen Bogen beschreibt, und läßt in solchem Falle lediglich eine weitgehende Zwanglosigkeit der äußeren Haltung erkennen. So werden wir für die Zeilengewölbtheit der flüchtigen und wenig eigenartigen Fig. 85 allerdings ein Strohfeuertemperament, dagegen für die noch flachere der geistig bedeutenden Fig. 42 in erster Linie die hemmungslose Einfachheit des Auftretens neben immerhin einiger Willensschwäche in Anschlag bringen. — So gewiß sich aber ein gehobener Gemütszustand in der Streckung des Unterarms aussprechen kann, so wenig muß Streckung des Unterarms einem gehobenen Gemütszustande entstammen.

Was wir beim Strecken der Finger ausschließen mußten, daß es nämlich einen Zustand des Strebens ausdrücken könne, das tritt offenbar wieder in Kraft für die Streckung des Armes nach vorn, wobei man nur nochmals der Greifbewegung gedenken möge. Wer heftig nach etwas strebt, der wird auch unfehlbar dazu neigen, den Arm in der Richtung auf das raumsymbolisch ja immer außer ihm liegende Ziel zu bewegen, will sagen, ihn bei jeder Tätigkeit mehr als erforderlich zu strecken. Die Lebhaftigkeit des nach außen gerichteten Strebens kann zwar gleichfalls mit vorwaltend freudiger, kann aber auch mit vorwaltend unzufriedener Gemütslage einhergehen, weshalb es denn nicht eben selten vorkommt, daß steigende Zeile von entschieden mehr unlustbetonter Beschaffenheit der Gefühle zeugt!

Ein Beispiel dafür gibt uns Fig. 31. Während in Handschriften wie Fig. 6, 40, 44, auch 85 das Steigen der Zeile zusammenbesteht mit zahlreichen Lösungsmerkmalen, ist es in der Fig. 31 verbunden mit ebenso zahlreichen Spannungsmerkmalen wie starkem Reibungsdruck, gelegentlich scharfer Winkelbindung, Enge, unebenmäßiger Massenverteilung, doppelt geknickten Langbuchstaben. Wir haben folglich einen „sthenischen" Unlustzustand anzusetzen und demgemäß die steigende Zeile zurückzuführen auf ebendenselben ruhelosen Unternehmungssinn, der uns in den überbetonten Längenunterschieden entgegentritt. Im Gegensatz dazu ist sie im Zusammenhange des weichen und rhythmischen Ausdrucksbildes von Fig. 40 Zeichen einer begeisterungsfähigen Empfänglichkeit.

Die schwankende Zeile findet sich durchweg im Verein mit allgemein schwankender Federführung (Fig. 5, 15, 16, 29, 44, 57, 70, 72, 77, 94, 117) und spiegelt die entsprechend schwankende Gemütsverfassung sowie meist auch Unschlüssigkeit und lavierende Gesinnung wieder. Mit der Nebenbedeutung diplomatischer Gewandtheit wird letztere zu betonen sein, wenn gleichzeitig Merkmale für Verstecktheit, Übertreibung und Mangel an Geradheit vorliegen. Vgl. dafür Fig. 70 und 72. Übersichtstafel XVII.

Tabelle XVII.

1. Gerade Zeile	+ Gleichmut	— Mangel an Feinfühligkeit
	+ Ordnungssinn	— Unlebendigkeit
2. Steigende Zeile	+ Gehobenheit	— Leichtsinn
	+ Eifer	— „Sthenische" Unrast
3. Dachziegelförmig steigende Zeile	Beherrschung von + oder — 2	
4. Flach gewölbte Zeile	Lebhaftigkeit bei geringer Energie	
5. Fallende Zeile	+ Melancholie	— Herabgestimmtheit
6. Dachziegelförmig fallende Zeile	Ankämpfen gegen trübe Stimmungen	
7. Flach gehöhlte Zeile	Allmählich erwarmender Eifer	
8. Schwankende Zeile	Stimmungsschwankung und Gesinnungswechsel	

Obwohl wir ausgegangen sind von der Bedeutung der Zeilenbehandlung für die Stimmungsbeschaffenheit des Schrifturhebers, haben uns manche Folgerungen doch schon ins Feld der Willenseigenschaften hinübergeführt. Tatsächlich verdient neueren Erfahrungen zufolge diese Seite des Sachverhalts mehr Beachtung, als ihr bisher zuteil geworden. Zwar, daß fallende Zeile unter anderem für Schwäche der Entschlußkraft oder, wie es gewöhnlich heißt, für Mangel an Initiative sprechen kann, versteht sich nach dem Voraufgegangenen von selbst. Dagegen sind es nun vorwaltend Willensanlagen, von denen ein zuvor nur gestreifter Gegensatz in der Zeilenbehandlung abhängt, der Gegensatz von Richtungsbeständigkeit und Richtungsunbeständigkeit. Zeugt auch Richtungsbeständigkeit nicht etwa einfach von Stärke des Willens, so doch durchweg von der Fähigkeit zum Innehalten des Weges zu gewissen Zielen, hinter denen für den Willensträger die wechselnden Zwecksetzungen des Alltags an Bedeutung zurücktreten. Das gilt natürlich besonders für überdies noch randgerechte (=gerade) Zeilen wie der Fig. 2, 3, 41, 48, 78; es gilt aber auch für steigende Zeilen wie der Fig. 31 und 45 und, wiewohl seltener, für sehr regelmäßig fallende. Da mit Richtungsbeständigkeit gleichbleibende Zeilenabstände verbunden zu sein pflegen (so in allen von uns angeführten Proben), tut der Beurteiler gut, die Abstände zu messen. Stimmen sie nämlich bis auf Millimeterbruchteile überein, so hat der Schrifturheber mit hoher Wahrscheinlichkeit das Linienblatt zu Hilfe genommen; und dadurch würde das Merkmal seinen Symptomwert natürlich verlieren. Linienblatt haben wir anzunehmen beispielsweise für Fig. 46, 47, 69, 75 und noch mehrere sonst. — Der hier umschriebenen Beharrlichkeitsart entspräche auf der Minusseite Prinzipienreiterei und Unbelehrbarkeit.

Im Verhältnis zur schon besprochenen „schwankenden Zeile" ist der Begriff der Richtungsunbeständigkeit um ein weniges enger, wie an einem besonders schönen Anschauungsbilde erläutert sei. Die Zeilen der Fig. 68 schwanken von Silbe zu Silbe bei dennoch randgerechtem Gesamtverlauf. Man sieht das wohl ohne weiteres, kann es aber bestätigen durch Anlegen eines Maßstabes. Hier haben wir es mit jener fast automatisch wirksamen Schlauheit zu tun, die mit dem Anschein entgegenkommender Umstellung, ja der Ablenkbarkeit sogar dem geschulten Beobachter die in Wirklichkeit obwaltende Unbeirrbarkeit verhehlt. Solche Naturen verstehen sich auf ganz unwahrscheinliche Umwege, um schließlich ebendort zu landen, wo sie es beabsichtigt hatten. Man findet dies Symptom einer gewissermaßen verschleierten Gesinnungsbestimmtheit nicht selten in den Handschriften begabter und gebildeter Juden.

Echte Richtungsunbeständigkeit ist demgegenüber allemal anzusetzen bei sprunghaftem Wechsel der Buchstabenbasis innerhalb der Zeile. Wir sehen ihn etwa in Fig. 38, wo z. B. in der sechsten Zeile von unten nach „große" das Wort „Fortschritte" um fast den halben Zeilenabstand höher beginnt. Da jedoch die Gesamterscheinung der Schriftprobe einen mindestens mittelguten Verteilungsrhythmus aufweist und übrigens große Intelligenz verrät, haben wir nur auf Wechsel der Zielsetzungen im kleinen kraft schwankender Augenblicksstimmungen zu schließen. In der ebenmaßwidrigen Fig. 15 dagegen spricht die Treppenförmigkeit, für die man in der vierten Zeile die Wörterfolge „bequem. Wenn" vergleiche, von Gesinnungslosigkeit, in der auf Verundeutlichung des Bildes angelegten

Fig. 83 vom schon berührten hysterischen Einschlag, in der verzerrten Fig. 57 endlich von der Geneigtheit zu besinnungsloser Plötzlichkeit der Entschlüsse. Schreiber — intolerant gegen Alkohol — endete nach dem Genuß von einem Quart Bier in einem unmotivierten Eifersuchtsanfall durch höchst gewaltsame Selbsttötung. — Der in Fig. 54 nur angedeutete Stufenwechsel tritt scharf hervor in Fig. 55, die, wie bemerkt, von derselben Hand herrührt. In Verbindung mit der mustermäßigen Arkade steigert er das Moment der Unberechenbarkeit im Wesen des Schrifturhebers, welcher als der unheilbare Morphinist, der er war, bei übrigens stark betonten geistigen Neigungen in der Herbeischaffung des ihm unentbehrlichen Giftes über eine wahrhaft listenreiche Verschlagenheit verfügte.

Randbehandlung. — Im großen und ganzen wenig zu sagen ist über die Bedeutung des rechten Randes. Treten jedoch erhebliche Ungleichmäßigkeiten hervor, dergestalt daß die Wörter sich bald dort zu klemmen scheinen, während bald wieder Lücken bleiben, auf denen noch eines oder mehrere Platz gehabt hätten, so ist fast ausnahmlos auf mangelnde Einteilungsgabe und möglicherweise auf Mangel an ökonomischem Sinn zu schließen. Die zumal bei Frauen häufige Neigung, Rand und Kopf des Briefes mit Zusätzen auszufüllen, bildet graphisch das genaue Seitenstück zur weiblichen Gewohnheit, ein schon mehrfach abgeschlossenes Gespräch zwischen Tür und Angel wieder anzuknüpfen und bis auf die Treppe fortzusetzen, und verrät eine — positiv wie negativ auslegbare — völlige Fühllosigkeit für den, wenn es erlaubt ist zu sagen, Geschäftswert der Zeit. Ist der rechte Rand durchweg sehr breit, so muß meist mit einem Zurückscheuen vor letzten Konsequenzen gerechnet werden und folglich mit einigem Mangel an Durchführungsenergie. Pflegt er künstlich ausgefüllt zu werden durch unverhältnismäßig ausgiebige Verlängerung der Schlußstriche am Zeilenende, so wird es nicht fehlen an etwas argwöhnischer Vorsicht. — Diagnostisch etwas wichtiger ist der linke Rand. Wer durchweg einen breiten bevorzugt, tut das meist aus ästhetischem Gefühl, seltener aus Sorglosigkeit im Geldausgeben, wogegen ein durchweg schmaler Linksrand entweder eine gewisse Gleichgültigkeit gegen die Raumanordnung überhaupt oder aber Sparsamkeit anzeigt. Erst recht jedoch ist an Sparsamkeit, um nicht zu sagen an Geiz, zu denken, wenn der linke Rand ganz außerordentlich breit auszufallen pflegt. Wir haben dann das — meist übrigens bewußte — Bestreben vor uns, die tatsächliche Knauserigkeit zu verbergen durch scheinbare Verschwendung; wie denn dergleichen Personen den Brief nicht selten zu hoch frankieren.

— Der links nach unten zu b r e i t e r w e r d e n d e Rand weist allemal auf Lebhaftigkeit, sanguinisches Temperament und Ungeduld, der links s c h m a l e r w e r d e n d e umgekehrt (angedeutet in Fig. 82) ebenso gewiß auf Vorsicht, Besonnenheit und möglicherweise auf Mißtrauen hin.

Schriftfarbe. — Nicht ganz bedeutungslos ist die Wahl der Tintenfarbe. Dem Gegensatz der scharfen und teigigen Handschrift entspricht genau die Bedeutung des Gegensatzes von blasser (verdünnter) und tiefschwarzer (unverdünnter) Tinte. — Die blaue Farbe finden wir am dämpfenden, die rote am erregenden Ende des Spektrums. Aufgrund der Wahlverwandtschaft von Gemütslage und Welterscheinung müßten wir für den Blauschreiber einen mehr ruhigen, leidenschaftslosen, weltabgekehrten, für den Rotschreiber einen mehr feurigen, tätigkeitsfrohen, bewegten Seelenzustand annehmen, vorausgesetzt daß die Tintenwahl aus u n m i t t e l b a r e r N ö t i g u n g d e s G e s c h m a c k s geschehen ist. Da hierbei jedoch leicht Absicht und Überlegung ins Spiel treten, wird man zumal für den Blauschreiber häufiger zu erwägen haben, ob und inwieweit er eine kühle Zurückhaltung im Schriftbilde darzustellen nicht vielmehr bloß den W u n s c h besitzt, was denn zunächst nur eine Schwäche für „vornehme“ H a l t u n g anzeigen würde und uns den Umstand erklären dürfte, warum man diese Vorliebe nicht allzu selten bei adeligen Damen findet. — Die weit seltenere violette Farbe würde wahlverwandtschaftlich einem mystisch veranlagten Gemütsleben entsprechen, ist aber meist wohl nur das Ergebnis einer Laune, deren charakterologische Bedingungen in jedem Einzelfall besonders ermittelt sein wollen. — Vorliebe für Bandzüge pflegt zur Wahl von Breitfedern, Vorliebe für Schnurzüge zur Wahl von Plattenfedern oder weichen Spitzfedern zu führen. In jener mag die Wahlverwandtschaft zu Kontrasten, eingerechnet ihre sehr verschiedenartigen Voraussetzungen, zur Darstellung kommen, in dieser die Wahlverwandtschaft zu fließenden Übergängen. Bevorzugung des Bleistiftes vor Werkzeugen mit Schreibflüssigkeit wurzelt wohl nur ganz ausnahmsweise in Eigenheiten des Darstellungsdranges und dürfte im allgemeinen vielmehr d e n Naturen gemäß sein, die im Alltag zu einiger Bequemlichkeit neigen (nicht selten, um ihre Kräfte für größere Ziele zu sparen). Sind es doch Griffel und Bleistift, die den Schreibenden von fast jeder Haltungsregel befreien!

Über Lösung und Bindung. — Die durch alle unsre Ausführungen sich hindurchziehende Unterscheidung von Lösung und Bindung erfordert eine Ergänzung. Mit dem Bindenden sind Kräfte des Geistes gemeint, mit dem

Lösenden Mächte des Lebens. Das persönliche Ich als der Schauplatz beider wird bald gebunden vom Geiste, bald fällt es anheim dem Leben. Zunehmende Bindung bedeutet also zunehmende Unterordnung von Seele und Leib unter die Forderungen des Geistes, wachsende Lösung wachsende Hingebung des Geistes entweder an die Triebe des Leibes oder an Überschwänge der Seele.

Daraus geht an erster Stelle hervor, daß die Unterscheidung nur auf die Plusseite der Ausdrucksbedingungen Anwendung findet. So spricht beispielsweise positiv bewertete Regelmäßigkeit für Stärke des Bindenden, negativ bewertete dagegen bloß für Schwäche des Zubindenden. Wichtiger ist der Umstand, daß untrennbar zusammengehören Leben und Form. Die „Natur", so hieß es, liefert uns keine Lineale ; aber das „est modus in rebus" (es ist Maß und Ziel in den Dingen) bildet so gewiß das Erscheinungszeichen grade des Lebens, wie Formlosigkeit, Maßlosigkeit unfehlbar Zeichen der Lebensentmächtigung sind. Daraus geht an zweiter Stelle hervor die Unanwendbarkeit des Gegensatzes von Lösung und Bindung auf jede Art von Übermaß. Die Natur oder das Leben kennt allerdings zuständliche Übermaße (wohin auch die meisten Krankheiten zählen), so wenn das in Todesangst flüchtende Tier seine Kräfte zu überspannen gezwungen ist oder die Zugvögel zu Tausenden einem Schneesturm erliegen, nicht aber das anlagemäßige oder eigenschaftliche Übermaß. Ein Beispiel für alle darf uns genügen.

Die durchschnittliche Schreibgeschwindigkeit sowie die durchschnittliche Schreibeile des einen ist größer als die des andern. Einem gewissen Maß charakterlicher Eile entspricht durchweg die größere Gelöstheit, charakterlicher Langsamkeit die stärkere Gebundenheit. Muß aber der verhältnismäßig Eilige im Drange der Geschäfte weit schneller schreiben, als seiner Durchschnittseile gemäß wäre, der verhältnismäßig Langsame aus Erforderlichkeit äußerster Sorgfalt weit langsamer, als seiner Durchschnittslangsamkeit gemäß wäre, so findet beidemal Vergewaltigung naturbedingter Antriebe statt, welchem gemäß nun beide Fälle der Bindungsseite angehören würden, sofern es statthaft wäre, Übermaße einzubeziehen. Genau dasselbe aber gilt und sogar erst recht für Anlagenübermaße. Wie dem Leser schwerlich entgangen ist, wurde soeben nur mit etwas andern Worten als früher die Tatsache umschrieben, daß jedes Übermaß das Formniveau herabdrückt.

Noch ein dritter Punkt sei in Kürze erwähnt. Da die Lebenseinheit zwei Pole hat, nämlich Seele und Leib, ist die Bewegungsabwandlung, die durch Unterordnung des Geistes unter die (leiblichen) Triebe entsteht, nicht ohne

Ausnahme dieselbe mit der Bewegungsabwandlung, die dank Unterordnung des Geistes unter (seelische) Überschwänge erfolgt ; und ebenso jedesmal umgekehrt. Bei Überbetonung des seelischen Pols im Verhältnis zum Geiste stehen auf der Seite der Lösung: Eile — Ausgiebigkeit — Schwäche des Reibungsdrucks — lockere Griffelfassung — einige Weite — einige Teigigkeit — L. U. mehr klein — O > U — mittlere Verbundenheit — Girlande — einige Bereicherung — vorherrschende Rechtsläufigkeit — Zügigkeit — einige Unregelmäßigkeit — Ebenmaß; bei Überbetonung der Geistigkeit im Verhältnis zum seelischen Pol auf der Seite der Bindung : Langsamkeit — Unausgiebigkeit — Stärke des Reibungsdrucks — festere Griffelfassung — einige Enge — Schärfe — L. U. mehr groß — U > O — überwiegende Unverbundenheit (oder sehr weitgehende Verbundenheit) — Doppelwinkel — Arkade — Vereinfachung — Linksläufigkeit — einige Unzügigkeit — Regelmäßigkeit — herabgesetztes Ebenmaß.

Dagegen wollen aus Gründen, die der Leser mühelos selbst ermittelt, je nach dem Insgesamt des Bewegungsbildes erwogen sein die Grade des Neigungswinkels sowie die Zeilenbehandlung. Gleichermaßen greifen besondere Überlegungen Platz, so oft es unverkennbar die Stärke der Triebe ist, im Hinblick auf welche Herrschaft oder Gefolgschaft des Geistes in Frage steht. So kann z. B. typischer Virilismus der Triebe nicht nur Eile und Ausgiebigkeit vergrößern, sondern auch den Reibungsdruck, der solchenfalls auf die Seite der Lösung fiele. — Da es uns hier keineswegs ankommt auf die *Theorie* von Lösung und Bindung, die eine gewichtige Abhandlung verlangen würde, sondern ganz allein auf deren Folgen für die Technik, gebieten wir uns Halt und schließen mit wenigen Worten über die Vorteile, die dem Praktiker erwachsen durch methodische Abwägung der lösenden Bewegungsbedingungen gegen die bindenden.

Der wichtigste ist uns bereits bekannt geworden, nämlich die Steigerung der Genauigkeit in der Bestimmung des Formniveaus. Außerdem jedoch beherrscht unsre Teilung die Prinzipien des *erworbenen* Duktus, wie wir im nächsten Kapitel auseinandersetzen. Vorgreifend wollen wir nur soviel sagen: da jede Erwerbung anfänglich entweder unmittelbar oder mittelbar auf ein Wollen zurückgeht, da jedes Wollen entweder begrenzt oder hemmt, so werden *erworben* immer nur Merkmale der Bindungsseite, niemals dagegen der Lösungsseite (abgerechnet allein die Größe); und so ercheint die Abwandlung, die ein ursprünglicher Duktus durch gewolltes Bemühen erfährt, ausnahmslos als Verschiebung nach der Seite der Bindung.

XI. KAPITEL

DIE ERWORBENE HANDSCHRIFT

Vorbemerkung. — Bei allem bisher Vorgetragenen war vorausgesetzt, daß die Schrifteigenschaften ohne Absicht des Urhebers entstanden seien. Nun wird aber eingeworfen, man könne seine Schrift auch willkürlich abändern. Wie man früher als Kind das schulmäßige Schreiben mühsam erlernt habe, so sei es bei entsprechendem Willensaufwand auch möglich, sich Schrifteigenschaften, auf die man Gewicht lege, einzuüben, und da müsse denn der Deuter gefährlichen Trugschlüssen anheimfallen. Jenen Schnörkel, so pflegt etwa einer zu sagen, habe ich einstmals meinem Schulkameraden abgelauscht; wie also sollte er meinen Charakter verraten?! Wir könnten erwidern, es sei doch wohl kaum ein Zufall gewesen, daß dieser Schnörkel ihm wohlgefiel; wir könnten weiter zu bedenken geben, daß er denjenigen schwerlich irreführen werde, der es sich zum Gebot gemacht habe, ihn nur im Gesamtbild der Handschrift zu würdigen. Allein wir wollen mit unsrer Antwort tiefer greifen.

Da ist nun zunächst zu betonen, daß die Annahme grundsätzlich zutrifft, es könne die Handschrift willkürlich umgestaltet werden. Dieser Umstand bildet aber deshalb kein Deutungshindernis, weil wir Methoden haben, um die erworbenen von den ursprünglichen Zügen abzusondern. — Wir müssen hierbei von vornherein die beiden Fälle auseinanderhalten, ob jemand seine Schriftzüge nur vorübergehend oder dauernd verändert. Im ersten Falle entsteht das künstliche Schriftstück, im zweiten entsteht die erworbene Handschrift.

Die künstliche Schrift. — Für die künstliche Umgestaltung der Schrift gibt es im großen und ganzen nur zwei Beweggründe: den der Verstellung und den der Verschönerung. — Die Schriftverstellung kann in diesem Zusammenhange nicht behandelt werden, weil wir dazu auch chemische und photographische Erfahrungen heranziehen müßten. Die Urheberschaftsuntersuchung gehört zu den Aufgaben der gerichtlichen Praxis und ist nur unter Mithilfe mehrerer Wissenschaften mit Erfolg in Angriff zu nehmen. Nur soviel sei gesagt, daß die Verstellung zwar durchweg ermittelt wird, dagegen keineswegs immer die Identität mit der Handschrift des Urhebers. So läßt sich zwar mutmaßen, aber nicht mehr mit wissenschaftlicher Bestimmtheit behaupten, daß der Schreiber von Fig. 85 die handschriftlich wirkenden Verstellungen von Fig. 86 und 87 erzeugte. Der Graphologe hat darum „natürliche" Belegstücke zu fordern und verstellte abzulehnen. Was er leisten zu können behauptet und wirklich leistet, ist die Ermittlung wesentlicher Züge des Charakters aufgrund der Handschrift, nicht aber aufgrund eines schreibtechnischen Kunststücks; wie denn ja auch niemand sich einbilden würde, aus einem Lichtbild brauchbare Eindrücke vom Antlitz des Abgebildeten zu erhalten, wenn dieser während der Aufnahme eine Grimasse schnitt. — Die zeitweilige Schriftverschönerung pflegt entweder in der Richtung auf Schulmäßigkeit oder in der auf künstlerische Durchgestaltung erstrebt zu werden. So rührt z. B. die kunstschriftliche Fig. 132 vom Schreiber der Fig. 133 her. Genügend Schreibkönnen vorausgesetzt, würde beidemal der natürliche Duktus mehr oder minder z u g e d e c k t , weshalb es auch für solche Erzeugnisse gilt, daß sie zu Deutungszwecken kaum noch zu brauchen sind. Da sie sich übrigens auf den ersten Blick als das, was sie sind, verraten, so ist man in der Lage, weiteres Material zu fordern und, falls solches unbeschaffbar, die Deutung entweder rundweg abzulehnen oder sie nur mit Vorbehalt und naturgemäß unergiebiger auszuführen. Wir wollen uns indes am Beispiel der künstlichen Schrift sogleich überzeugen, in welcher Hinsicht beim Versuch der Abänderung die Aufmerksamkeit zu v e r s a g e n pflegt.

Fig. 99 zeigt uns die gewöhnliche Handschrift jemandes, der sich in Fig. 100 bemühte, so schulgerecht wie möglich zu schreiben. Das ist ihm im großen und ganzen trefflich gelungen. Gleichwohl entdecken wir bei genauerer Betrachtung folgende R ü c k f ä l l e : 1. Absteigende Höhenausdehnung der Mittelbuchstaben (vgl. das d mit dem l in „leider", das t mit dem h in „zunichte"). 2. Unvorschriftsmäßige Absetzungen (vgl. insbesondere die Vereinzelung von i und s in „ist"). 3. I-Punkte und ü-Striche zu hoch gesetzt. 4. T-Querstrich zu weit rechts begonnen und zu lang ausgezogen. 5. Abbiegung der Schlußzüge nach r wenigstens angedeutet. — Punkt 1 und 2 fallen unter ein Gesetz, das wir bei der „erworbenen Handschrift" besprechen werden; Punkt 3 bis 5 können zur

Veranschaulichung der Regel dienen, welche die Aussonderung erworbener Züge leitet. Wie schon im ersten Kapitel gestreift wurde, erscheinen Oberzeichen und Schlußzüge als vergleichsweise nebensächlich; das scheinbar Nebensächliche wird am wenigsten beachtet, und was im allgemeinen nicht beachtet wird, entgeht auch dem Schriftversteller und ist deshalb diagnostisch am wichtigsten. Daraus folgt, daß wir in jedem Schriftstück zu vergleichen haben d i e Eigenschaftsgruppen, die erfahrungsgemäß am meisten, mit denen, die am wenigsten beachtet werden. An jenen wird sich der Darstellungswille erschöpfen, diese verraten die ursprüngliche Unterschicht. Insbesondere halten wir demzufolge gegeneinander die stets bewußteren A n f ä n g e und die stets unbewußteren E n d e n und zwar sowohl der Schriftprobe im ganzen als auch ihrer Absätze, Zeilen und Wörter. Nach dieser Methode enthüllte sich uns schon früher im Ausdrucksbilde des vielfach gehemmten Charakters von Fig. 31 die durchbruchsbereite Heftigkeit aus dem Umstande, daß die i-Punkte umso höher sitzen und umso mehr voreilen, je näher dem Ende der Zeilen, und daß die Zeilen umso kräftiger steigen, je näher dem Ende der S e i t e. Ebenso geht die Absichtlichkeit der Druckbetonung in Fig. 118 aus dem Umstande ihres Vorkommens ausschließlich am A n f a n g der Wörter hervor. — Indessen hiermit betreten wir schon das Gebiet der „erworbenen Handschrift“.

Gesetze der erworbenen Handschrift. — So gewiß es wahr ist, daß man seine Handschrift bleibend abändern kann, ebenso gewiß ist es möglich, die erworbenen Züge zu ermitteln und gleichsam als eine Oberschicht von den ursprünglichen abzuheben. Dabei leiten uns drei Überlegungen.

Aus welchen Gründen immer jemand sich veranlaßt fühle, seine Schriftzüge dauernd umzugestalten, jedenfalls kann er nur diejenigen Eigenschaften abändern w o l l e n, die ihm als abänderungsbedürftig a u f g e f a l l e n sind. Wir müßten daher für sämtliche Züge wissen, was wir für einige schon dargetan haben: in welchem Grade nämlich sie geeignet sind, dem Schreibenden auffällig und wichtig zu werden. Da haben nun Praxis und Theorie übereinstimmend folgendes festgestellt.

Am meisten fallen ins Auge die Großbuchstaben, weit weniger die Kleinbuchstaben; unter den Kleinbuchstaben am meisten die Langbuchstaben, nächstdem die Mittelbuchstaben, am wenigsten die Kurzbuchstaben. Falls die Formungswünsche nicht bloß auf Zutaten oder Fortlassungen zielen, heften sie sich in erster Linie an Größe, Lage und Breite der Grundstriche, während die Führung der Nebenteile unberücksichtigt bleibt. Angezogen und festgehalten von den d a r s t e l l u n g s f ä h i g e n

Schriftelementen pflegt der Formungswille u n m i t t e l b a r demnach nur folgende Züge anzugreifen: Anfänge der Wörter und Sätze, Großbuchstaben, Langlängen und Mittellängen, Grundstriche (nach Schwere und Lage), Weite der Schrift; und wir hätten daher nur diese gegen die übrigen Schrifteigenschaften abzuwägen, um sowohl den Grad der Absichtlichkeit als auch deren Wege zu ermitteln.

Vielleicht wendet man ein, wenn es möglich sei, die Handschrift bis zur Unkenntlichkeit zu verstellen, wie es z. B. Schreiber von Fig. 85 in Fig. 86 und 87 vermochte, so sollte es schließlich doch auch gelingen, eine solche Verstellung dauernd festzuhalten. Allein, selbst wenn man dazu so viel Begabung hätte wie dieser „Handschriftenkünstler“, so würde die Verstellung doch immer noch entweder einen ungewöhnlichen Müheaufwand oder aber eine Art von Selbstsuggestion erheischen, vermöge deren sich Schreiber gleich dem Schauspieler in eine fremde Rolle hineinversetzte. Mittelst unablässiger Mühewaltung werden jedoch nur Schriften hervorgebracht, die sich mehr oder minder z e i c h n e r i s c h e n Erzeugnissen nähern (vgl. Fig. 132) und dadurch den Charakter wenigstens der u n m i t t e l b a r e n Handschriftlichkeit einbüßen; die Selbstsuggestion hingegen, die dem Schreiber von Fig. 85 nach eigener Aussage zu den handschriftlich wirkenden Verstellungen von Fig. 86 und 87 verhalf, steht ebenso in gleicher Weise nicht noch ein zweites Mal zur Verfügung, daher es mit ihrer Hilfe jemand wohl zu schreibkünstlerischen Spielereien, nicht aber zu einer neuen H a n d s c h r i f t brächte. Liegt daher eine eigentliche „Handschrift“ vor, die von einem Abschnitt schriftbildnerischer Bemühungen die Spuren trägt, so wird sie unfehlbar auch die u r s p r ü n g l i c h e S c h i c h t erkennen lassen. In welchen Zügen wird die nun aber erhalten bleiben?

Um darüber ins klare zu kommen, müßten wir vor allem noch wissen, welche Schriftmerkmale rein m e c h a n i s c h am schwersten abzuändern wären. Diese Frage hat ein ganz andres Gesicht als die soeben behandelte nach der Vorzugsrichtung der Aufmerksamkeit. Es gibt doch gewiß nichts Leichteres, als den i-Punkt niedrig statt hoch oder hoch statt niedrig zu setzen, und wenn gleichwohl die Setzungsart der Oberzeichen zu den beständigsten Schrifteigenschaften gehört und fast niemals dauernd willkürlich beeinflußt wird, so rührt das nur davon her, daß man bei einigermaßen fließendem Schreiben alsbald verabsäumt, darauf zu a c h t e n. Ebenso läßt sich unschwer die Zeilenbehandlung verändern; aber grade diese wird selbst bei raffinierten Verstellungen oft zum Verräter des Fälschers. Man beachte die große Ähnlichkeit der Zeilenbehandlung in Fig. 86

und 87 mit der dem „Handschriftenkünstler" natürlichen, die uns Fig. 85 zeigt! Umgekehrt liegt es sicher nahe, auf die Längenunterschiede der Lautzeichen und zwar beständig zu achten; allein hier zeigt es sich nun, daß es außerordentliche Mühe kostet, eine geringe Längenunterschiedlichkeit in eine große oder gar eine große in eine geringe zu verwandeln! Wer also seine Schrift stilisiert und inbetreff der Längenunterschiedlichkeit das Gegenteil der ihm natürlichen herzustellen gedächte, der würde auf die Dauer den Versuch als mechanisch unausführbar befinden. Wir müßten also unterrichtet sein, ob es für die verhältnismäßige Abänderungsschwierigkeit jeder Duktuseigenschaft ohne Rücksicht auf die persönliche Verstellungsgabe eine allgemeine Regel gibt.

Es war Georg Meyer, der vor 47 Jahren mit seinen klassischen Versuchen „Über Schriftverstellung" (Graph. Monatshefte 1900) hervortrat, denen die Wissenschaft hinsichtlich des Problems der willkürlichen Veränderbarkeit der Handschrift ein bis heute einzig dastehendes Material und eine Reihe immer wieder bewährter Regeln verdankt. Demgegenüber gelang es dem Verfasser, mit Hilfe seiner Theorie des Willens sämtliche Beobachtungen auf ein Grundgesetz zurückzuführen (entwickelt in den „Problemen der Graphologie" S. 34—39), welches besagt: eine Schrifteigenschaft wird umso schwerer unterdrückt, je mehr sie zum Ausdrucksbilde des Willens gehört (oder: sie wird umso schwerer hergestellt, je weniger sie zum Ausdrucksbilde des Willens gehört). — Da alle Willenssymptome Bindungsmerkmale sind, so folgt daraus zunächst, daß Lösungsmerkmale leichter durch Bindungsmerkmale willkürlich zu ersetzen sind als umgekehrt. Man erzeugt leichter als die jeweils entgegengesetzte Schrifteigenschaft: Druckstärke, Enge, Steilheit, Unverbundenheit, Doppelwinkel, Arkade, Magerkeit, Linksläufigkeit, große Längenunterschiede, Unterlängenbetonung, Gliederung, Unzügigkeit, Regelmäßigkeit; weshalb Druckschwäche, Weite, Schiefheit, Verbundenheit, Doppelbogen, Girlande, Völle, Rechtsläufigkeit, kleine Längenunterschiede, Oberlängenbetonung, Ungegliedertheit, Zügigkeit, Unregelmäßigkeit einer Handschrift meist nicht zu ihren Erwerbungen gehören. Ferner, wie kaum betont werden muß, pflegt die erworbene Bewegung langsamer abzulaufen als die ursprüngliche. — Einen Doppelversuch dieser Art bieten Fig. 111 und 112 (aus der Arbeit von Meyer). In Fig. 112 hat ein Schreiber auf Wunsch die Unterlängen vergrößert, was ihm gelang; in Fig. 111 hat ein andrer Schreiber sämtliche Oberlängen zu vergrößern versucht. Dies aber gelang sehr unvollkommen: einmal nämlich mitvergrößerte er unabsichtlich die Unterlänge des h im Worte „hat“, sodann ließ er von den sechs verfügbaren Oberlängen drei unvergrößert, das t in „hat“, die beiden G-Spitzen in „Gold“ und das l im gleichen Worte.

Die Richtigkeit des Grundgesetzes angenommen, müssen sich am leichtesten herstellen lassen solche Schrifteigenschaften, deren Hervorbringung bloß auf Abänderung (Vermehrung oder Verminderung) der aufzuwendenden Kraft beruht, unter ihnen wieder besonders leicht die durch Vermehrung der Kraft zu bewirkenden wie etwa die Druckbetonung, am allerleichtesten endlich die Niederschläge vermehrter Hemmung, also Engung oder Verkleinerung; schwieriger dagegen die dem Schrifturheber gewohnten Proportionen. Die fast durchstilisierte Fig. 114 rührt vom selben Schreiber her wie die (leider etwas zu kleine) Probe Fig. 92, aus der jedoch immerhin noch zu entnehmen ist, daß die Umformung in der Richtung auf Verkleinerung, Drucksteigerung und Auslotung geschah, und wenigstens zu vermuten, daß von ihr nicht betroffen wurden die Unterschiede der Längen. Schon etwas schwieriger muß zu beeinflussen sein der Verbundenheitsgrad (ganz besonders natürlich im Sinne der Steigerung), noch schwieriger die Bindungsform (und wieder ganz besonders im Sinne vermehrter Bogigkeit). Der Fall, daß jemand absichtlich Fadenbindung erzeuge, ist eine außerordentliche Rarität. Vollends ganz außerhalb des Willensspielraums liegen, wie schon berührt, die Längenunterschiede, ob übrigens gleich deren Verkleinerung noch schwerer zu bewirken ist als ihre Vergrößerung. Auch ohne den Ausdrucksgehalt der Längenunterschiede herbeizuziehen, überzeugt man sich davon folgendermaßen. Bietet man einen Willensantrieb auf, um die Kurzlängen zu vergrößern, so mitvergrößert man unabsichtlich auch die Langlängen; tut man es dagegen, um die Kurzlängen zu verkleinern, so mitverkleinert man abermals unabsichtlich die Langlängen, stellt also jedesmal wieder dasselbe Längenverhältnis her! Endlich ist es ein Ding der Unmöglichkeit, die Handschrift glaubwürdig zu verunregelmäßigen. Wir geben unten die Reihenfolge der Schwierigkeitsgrade willkürlicher Erzeugung für alle wichtigeren Bewegungseigenschaften.

Die entscheidende Bedeutung der Meyer'schen Beobachtungen und ihre Verwertung für das Grundgesetz der erworbenen Handschrift wird nicht durch den Umstand geschmälert, daß die von uns aufgestellte Reihe der Herstellungsschwierigkeit nicht ohne Ausnahme dem Beständigkeitsgrad der persönlichen Schrifteigenschaften entspricht. Insbesondere werden die „Größen und Grade der Schreibbewegung“, genauer zumal Ausgiebigkeit, Geschwindigkeit, Reibungsdruck, bei darauf gerichteter

Absicht zwar mühelos e i n m a l i g umgewandelt ins Gegenteil ihres persönlichen Vorkommens, nicht entfernt jedoch ebenso mühelos d a u e r n d und zwar, weil es erfahrungsgemäß schwerfällt, den Zweck b e s t ä n d i g im Auge zu behalten. Hier versagt die Achtsamkeit nicht wie oben aus Unauffälligkeit der zu behandelnden Schrifteigenschaften, sondern weil diese im persönlichen Bewegungshabitus offenbar fester verankert sind als etwa die Setzung der Oberzeichen. Sehen wir vorderhand ab von der Ausgiebigkeit, so pflegen auf die Dauer g e g e n die Absicht sich wieder durchzusetzen Durchschnittsgeschwindigkeit und Durchschnittsdruck. Der Fall, daß bei ursprünglich etwa mittlerer Stärke des Reibungsdrucks grade dessen Schwäche zur bleibenden Erwerbung wird, dürfte nur unter e i n e r Bedingung gelingen, nämlich durch Steigerung des früher erwähnten Fingerdruckes, der meist im Dienste der Formung steht. So hat z. B. der Urheber der, wenn nicht durchstilisierten, so immerhin stilisierten Probe Fig. 113 scharf sich abhebende Schattierungen unzweifelhaft nur durch Aufwendung von mehr als mittlerem Griffdruck vermieden. Damit aber sind die Ausnahmen im wesentlichen schon erschöpft; einiges noch Fehlende folgt weiter unten.

Endlich eine dritte Erwägung. Auch der Zustand schriftbildnerischer Bemühung muß einen Ausdruck haben. Wie er aufgrund seines Energiegehaltes leichter Willensanzeichen verwirklicht als deren Gegenteil, so auch wirkt er u n willkürlich auf diese verstärkend ein. Mit jeder gewollten Schriftumformung gehen ungewollt gewisse Nebenwirkungen einher, welche die gesteigerte Mühewaltung bezeugen, wie insbesondere Regelung des Gesamtgepräges, Häufung der Unterbrechungen und Steigerung des Nachdrucks. Schreiber von Fig. 112 wollte nur die Unterlängen vergrößern, hat aber unabsichtlich zugleich seine Handschrift verregelmäßigt und die Unterlängen mit Druckbetonungen versehen, die weder von der Aufgabe gefordert waren noch ihm sonst eigentümlich sind. So ist die Steigerung des Reibungsdruckes, welche die teilweise erworbenen Schriftzüge der Fig. 103 im Verhältnis zu den ursprünglichen der Fig. 104 aufweisen, oder die der stilisierten 114 im Verhältnis zur ursprünglicheren 92 schwerlich Erzeugnis der Formungs a b s i c h t , sondern mindestens überwiegend unwillkürliche Begleitveränderung. (Die starken Schattierungen der stilisierten Fig. 130 dagegen, die mit dem ursprünglich fast drucklosen Duktus des Schrifturhebers grell kontrastieren, sind Ergebnis bewußter Gestaltung, gehen deshalb aber auch mit Vereinzelung fast sämtlicher Lettern einher und teilweise noch ihrer Bestandteile : man vergleiche u und n in „trunken“ der ersten Zeile, u in „duftenden“ der dritten, m in „mit“ der vorletzten.

Inbezug auf bleibende Erwerbungen können wir zusammenfassend sagen: die erworbene Handschrift gibt uns darstellende Einzelformen im Gesamtbilde einer künstlich geregelten und durch Hemmungssymptome bereicherten Federführung.

Wir wiederholen: Drei Gesetze beherrschen den Einfluß der Willkür auf die Schreibbewegung und bestimmen das Gepräge der erworbenen Handschrift: das Gesetz der Aufmerksamkeitsrichtung — das Gesetz der Herstellungsschwierigkeit von Schrifteigenschaften — und das Gesetz der Begleitveränderungen. Das erste ermöglicht die Unterscheidung darstellender und nichtdarstellender Schrifteigenschaften; das zweite gibt uns Auskunft über den Grad des Widerstandes, den die gewohnheitsmäßigen Schreibantriebe dem Formungswillen entgegensetzen; das dritte lehrt

Tabelle XVIII.

A. Aufmerksamkeitsrichtung.

+	—
Formen der Groß-, Lang-, Mittelbuchstaben	Formen der Kurzbuchstaben
Größe, Weite, Lage, Tempo, Nachdruck	Sämtliche übrigen Eigenschaften
Grundstrich	Binnenhaarstrich und Oberzeichen

B. Grad der Herstellungsschwierigkeit.

←

Leicht herstellbar: Druck, Langsamkeit, Kleinheit — Größe, Geschwindigkeit, Drucklosigkeit — Steilheit — „Unschlankheit" — Gliederung — Regelmäßigkeit — U > O — Enge — Unverbundenheit — Schrägheit — Weite — — — L. U. groß — Verbundenheit — Winkelbindung — O > U — Arkade — Girlande — Faden — L. U. klein — Ungegliedertheit — Unregelmäßigkeit — „Schlankheit". Schwer herstellbar.

→

C. Nebenwirkungen.

Es pflegen ungewollt zu wachsen: Regelmäßigkeit, Enge, Druck, Unverbundenheit.

uns typische Nebenwirkungen kennen, die mehr oder minder mit jeder absichtlichen Beeinflussung des Schreibens einhergehen. Wir fassen das Ergebnis in vorstehender Übersichtstafel zusammen, in der das Plus das Beachtete, das Minus das Nichtbeachtete bedeutet und wo die Richtung des oberen Pfeils der Abnahme, des unteren dem Wachsen der mechanischen Herstellungsschwierigkeit entspricht.

Nachdem wir die Merkmale der erworbenen Handschrift entwickelt haben, bleibt uns noch übrig, Fingerzeige zu ihrer Deutung zu geben. Das tun wir jedoch besser an der Hand von Beispielen, denen wir grundsätzlich nur eines vorausschicken. Die wichtigste Frage angesichts einer erworbenen Handschrift ist die, ob die Erwerbungen mit dem ursprünglichen Bestande übereinstimmen oder nicht. Ist es der Fall (angemessen erworbene Handschrift), so haben wir in ihnen das Darstellungsmittel der Selbstbeherrschung und Selbstgestaltung zu sehen. Es kann uns dergestalt der handschriftliche Stil des Schreibers mittelbar zum Ausdruck werden für Ordnungssinn, Genauigkeit, Wohlabgewogenheit des Betragens, „Haltung“, gewählte Umgangsformen, Vervollkommnungswünsche und Schönheitsbedürfnisse mannigfacher Art. Ist es nicht der Fall (unangemessen erworbene Handschrift) und müssen wir also dem Urheber die innere Berechtigung zu dem Kleide absprechen, das er sich angelegt, dann sind die Ursachen allemal unter denjenigen Triebfedern zu finden, infolge deren *einer etwas scheinen möchte, was er nicht ist.* Die aber liegen samt und sonders im Bereich des Selbstgefühls und eröffnen uns wesentliche Einblicke in die Spielarten der Selbsttäuschung.

Spielarten der erworbenen Steilschrift. — Auch wenn wir es nicht schon wüßten, daß Fig. 104 eine zwanglose Probe von der Hand der gleichen Persönlichkeit gibt, von der auch Fig. 103 herrührt, so verrieten uns doch drei Eigentümlichkeiten den darstellenden Charakter dieser letzteren : die Steilheit — die weitgehende Vereinfachung (z. B. des h) — und die offenbar von Geschmacksrücksichten empfohlene Behandlung des G. So sehr nun bei flüchtigem Betrachten die erworbene Handschrift von der ursprünglichen äußerst abzuweichen scheint, so zeigt doch eine genauere Untersuchung, daß sie es tatsächlich nur inbezug auf die darstellenden Schrifteigenschaften tut. Es wurde nämlich absichtlich verändert die Größe und zwar in der Richtung auf Verkleinerung — die Lage in der Richtung auf Steilstellung — die Formbeschaffenheit des Anfangsbuchstabens in der Richtung auf geschmackvolle Vereinfachung ; und es traten unwillkürlich hinzu die uns bekannten Begleitveränderungen der Regelung des Gesamtgepräges, verstärkter Druckbetonung und vermehrter Unterbrechung. Dagegen blieben völlig unberührt die willensfremden Züge der Teigigkeit, der allgemeinen Einfachheit, der geringen Längenunterschiedlichkeit und der charakteristischen Behandlung der Nebenteile. So sehen wir den i-Punkt beidemal sofort nach Vollendung des Grundstriches, niedrig, voreilend und kommaförmig gesetzt. Daraus allein schon würden wir in Anbetracht der Stärke des Bildes triebkräftige Tatlust erschließen, wenn freilich auch nicht ein solches Maß von Hinreißungsgabe, wie aus der zwanglosen Probe Fig. 104 hervorgeht. Auf die Frage, ob die Erwerbung angemessen sei, muß die Antwort bejahend lauten, und zwar nicht nur in Rücksicht auf das übermittlere Formniveau (von dem man bei der Kleinheit der Proben Kenntnis nehme aus Fig. 129, welche die Namensunterschrift des Urhebers gibt), sondern auch deshalb, weil das sicher ursprüngliche Vorwalten der Winkelbindung — trotz offenbar größter Eile der Schreibbewegung im „in“ der zwanglosen Fig. 104 wiederkehrend — als anlagemäßig gegeben beglaubigt die Fähigkeit zur Sammlung und Selbstbeherrschung, deren schon vorhandener Ausdruck somit vom Schreiber nur darstellerisch verwertet wurde. Im gleichen Sinne günstig zu beurteilen sind die stilisierten Steilschriften von Fig. 113 und 114. — Entfernt verwandt, aber bereits viel weniger „festgestellt“ erscheinen die Erwerbungen der Fig. 105. Hier fällt uns als teilweise unangemessen die Weichheit der Bindungen und der feinere Mangel an Ebenmaß auf, wie denn Schreiber aus Rückwirkung über die Steilheit hinaus sogar noch zur Übersteilheit gelangte. Seine offenbar nicht nur ästhetisch bedingte Vorliebe für ausgebauchte Großbuchstaben verrät uns ein anspruchsvolles Geltungsbedürfnis, wie es völlig gefestigte Charaktere nicht nötig haben.

Wesentlich ungünstiger steht es mit der stilisierten Probe Fig. 106. Hier sind offenbar als erworben anzusehen vor allem Größe der Schrift, Bildung der Großbuchstaben, Unstetigkeit, Enge, Lage und Schwere. Allein den Ursprung dieser Merkmale finden, heißt auch bereits ihren Mangel an „Bodenständigkeit“ enthüllen. Zunächst einmal die Größe ist nicht sowohl erworben als vielmehr angenommen. Schreiber ist nämlich fortwährend im Begriff, in eine viel kleinere Handschrift zurückzufallen, was uns allein schon gewisse Nebenzüge verraten, wie der kurzförmige Schlußteil der h's. Demgemäß übertreibt er denn auch die Größe ganz besonders in der gefühlsbetonteren Unterschrift. Ferner würde die immerhin erhebliche Enge, falls sie natürlich wäre, ein Zusammenfassungsvermögen wahrscheinlich machen, das sicherlich mit weit schärferer Winkelbildung einherginge, als unsre Probe sie bietet. Die häufigen Absetzungen sind nur eine Folge der Sorgfalt, die Schreiber auf seine Kunstschrift verwenden muß, treten deshalb wiederum gesteigert in der Unterschrift hervor und wechseln mit verhältnismäßig weitgehenden Bindungen, in denen die ursprüngliche Bindungsneigung zum Durchbruch kommt. Die teigige Schwere steigert den Charakter einer gewissen Großartigkeit des Bildes, steht aber im Widerspruch mit seiner fast schleifenlosen

Magerkeit. — Es fällt nun nicht schwer, dafür die zutreffende Deutung zu finden. Schreiber zielt auf Größe, Schwere, Wucht und Besonderheit des Schriftbildes, und das will sagen, er wünscht mit seiner Handschrift den Eindruck von Sicherheit, Selbständigkeit und Ursprünglichkeit zu erzeugen. Wie sein nur mittleres Formniveau anzeigt, besitzt er indes auch nur das Durchschnittsmaß von seelischer und geistiger Eigenart. Folglich bedarf er im besonderen Grade der äußeren Anerkennung, um seines Wertes gewiß zu werden. Seine handschriftlichen Erwerbungen sagen uns genauer folgendes über die Beschaffenheit seines Selbstgefühls: Ehrgeiz und einige Eitelkeit verhindern das Selbsteingeständnis tatsächlich vorhandener Unsicherheit und verleiten zu Originalitätssucht und Effekthascherei. — Indessen sind nun dergleichen Übel nicht allzu streng zu bewerten und pflegen bei vielen damit behafteten Personen mit wachsender Reife zu schwinden. Das eigentlich Verderbliche jeder Art des Scheinenwollens liegt weniger in ihr selbst als in der „Subjektivierung" der Sinnesrichtung, die sie meist im Gefolge hat. Wer an einem Widerspruch zwischen Schein und Wesen krankt, ist der Gefahr ausgesetzt, sich nicht nur über das ersprießliche Maß hinaus mit dem eigenen Selbst zu befassen, sondern auch seinen Blick für sachliche Werte getrübt zu sehen durch die beständig einschleichende Rückbeziehung auf das Persönliche. Eigenbezüglichkeit und Mangel an Sachinteresse sind unter allen Folgen bedingter Selbstdarstellung die am wenigsten erfreulichen. Und grade für diese wichtige Gruppe haben wir die handschriftlichen Anhaltspunkte in den unangemessenen Erwerbungen zu suchen.

Schärfer als im mehr äußerlichen und harmlosen Dekor der Fig. 106 tritt das nun hervor in der fast durchstilisierten Fig. 107 von übrigens etwas höherem Niveau. Hier gibt es zwar keine derart auf der Hand liegenden Unstimmigkeiten ; allein unsre Methode befähigt uns, auch innerlichere Selbstwidersprüche auszugraben. Zuvörderst denn merken wir an ein gewisses Mißverhältnis zwischen der pretiösen Eigenheit der Federführung und der nicht sonderlich großen Ursprünglichkeit der Formensprache. Die imgrunde zwar nur vom Rundschriftduktus entliehene, immerhin aber mäanderartig umgemodelte Federführung will uns nicht recht zu den schulmäßig simplen Formen passen der d, g, u, n, m, überhaupt eigentlich sämtlicher Kurzbuchstaben, hinsichtlich deren sogar Fig. 106 da und dort an Eigenart höher steht. Die offenbar angestrebte „Monumentalität" erleidet indes vor allem Abbruch durch die fließend weiche Verknüpfungsweise, die selbst die i-Punkte gelegentlich einbezieht. Wir treffen hier auf die ursprüngliche Schicht aufnehmender Empfänglichkeit und Beeinflußbarkeit und werden daher nicht fehlgehen, wenn wir dem Stilisierungsversuch Nachahmungswünsche zugrunde legen, deren Entfaltungsrichtung durch modische Muster bestimmt sein mag. Der unverkennbar gute Geschmack, von dem die Auswahl des Schreibers allerdings Kunde gibt, reicht doch allein nicht aus, um im handschriftlichen Erzeugnis eine gewisse Würdebeflissenheit zu verdecken, hinter der die innere Bestimmungslosigkeit verschwinden soll. Im Betragen führt das gern zu einem etwas künstlichen Hochmut. — Nicht überzeugend, weil an Formniveau und Ebenmaß wesentlich tiefer stehend, sind die freilich mehr auf gesellschaftliche Wirkung angelegten Erwerbungen der selbst für seitliche Federhaltung übertrieben zurückgelehnten Fig. 108, deren spielerische Zutaten und keulenförmigen Endstriche der Nüchternheit und Formenarmut des Gesamtbildes nicht aufhelfen können.

Wesentlich auf der gleichen Linie liegen die unangemessenen Erwerbungen der Fig. 115, deren natürlicher Bestand jedoch etwas günstiger zu bewerten ist als der Fig. 108. Wiederum übertrieben erscheinen hier Größe (beachte den Gegensatz zu den winzigen u-Häkchen), Enge und linksschräge Lage: Ausdruck zumal eines Dranges nach Unabhängigkeit, mit dem der herrschbedürftige Eigenwille der Schreiberin sich zur Wehr setzt gegen die weichherzige Ablenkbarkeit, deren Niederschlag uns in den drucklosen Girlanden erhalten blieb. Die dreiecksförmigen Unterschleifen der Mittel- und Langbuchstaben erweisen als daran mitbeteiligt den Wunsch, beachtet und bewundert zu werden.

Überblicken wir die bisherigen Einzelfälle, so drängen sich uns zwei Bemerkungen auf. Einmal fanden wir wenigstens unter den nicht ganz angemessenen Erwerbungen fast regelmäßig gesteigerte Ausgiebigkeit. Die ist nun zwar, wie wir wissen, verhältnismäßig sehr leicht zu bewirken, steht aber im Gegensatz zu der aus andern Gründen zu erwartenden Verkleinerung. Die Ursache liegt natürlich darin, daß eine große Schrift schlechtweg mehr „Eindruck" macht als eine mittlere oder kleinere. Wann immer das Formungsbestreben in erster Linie auf Steigerung der Größe geht, haben wir deshalb mindestens in Erwägung zu ziehen, ob nicht grade der Wunsch, die Aufmerksamkeit des Lesers zu fangen, vornehmlich dazu bewogen habe. Genau wie bei den früher schon betrachteten und weiter unten in Kürze nochmals heranzuziehenden Schnörkelschriften spielt die Gestaltung in solchen Fällen bloß die Rolle eines Mittels im Dienste anderweitiger Zwecke, die an und für sich garkeine Stilisierung erheischen würden. Darum allein schon haben Handschriften wie Fig. 115, 106, 105 mehr oder minder etwas Gemachtes, ermangeln sozusagen der inneren Aufrichtigkeit und bilden dergestalt den Übergang zum gleich zu besprechenden u n e c h t e n D u k t u s .

An zweiter Stelle merken wir an, daß uns zum Maßstab der Angemessenheit einer Erwerbung, wofür wir auch Echtheit sagen, (außer dem Formniveau und dem Ebenmaß) vor allem der Bindungscharakter geworden ist. Ganz allgemein würden wir sagen: j e u n a u s g e s p r o c h e n e r d i e B i n d u n g s w e i s e , u m s o m e h r s c h e i n t u n t e r s o n s t g l e i c h e n U m s t ä n d e n d a s R e c h t z u h a n d s c h r i f t l i c h e n E r w e r b u n g e n i n F r a g e g e s t e l l t . Um eine Stilisierung positiv auslegen zu dürfen, werden wir mithin die folgenden beiden Forderungen erfüllt zu sehen wünschen: einmal muß die Formung, mag sie nun mehr oder weniger gelungen sein, den Charakter der Unabhängigkeit tragen, der allein uns zwingend zurückweist auf Gestaltungsantriebe des Schrifturhebers; sodann muß die Unterschicht des natürlichen Bestandes Festigkeit und rhythmische Kraft anzeigen. Je mehr es an beiden Vorbedingungen fehlt, umso entschiedener haben wir einer negativen Auslegung den Vorzug zu geben.

Die unechte Handschrift. — Die künstliche Steilschrift von Fig. 109 mag uns vorweg einen Begriff davon geben, wie wenig die Lotlage imstande ist, einem in Auflösung begriffenen Duktus Halt zu verleihen. Die von der gleichen Hand herrührende Fig. 110 wirkt in ihrer Zwanglosigkeit entschieden noch vorteilhafter, ob sie gleich ebenfalls den hysterischen Charakter verrät. Der Lagewechsel, den Schreiberin vorgenommen, trägt so unverkennbar das Gepräge der Gewaltsamkeit, daß wir auf Gründe dafür verzichten dürfen, und ist ohne Zweifel dem Bedürfnis entsprungen, die Richtungslosigkeit der Triebe mit dem A n s c h e i n zielbewußter Entschlossenheit zunächst vor der Welt, alsdann aber auch vor dem eigenen Bewußtsein zu verhehlen. Wie sich hinter den geradegestellten und „ablehnenden“ Grundstrichen die schwächliche Fadenlinie versteckt, so hinter eigensinnigen Willensbekundungen und möglicherweise verbohrter Hartnäckigkeit der Mangel an Sachinteresse und wirklicher Leidenschaft; womit in Wahrheit das Bild der hysterischen Schutzanpassung erst eigentlich zum Abschluß kommt. Was wir hier wahrnehmen, ist ja gewiß nur ein äußerst bescheidener A n s a t z zur Formung; aber schon dieser dürftige Ansatz ist vergebliche „Mache“. Lassen wir die nun mehr und mehr umsichgreifen, so enden wir zuletzt bei durchgeführten Stilisierungen, die in jedem Zug u n e c h t sind und demgemäß die allerbedenklichste Art des Schmarotzercharakters bekunden. Dergleichen Handschriften weisen keineswegs immer labile Verknüpfung auf; aber sie verraten sich dem Kenner nichtsdestoweniger durch die niemals fehlenden Hauptkennzeichen: zum ersten äußerster Formenarmut, zum andern jener billigen Übertreibungsweise, die man gewöhnlich als „Manieriertheit" bezeichnet.

Fig. 109 steht alles in allem noch auf der passiven Seite, dagegen mit Fig. 119 treten wir auf die aktive Seite. Ursprünglich sind hier: Mangel an Ebenmaß, ziemlich erhebliche Längenunterschiedlichkeit, mindestens mittlerer Reibungsdruck, Verbundenheit, Gliederung, eigenartslose Formgebung, unsichere Bindungsweise; angenommen sind: linksschräge Lage, ausfahrende Schlußzüge, starkmittlere Größe, gelegentliche Druckübertreibung. Der Schreiberin fehlt es weder an scharfem Verstand noch an Unternehmungsgeist und Willenskraft, wohl aber an wirklichem Sachinteresse und innerer Bestimmung; und so werden denn jene zufolge ihrem Bedeutungsbedürfnis wenigstens einigermaßen im Dienste einer „Rolle" verbraucht, die sie a u c h vor sich selber spielt. In vielleicht noch etwas höherem Grade gilt das von der tiefer stehenden Fadenschrift Fig. 118, deren unechte Druckbetonungen früher bereits erwogen wurden; im allerhöchsten aber für die linksschräge Fig. 116, die bei äußerst niedrigem Formniveau und gänzlich zerlöstem Gefüge Gestalt- und Druckübertreibungen bietet von gradezu schmerzhafter Unstimmigkeit. Dergleichen grimassierende Entgleisungen erinnern lebhaft an die exhibitionistischen Kapriolen mancher neumodischen Maler.

Wenn uns in diesen vier Fällen die „Enthüllung" der Übersteilheit erleichtert wurde durch eine entweder offen zutage liegende oder doch durchschimmernde Fadenbindung, so bei Fig. 60 und 61 die Enthüllung der Großheit durch die erstaunliche Formenkahlheit und die vordringliche „Manier" einer noch dazu nicht unverdächtigen Bindungstechnik: beidemal Großtuerei mit Hintergründen bei seelenfremder Zweckhaftigkeit! In mindestens ebenso ungünstigem Lichte erscheint die stotzige Großheit und schablonenmäßig vorgetragene Sperrigkeit der gänzlich formverarmten Winkelschrift Fig. 126. Hier ist zwar mit wirklich beträchtlicher Energie zu rechnen; die aber wird größtenteils aufgebraucht für die P o s e diktatorischer Unfehlbarkeit.

Wir springen von den allerbedenklichsten zu den allerharmlosesten Unechtheiten über, wenn wir zum Schluß noch einmal an die spielerischen Schnörkel erinnern, die zu würdigen wir oben schon Gelegenheit hatten. Ein hübsches Beispiel aus dem Bereich der Bildung gibt dafür die Handschrift Emanuel Geibels, Fig. 120. Bei wenig innerem

Gehalt und zugleich erfindungsarm zeigt sie ein naives Behagen in verweilender Darbietung wichtigtuerischer Formen. Man beachte die bogigen Ausbauchungen an nahezu allen Großbuchstaben, die vergroßartigten d-Köpfe und u-Bögen und insbesondere die Steigerung der nichtssagenden Schwünge in der Namensunterschrift. Da der Duktus zugleich die Annahme hinreichenden Selbstgefühls wahrscheinlich macht, so haben wir stärker zu betonen als (heteronome) Eitelkeit die (autonome) Selbstgefälligkeit. Durchaus wesensverwandt, wenn auch auf weniger hoher Bildungsstufe und im Rahmen der Geistigkeit des Geschäftsmannes, ist mit ihren „flotten" Schwüngen und Schnörkeln die Handschrift Fig. 121. Dagegen weisen die theatralischen Verschnörkelungen der Großbuchstaben in der übrigens gewandten Durschnittschrift von Fig. 125 zumal auf Bizarrerie und Eitelkeit hin.

Eine kurze Sonderbetrachtung erfordert endlich die erworbene Schulmäßigkeit der Schrift. Der aus ihr sprechende Wille zur Unauffälligkeit der Lebenshaltung ist sehr häufig ein Bestandstück des erworbenen Charakters solcher Personen, deren Beruf mehr oder minder weitgehende Anpassung an die Forderungen des Tages verlangt, wie des Kaufmanns, vieler Beamten, des Abschreibers, Kanzlisten usw., nicht selten aber sogar auch von imgrunde leidenschaftlichen Künstlernaturen, deren Erhaltungstrieb sich in der äußerlichen Angleichung an die Lebensgewohnheiten des Durchschnitts einen Schutzwall schuf gegen mögliche Gefahren innerer Maßlosigkeit. So sehen wir absichtlich der Schulvorlage angenähert die Handschrift des älteren Goethe Fig. 124, die freilich im Vergleich mit seiner Jugendschrift an Formniveau dadurch gewaltig eingebüßt hat, sowie diejenige Conrad Ferdinand Meyers nach seiner Krankheit Fig. 123 (vgl. dazu die zwanglose Probe Fig. 122). — Hinter der schulmäßigen Außenseite kann sich aber auch der Diplomat, der gewohnheitsmäßige Lügner, ja der geriebene Verbrecher verbergen. Dafür ein Beispiel gibt Fig. 64, eine Handschrift, die der Unkundige unbedenklich für harmlos hält. Den Kenner würde auf den ersten Blick mißtrauisch machen die kalte Glätte und übermäßige Schräge, mit dem zweiten sähe er die bedenklichen Einrollungen und mit dem dritten die „gestützte Nebenrichtung", die bei so niedrigem Niveau, wie früher schon besprochen, der „Bauernfängerei" verdächtig macht.

Die handschriftliche Zierschrift. — Nur weil heutzutage der früher hochehrwürdige Begriff einer Schreibe**kunst** so gut wie verloren gegangen ist, bleibt uns nichts andres übrig, als die Versuche, welche von jener ehemals verbreiteten Fertigkeit etwas wieder erhaschen möchten, „Zierschriften“ (= „Ornamentalschriften“) zu nennen, während es in Wahrheit nur echte Schönschriften sind! Wer zur Abschätzung des Formniveaus auch die Schrifterzeugnisse verflossener Jahrhunderte heranzuziehen gewohnt ist, der verliert gar bald die Lust an den mißgestalteten Schreibereien der Heutigen und wäre gern bereit, es sogar mit dem Verzicht auf diagnostische Ausbeute zu erkaufen, wenn ihm die Briefe seiner Freunde und Bekannten durchweg einen so herzerquickenden Anblick böten wie Fig. 128, die aus der Kanzlei des Königs Sigismund von Polen von einem unbekannten Sekretär herrührt (1525). Dergleichen „künstlerische Schriften“, wie R. v. L a r i s c h sie nennt, der ihrer eine prächtige Sammlung herausgegeben, waren früher, wenn nicht etwas Gewöhnliches, so doch etwas Allbekanntes, wie uns jeder Blick in eine Chronik, einen Psalter und in die Kanzleischriften sämtlicher Höfe Europas bis gegen Ende des 18. Jahrhunderts bestätigt. — Allein es bedürfte des Verzichtes nicht; denn auch die Zierschrift ist deutbar, worüber jedoch bei der großen Seltenheit ihres berechtigten Vorkommens in der Gegenwart einige Andeutungen genügen mögen.

In Schrifthinterlassenschaften des Mittelalters finden wir freilich nicht so sehr den Charakter des Schreibenden als seiner Kultur oder genauer jenen als Teilausdruck einer seelischen Gesamtverfassung. Sicherlich vermag der geübte Paläograph bei einer gleichmäßig durchgeschriebenen Chronik festzustellen, wo ein neuer Schreiber den Text fortgesetzt hat, ganz ebenso wie wir an einer beliebigen Kathedrale aus der Blütezeit der Gotik auch etwas vom Sondergeist des Baumeisters spüren. Der bleibt aber untergeordnet dem Geist der Gotik überhaupt und wieder eines bestimmten Jahrhunderts und etwa des südlichen Frankreich, dergestalt daß schließlich es dieser ist, dessen Wesen zu ermitteln die Deutung sich begnügen muß. Das ändert sich mit einem Schlage seit der Renaissance, die zwischen dem Einzelgeist und dem „Geist der Zeit“ zuerst die Kluft aufriß, und es hat vollends keine Geltung mehr für den Schriftgestalter der Gegenwart. Formbedürftig innerhalb einer formlosen Welt ist er in die Notwendigkeit versetzt, den Stil seines Ausdrucks zu erarbeiten, und darum stellt der in erster Linie i h n s e l b e r dar und sicherlich mehr nach Maßgabe seiner A u f l e h n u n g gegen den Zeitgeist als seiner Einstimmigkeit mit ihm!

Zur Beantwortung der naheliegenden Frage, wodurch eine Handschrift eigentlich als zierschriftliches Gebilde gekennzeichnet werde, sehen wir, wie schon bemerkt, durchaus von der K u n s t s c h r i f t ab, deren Hand schriftlichkeit ermitteln zu wollen, ein ebenso schwieriges Unterfangen ist wie die Ermittlung der Gebrauchsschrift des Urhebers aus seiner verstellten oder aus einer schönschriftlichen Musterschrift. Wer sich in der Erfindung von Kunstschriften geübt hat, weiß von solchen natürlich eine beliebige Anzahl und weit voneinander verschiedene zu erzeugen, deren dennoch etwa hindurchgehender Grundcharakter zwar auch eine „Handschrift" bedeuten mag, aber gewissermaßen von höherer Ordnung, als die uns in diesem Buche beschäftigt. Für den Eigengebrauch pflegen denn die meisten Schriftkünstler ihre natürliche und meist sogar kaum stilisierte Laufschrift beizubehalten, wie z. B. der Schöpfer der Kunstschrift Fig. 132 die sehr zwanglose Schrägschrift Fig. 133. Die erste Bedingung einer handschriftlichen Zierschrift wäre somit darin zu sehen, daß Schreiber sich ihrer als seiner Handschrift auch wirklich bediene.

Damit indessen scheint die Zierschrift mit der Schriftstilisierung zusammenzufallen, und es ist allerdings nicht zu leugnen, daß, technisch angesehen, die Grenzen zwischen beiden fließende sind. Es läßt sich unschwer eine Reihe bilden, beginnend mit nur schwach gewillkürten Laufschriften und endend mit völlig durchgestalteten Zierschriften, die, äußerlich betrachtet, nicht mehr verschieden sind von der künstlichen Schrift. Ein Unterscheidungsmerkmal der meisten Zierschriften dürfte tatsächlich in der verhältnismäßig großen Anzahl handschriftlicher Erwerbungen liegen; allein daneben besteht ein Art unterschied, mit dem wir unsre Teilung allererst berechtigen können.

Obschon wir den abhängigen Gestaltungen bereits selbständige Gestaltungen gegenüberstellten, so haben wir doch auch diese als entstanden gedacht durch eine auswählende und heraustreibende Betonung solcher Züge, die der Schrifturheber aus den verschiedensten Gründen für wesentlich halten mochte. So gewiß dabei nun auch mitbeteiligt sein konnte sein künstlerischer Geschmack, so wenig doch hatten wir Anlaß, in ihm allein den Beweggrund der Formung überhaupt zu erblicken. Nun gibt es aber gestaltete Schriften, die, unerachtet sie echte Gebrauchsschriften sind, darin durchaus auf derselben Linie stehen mit den Gebilden der Kunst, daß sie gleich diesen ganz und gar auf Schönheitswirkungen zielen und im Verhältnis zur Ursprungsschrift nicht mehr aus dem Gesichtspunkt der Umformung, sondern nur aus dem eines Ersatzes erfaßt werden können. Die handschriftliche Zierschrift wäre also der Leistung eines Kunstgewerblers zu vergleichen, der sich damit begnügen würde, nach Maßgabe seines Geschmacks nur eine Behausung einzurichten, nämlich die eigene! Demgemäß hat die deutende Betrachtung nicht wie bisher von der ursprünglichen Schicht ihren Ausgang zu nehmen, sondern von der Erwerbung selbst. Gegenstand der Zergliederung ist jetzt nicht mehr der Niederschlag von Ausdrucksbewegungen, sondern einer bildnerischen *Handlung*. Ebenso wie der Kunstforscher das Kunstwerk mit Recht als etwas Durchdachtes und Gewolltes würdigt, ebenso muß der Graphologe die handschriftliche Zierschrift aus dem Gesichtspunkt einer bildnerischen *Leistung* behandeln und zu dem Behuf seine Deutungsgrundsätze in wesentlichen Stücken modeln. Wir beschränken uns indes auf einige Beispiele, nachdem wir nur *einen* Gedanken werden vorausgeschickt haben, der, wie sich versteht, zusamt der Handschrift auch das ganze Gebiet der Kunst betrifft.

Während die gewöhnliche Handlung (neben der Tatkraft) nur die *Vorstellung* des Zieles erfordert, bedarf die bildnerische eines seelischen Stoffes, den bloße Willkür niemals zu liefern vermag. Daraus folgt, daß keine noch so geschmackvolle Umgestaltung das Formniveau des Schreibers zu steigern vermöchte! Sofern überhaupt selbständig *geschrieben* (und nicht etwa abgezeichnet!) wird, kann insbesondere keine Archaisierung den Nimbus zurückerobern, der um die Schrifthinterlassenschaften größerer Zeiten webt aus Teilhaberschaft ihrer Urheber an einem weitaus seelenvolleren Lebens*verband*; wie uns denn ein Blick auf die verhältnismäßig gut gelungene Zierschrift der Fig. 130 oder auf die sogar dem heutigen Höchstniveau zugehörige Fig. 131 nicht zu übersehen erlaubt, daß beide an zwingender Selbstverständlichkeit dennoch zurückbleiben hinter Fig. 128!

Unter den bisher betrachteten Schriftstilisierungen befinden sich eigentlich nur zwei, die einigermaßen auch als Zierschriften gelten dürfen, nämlich Fig. 113 und in noch höherem Grade Fig. 114. Man braucht sie nur mit Fig. 106 oder 108 oder gar 115 zu vergleichen, um sofort zu bemerken, daß sie weit mehr als diese den Charakter nicht sowohl von Gebilden als vielmehr von künstlerischen Gebilden tragen. Wir sehen jedoch von einer Zerlegung ab, weil die ursprüngliche Handschriftlichkeit beidemal dennoch vorherrscht. — Dagegen fällt nun entschieden schon auf die Seite der Zierschriften Fig. 127, welche zudem jedoch geeignet ist, uns den Fall vor Augen zu führen, daß die Zierschriftlichkeit garnicht unter allen Umständen in der *Häufung* der Erwerbungen liegen müsse. Fig. 127 ist bei weitem nicht so durchgestaltet wie Fig. 113 und vollends nicht wie Fig. 114; aber ihre Erwerbungen können weder *ausschließlich* als spielerische Schnörkel noch auch lediglich aus dem Gesichtspunkt bloßer Umgestaltungen eines ursprünglich gegebenen Ausdrucksstoffes verstanden werden. Es ist vielmehr zweifelsohne eine bestimmt geartete Phantasie, die sich hier darstellerisch zu erproben versucht und dem Gesamtbild der Handschrift eine etwa an zierschriftlich belebte Flächen morgenländischen Gepräges erinnernde Verschlungenheit verleihen möchte. Der Deuter hat sich nun allemal folgende Frage zu stellen: Ist es die Fülle des Wesens, die sich im Dargestellten geistige Grenzen steckt, oder sind es erlebte Mängel, die sich ergänzen wollen durch bloße „Ideale" der Fülle?

Ursprüngliche Züge der Fig. 127 sind: drucklose Federführung, weiche Girlande, hohe und dünne Oberzeichen. Wir schließen daraus auf eindrucksfähige Empfänglichkeit und auf einen schwärmerischen Anflug der Gefühle, der immerhin zur Vorliebe für eine sozusagen exotische Formensprache berechtigen mag. Wir vermissen aber den dazu erst recht erforderlichen Reichtum der Phantasie. Genau nur, soweit die Schrift absichtlich gestaltet wurde, bietet sie flächige Bögen und teilweise ausgeweitete Schleifen, während sie in den unbeachteten Teilen (vgl. z. B. sämtliche fünfzehn h-Schleifen!) mager und dürftig ausfällt! Die Lebensgrundlage ist viel zu schwach, die Phantasie bei weitem zu arm, um die ausschweifenden Traumwünsche des Geistes erfüllen zu können, und darum sind die Verzierungen denn auch schwerlich geeignet, unsre Sinnlichkeit zu überzeugen. So weit gekommen, stellen wir ferner fest, daß die Erfindungsgabe der Schreiberin enge Grenzen hat und ungeachtet ihres sehnenden Dranges vom Schema der linksläufigen Einrollung beherrscht wird. (Man beachte, wie selbst die nach rechts verlängerten Schlußzüge entweder mit einer zurücknehmenden Verdickung enden oder gradezu, z. B. in „Weihnachten", wieder umbiegen!) Rechnen wir noch die leichte Übersteilheit der Lage hinzu, so erscheint ihr Ausdrucksstil mehr im Lichte eines Notbehelfs zur Scheinbefriedigung weltflüchtiger Märchenwünsche denn als Erzeugnis webender Seelenfülle. Ein schönheitsempfängliches und nach „Freiheit" dürstendes, aber triebschwaches und schutzbedürftiges Gemüt verbirgt sich hinter exotischen Schleiern vor dem Selbsteingeständnis der Lebensfurcht und Zerbrechlichkeit. Aus dieser Formel dürften sich die wesentlichsten Züge der Schrifturheberin entwickeln lassen.

Völlig auf dem Boden zierschriftlicher Abgeschlossenheit stehen die Proben Fig. 130 und Fig. 131. Fig. 130 ist ganz auf Monumentalität, Fig. 131 ganz auf musivische Zusammensetzung gestellt. Die wichtigsten Darstellungsmittel der Fig. 130 sind folgende: breites Dastehen — weitestgehende Verselbständigung der Einzelbuchstaben — demgemäß Engführung der Wörter und Zeilen — stark schattierende Druckverstärkung —

äußerste Vereinfachung der Formen zwecks Heraushebung des stilbestimmenden Gegensatzes der fallrechten zur wagerechten Linie (insbesondere völlige Schleifenvermeidung) — ausgeprägte Anfangsbetonung — inschriftartige Anordnung des Gesamttextes. Künstlerisch betrachtet, ist der gewählte Stil ein folgerecht tektonischer, psychologisch angesehen, ein fast bis zum Schema durchgearbeitetes Ausdrucksmuster des Willens. Darin liegt nun aber ein Widerspruch: künstlerisch, sofern die Zierform kein bauliches Gebilde ist, psychologisch, sofern der natürliche Willenserfolg, nämlich die Tat, einem bloßen G l e i c h n i s d e r T a t hat weichen müssen. So hätte die Grundformel zu lauten: eine ins Künstlerische geratene, um nicht zu sagen entgleiste, Täternatur. Hieraus allein könnten wir durch Anwendung auf alle Formen seelischen Erlebens und geistigen Tuns wenigstens einen T y p u s des Charakters entwickeln mit wechselvoller Verteilung der Licht- und Schattenseiten. Die ganz persönliche Ausgestaltung würden uns dann die unbewußten Reste liefern: eines stark gestörten Ebenmaßes, des fast zitterförmigen feinen Schwankens, der gelegentlich ins Seichte gravitierenden Einzelformen (vgl. zumal das d und g), der niedrig, genau und „voreilend" gesetzten Oberzeichen; dergestalt daß es nicht einmal schwerhielte, bis in die intimere Menschlichkeit hinein den Charakter des Urhebers aufzuhellen. —

Noch erheblich über die Zierschriftlichkeit sogar der Probe Fig. 130 hinaus geht die der Fig. 131, wo denn fast garnichts „Unbewußtes" mehr zu deuten bliebe. Ihre Darstellungsmittel sind mosaikartige Zusammensetzung selbst noch der Lettern aus lauter Einzelstücken — außerordentliche Linksläufigkeit im Dienste kreisartiger Schließung — nahezu völlige Vermeidung der Längenunterschiede — sehr ausgeprägte Engführung der Wörter und Zeilen — wenig Druck und schwache Schattierung — Vorliebe für zierliche Anhängsel — ausgeprägte Bogigkeit — stilistische Verwertung der Überstreichung — Wahl der Antiquamajuskel mit Anklängen teils an die Frakturschrift, teils an die Unziale zum Behuf weitgehender Archaisierung. Die sehr wohl ausführbare Zerlegung des Charakters der Verzierungen würde uns mit noch zahlreichen Einzelaufschlüssen beschenken; allein ohnedies bereits sind wir auf einen Inbegriff von nicht nur ziffernmäßig, sondern auch artlich sehr viel größerer Mannigfaltigkeit als in Fig. 130 gestoßen, dessen Deutung zwar naturgemäß schwieriger, aber auch erheblich lohnender ist. (Der Kuriosität halber sei erwähnt, daß ein sehr gewiegter Praktiker nach flüchtiger Betrachtung dieser Züge in der Lage war, sozusagen aus dem Handgelenk 21 Charaktereigenschaften des Urhebers namhaft zu machen, die bis auf eine nicht nur stimmten, sondern überaus farbegebende Seiten des Schreibers betrafen, während er sich bei Fig. 130 mit deren nur 8 oder 9 begnügen mußte !) Von nicht weniger als fünf verschiedenen Ausgangspunkten könnten wir die Deutung beginnen, je nachdem wir würden zugrunde legen: 1. das Archaisierende; 2. das Rokoko; 3. die durch Rückbiegung der Endzüge bewirkte Formenvereinzelung; 4. die druckschwache Bogigkeit; 5. die Überstreichung. Durch die erste Pforte kämen wir zur Annahme einer gegenwartsfremden Wahlverwandtschaft der schreibenden Persönlichkeit keit zu verflossenen Kulturabschnitten; durch die zweite zu einer fast weiblichen Vorliebe für das Dekorative (die z. B. die Kunst mehr im Sinne eines dienenden Lebens s c h m u c k e s als einer selbständigen Lebens- e r s c h e i n u n g gelten zu lassen geneigt sein dürfte); durch die dritte zu einer höchst eigenartigen Rückblicklichkeit, die von allen Eindrücken grade nur das und grade nur soviel gefühlsmäßig aufnimmt, als zu vereinbaren ist mit der Stimmungsfarbe der je gegenwärtigen Lebensphase; durch die vierte zur scheinbar gegensätzlichen Eigenschaft zartester Eindrucksbereitschaft bei nahezu völligem Mangel an Tatbereitschaft; durch die fünfte zu einer besondern Art von selbstischer Innerlichkeit, derzufolge die urbildliche Beziehungsform des Schreibers zur Welt die des allein gewichtigen Mittelpunktes, um nicht zu sagen des Herrschers wäre. Für den Anfänger bietet es erhebliche Schwierigkeiten, bei so verschiedenen Ausgangspunkten den bildenden Kern zu finden. Wie er das anfangen müsse, werden wir an einem andern Beispiel zeigen, nachdem wir den Gang des Deutungsverfahrens kennengelernt. Hier begnügen wir uns mit einem Fingerzeig für solche, die sich an dieser Probe versuchen möchten. Uralte metaphysische Einsicht unterscheidet ein wirkendes und ein schauendes Vermögen des Menschen. Man entwerfe für jedes der beiden die zugehörige Sinnesart und frage sich, ob Schreiber von Fig. 131 auf die Seite des wirkenden Charakters falle oder des schauenden. Versucht man ihn jenem zuzuweisen, so stößt man Zug um Zug auf Widersprüche und Unmöglichkeiten; wenn aber diesem, so ergibt sich ein wesentlich klarer und durchweg verständlicher Gesamtanblick. Jede Stärke des Schreibers liegt auf der schauenden Seite, jede seiner Schwächen folgt aus dem etwa auch ihm noch anhängenden Wirktrieb.

Man hat gemeint, deutungsergiebige Besonderheiten wiese nur die flüchtige Laufschrift auf. Das ist ein Irrtum. Nicht darum ist die Laufschrift diagnostisch lohnender, weil sie Laufschrift ist, sondern weil Hand in Hand zu gehen pflegt die Loslösung der Einzelcharaktere vom zeitgeschichtlichen Gesamtcharakter mit der Zersetzung der Stile und demzufolge mit der Verdrängung auch der handschriftlichen Zierschrift durch eine bloße Zweck- und Verkehrsschrift. Ein Blick auf die drei unterschiedlich ornamentalen Proben Fig. 127, 130 und 131 muß uns in der Überzeugung bestärken, daß persönliche Besonderheiten, sofern sie einmal da sind, in der bewußt gestalteten Handschrift nicht nur nicht weniger zur Erscheinung kommen als in der vorwiegend unwillkürlichen, sondern eher verstärkt und ausgelesen: nur daß es freilich eines wesentlich gemodelten Deutungsverfahrens bedarf, um auch im bewußt Gestalteten ohne Abirrung zu erfassen den Ausdrucksgehalt.

XII. KAPITEL

GANG DES DEUTUNGSVERFAHRENS

Vorbemerkung. — Man möge sich bei der Deutung jeder Handschrift zweierlei zur Regel machen. Man nehme, wenn irgend möglich, keine Kenntnis vom Text — abgerechnet die weiter unten erwähnten Ausnahmefälle —, weil niemand imstande ist, eine sinnvolle Mitteilung aufzufassen, ohne nicht mit ihr zugleich auch ein Bild zu empfangen von der Natur des Mitteilenden. Dieses jedoch, als wesentlich vom I n h a l t des Mitgeteilten bestimmt, kann irreführen. Das ist ja das entscheidende Trachten aller Physiognomik, unsre Eindrücke zu befreien von den färbenden und fälschenden Einflüsterungen menschlicher Absichten! — Sodann lasse man die Schriftzüge zunächst einmal auf sich wirken ohne jede Deutungsabsicht und suche mit einigen möglichst knappen Worten den Eindruck festzuhalten. Hiernach möge der Anfänger einen Tag verstreichen lassen, ehe er sich an die Untersuchung der Schrift begibt. Erst nach deren völliger Beendigung vergleiche er seine vorwegnehmenden Bemerkungen mit den Ergebnissen der wissenschaftlichen Zergliederung. Er wird aus jenen die Deutung bisweilen vorteilhaft ergänzen sowie unsichere Folgerungen verbessern können.

Die Materialauslese. — Der Untersuchung im engeren Sinn hat vorauszugehen die Materialauslese, der es obliegt, folgende Punkte festzustellen.

A. D i e S c h r e i b f e r t i g k e i t d e s U r h e b e r s . — Ihre Kennzeichen wurden besprochen; doch sei kurz wiederholt, daß Unzulänglichkeit der Schreibfertigkeit hervorgeht aus: mangelhaft zusammengeordneten Formen und ungelenker Federführung (vgl. Textfigur XVIII A). Äußerste Schreibgewandtheit zeigt z. B. Fig. 121, untermittlere dagegen Fig. 27. Je größer aber die Schreibfertigkeit, umso strenger haben wir bekanntlich unter sonst gleichen Umständen das Formniveau einzuschätzen und umgekehrt. — Treten deutliche Zitterstriche (Textfigur XVIII B), ruckartige Federentgleisungen, ganz unvermutbare Absetzungen auf, so ist mit der Möglichkeit entweder hochgradiger Übermüdung sowie körperlicher Störungen (Verletzungen, Schreibkrampf usw.) zu rechnen oder aber mit tiefer bedingter Krankhaftigkeit (Gewohnheitstrinker,

Fig. XVIII.

Delirant, Irrer usw.). Man verlange mehrere Schriftstücke, um zu ermitteln, ob die fraglichen Entgleisungen ständig auftreten. Ist es der Fall, so nehme man vom Inhalt Kenntnis und gebe, wofern die Textprüfung zur Annahme des Irreseins herausfordert, die übrigens auf Hauptzüge einzuschränkende Deutung mit dem Vorbehalt ab, daß sie ausschließlich den Charakter betreffe und nicht dessen zeitweilige oder dauernde Erkrankung. Man unterlasse insbesondere eine nähere Bestimmung der etwa zu vermutenden Störung, weil ganz verschiedene Erkrankungen handschriftlich in weitem Umfange gleich oder ähnlich aussehen. Stark angekränkelte Proben bieten Fig. 75, 109, 110 und 117. In allen vier Fällen würden uns die flußlosen Zitterformen, in Fig. 117 überdies noch die zügellos ausschweifenden Endzüge hinreichend Anlaß sein, die Belege als ungenügend zu beanstanden. — Verhältnismäßig harmlos sind dagegen gelegentliche Zitterausschläge der schreibenden Hand nach o b e n , welche zu feinen Unterbrechungen in den Haarstrichen führen (Textfigur XVIII C). Sie pflegen zusammenzuhängen mit der geschlechtlichen Seite der Entwicklungskrisen und gemeinhin mit den Übergangsjahren zu schwinden. Man sieht zwei solcher Ausschläge im hm des Wortes „vernehmlich“ der Fig. 40, vier in Fig. 76 („zwischen“, „Bahnhofe“, „Bahnhofe“), eine in Fig. 112, mehrere in der Knabenschrift der Fig. 139 (sehr ausgeprägt beim B in „Besonders“ und h in „nahte“).

B. D i e ä u ß e r e n S c h r e i b u m s t ä n d e . — Jede Handschrift wird mehr oder minder durch äußere Schreibumstände beeinflußt. Niemand erzielt ganz sein Durchschnittsniveau, wenn die Unterlage holperig, die Stellung des Schreibpultes ungünstig, die Beleuchtung mangelhaft, die Feder zu hart oder zu weich, die Schreibfläche zu glatt, zu rauh, zu klein, zu groß, die Tinte zu dick, zu dünn, zu hell, zu dunkel, zu farbig ist. Es gibt für jeden Schreibenden einen Bestfall der äußeren Schreibbedingungen, und es versteht sich, daß die Deutung Schriften bevorzugen sollte, die unter den jeweils angemessensten Umständen hervorgebracht wurden. Da die aber auch gemeinhin jeder selbst herstellt, so liegt ohne besondere Ursache kein Anlaß vor, die Tauglichkeit der Schreiblage in Zweifel zu ziehen. Dagegen machen wir es uns zur Regel, die Deutungen aller Schriftstücke von vornherein abzulehnen, für die ein Ausnahmecharakter der äußeren Entstehungsbedingungen erweislich ist. So soll man n i c h t urteilen aufgrund der Eintragungen, die man in Tourenbüchern, in den Besucherlisten geschichtlicher Stätten, überhaupt in allen öffentlichen Registern findet, sowie ferner nur mit größter Vorsicht heranziehen die vor Gericht oder beim Notar erzeugten Dokumente, weil hier die Schreibumstände dem Urheber jedesmal a u f g e d r ä n g t erscheinen.

Um die Handschrift andrer Völker und Zeitalter zu beurteilen, muß man natürlich Bescheid wissen um die dort und damals benutzten Schreibwerkzeuge samt ihrer Handhabung, um die Schulvorlagen und sogar um den jeweiligen Durchschnittsduktus. Sind diese Voraussetzungen erfüllt, so macht die Deutung keine Schwierigkeiten, weil den Ausdrucksprinzipien jedes beliebige Zeichensystem unterliegt.

C. D i e i n n e r e n S c h r e i b u m s t ä n d e. — Jede Handschrift wird weiterhin beeinflußt von der augenblicklichen Gemütsverfassung des Schreibenden, hinsichtlich deren wir grundsätzlich drei Sonderfälle in Rücksicht ziehen.

Wie wir wissen, kann die Aufmerksamkeit, die vom Schreibenden seinem Tun gewidmet wird, für verschiedene Personen von äußerst verschiedener Größe sein. Der eine pflegt nur an den Inhalt zu denken und schreibt nahezu „automatisch", der andre denkt fortwährend auch an die Schreibtätigkeit und schreibt daher entsprechend „bewußt". Die Wirkungen d a v o n gehören zum Bilde der Handschrift. Es kann nun aber aus vielerlei Gründen geschehen, daß man die Durchschnittsart vorübergehend verlassen muß, um sei es mit genötigter Nachlässigkeit, sei es mit genötigter Aufmerksamkeit zu schreiben. Beidemal ist das Schriftstück kein „zwangloses" mehr und beidemal erscheint darum sein persönliches Gepräge entstellt. Wenn ein Napoleon im kritischen Augenblicke der Schlacht Befehle kritzelt, so ist seine Schrift durch den Niederschlag erzwungener Hast entstellt, und wenn der kleine Beamte sich zu einer Bittschrift an einen sehr hohen Vorgesetzten aufschwingt, so trägt seine Schrift erst recht die Spuren erzwungener „Verschönerung“. Darum hat man Vermehrung der Unterlagen zu fordern, wenn die vorgelegte Probe den Eindruck entweder äußerster Flüchtigkeit oder äußerster Sorgfalt macht. So würden wir für nicht ausreichend zur Untersuchung erachten Fig. 4, weil sie uns überhastig, Fig. 132, weil sie zu zeichnerisch gewollt erschiene. Strenggenommen ist jedesmal mehr als ein Dokument erwünscht, wofern das Dargebotene nicht lediglich um seiner selbst willen geschrieben wurde. Grundsätzlich am wertvollsten sind daher vertrauliche Schriftstücke, also intime Briefe, Tagebuchaufzeichnungen, Manuskriptentwürfe. Wer Erstschriften Goethes mit seinen Abschriften oder mit den Eingaben zu vergleichen Gelegenheit hat, die er als Minister machte, wird überrascht sein zu sehen, bis zu welchem Grade das handschriftliche Gepräge zartfühlender Persönlichkeiten in beamtlichen Abfassungen Abbruch erleidet. — Unbedingt zu fordern ist ferner, daß Schreiber die ihm geläufigen Lautzeichen geschrieben hat; denn wer stets lateinisch schreibt, fällt in einen schlüerhafteren Duktus zurück, wenn er plötzlich deutsch schreiben muß, und umgekehrt ebenso.

In zweiter Linie kann es uns zu wissen von Bedeutung sein, ob etwa unter dem Einfluß vorübergehend gehobener oder vorübergehend gedrückter Stimmung geschrieben wurde. Finden wir daher für jene oder für diese Gemütsverfassung die Anzeichen zahlreich und kräftig ausgeprägt, so muß das Material erweitert werden, damit sich ermessen lasse, inwieweit der fragliche Zustand ein bloß gelegentlicher war.

Um von den außerordentlichen Schriftveränderungen einen Begriff zu geben, die infolge tiefer Niedergeschlagenheit oder überschwänglicher „Euphorie“ platzgreifen können, weisen wir zunächst auf Fig. 50 hin, die vom gleichen Schreiber herrührt wie Fig. 49. Die Schrift ist kleiner geworden, hat fast völlig den Nachdruck und jeglichen Schwung verloren und zeigt stattdessen deutliche Zitterformen. Die Probe entstand, nachdem Schrifturheber, ein bis dahin unbescholtener Beamter, wegen schweren Verdachts in Untersuchungshaft genommen war. — Den entgegengesetzten Fall bietet Fig. 102 dar, die vom Urheber der Fig. 101 im Zustande leicht manischer Erregung hervorgebracht wurde. Die Probe zeigt sämtliche Merkmale gesteigerter Bewegungsantriebe von erhöhter Mittelpunktsflüchtigkeit in gradezu mustergültiger Vollständigkeit! Man beachte: die Vergrößerung der Kurzbuchstaben auf nahezu die doppelte Länge, die Breitenausdehnung des Namens „Lieschen“ von knapp 29 bis auf knapp

45 mm. die beträchtliche Erweiterung der Schleife im L und die Zufügung eines schwungvollen Anfangszuges, den dreimal so hoch gesetzten und um halbe Buchstabenbreite voreilenden i-Punkt, endlich die riesige Aufbauschung des welligen Namenszuges (Paraphe). Gemäß dem Leichtigkeitscharakter der hier freilich krankhaft bedingten Freudigkeit und Betätigungslust hat trotzdem der Nachdruck nur unerheblich zugenommen. Schließlich sei auch bei dieser Gelegenheit nochmals darauf hingewiesen, daß von der enormen Antriebsvergrößerung in keiner Hinsicht betroffen wurde die beidemal zwischen Winkel und Girlande schwebende Bindungsform und der Verbundenheitsgrad, der sich beidemal durch vier unvorschriftsmäßige Unterbrechungen auszeichnet!

Drittens endlich haben wir mit dem Einfluß plötzlicher Wallungen zu rechnen und zwar insbesondere der zornigen Gereiztheit und der lähmenden Befangenheit. Allgemein gesprochen, dürfen wir uns mit einem einzigen Schriftstück von wenigstens vier Seiten Länge begnügen angesichts einer sei es willensfesten, sei es verhältnismäßig ruhigen Handschrift, benötigen dagegen deren mehrere, wofern das vorgelegte weitgehend affektiven Gepräges ist. Den Charakter Bismarcks könnten wir mit aller Vollständigkeit schon aus der geringfügigen Probe von Fig. 41 zu ermitteln unternehmen, wohingegen eine so gefühlsbewegliche Probe wie Fig. 44, eine so aufgeregte wie Fig. 94 und eine so gehemmte wie Fig. 27 die Deutung abhängig zu machen geböte von der Beibringung weiterer Proben. Ebenso spricht aus Fig. 93 so hochgradige Befangenheit, daß wir mutmaßen, sie sei durch Ehrerbietung vor dem Empfänger bewirkt (wie denn für erzwungene oder gewollte Sorgfalt überhaupt die sozusagen repräsentativen Adressen bisweilen wichtige Vergleichskurven bieten). Auch pflegt sich Befangenheit einzustellen, wenn jemand schreibt, damit das Geschriebene graphologisch beurteilt werde, und darum ist es eine unerläßliche Forderung, daß die vorgelegte Probe nicht zum Behuf graphologischer Prüfung entstanden sei. — Bisweilen kommt es vor, daß einunddasselbe Schriftstück bald steigende Zeilen, bald wieder fallende, bald große, bald wieder kleine Lautzeichen aufweist. Alsdann tut man gut, es zu lesen, da es sich denn erweisen kann, daß der handschriftliche Wechsel genau einem Wechsel im Stimmungsgehalt des Inhalts entspricht, womit die hochgradige Gefühlserregbarkeit des Schrifturhebers auch ohne Zuhilfenahme weiterer Proben gewährleistet wäre.

Weit hinaus über die Änderungen, denen die Handschrift unter dem Einfluß wechselnder Stimmungen unterliegt, gehen nicht selten die der verschiedenen Lebensalter. Auf die Urheberschaftsidentität von Fig. 34 und 35 wurde früher schon hingewiesen zur Erläuterung des Vorkommnisses der Umkehrung der Bindungsform.

Die Voruntersuchung. — Nach geschehener Materialkritik beginnt die Untersuchung mit der Erledigung gewisser Vorfragen, deren Beantwortung für alles Weitere entscheidende Bedeutung hat.

A. Handschrift und Geschlecht. — Der Unkundige freilich hält sich für überzeugt, das Geschlecht unfehlbar aus den Schriftzügen abzulesen, der Unterrichtete weiß, daß dies für schätzungsweise 15 % aller Fälle nicht zutrifft, weil die entsprechende Anzahl der Frauen genügend männliche Charakterzüge, die der Männer genügend weibliche Züge besitzt, um Handschriften hervorzubringen, die dem jeweils entgegengesetzten Geschlechte anzugehören scheinen. Niemand zweifelt, daß Fig. 63 von einer Frau herrührt, aber nicht wenige werden auf das Gegenteil raten bei den ebenfalls weiblichen Handschriften von Fig. 9, 32, 37, 39, 94. Man frage sich, ob man mit Sicherheit das Geschlecht bestimmen könne für Fig. 35, 40, 43, 62, 116, 119. Mit Unkundigen von uns angestellte Prüfungen ergaben für diese letzteren 53 % verkehrter Antworten. — Das Geschlecht des Schrifturhebers zu wissen, ist jedoch aus zwei Gründen erforderlich. Einmal muß die Frauenheit sowohl stammesgeschichtlich als auch aus naheliegenden Gründen persönlich für durchschnittlich minder schreibgeübt gelten als die Männerschaft (obwohl in der Gegenwart schon zunehmend weniger), weshalb bei gleichstufigem äußeren das innere Formniveau des weiblichen Schrifturhebers höher steht. Sodann sind mustermäßig männliche Charakterzüge selbstverständlich schärfer zu betonen, wenn sie sich bei Frauen als wenn sie sich beim Manne finden und umgekehrt, woraus jeweils völlige Verschiebungen in Tonverteilung und Aufbau der Charakteristik hervorgehen. Für die viel umstrittene Frage nach dem Geschlechtsunterschied der Charaktere mag man sich zum Behuf der Praxis folgendes merken. Nicht fassen läßt er sich mit der beliebten Gegenüberstellung vorherrschenden Verstandes- und vorherrschenden Gefühlslebens, die unkritischerweise nur an ganz bestimmte Gefühle und ganz bestimmte Verstandesverrichtungen denkt. Der Querschnitt ist vielmehr durch die Gefühle selber, genauer durch die Triebschicht zu legen und hälftet alsdann, wie sich versteht, auch Willensverfassung und Geistigkeit (wenn wir schon mal der althergebrachten Dreiteilung uns bedienen wollen). Es würde zu weit führen, wollten wir es hier unternehmen, die technisch wesentlichen Hauptverschiedenheiten aus nachstehenden Grundverschiedenheiten herzuleiten: das Weib ist triebmäßig haftender und bewahrender, der Mann schweifender und verschwendender; das Weib körper-

Tabelle XIX.

Männlichkeit des Charakters.

+	—
1. Gegliedertheit („Differenziertheit“)	Zwiespältigkeit
2. Begeisterungsvermögen (= Liebe zur Sache)	Illusionsgabe (genauer: die Wirklichkeit sehen, wie man sie glaubt)
3. Phantasie	Augenblicksfremdheit
4. Entschlußgeist und Selbsttätigkeit („Initiative“)	Ruhelosigkeit
5. Tatkraft	Härte
6. Überzeugungsstärke	„Prinzipienreiterei“ und Rechthaberei
7. Weite des Gesichtskreises und Vielseitigkeit	Mußelosigkeit und Mangel an Glücksfähigkeit
8. Sachlichkeit und Abstraktionsgabe	Mangel an persönlicher Ansprechbarkeit
9. Würde	Unleidliches Bedeutungsbedürfnis (= geistige Eitelkeit in Form der Überbewertung von Berufstätigkeit, Pflicht, Leistungsvermögen, kurz dessen, was man grade treibt)

Weiblichkeit des Charakters.

+	—
1. Einheitlichkeit („Harmonie“)	Triebabhängigkeit des Urteils
2. Persönliche Hingebungskraft (= Liebe zur Person)	Parteilichkeit und Mangel an Gerechtigkeitssinn
3. Wirklichkeitssinn (= Nahscharfblick)	Fernblindheit („kurzer Verstand“)
4. Gleichgewichtigkeit	Sinnliche Gebundenheit (und sinnliche Bestimmbarkeit)
5. Wärme und Mitgefühl	Mangel an Tatkraft
6. Triebsicherheit („Instinktivität“, Naturverwandtschaft)	Grundsatzlosigkeit
7. Beharrlichkeit (Konservatismus, Treue, Duldekraft)	Enge und Kleinlichkeit
8. Entdeckerische Treffsicherheit des Urteils („Intuition“)	Mangel an Sachlichkeit (nebst verminderter Zugänglichkeit für Beweisgründe)
9. Wahrhaftigkeit (= Selbsteingeständlichkeit der Gefühle)	„Subjektivismus“ (= Blindheit für außerpersönliche Werte)

licher und seelischer, der Mann geistiger; das Weib hingebender, der Mann sichbehauptender; das Weib eindrucksgebundener, der Mann begriffsgebundener; das Weib persönlicher, der Mann sachlicher. Wir beschränken uns deshalb darauf, die wichtigsten Ableitungsergebnisse — wie immer nach Lebenswerten und Lebensmängeln geordnet — in Übersichtstafel XIX ohne nähere Begründung zusammenzustellen.

Nur der neunte Punkt werde nicht ohne Geleitwort entlassen!

Wer nicht schon tief in die Materie eingedrungen, wird uns hier zu widersprechen wünschen mit dem Hinweis auf die fast sprichwörtlich gewordene Meisterschaft des weiblichen Geschlechts im Lügen! Diese an sich zweifellos bestehende Fertigkeit ist entwicklungsgeschichtlich verständlich aus der Notwendigkeit der körperlich schwächeren Partei, sich zum Behuf insbesondere gesellschaftlicher Selbsterhaltung der List zu bedienen. Allein eines ist Lügenhaftigkeit, ein andres innere Unwahrhaftigkeit (von der Sprache mitgedacht im Worte „Verlogenheit") ! Man kann mit Geschick zu lügen verstehen bei innerer Wahrhaftigkeit, und man kann sich nach außen redlich der Wahrheit befleißen, ohne jemals den Mut und die Kraft zu haben zum Selbsteingeständnis der eigenen Triebe. Zwischen ihnen und der „Selbsterkenntnis" steht beim Manne jene von ihm und nicht von der Frau erfundene und gehütete „Moralität", der zu genügen — wenigstens der Meinung nach — er in so viel höherem Grade nötig hat, wenn er sich lebenswürdig erscheinen will. Das moralische Bedeutungsbedürfnis als Träger der männlichen Selbsttäuschungen ist ein Lieblingsgegenstand Ibsens, bei dem man denn folgerichtig die Frau durchweg auf der Seite der größeren Wahrhaftigkeit findet. —

Aus vorstehenden je neun positiven und je neun negativen Haupteigenschaften wird man so ziemlich für die ganze Unterschiedsreihe männlicher und weiblicher Verhaltungsarten die Mustercharaktere entwickeln können.

B. Handschrift und Umwelt. — Man suche zu erkunden Alter, Volkszugehörigkeit, Beruf und Bildungshöhe des Schrifturhebers. — Über die Kennzeichen der Bildung haben wir früher bereits das Nötige beigebracht. — Inbetreff des Berufes lassen sich unter den gebildeten Ständen handschriftlich einigermaßen auseinanderhalten: Kaufmann, Beamter, Gelehrter, Pfarrer, Offizier, Schriftsteller und Künstler, ob es gleich bisher an einer wissenschaftlich brauchbaren Untersuchung darüber gebricht. Am leichtesten erkennt man wohl die (frühere) Kaufmannsschrift: harte

Feder, Zügigkeit, Schiefheit, Regelmäßigkeit, klare Druckunterschiede, Verbundenheit, häufig schwungvolle Anfangsschnörkel. Vgl. etwa Fig. 30, 45, auch 121. Die mustermäßige Gelehrtenschrift, von der unsre Tafeln eine vorbildliche Probe leider nicht aufzuweisen haben, pflegt im Vergleich mit der Kaufmannsschrift bei weicherer Feder unregelmäßiger, druckschwächer, vereinfachter, gegliederter zu sein und trotz meist nur mittlerer Eigenart gewöhnlich viele gestaltete Anfangsbetonungen aufzuweisen. Die am ehesten typischen Beispiele wären Fig. 69 und 71, während die ebenfalls dahin gehörigen Fig. 78 und 79 einen den Durchschnittsfall weit übertreffenden Grad von Eigenart und Temperament bezeugen. — In den Handschriften der Schriftsteller und Künstler darf man höheres Formniveau, zahlreiche Gestaltungen, druckschriftliche Großbuchstaben und gewählte Anordnung erwarten. Vgl. Fig. 2, 7, 123, 130. Wir geben außer den schon genannten eine Reihe weiterer Beispiele, woran sich der Leser selbst ein Urteil bilde. Kaufleute: Fig. 19, 31, 58; Beamte: Fig. 48, 49; Gelehrte: Fig. 12, 80 (Chemiker), 113; Pfarrer: Fig. 59; aus Offizierskreisen: Fig. 14, 26, 43, 65; Politiker: 22, 41; Schriftsteller (Dichter): Fig. 3, 9, 11, 36, 51, 53, 54 (55), 68, 82, 84, 103 (104), 107, 120, 122, 124, 130; Künstler: Fig. 5, 32, 40, 88, 105, 119. — Hinsichtlich der Altersstufen wissen wir nur, daß in Kinderhandschriften bei noch schulmäßigem Gepräge die Wörter dazu neigen, gegen Ende beständig größer zu werden (worin man denn ein Zeichen für „Naivität" und Vertrauensseligkeit hat erblicken wollen, wofern sich dergleichen in den Handschriften Erwachsener findet) und daß in den Schriftzügen sehr alter Leute Zitterformen zutage treten. — Ebenso bleibt es vorderhand Sache des einzelnen Praktikers, über völkische Unterschiede der Schriften Erfahrungen zu sammeln.

C. Formniveau, Ebenmaß, Regelmäßigkeit. — Indem wir zu allererst immer Formniveau, Ebenmaß und Regelmäßigkeit bestimmen, legen wir von Anfang an dreierlei fest: ob wir den Charakter in jedem seiner Züge mehr aus der Fülle des Lebens oder aus dem Mangel daran zu verstehen haben — ob die Erregbarkeit erheblich oder gering sei — ob das Gefühlsleben vorwalte oder der Wille.

Die Hauptuntersuchung. — Um den Gang der Untersuchung nach einer Regel zu führen, hat man mancherlei Muster in Vorschlag gebracht. So prüft man gern am Leitfaden der Frage nach dem Verhältnis der Verstandes-, Gefühls- und Willenseigenschaften — oder nach dem des Charakters zu seinen Äußerungsformen (Sein und Schein, innerer Gehalt und äusseres Betragen) — oder verbesondernd, indem man etwa nacheinander bestimmt: Verhalten in der Liebe, im Beruf, im geselligen Verkehr, als Freund, Gatte, Geschäftsteilhaber usw. — oder man gruppiert um den Befund der anlagemäßigen Beziehung von „Wollen und Können", wo denn zumal die Erforschung der „Begabungen" beschäftigt. Will man schon in solcher Weise vorgehen, so empfiehlt sich als besser begründet die Einteilung nach Stoff („Materie"), Gefüge („Struktur") und Artung („Qualität") des Charakters, die man entwickelt findet in unsern „Grundlagen der Charakterkunde", 9.—10. Aufl., III. Kapitel. Der Stoff schlösse in sich die persönlichen Fähigkeiten („Talente"), das Gefüge Eigenschaften wie: Gefühlserregbarkeit, Willenserregbarkeit („Temperament"), Äußerungsvermögen; die Artung das System der bestimmenden Triebfedern. Allein auch im besten Falle taugen dergleichen Teilungsversuche nicht sowohl zur Erforschung des Charakters als vielmehr zur Darstellung der schon festgestellten Befunde und sollen aus diesem Gesichtspunkte im letzten Kapitel an Beispielen gewürdigt werden. Die Seelenerkundung selber aber hat davon auszugehen, daß es zweifellos immer nur eine beschränkte Anzahl von Gruppierungsregeln, ebenso zweifellos aber eine unbeschränkte Anzahl von Charakteren gibt. Für den einen Menschen mag es ein treffendes Bild ergeben, wenn man das Verhältnis seines Wollens zu seinem Können bestimmt, für den andern führt der gleiche Weg am Kern seines Wesens völlig vorbei. Und ebenso steht es mit allen übrigen Mustern. Nur dann dürfen wir hoffen, der Vielzahl der Physiognomien gerecht zu werden, wenn wir uns den Gang des Deutungsverfahrens von der Handschrift selber vorschreiben lassen.

Zu dem Behuf greifen wir aus ihren beständigsten Merkmalen eines der ausgeprägtesten heraus und prüfen, ob der ihm versuchsweise zu unterstellende Charakterzug noch in andern Ausdruckseigenschaften des Schreibers zutage tritt. Ist es der Fall, so betrachten wir es als Dominante, um die wir alle bedeutungsverwandten Merkmale der Handschrift zu gruppieren hätten. So gelangen wir zu einem Bewegungssystem, und diesem entspricht ein Inbegriff von Charakterzügen, von denen jeder mit jedem verständlich zusammenhängt. Alsdann greifen wir aus den übriggebliebenen Merkmalen abermals das ausgeprägteste heraus und gewinnen nach derselben Methode einen zweiten Inbegriff von Charakterzügen. Das setzen wir fort, bis sämtliche Bewegungseigenschaften aufgeteilt sind. Mit der Abwägung der erhaltenen Grundeigenschaften gegeneinander beginnt jenes schwierige Kombinationsverfahren, das nur auf der Basis reichsten charakterologischen Wissens Erfolge zeitigt, dann aber auch bisweilen in solchem Maße, daß die Empfänger des Gutachtens geneigt sind, solche Leistungen einem geheimnisvollen Seherblick zuzuschreiben.

Wir haben im Verlaufe unsrer früheren Darlegungen die Dominantenlehre bereits wiederholt verwertet, ohne sie mit diesem Namen zu bezeichnen, und zwar, um die Bedeutung der Bewegungsanlagen einzuschränken. Kaum nämlich braucht es gesagt zu werden, daß sich der Bedeutungsspielraum einer Schrifteigenschaft verengt im umgekehrten Verhältnis mit der Zahl der Dominanten, denen wir sie anzugliedern vermögen, und den überhaupt erzielbaren Grad von Eindeutigkeit bei Zuordnung zu nur einer Dominante erreicht. Wir wollen das im Umriß noch einmal für die Handschrift von Fig. 31 entwickeln.

Gesetzt, wir erhöben zur ersten Dominante versuchsweise ihre G r ö ß e und suchten gemäß der schon ermittelten Regelmäßigkeit deren Entstehungsursache in mutmaßlicher T a t k r a f t des Schreibers, so müßten wir uns fragen, welche weiteren Merkmale seiner Handschrift in der Tatkraft oder ihren Nachbareigenschaften begründet lägen. Indem wir uns sogleich z. B. auf die Eile hingewiesen fänden, würde als deren Ursache n i c h t sanguinisches Temperament und hastige Gedankenfolge, sondern dasjenige anzusetzen sein, was mit Tatkraft verständlich einhergehen kann, nämlich Strebsamkeit, Rührigkeit, Betriebsamkeit. Weiter würde sich angliedern die große Längenunterschiedlichkeit, und zwar in Rücksicht auf das etwas schwachmittlere Formniveau unter anderem auch als Zeichen eines Mangels an Beschaulichkeit. Ohne daß wir bereits bis zur inneren Widersprüchlichkeit des Charakters vorgedrungen wären, hätten wir das im gleichen Zusammenhange verwertbare Steigen der Zeile nun n i c h t etwa auf gehobene Stimmung, sondern auf ein Streben zu deuten, dessen Ziele durchaus im ä u ß e r e n Leben liegen. Und sofort gewännen wir für das lebhafte Vorstellungsvermögen, das aus den häufig ausgebauchten Schleifen der d-Köpfe spräche, die wichtige Bedeutungseinschränkung, daß es sich im Ausmalen technischer oder kaufmännischer Unternehmungen ergehe. — Zur zweiten Dominante etwa die E n g e wählend müßten wir, weil schon vertraut mit einem Inbegriff vorwärtsdrängender Kräfte, ihre Vorbedingung in der Verfügbarkeit schrankenartig widerstehender H e m m a n l a g e n erblicken. Dadurch wiederum bekämen die zu ihr passenden Eigenschaften der Druckbetonung, häufigen Winkelbindung, verstärkten Unterlängen, gelegentlichen Kürzungen ebenfalls die besondere

Färbung von S p a n n u n g s anzeichen, was uns nunmehr veranlassen würde, gehobene Stimmung sogar auszuschließen. — Schritten wir endlich zur Bildung einer dritten Gruppe aufgrund der Dominante der T e i g i g - k e i t , der wir hinzugesellten die verwandten Eigenschaften der Schräglage und der nicht allzu seltenen Basisbögen sowie die ergänzende des Ineinandergreifens der Zeilen, so möchte es uns kaum noch wundernehmen, zwischen soviel Tatfähigkeit und soviel sinnlichem Hinreißungsvermögen den innern Widerstreit auch unmittelbar offenbart zu sehen in den doppelt geknickten Langbuchstaben. — Wir verzichten auf Durchführung der Analyse, da jeder, der unsern früheren Darlegungen aufmerksam gefolgt ist, sie selber abzuschließen und die Hauptzüge zu einer Charakterskizze zu verbinden vermöchte. Darüber ginge allerdings weit hinaus, was der gewiegte Kenner aus einer solchen Schrift noch alles zu entnehmen wüßte. Er würde z. B. mit vollkommener Sicherheit erhebliche Eifersuchtsfähigkeit feststellen und zwar an der Hand folgender Erwägung. Die Eifersuchtsanlage setzt ihrerseits voraus Egoismus und Leidenschaftlichkeit. Jener ist immer mitgegeben in Willensvorherrschaft (von seinen besonderen Zeichen in dieser Handschrift abgesehen), für diese wurde eine charakteristische Gruppe von Merkmalen schon aufgedeckt. Dann aber ist die Eifersuchtsanlage eine notwendige Folge.

Wie sich für jedes Merkmal, das wir einer Dominante unterstellt haben, die Bedeutung verengt, so verengt sich umgekehrt die Bedeutung der Dominante durch die zugeordneten Merkmale. Auch die Handschrift Bismarcks, Fig. 41, zeigt uns Größe, Enge und leichtere Teigigkeit im Rahmen der Regelmäßigkeit ; allein mit der Größe geht nur mittlere Geschwindigkeit, randgerechte Zeile und geringe Längenunterschiedlichkeit einher, sodaß wir das ruhige Pathos des tatmännischen W e i t - b l i c k s anzusetzen hätten. Um deswillen wiederum dürften wir nichts Gewaltsames in den Vorbedingungen der Enge suchen. Und so würden uns denn die gleichen Dominanten hier zu einem wesentlich andern Bilde führen, das grade durch große Einheitlichkeit gekennzeichnet wäre. —

XIII. KAPITEL

MUSTER EINER HANDSCHRIFTENDEUTUNG

Voruntersuchung. — Wir sind jetzt gerüstet, um an einem Beispiel die Analyse vollständig und sozusagen mit allen Schikanen durchzuführen, und wählen dazu Fig. 79, deren Urheber ein Mann von sieben- bis achtundzwanzig Jahren ist.

Seine völlig „ausgeschriebene" Handschrift zeigt schlanke Linienführung und keinerlei Merkmale, die uns zur Annahme außergewöhnlicher Schreibumstände veranlassen könnten. Die Schräglage und die meist flüchtige Formgebung bekundet den wesentlich ursprünglichen Duktus. Gewisse zweckmäßig vereinfachte Großbuchstaben (vgl. das F in „Falls" der zweiten, das K in „Kapital" der dritten und das I in „Instrumente" der fünften und „Instituts" der sechsten Zeile) sowie die rechtsläufige Anbindung des t an das s in den st lassen uns den Schreiber unter den Ständen von höherer Bildung suchen und legen die Annahme gelehrter Beschäftigung nahe. Die Handschrift ist im ganzen und im einzelnen durchaus eigenartig und steht auf der zweiten Stelle des Formniveaus. Nicht ohne natürlichen Rhythmus der Massenverteilung zeigt sie gleichwohl zahlreiche feinere Störungen. Man beachte den starken und ungleichmäßigen Wechsel in der Größe der Kurzbuchstaben und das immerhin merkliche Schwanken des Neigungswinkels der Mittel- und Langbuchstaben. (Vgl. in der Hinsicht z. B. „lich" und „sich" mit „Ganzen" der gleichen Zeile.) Die Regelmäßigkeit ist gering. Schreiber gehört zu den leichterregbaren Charakteren von vorherrschendem Gefühlsleben.

Hauptuntersuchung. — In der Hauptuntersuchung begnügen wir uns gemeinhin mit der Begründung der Dominanten, da die Gründe für die Bedeutungswahl der jeweils nebenzuordnenden Züge auf der Hand liegen dürften. Wir greifen aus den beständigsten Schriftmerkmalen als hervorragend ausgeprägt die weitgehende *Verbundenheit* heraus und deuten sie angesichts des positiven Formniveaus und der Bildung des Schrifturhebers auf mehr als gewöhnliche *Fähigkeit zu beziehendem und verknüpfendem Denken.* Nicht übersehen wollen wir die Eigentümlichkeit, daß Schreiber einerseits die Anfangsbuchstaben gelegentlich vereinzelt, anderseits i-Punkt und ü-Häkchen gern in die Bindung einbezieht, und zwar selbst dann, wenn er nach vollzogener Einbindung absetzt. (Vgl. den zweiten i-Punkt in „Bibliothek" und den u-Bogen in „Instrumente" der fünften Zeile.) In jenem hat man den Ausdruck für die Gabe entscheidender Anfangseinfälle erblicken wollen, denen alsdann erst die logische Verarbeitung zu folgen pflege, eine Annahme, die wir für recht gewagt halten; in dieser pflegt man das Zeichen einer Beweisführungsart zu sehen, die auch vor sophistischen Spitzfindigkeiten nicht zurückscheut. Darüber wollen wir nun vorderhand nicht entscheiden, sondern vorerst bei der verknüpfenden Denkveranlagung bleiben und ihrer Ausdrucksdominante folgende Merkmale hinzugesellen: sehr weite Trennung der Wörter und Zeilen — Neigung zur Unterstreichung — Vereinfachungen (insbesondere Fortfall der Schlußzüge, Zurückführung der Großbuchstaben auf die Grundgestalt, häufiger Schleifenfortfall, gekürzte Verbindungen) — Zuspitzungen (man beachte z. B. das K in „Kapital") — genaue Setzung der Oberzeichen — Kleinheit der Schrift.

Erste Gruppe.

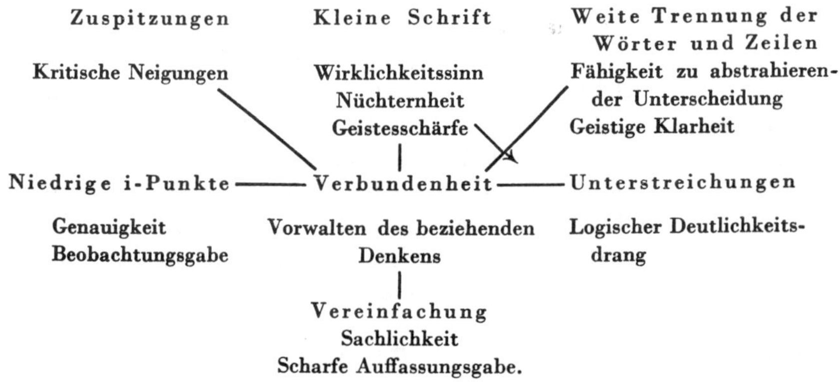

Wir haben also bedeutende *Intelligenz* anzunehmen und stellen fest, daß Schrifturheber jedenfalls weit mehr auf wissenschaftliche als etwa künstlerische Verarbeitung seiner Erlebnisse ausgeht und darin zweifellos über eine nicht gewöhnliche Begabung verfügt. Auch wenn wir nun nicht vorweg schon seine Gefühlserregbarkeit ermittelt hätten, läge es doch nahe, allsogleich die Frage nach der Beschaffenheit seines Gefühlslebens aufzuwerfen. Nun darf in einem derart unwillkürlichen Duktus auch der Neigungswinkel als führendes Merkmal gelten, und so wählen wir denn zur zweiten Dominante versuchsweise die erhebliche *Schräglage*, die für ein *starkes Gefühlsleben* spräche. Auch sie führt zu einer Gruppe von bemerkenswerter Reichhaltigkeit; denn es reihen sich an: Ungleichmäßigkeit — Eile — relative Weite — einige Teigigkeit (trotz offenbar spitzer Feder in sechs Zeilen 10 deutliche Verklecksungen in den Mittel- und Lang- und 19 deutliche in den Kurzbuchstaben) — gelegentlich ausgebauchte Schleifen (vgl. das h in „wodurch", das S in „Sie" der ersten, das S in „Sie" der zweiten, das d in „dem" der dritten, das zweite l in „völliger", das S in „Sicher" der vierten, das erste l und das g in „stellung" und das o in „Bibliothek" der fünften Zeile) — einigermaßen fallende Wörter (vgl. zumal die letzte Zeile).

Zweite Gruppe.

Gelegentlich fallende Zeile
Stimmungsschwankungen
Verstimmbarkeit

Ungleichmäßigkeit
Gefühlserregbarkeit

Gelegentlich erweiterte Schleifen — Schrägschrift — Eile
Nicht ohne Phantasie — Gefühlsstärke — Impulsivität

Einige Teigigkeit
Sinnliches Eindrucksvermögen

Weite
Eifer
Tätigkeitsdrang

Nicht allzuoft wird man mit so ausgeprägter Geistesklarheit und verstandesscharfer Zergliederungskraft soviel Erregbarkeit und unruhigen Gefühlsdrang verbunden finden. Da das Gemütsleben zugleich voller Spannungen ist, so dürfen wir der Geistigkeit des Schreibers nicht die spiegelnde Aufnahmefähigkeit und den „interesselos" abwägenden Gleichmut des Mustergelehrten (alten Stils) beilegen, sondern haben ihn uns als von einem leidenschaftlichen Erkenntnistriebe beherrscht zu denken. Wo immer aber wir auf leidenschaftliche Strebungen stoßen, werden wir zu wissen verlangen, was deren richtunggebendes Ziel sei, und für den fraglichen Fall insbesondere, ob der Erkenntnistrieb herrsche oder im Dienste persönlicher Interessen stehe. Wir werfen mit andern Worten die Frage nach den leitenden Triebfedern auf.

Da fällt unser Blick denn auf die ungemein häufigen *Überstreichungen*. Wir nehmen diese zur dritten Dominante und legen ihr versuchsweise persönliche *Herrschlust* unter. Alsbald ergibt sich folgende Reihe: Anfangsbetonung (vgl. das b in „beteiligen" der vierten, das s in „stellung" und das I in „Instrumente" der fünften, das E in „Ertrag" der sechsten Zeile) — ansteigende Formen (vgl. die beiden S) — Längenunterschiedlichkeit groß — Unterlänge durchweg größer als Oberlänge — Linksläufigkeiten (vgl. zumal die u-Bögen in „wodurch" der ersten und in „Instrumente" der fünften Zeile) — vorwaltend geschlossene Formen — ungleichmäßige, aber gelegentlich starke Druckbetonung (vgl. das K in „Kapital", das B in „Bibliothek") — vorherrschende, wenn auch unreine, Winkelbindung — (abermals zu verwertender) Fortfall der Schlußzüge — Ansatz zum geknickten d-Kopf (vgl. das „und" der sechsten Zeile).

Dritte Gruppe.

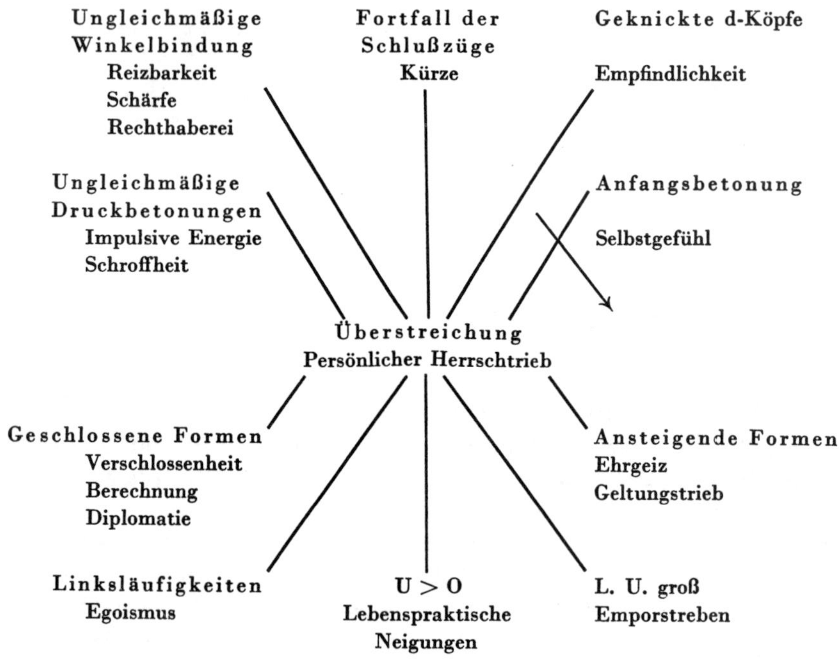

Im Anschluß hieran ist sogleich die Frage zu erledigen, ob Schreiber auch sophistischer Beweisführungen fähig sei, und zwar in bejahendem Sinne. Unsre Verwunderung über das Zusammenbestehen großer Erregbarkeit und parteinehmender Gefühle mit urteilsfähigem Forschungseifer mildert sich angesichts dieses dritten Befundes, da wir jene in einer starken Unterschicht ganz persönlicher Interessen verankert finden. An die Stelle aber tritt die noch schwierigere Frage, wie sich dieses vertrage mit rücksichtslosem Wahrheitswillen. Unter Zuhilfenahme der allgemeinen Charakterkunde kommen wir zu folgendem Ergebnis. Schreiber hat beides : heftigen Wahrheitswillen und heftigen Willen zur Macht, so jedoch, daß dieser vorherrscht und ihn veranlaßt, die Forschung in den Dienst praktischer Unternehmungen zu stellen. Hätte er eine Dosis Pathos mehr und eine Dosis zersetzender Kritik weniger, so spränge heraus der „Weltverbesserer", Schwarmgeist, Parteipolitiker. So jedoch möchte man eher an den wissenschaftlichen Neuerer und Erfinder denken, der auch den gelehrten Arbeiten den Stempel seiner Persönlichkeit aufprägt und zugleich Pläne schmiedet, wie sie vorteilhaft zu verwerten seien. Insoweit könnte uns der Zusammenhang befriedigen. Allein nun fanden wir Anzeichen genug für sinnliches Eindrucksvermögen, Reizbarkeit, Empfindlichkeit, gelegentliche Mutlosigkeit und legen uns denn doch die Frage vor, ob Schreiber ungeachtet seiner außerordentlichen Verstandesgaben dem Ausbreitungsdurchmesser seiner Neigungen gewachsen sei. — Die Schrift zeigt Schärfe, Zusammenfassung und im einzelnen auch lebendige Gestaltungskraft (man beachte die geistvoll durchgebildeten I in „Instituts" und „Instrumente"), läßt aber nicht eine bildnerische Kraft erkennen, die — das Insgesamt des Charakters bemeisternd — der beharrungsunfähigen Gedanklichkeit eine Schranke setzte und der Gefahr der Entwurzelung zu begegnen vermöchte. Aus dieser Erwägung erheben wir zum Range einer vierten Dominante die beginnende Zerlösung der Bindungsform und gesellen ihr zu : die nervöse Unterstreichungsverdoppelung — die gelegentlich zerstückenden Unterbrechungen (vgl. das ö in „Vermögen" der ersten, in „können" der zweiten und in „völliger" der vierten Zeile) — die verhältnismäßige Häufigkeit ergänzender Verbesserungen (vgl. „lich" in der dritten und „Instituts" in der letzten Zeile) — die auch hier verwertbare Längenunterschiedlichkeit — und die Neigung zur Lautzeichenmischung (lateinische a, e, t in sonst deutscher Schrift).

Damit wir aber nicht infolge der „absteigenden" Linie des Untersuchungsganges die Werte des Schreibers aus dem Auge verlieren, geben

Vierte Gruppe.

Lautzeichenmischung
Große Vielseitigkeit
Gefahr der Zersplitterung

Zerstückende Unterbrechungen
Gefahr des plötzlichen Versagens

Beginnende Zerlösung der Bindungsform
Innere Lockerung
Labilität

L. U. groß
Hinaustreibende Unzufriedenheit

Ergänzende Verbesserungen
Nervös gesteigerte Selbstkontrolle

wir nachstehend — unter Mitverwertung alles Erschließbaren — ein zusammenfassendes Charakterbild, das Licht und Schatten in richtiger Verteilung zeige.

Charakterbild. — Schrifturheber ist ein Mann von jenem bohrenden Forschungseifer, dem auch Herzenswünsche nicht Halt gebieten. Ausgerüstet mit schärfster Auffassungsgabe und ungewöhnlichem Abstraktionsvermögen zielt er rücksichtslos auf den Kern der Sache, da denn nur bisweilen zu befürchten steht, daß er vor lauter kritischer Bejahungsscheu den Befund zerfasere, statt ihn festzuhalten. Auf dem Gebiet der reinen Wissenschaft hat er zweifellos nicht nur vorzügliche Beobachtungsgabe, sondern auch Selbständigkeit des Urteils einzusetzen und erfinderische Neugedanken. Allein die bloße Theorie kann ihn niemals befriedigen. Er steht mit regster Empfänglichkeit mitten im Leben und versagt sich nicht ein selbst leidenschaftliches Parteiergreifen. Das Verlangen nach einer ins Große gehenden Wirkung hat ihm, wenn wir nicht fehlgehen, zu einer Weltanschauung „naturalistischer" Prägung verholfen, derzufolge er die gedanklichen Ergebnisse organisatorischen Zielen dienstbar zu machen nicht nur den Wunsch, sondern sogar eine Art von Verpflichtung fühlt. So gewinnt die von Natur schon weitgespannte Vielseitigkeit seiner Neigungen, die sich bei unverkennbarem Zurücktreten der künstlerischen zumal in theoretische und praktische gabeln, einen Zufluß an Berechtigungsgefühl aus der durchdachten Überzeugung, daß den Wert jeder Einsicht erst ihre Anwendbarkeit auf das Leben bestimme, und der Boden ist sozusagen wissenschaftlich geebnet, auf dem sich sein Wahrheitsstreben ohne fühlbaren Selbstwiderspruch verschwistern mag mit einem mindestens ebenso kräftigen Bedürfnis nach persönlicher Macht. Denn er ist zwar ein hochgeistiger, aber kein „aristokratischer" Charakter. Er hat vom heimlichen Ehrgeiz und der unrastvollen Neuerungssucht aufwieglerischer Menschheitsbeglücker und mag mehr als einmal vor der Frage gestanden sein, ob er das Gebiet der Forschung nicht endgültig verlassen und es ganz mit einer ausübenden Tätigkeit vertauschen solle. Indessen, es steht zu vermuten, daß es nicht geschah und niemals geschehen wird. Tatmännisches Handeln setzt einen festeren „Instinkt" voraus und statt der Überwachheit des Geistes vielmehr eine Art glücklich zutappender Blindheit. Auch verlangt es, wenigstens vorübergehend, genossenschaftliche Ein- und Unterordnung, der die Eigenwilligkeit denkerischer Köpfe entschieden widerstrebt. Zudem aber ist Schreiber ein viel zu erregbarer Stimmungsmensch, als daß er mit nicht nur künstlichem Gleichmut den Widerständen und Stößen begegnen könnte, mit denen jede Wirksamkeit zu kämpfen hat, welche irgend menschliches Tun und Lassen berührt. So wird er der geistvolle „homo literatus" bleiben, als der er aus früher Neigung und echter Bestimmung begonnen hat, nicht ohne jedoch wieder und wieder am Zwiespalt seiner Lebenswünsche zu leiden und auch für die erfolgreichsten Bemühungen philosophischer Scheidekunst zuletzt ein dämpfendes Mißtrauen bereit zu haben, das den Wert des ganzen Beginnens in Frage stellt.

Die widerstreitenden Regungen dieser bedeutenden Persönlichkeit werden uns fast schärfer sichtbar bei einem Blick auf ihre intimere Menschlichkeit. Beifallsbedürftiger Schaffensdrang streitet mit einem stark sinnlich gefärbten Genußverlangen, ruhelose Arbeitsamkeit mit nur mühsam beherrschtem Eindrucksvermögen, und die stoische Selbstzucht, in die den Schreiber sein Unabhängigkeitswille hineintreibt, hat etwas Gewaltsames und Zerbrechliches. Rücksichtslos auf Wahrheit gerichtet und selbstkritischen Anwandlungen von erbarmungsloser Schärfe ausgesetzt, verträgt er doch keinen Widerspruch; mit starkem Gerechtigkeitsgefühl begabt und leidenschaftsloser Richter in fremder Sache, ist er gleichwohl herrschsüchtig, reizbar, empfindlich und von parteiischer Selbstischkeit in eigener. Sein Gemütsleben verleugnet nicht einen Zug von Rauschfähigkeit und Hinreißbarkeit; allein das Erwachen bedeutet Ernüchterung, und statt des Geistes, der an den Flammen der Inbrunst das beständige Licht mehr als nur logischer Gewißheiten entzünden würde, waltet ein Geist des Widerspruchs und löscht sie mit dem kalten Wasserstrahl kritischer Überlegenheit. Nicht aber deshalb nur darf man von einem solchen Charakter keine „Treue“ in persönlichen Gefühlen erwarten, sondern auch, weil hier, wenn nicht mit häutenden Entwicklungen, so doch sicher mit jenem Getriebensein vom alles beherrschenden Gedanken einer „Bestimmung“ zu rechnen ist, für das der Zusammenklang der Seelen wohl ein vorübergehendes Reizmittel, niemals aber Erfüllung bedeutet. Es kommt hinzu, daß Schreiber weichere Stimmungen nicht ohne den Beigeschmack befriedigter Grausamkeit aus dem Wege räumt. Überdies keineswegs gleichgültig auch gegen Erwerbserfolge und, ohne eigentlich ein Rechner oder gar haushälterisch zu sein, doch empfänglich für Besitz und geschäftlichen Vorteil, wird er sich verbindliche Neigungen um destomehr als „Sentimentalitäten“ verbieten, je mehr sie tiefer von ihm Besitz ergreifend die „Freiheit“ zu bedrohen scheinen, die er sich in der Wahl der Verwirklichungsmittel eines, wennschon ideellen, Lebensplanes uneingeschränkt zu bewahren wünscht. Daraus geht hervor, daß sein Auftreten unter Menschen mit allen Ungleichmäßigkeiten starker Stimmungsschwankungen behaftet ist und bei seiner außerordentlichen Verschlossenheit in Gefühlssachen das Gepräge einer schwer zu berechnenden Undurchdringlichkeit trägt. Insbesondere dürften Fristen entgegenkommender Mitteilsamkeit mit solchen der Selbstabsonderung und eines ablehnenden Verstummens wechseln, das den Versuch, es zu lösen, mit fast feindseliger Schroffheit beantwortet.

Unwillkürlich drängt sich angesichts des immerhin noch jugendlichen Schrifturhebers die Frage auf, wohin sein Lebensweg führe und ob es für ihn eine Art von, sei es innerem, sei es äußerem Abschluß gebe. So wenig darüber Bestimmtes gesagt werden kann, so sind doch Vermutungen möglich. — Schreiber hat etwas vom Märtyrer im Dienste eines Werkgedankens; aber ihm fehlt die notwendige Einseitigkeit der großen Schaffenden, und es fehlt ihm die Unbeirrbarkeit des Wollens aus Instinkt. Im Lichte dieses Gedankens erscheint die erzwungene Sammlung zugleich als Abwehrmittel gegen zersplitternde Vielseitigkeit, und die gezüchtete Kälte wird zum sinnvollen Schutzwall gegen die Reizungen jener richtungslosen Sinnlichkeit, der man sich nur auf die Gefahr überläßt, in ein haltloses Sichgehenlassen hineinzugeraten. Beide Gefahren drohen wirklich dem Schrifturheber! Er kennt müde und mutlose Stunden, wo sein geistiger Selbstbehauptungswille erlahmen möchte, während zugleich das Leben zu flachen Genüssen lockt; und er kennt wiederum solche einer steuerlosen Betriebsamkeit, wo seine Gedanken und Entwürfe sich fast ideenflüchtig jagen, dem prasselnden Feuer eines leicht entzündeten, aber auch schnell verbrauchten Brennstoffes vergleichbar. Hinter der unaufhörlichen Selbstkontrolle lauert etwas von der heimlichen Furcht vor dem Verlust des ordnenden Kerns der Innerlichkeit. — Wir fürchten, daß er äußere Erfolge nur um den Preis des Verzichtes auf seine „Bestimmung„ gewänne, will sagen, nachdem er zum „Durchschnittsmenschen" entartet wäre; daß aber diese, wenn festgehalten, sich mehr und mehr als — Täuschung erweisen und in bloße Spiegelfechtereien ausmünden wird. Er hat viel vom Charakter eines Zeitabschnitts — älteren Mitlebenden noch erinnerlich —, dessen stürmisches Keimetreiben ohne Früchte blieb.

Noch ein Charakterbild. — Wenn zwei Ärzte eine und dieselbe Krankheit verschieden beurteilen und es erweist sich hernach, daß der eine unrecht hatte, so zweifelt man vielleicht an dessen Tüchtigkeit, nicht aber deshalb auch schon an der medizinischen Wissenschaft; dahingegen, wenn ein Graphologe sich täuscht über den Charakter des Schrifturhebers, so ist man für gewöhnlich geneigt, nicht sowohl ihn einen schlechten Vertreter seines Faches zu nennen als vielmehr sein Fach herabzuwerten zur „Scheinwissenschaft" ! Dieser Schluß behielte aber offenbar den Charakter der Leichtfertigkeit, auch wenn es wahr sein sollte, was wir nicht bestreiten möchten, daß unter sog. Graphologen im ganzen mehr halbgebildete Liebhaber angetroffen werden als etwa unter Heilkundigen, Rechtsbeflissenen oder Gottesgelehrten. Wir lassen uns hier in keine Erörterung der geistesgeschichtlichen Gründe für einen so wunderlichen Zustand der Dinge ein, sondern nehmen die Gelegenheit wahr, an jeden geneigten Leser, der nur auf dem Wege des Selbstunterrichts an der Hand von Büchern sein graphologisches Wissen erworben hat, die dringende Bitte zu richten, er möge der öffentlichen Ausübung einer so schwierigen Technik vorausgehen lassen eine mindestens zweijährige Frist arbeitsreicher Übung aufgrund privat zugänglicher Schriftstücke. Würde diese Regel allezeit befolgt, so stände es ungeachtet jener Gegenströmungen, deren Quelle die Furcht vor Enthüllungen ist, besser um den Ruf der Handschriftendeutung! Nur aber freilich ein Umstand, den wir in Kürze berühren müssen, würde auch dann nicht aufhören, oberflächlichen Köpfen zur Zielscheibe billigen Absprechens zu dienen.

Wer sich besser überzeugt fühlt durch augenfällige Leistungen als durch zwingende Gründe, pflegt seine Handschrift bald diesem, bald jenem Graphologen einzusenden und die erhaltenen Auskünfte miteinander zu vergleichen. Gesetzt nun, daß sie weitgehend verschieden sind, so findet er sich leicht zu folgendem Schluß gedrängt: es gibt also doch keine festen Gesetze und Regeln, nach denen die Schriftzüge mit dem Charakter zusammenhängen; denn sonst müßte ja jeder, der sie beherrscht, auch zum gleichen Ergebnis kommen! Dabei vergäße er, daß kein eigenlebendiges Gebilde jemals mit Begriffen zu erschöpfen ist, und daß es naturnotwendig genau so viele Gesamtbilder darbietet, als es Betrachter gibt, die es in Augenschein nehmen! Es wäre das unglaubwürdigste Wunder, wenn zwei Analysen völlig miteinander übereinstimmen sollten: aber es ist mit deren sogar außerordentlicher Verschiedenheit noch im mindesten nicht bewiesen, daß sie einander widersprechen. Nur erst der Widerspruch könnte zu berechtigten Zweifeln Anlaß geben, niemals schon die bloße Verschiedenheit, als welche sich ja auf vielerlei Weise lösen mag: so wenn die Urteile einander ergänzen oder denselben Gehalt in verschiedenen Verkürzungen oder endlich in verschiedenen Gruppierungen geben. Man lasse dieselbe Person von drei ausgezeichneten Künstlern zeichnen, und man wird unfehlbar drei voneinander weit verschiedene Abbilder erhalten, deren gleichwohl ein jedes mag „sprechend ähnlich" sein! Das Gleichnis gibt Gelegenheit zu noch einer Folgerung von größter Wichtigkeit. Wie jeder tüchtige Zeichner imstande ist, den gleichen Kopf in mehreren Auffassungen nachzubilden, so auch ist jeder tüchtige Graphologe imstande, aufgrund der gleichen Handschrift mehrere Charakterbilder auszuführen; und wie der Zeichner gelegentlich schwanken wird, ob er die Seitenauffassung oder die Vollsicht bevorzugen solle, ebenso, nur in noch viel höherem Grade, sieht sich zumal angesichts „interessanter Fälle" der Deuter vor die Wahl zwischen verschiedenen gleichmöglichen Gruppierungen seiner Befunde gestellt. Und selbst nachdem er sich darüber klar geworden, fragt es sich wieder, mit welcher Seite des Charakters er seine Darstellung beginne, mit welcher er sie schließe. Auch hier allerdings gibt es ein fühlbares Besser und Wenigergut, aber es läßt sich nicht mehr unfehlbar darüber entscheiden, welche Ausführung die schlechtweg beste sei! Kaum brauchen wir hinzuzufügen, daß sich allmählich jeder Praktiker seine eigene Darstellungsweise herausbildet, wonach z. B. der eine mit dem Unwichtigeren beginnend seine Schilderung nach der Steigerungsregel zum Hauptcharakterzuge als einem Gipfel emportürmt, während der andre die mittelpunktlichste Eigenschaft womöglich ingestalt einer Grundformel voranstellt und aus ihr die übrigen Züge gewissermaßen wie Strahlen hervorgehen läßt. Oder es liebt der eine die lockere Nebeneinanderstellung scharfgefaßter Einzelurteile, wohingegen ein andrer zumal die Verknüpfungen und Zusammenhänge deutlich zu machen bemüht ist.

Es wäre uns selbstverständlich ein Leichtes, von einem so reichhaltigen Charakter wie dem obigen ein zweites und drittes Bild zu entwerfen; allein auch wenn wir dabei auf größtmögliche Verschiedenheit Gewicht legten, könnten wir doch unter keinen Umständen jene tieferliegende Gleichartigkeit vermeiden, die ohne Ausnahme allen Texten aus der Feder desselben Verfassers anhaftet. Wie nämlich jedermann seine eigene Handschrift schreibt, die (bald fließender, bald gehemmter) doch immer die seinige bleibt, so auch zeigen sämtliche, sei es schriftlichen, sei es mündlichen Mitteilungen der gleichen Person einen irgendwie selbigen Duktus, woran man sie wiedererkennt in ihren vollkommensten wie mißlungensten Erzeugnissen. Demgemäß würden wir mit einer Umgestaltung jenes Charakterbildes doch nicht erzielen, was wir vor allem zu erhärten wünschen: die mögliche Übereinstimmung des Gehalts bei *persönlich verschiedener* Behandlungsweise. Deshalb haben wir uns an einen befreundeten Fachmann, der vor zwei Jahrzehnten allerdings aus unsrer Schule hervorging, inzwischen aber längst zum selbständigen Berufsgenossen wurde, mit der Bitte um eine Charakterzeichnung des ihm selbstverständlich völlig unbekannten Urhebers von Fig. 79 auf rund eben dieser Probe gewandt. Er hat unsrer Bitte bereitwillig entsprochen, wünscht jedoch nicht mit Namen genannt zu sein. Wir bringen seine Arbeit nachstehend wörtlich zum Abdruck.

„Ein interessanter, musikalischer, feinfühliger Kopf. — Schreiber ist zum Teil Autodidakt und mehr nach Interessensphären als systematisch gebildet, besitzt aber auf gewissen Gebieten eine so eigentümliche und scharfzielende Urteilskraft, daß ihm sozusagen unerlernbares Wissen von selbst zuströmt und seinen Worten — er drückt sich präzis und abgewogen aus — Überzeugungskraft gibt. Er denkt zwar häufig sprunghaft und trotz aller Klarheit nicht immer konsequent, versteht aber zu kombinieren und seine sicheren Erkenntnisse scharfsinnig aneinanderzureihen. Seine Schlüsse sind originell, oft geistreich und überraschend, und seine lebhafte Aktivität, die ebenso sehr nach handelnder wie nach denkender Äußerung drängt, läßt keine Einförmigkeit aufkommen. Daß er trotz so bedeutender Regsamkeit und beweglicher Fassungsgabe nicht als ein eigentlich überlegener und alles umspannender Geist erscheint, daran ist schuld seine imgrunde unschöpferische Substanz. Er schöpft nicht aus dem tiefen

Quell überströmender Phantasie und bleibt daher stets stärker in der Kritik als im eigenen Hervorbringen. Zu nüchtern zu ursprünglichem Schaffen und doch von fast genialer Intelligenz müht er sich bisweilen in wenig befriedigender Tätigkeit. Sein leidenschaftlicher Erkenntnistrieb drängt zu immer neuen, ja abenteuerlichen Forschungen: sein eigensinniger, querköpfiger und herrschsüchtiger Wille aber sucht hier zu steuern und seinen allzu hingebungsbereiten Geist zu binden. Wo ihm das gelingt, könnte er zum nüchternen Rechner herabsinken, während er doch anderseits in merkwürdig zäher Begeisterung dem Unmöglichen nachstrebt."

„An seinem Denken und Handeln und auch an seiner Entwicklung hat das Gemütsleben nur geringen Anteil. Das Maß von gemütshafter und sinnlicher Befriedigung, das ihm nötig ist, weiß sich Schreiber leicht zu verschaffen und stellt darüber hinaus keine besonderen Anforderungen an menschliche Beziehungen; denn sein Herz ist nicht hingebungsfähig, und wo er Anschluß sucht, geschieht es um der Anregung willen oder auch, um gelegentlich nagende Selbstzweifel durch die Anerkennung anderer zu beruhigen. So ist diese an sich glänzende Erscheinung durch ein Spinnwebnetz innerer Unzulänglichkeit gebunden und verdüstert und bietet darum nach außen nicht selten das Bild mißtrauischer Verschlossenheit und Empfindlichkeit."

Es würde zu weit führen und scheint auch nicht mehr unerläßlich, im einzelnen durchzusprechen, worin beide Analysen übereinstimmen, worin sie sich unterscheiden. Nur auf einige Punkte möchten wir aufmerksam machen. — Vorausgeschickt sei, daß nach unsrer persönlichen Kenntnis des Schrifturhebers die graphologisch überraschende Feststellung „musikalisch" durchaus stimmt. Soweit bei ihm von künstlerischen Neigungen gesprochen werden kann, gehen sie fast ausschließlich auf die Musik, worin er den Wissens- und Verständnisgrad des Fachmanns besitzt. Ebenso trifft es zu, was den Abschluß eines unten noch zu berührenden Gedankens bildet, daß er „mit zäher Begeisterung dem Unmöglichen nachstrebe", wofür wir mit den wunderlichsten Beispielen aus seinem Leben dienen könnten, wenn wir uns zu dergleichen Privatmitteilungen für berechtigt hielten. Von solchen ganz eigenen Befunden abgesehen, in denen sich stets zugleich viel von der Auffassungsweise des Beurteilers verrät, treten Verschiedenheiten beider Deutungen hervor, einmal in der Gruppierung und verhältnismäßigen Ausführlichkeit, sodann in der Tongebung und endlich in einer Feststellung sachlicher Natur. So hatten wir beispielsweise des breiteren ausgemalt ein Nebeneinander geistiger und praktischer Neigungen, während es die zweite Analyse nur im Vorbeigehen mit dem Hinweis auf eine Aktivität berührt, „die ebensosehr nach handelnder wie nach denkender Äußerung dränge". Ferner fällt in ihr der Ton noch entschiedener auf die geistige Seite, indem deren Kennzeichnung schon rein äußerlich etwa zwei Dritteile der ganzen Schilderung einnimmt. Endlich weicht sie aber auch sachlich ab hinsichtlich der Gemütsbedürfnisse des Schrifturhebers, die sie für schon ursprünglich zu gering erachtet, als daß sie jemals Konflikte herbeiführen könnten; wohingegen wir ihm auch auf diesem Gebiete eine gewisse Leidenschaftlichkeit nicht absprechen mochten. Nun darf man aber über den fraglichen Punkt getrost verschiedener Meinung sein, wenn man es nur nicht über seine Rolle im Gesamtbild des Charakters ist! Sollte nämlich Schreiber auch jenen Grad von Fähigkeit zur Leidenschaft des Herzens haben, den wir ihm zugeschrieben, so bliebe doch die Wirkung davon die gleiche, als wenn er sie nicht besäße, wofern es richtig ist, daß sie ihm stets nur „vorübergehendes Reizmittel" sei und keinerlei Einfluß auf seine Lebensgestaltung gewinnen könne. Die einzige sachliche Verschiedenheit erweist sich sonach als folgenlos.

Werfen wir jetzt noch einen flüchtigen Blick auf die Übereinstimmungspunkte, so wäre vor allem zu fragen, ob man allein aus ihnen den Schrifturheber zu erkennen vermöchte! Den vollüberzeugenden Beweis dafür könnten wir dem Leser nur dann erbringen, wenn wir, was nicht mehr im Plan dieses Abrisses liegt, für eine ganze Reihe von Handschriften jeweils Doppeldeutungen böten und dergestalt zu erweisen suchten, daß jeder Leser ohne weiteres imstande wäre, selbst bei den farbenärmsten Charakteren die zusammengehörigen Analysenpaare sofort herauszufinden! Wir haben wiederholt den kleinen Versuch gemacht, jemandem nach Kundgabe des graphologischen Charakterbildes von einer Person aus seinem Bekanntenkreise die Frage vorzulegen, wer gemeint sei, und zwar durchweg mit dem Erfolge, daß der Name des Beurteilten richtig erraten wurde. Dazu darf man freilich weder „indiskrete" noch auch Deutungen solcher Charaktere wählen, die im alltäglichen Leben mehr oder minder undurchschaubar sind. Weiß sich doch z. B. mancher Neidhart, den seine Handschrift sofort als das, was er ist, verrät, so überaus geschickt hinter gemeinnützigen und scheinbar wohlwollenden Handlungen zu verstecken, daß nicht nur „naive" Zuschauer getäuscht werden! Man kann also zu jenem Scherz nur mehr oder minder „harmlose" Charaktere gebrauchen. — Indessen, auch ohne ein „experimentum crucis" muß es jeder Leser sehen, daß die beiden Bilder des Schreibers von Fig. 79 in verschiedener

Beleuchtung und Verkürzung die gleiche Persönlichkeit geben. Und zwar tritt als deren Kern beidemal eine innere Zwiespältigkeit zutage, derzufolge ihr ganzes Tun und Lassen trotz weit übergewöhnlicher Maße und Kräfte mit einem Selbstwiderspruch behaftet erscheint. Insbesondere wird in beiden aufgrund sehr ähnlicher Gedankengänge ausgeführt, wie die hochgeistvolle Intelligenz des Schreibers infolgedessen zu schließlich dennoch fruchtlosen Bemühungen verurteilt sei. Den in der unsrigen gestaltig herausgearbeiteten Gegensatz zwischen leidenschaftlichem Erkenntnistrieb und persönlichem Willen zur Macht bringt die zweite mit der feinabgewogenen Bemerkung zum Ausdruck, daß ein querköpfiger und herrschbedürftiger Wille den allzu hingebungsbereiten Geist zu b i n d e n suche, woraus sich denn ein merkwürdiges Schwanken zwischen nüchternem Rechenverstand und zäher Begeisterung für das Unmögliche ergebe. Wir haben schon oben die ausgezeichnete Richtigkeit dieses Befundes bekräftigt, von welchem es sich jedoch nicht verkennen läßt, daß er aus den unsrigen wäre zu f o l g e r n gewesen.

XIV. KAPITEL

ÜBER CHARAKTERBILDER

Allgemeines über Charakterdarstellung. — Von allen Aufgaben der Charakterkunde weitaus die schwierigste ist die Darstellung des ermittelten Sondercharakters mit Hilfe allgemeiner Begriffe. Unter den wenigen Könnern, die dabei grobe Fehler zu meiden wissen, sind es wiederum nur die allerwenigsten, die es verstehen, das Gewebe der Persönlichkeit nicht bloß in Fäden zu zerzupfen, sondern uns gleichsam eine scharfe Lupe zu leihen, die Zug um Zug die Textur eines Musters zu prüfen erlaubt, das uns unaufgetrennt vor Augen liegt. Man versuche nur einmal, sich schriftlich Rechenschaft zu geben über den Charakter eines Menschen, den man tagtäglich sieht und aufs genaueste kennt; und man wird sich zunächst auf einer erstaunlichen Ratlosigkeit ertappen, sodann aber in den noch so treffend geschilderten Einzelzügen durchaus die Persönlichkeit selber vermissen! Auch der Begabteste hat jahrelange Übung nötig, ehe er soweit kommt, jeden Einzelbefund durch einschränkende oder verstärkende Zusätze auf das Gesamtbild zu stimmen, und mag dann allerdings den letzten und kühnsten Schritt unternehmen: seine Begriffe nämlich wieder zu verschleiern mit einer gewissermaßen erzählenden Form. Dergestalt liefert er Charakterbilder, die sich denen etwa guter Romane nähern, nur mit dem sachlich bedeutenden Unterschiede, daß diese der Phantasie entstammen und darum ebenso glaubwürdig, aber auch ebenso problematisch sind wie die ursprüngliche Wirklichkeit, während es den seinigen obliegt, auch gleich ihre Auslegung mitzubringen. Beispiele dieser allerletzten Stufe bieten wir nicht, weil sie den Anfänger vor einen Gipfel der Vollendung stellt, ohne ihm irgend Wege zu zeigen, wie er hinaufkomme!

Bleiben wir bei der begrifflichen Darstellung, so versteht es sich, daß sie keinerlei Widersprüche enthalten dürfe. Es bedarf aber schon eines ausgebreiteten seelenkundlichen Wissens, damit man ermesse, welche Befunde tatsächlich einander widersprächen. Es wäre ein Widerspruch, wenn ich jemandem mitsammen verliehe Lebhaftigkeit und Unanregbarkeit; aber es ist kein Widerspruch, wenn ich ihn verschwenderisch und hinwiederum geizig nenne. Es kann nämlich einer verschwenderisch sein im Ausgeben, dagegen geizig im Verbrauchen; ferner verschwenderisch hinsichtlich e i n e r Gruppe von Gegenständen, geizig hinsichtlich einer a n d e r n. Wir werden es mit unsern Beispielen vornehmlich zu stützen suchen, daß der Charakter nur in den seltensten Fällen gebildet ist nach Maßgabe der Einstimmigkeit seiner Eigenschaften.

Der Anfänger macht regelmäßig den Fehler, bald zuviel auf einmal sagen zu wollen, bald sich doppelt und dreifach zu wiederholen. Da es ein Nebeneinander im sprachlichen Vortrag überhaupt nicht gibt, so soll er auch nicht versuchen, davon den Schein zu erwecken, sondern sein Augenmerk vielmehr darauf richten, das tatsächliche Zugleich des Charakters gänzlich auseinanderzufalten in ein übersichtliches Nacheinander. Er zerlege nachprüfend geballte Wortverbindungen in licht geordnete Sätze, merze rücksichtslos jede u n willkürliche Wiederholung aus und befleißige sich einer so schmucklos einfachen als unzweideutigen Ausdrucksweise. Indessen darf er b e w u ß t wiederholen: einmal zur Anknüpfung eines erfolgerten an den schon berichteten Vorbefund, sodann um eine Bejahung griffiger zu gestalten durch die schlagschattenartig betonende Verneinung des Gegenteils. Es ist sachlich dasselbe, wenn ich sage, jemand sei ein logischer Kopf und er verbiete sich sprunghafte Einfälle; aber das verneinende Nocheinmal rückt erst in schärfste Sicht den Vollgehalt der Bejahung und arbeitet wirksam der Bedeutungsabschleifung entgegen, der vorzüglich landläufige Wendungen ausgesetzt sind.

Das Charakterbild ist nicht Beschreibung, sondern E n t w i c k l u n g. Wenn ich einen Körper als kugelförmig, hart, glatt, schwer, weiß kennzeichne, so habe ich mit solcher Beschreibung noch nichts vermeldet vom Z u s a m m e n h a n g jener Eigenschaften. Grade den aber soll die Charakterschilderung bieten. Nicht darin besteht das Muster eines Gewebes, daß es blaue, grüne und rote Fäden enthält, sondern in der Eigentümlichkeit der Verteilung, derzufolge für jede beliebige Stelle die bestimmte Fadenfärbung gefordert wird aus dem Zusammenhange des Ganzen. Wir haben nicht sowohl Charakterzüge aufzureihen als vielmehr jeden zu jedem in ein unmittelbar einleuchtendes Verhältnis zu setzen. Wir geben den Querschnitt durch die augenblickliche Zustandsgestalt eines Gebildes, das, weil lebendig, unablässiger Wandlung unterliegt und darum nicht so sehr aus dem Gesichtspunkt einer festen Beschaffenheit verstanden sein will als aus dem eines Inbegriffs von gesetzmäßig veränderlichen Wirkungsbedingungen. Wir maßen uns insbesondere niemals an, das Verhalten der Persönlichkeit unter absehbaren Außenumständen mit mehr als geringerer oder größerer W a h r s c h e i n l i c h k e i t zu veranschlagen.

Wie früher bemerkt, wird es der in der Dominantenmethode geschulte Kenner immer vermeiden, den Charakter entwerfen zu wollen unter Anwendung nur einer einzigen Darstellungsregel. Weil er erkannt hat, daß auch die verhältnismäßig paßlichste Beleuchtung mindestens feinere Züge auslöscht, bemüht er sich, seinen Gegenstand stets in m e h r e r e Beleuchtungen zu rücken, jede ausgewählt nach ihrem Verhältnis zu einer von dessen Haupteigenschaften. Dergleichen vollends wie d e r Verschwender, d e r Heuchler, d e r Dichter, d e r Held, d e r Staatsmann läßt sich zwar leicht aus dem Begriff des jeweils wirkungsvollsten Zuges e r s i n n e n, kommt aber selbstverständlich niemals in der Wirklichkeit vor. — Unter den tausenden von teilweise sehr umfassenden Charakterbildern, die wir im Laufe eines Vierteljahrhunderts mitgeteilt haben, finden sich auch nicht zwei, die völlig nach dem gleichen Schema gearbeitet wären; wie man denn selbst den Beispielen, die wir zur Veranschaulichung gewisser Hauptgruppierungsregeln zusammenstellen, unschwer anmerken wird, daß keines darunter die Rolle des echten „Paradigmas“ in Anspruch nimmt. Wenn wir dessenungeachtet dem Anfänger den Rat erteilen, sich verschiedene elastische Einteilungsgrundsätze einzuprägen, so geschieht es vor allem, um ihn an seelenkundliches Denken und dergestalt an die Straffheit eines Charakterisierens zu gewöhnen, das niemals mehr Mörtel und Haustein mit dem Bauwerk selber verwechselt.

Der Erfolg hat gezeigt, daß Regeln, die nach strengwissenschaftlichen Überlegungen aus der allgemeinen Charakterkunde entwickelt wurden, in der Praxis nur selten zur Anwendung kommen. Wir bringen deshalb unter Verzicht auf theoretische Erörterungen gewisse Einteilungsmuster, die sich im Laufe jahrelanger Ausübung an der Hand der tatsächlichen Vorkommnisse von selbst ergaben und dank ihrem außerordentlichen Spannungsspielraum den allerverschiedensten Fällen gerecht zu werden vermögen.

Die wichtigsten Gruppierungsregeln. — Hat man mit einem Empfänger des Gutachtens zu rechnen, dem kein besonders hohes Verständnis für seelenkundliche Feinheiten zugetraut werden darf, so tut man gut, die ihm unfehlbar eigentümliche wertende Auffassungsweise zu seiner eigenen zu machen und die Befunde zu gruppieren nach unbestrittenen Vorzügen und Mängeln. Diese sehr äußerliche Darstellungsart bietet doch den Vorteil, daß sie durch ausdrückliche Betonung von Licht- und Schattenseiten parteiischen Gefühlen des Lesers die Spitze abbricht und ihn aufs entschiedenste veranlaßt, das Vorgebrachte auch wirklich zu vernehmen. Auch wird sie sich zwanglos verknüpfen lassen mit denjenigen Regeln, welche als die schlechtweg wichtigsten aller Charakterdarstellung gelten müssen: mit den Regeln betreffend den Bau der Persönlichkeit.

Mit der Forderung, den Bau des Charakters sichtbar zu machen, wiederholen wir die der oben so genannten „Entwicklung". Sie wird am leichtesten in den freilich seltenen Fällen erfüllt, wo entweder ein Grundzug den ganzen Charakter nahezu beherrscht (sog. typische Charaktere) oder die verschiedenen Hauptzüge einander ergänzen (sog. harmonische Charaktere). Findet keines von beiden statt, so kann man wieder verschiedene Wege einschlagen, von denen wir die wichtigsten namhaft machen.

Wenn man auch mit Gleichnissen sehr vorsichtig sein soll, so empfiehlt es sich doch bisweilen, ein Bild zu Hilfe zu nehmen, um seelische Sachverhalte zu verdeutlichen. Der Sprachgebrauch bestätigt den Hang unsres Geistes, den Charakter nach Art eines Körpers, ja einer Kugel aus konzentrischen Schalen zu fassen, deren Mittelpunkt bald ein Kern, bald aber auch ein — Hohlraum sei. Man denkt ja offenbar an einen kernlosen Körper, wenn man jemanden als „hohl" oder „leer" betitelt; man folgt der Vorstellung einer stofflichen Schichtung mit der Scheidung nach „tief" und „flach", und man huldigt zweifellos dem nämlichen Bilde, wenn man dem einen ausdrücklich ein „Innenleben" zuerkennt, den andern sich verzetteln läßt in „Äußerlichkeiten". Ibsens Peer Gynt vergleicht im Schlußakt sein eigenes Wesen mit einer Zwiebel. Er blättert Haut um Haut ab, um auf den Kern zu kommen, da er denn schließlich zu seiner Verwunderung bemerken muß, daß die Zwiebel aus lauter Häuten bestehe:

Wie, lauter Häutchen ? — Ich wüßte doch gern,
Kommt nicht zuletzt ein fester Kern ?
Wahrhaftig nein! Bis ins innerste Innre
Bloß lauter Häutchen, nur dünnre und dünnre ;
Die Natur ist witzig . . .

Unter Benutzung dieses Fingerzeiges dürfen wir als äußerst bewährt die Darstellungsregel bezeichnen, die den Aufbau der Persönlichkeit kennenlehrt durch Querung ihrer Schichten von außen nach innen. — Auf die naheliegende Frage, ob die sprachlich gestützten Charakterzüge allgemein nach Lagerungsunterschieden zu kennzeichnen seien, wäre soviel wenigstens auszumachen: in der äußersten Schicht liegen die Eigenschaften des Auftretens und Betragens, in der nächstinnern die der Begabungen („Talente", Fähigkeiten), in der noch tieferen die des Gefüges („Temperament", „Naturell", Gefühlserregbarkeit usw.), in der dann folgenden die Triebfedern („Interessen", Willensanlagen, Neigungen), in der mittelsten, also im Kern, die Triebeigenschaften. Diese freilich sind bei den heutigen Menschen häufig etwas dermaßen Fragwürdiges und Verkümmertes, daß wir der schwierigen Aufgabe einer Durchleuchtung des noch gänzlich unerforschten Trieblebens für gewöhnlich überhoben bleiben und dafür nur dessen Nichtigkeit, mithin die Peersche Kernlosigkeit, als freilich nicht minder bedeutsam zu melden haben. Im übrigen wird die persönlich wesentliche Lagerung nur durch Ermittlung der Abhängigkeiten festgestellt, in denen von Fall zu Fall die Triebfedern untereinander stehen.

Dabei wird man nun oft auf den Sachverhalt stoßen, daß die verschiedenen Willensanlagen einander mehr oder minder widerstreiten, und das eröffnet uns eine neue Darstellungsart, die zum Ausgang der Entwicklung des ganzen Charakters den bald offen zutage liegenden, bald unter der Decke spielenden Zwiespalt nimmt. Vorsicht, Mißtrauen, zwangsmäßige Verschlossenheit, Mangel an Hingebungskraft auf der einen, Mißgunst, Lebensneid, absprechende Besserwisserei auf der andern Seite sind einige jener häufigen Folgerungen, die man solchergestalt weit abseits jeglicher „Zeichendeutung" durch seelenkundliches Denken findet! — Ein besonderer Zwiespalt, der sich vorzüglich empfiehlt zum Darstellungsunterbau, ist der fast sprichwörtlich gewordene von „Herz" und „Kopf" oder genauer von Seele und Geist.

Er leitet uns füglich zu einem Zweiseelentum über, das fast noch tiefer in die Wurzelschicht reicht: zur Mischung männlicher mit weiblichen Zügen. Wenn die nun auch ebenfalls meist unter den Stammbegriff der Uneinheitlichkeit fallen wird, so kommt es daneben doch vor, daß sie gewürdigt sein will im Sinne einer höheren Wesensvollständigkeit. Man hat deshalb bei der Gruppierung der Hauptbefunde nach Maßgabe ihres geschlechtlichen Gegensatzes nicht immer notwendig an Widersprüche zu denken. Es ist, beiläufig bemerkt, nicht Zufall, daß unser

Beleg dafür auf der weiblichen Seite liegt. Denn die Folgen davon für die äußere Lebensgestaltung sind auf der Seite der Frauen gemeinhin beträchtlicher als auf der Seite der Männer.

Ein Zwiespalt ganz eigenartiger Prägung, der deshalb eine Sonderbehandlung erheischt, ist die Unstimmigkeit von „S c h e i n" u n d „S e i n". Mögen die von ihm geleiteten Schilderungen auch nicht immer grade zu den Tieflotungen gehören, so sind es doch sicher die lohnendsten und bestechendsten. In mustermäßiger Ausgestaltung beginnen sie etwa mit der Erscheinung des Schrifturhebers bei flüchtiger Bekanntschaft, dringen vor zur Schilderung des schon andern Gesichts, das er im vertrauteren Umgang enthüllt, zeigen den „harmlosen Freund" vielleicht als verschlagenen Geschäftsmann, um endlich mit der Bezeichnung der ihn innerlichst bestimmenden Triebfedern eine Art dramatischer Entlarvung zu bieten!

Mit dem letzten Gruppierungsschema stehen wir schon im Begriff, den innern Aufbau zu verlassen und stattdessen zum Leitgedanken zu wählen das Verhältnis des C h a r a k t e r s z u s e i n e r W i r k u n g a u f M e n s c h e n. Rücken wir den in den Vordergrund, so melden sich Fragen wie die folgenden an: hat Schrifturheber Anpassungsgabe und ist er willig, sich anzupassen; liegen in ihm die Vorbedingungen der Verträglichkeit oder des Gegenteils; welche Züge seines Wesens bieten die Gewähr reibungsloser Gegenseitigkeit, welche werden wahrscheinlich der Anlaß zu Störungen sein?

Damit rückt aber auch schon die noch gewichtigere Aufgabe in Sicht, deren Entscheidung man gern dem Graphologen anheimstellt: den Charakter einzuschätzen nach seinen E r f o l g s aussichten. Wird diese Frage uneingeschränkt allgemein gestellt, so wäre es völlig unpsychologisch, im Geiste der heute beliebten „Tests" auf eine regelhaft feststehende Reihe von Gaben sei es des Willens, sei es des Verstandes zu prüfen. Wer Farbensinn, Gestaltungskraft und Geschmack besitzt, wird trotz Willensschwäche vielleicht ein erfolgreicher Maler; wer über Zähigkeit und Rechensinn verfügt, trotz äußerster Gedankenarmut ein sehr erfolgreicher Geschäftsmann; Arbeitskraft und Ausdauer können fehlende Gaben ersetzen, während hinwieder die stärksten „Talente" zugrundegehen bei gänzlicher Haltlosigkeit. Um den Erfolg der Persönlichkeit zu veranschlagen, müssen wir ihre Fähigkeiten nicht an und für sich, sondern im V e r h ä l t n i s z u i h r e n N e i g u n g e n messen; da denn freilich auch die schwerwiegende Frage auftauchen wird, wie weit überhaupt sie mit ursprünglichen Neigungen ausgerüstet und zu s a c h l i c h e r

Anteilnahme befähigt sei. Wäre die zu verneinen, so hätten wir weiter zu prüfen, ob in Ansehung des Erfolges Ehrgeiz und Streberei die Lücke zu füllen vermöchten. Aus der großen Mannigfaltigkeit von Unterfragen, die aus jener Hauptfrage entspringen, tritt als die praktisch bedeutendste hervor die nach der Berufstauglichkeit. Da ein umfangreiches Kapitel erforderlich wäre, um das Problem der Berufseigenschaften auch nur obenhin zu erledigen, begnügen wir uns mit dem Hinweis auf unser Hauptbeispiel.

Vollends eine ganze Charakterkunde müßte aufgerollt werden, wenn wir die mannigfachen Gruppierungsschemate durchsprechen wollten, die sich auf allgemeine Grundlinien stützen. Unsre beiden ziemlich mustergültigen Belege dürften dem aufmerksamen Leser mancherlei Stoff zum Nachdenken geben. Als oft erprobt sei ihm in Kürze noch folgende Anordnung anempfohlen: Gaben, Gemütseigenschaften und Neigungen, Triebfedern, Sache und Person, Zusammenstimmung, Verwertbarkeit, Auftreten, Entwicklung, Beruf.

Endlich mag er sich dringend gewarnt sein lassen, die Frage nach dem Dasein oder Nichtdasein ganz bestimmter Aspekte wie Ehrlichkeit, Zuverlässigkeit, Treue jemals anders als aufgrund einer vollständig durchgeführten Zergliederung der Handschrift entscheiden zu wollen. Müssen wir es nochmals betonen, daß es in ihr keine „Zeichen" für Ehrlichkeit oder Treue gibt?! Nicht die Handschrift als solche, sondern allein die seelenkundliche Verwertung ihres gesamten Ausdrucksgehalts wird uns freilich auch darüber Aufschluß geben, obschon oft nur bedingungsweise und unter Vorbehalten. Unser Schlußbeispiel behandelt die Frage nach Aufrichtigkeit für einen bestimmten Fall.

Wir lassen nun wörtlich fünfzehn gelegentlich ausgeführte Charakterdarstellungen folgen (acht davon männliche, sieben weibliche Schrifturheber betreffend), denen die fraglichen Handschriften beizufügen sich selbstverständlich verbietet. Die Anordnung hält sich einigermaßen an die römisch bezifferten Gruppierungsmuster, deren Bedeutung aus den voraufgegangenen Darlegungen von selbst erhellt.

I. Vorzüge und Mängel.
II. Aufbau des Charakters.
III. Schichtung von außen nach innen verfolgt.
IV. Zwiespältigkeit.
V. „Herz" und „Kopf".
VI. Mischung geschlechtsgegensätzlicher Charakterzüge.
VII. „Schein" und „Sein".

VIII. Charakter und Umwelt (Anpassung).
IX. Charakter und Erfolg.
X. Charakter und Beruf.
XI. Grundsätzlich angelegte Gesamtbilder.
XII. Beantwortung von Sonderfragen (Aufrichtigkeit).

Gruppe I. — Vorzüge und Mängel.

♂ Wollte man sich mit einer mehr oberflächlichen Kenntnisnahme von diesem Charakter begnügen, so wären es eine Reihe teils wirklich positiver, teils mindestens ansprechender Eigenschaften, die das Gesamtbild bestimmen und es zunächst in freundlichem Lichte zeigen dürften. Schreiber hat nicht nur einen klaren, logisch denkenden Kopf, sondern verbindet damit auch eine gewisse Weichheit des Gemütes, eine fast weiblich geartete Empfänglichkeit und ein sinnlich wie geistig höchst aufnahmefähiges Eindrucksvermögen, was ihn denn zu rascher Auffassung, verhältnismäßig selbständigem Urteil, sehr kritischer Unterscheidung, guter Beobachtung auch in Nebensachen, zweckentsprechender Verwertung der Umstände und gegebenenfalls zu technischem Geschick befähigt. Einige trotz manchen Hemmungen und leichter Verstimmbarkeit dennoch vorhandene feinere Genußfreudigkeit und eine im vertraulichen Verkehr — zumal sofern Schreiber sich geliebt und geschätzt weiß — hervortretende gemütshafte Zärtlichkeit und schmiegsame Anhänglichkeit kommen hinzu, um die Züge nach der angenehmen Seite hin zu vervollständigen. — Allein das tiefere Eindringen müßte dennoch enttäuschen.

Ohne Dasein und Wert der soeben entwickelten Eigenschaften einschränken zu wollen, müssen wir doch betonen, daß sie sowohl in ihrer vollen Auswirkung behindert werden als aber auch überhaupt an Bedeutung verlieren durch die ihnen unterliegende Schicht einer triebmäßig schwächlichen und grade deshalb nur umso mehr zu innerer Unwahrhaftigkeit verleitenden Eigenbezüglichkeit. Daß Schreiber weder tieferer Leidenschaftlichkeit noch des fortreißenden Fluges echter Begeisterung fähig ist, würde bloß auf Abwesenheit eines ohnehin seltenen Vorzuges weisen. Er ermangelt jedoch auch in weitem Ausmaß der Sachlichkeit. Weit mehr als der Gegenstand selbst beschäftigt ihn stets dessen Verhältnis zur eigenen Person, dessen Verwendbarkeit im Dienste der Ichdarstellung. Aus der heimlich gefühlten, aber uneingestandenen Richtungslosigkeit seines Wesens heraus ist er zuviel damit beschäftigt, seine Bedeutung nicht bloß vor andern, sondern auch vor dem eigenen Bewußtsein zu vergrößern, sich in unvorhandene

Werte hineinzureden und seine wahren Beweggründe zu beschönigen, soweit sie der Illusion seiner Vortrefflichkeiten widersprechen könnten. Was man im gewöhnlichen Wortsinn Eitelkeit nennt, ist kaum stärker als durchschnittlich bei ihm entwickelt, wenn auch einiges, übrigens ganz geschmackvolle, Wertlegen auf das Äußere immerhin eine Rolle spielt. Nicht um die weit harmlosere Eitelkeit, sondern darum handelt es sich, daß seine *Seele* — vergleichbar einem gefallsüchtigen Weibe — sozusagen beständig vor dem Spiegel steht, eifrig bemüht, Flecken und Fehler nicht sowohl abzuschaffen als vielmehr „kosmetisch" zu verbergen! Demgemäß zieht ihn sein innerster Hang Menschen und Verhältnissen gegenüber unwiderstehlich dorthin, wo sein Auszeichnungsverlangen sich durch bereitwillige Anerkennung bestätigt, sein Anlehnungsbedürfnis, das eine besondere Färbung von einer etwas naschhaften und unsicheren Sinnlichkeit erhält, sich durch billig erworbene Liebe angewärmt fühlt; und es folgt daraus, daß man sich auf seine *Gesinnung* nur solange *unbedingt* verlassen kann, als sie durch dergleichen äußerliche Stützen seines Bedeutungsverlangens gesichert scheint. Fallen die fort, so ist mindestens mit der *Möglichkeit* zu rechnen, daß auch seine „Treue" ins Wanken gerate; da es ihm denn nicht an Ausflüchten und Winkelzügen fehlen würde, um sich zu salvieren und die „Schuld" im Nebenmenschen zu suchen! — Zur Beurteilung seines *tatsächlichen* Verhaltens darf man nun freilich nicht vergessen, daß grade sein so lebhafter Wunsch, zu gefallen und stets im besten Lichte dazustehen, auch wieder einen *erzieherischen* Wert besitzt. Soweit Schreiber über Willenskraft verfügt, steht sie ganz vorwiegend wirklich im Dienste der *Selbstzucht*, die ihm in Kleinigkeiten gelegentlich sogar eine beamtliche Gewissenhaftigkeit verleihen kann. Er braucht durchaus die gute Meinung andrer: hierin zumal wurzelt, was er an Pflichtgefühl und Arbeitsamkeit hat. Auch fehlt es ihm durchaus an jeglicher Böswilligkeit; vielmehr macht ihn sein weiblich geartetes Gemüt in Nebendingen hilfsbereit und liebenswürdig, freilich aber auch leicht empfindlich, nachtragend und etwas kleinlich. Auf alle Fälle jedoch wäre Vertrauensseligkeit ihm gegenüber unangebracht. Er ist viel zu schwach und wankelmütig und viel zu wenig wahrhaftig, als daß er auch unter schwierigen Umständen für sich einstehen könnte. — Alles in allem angehört diese Persönlichkeit einer heute nicht eben seltenen Spielart *leichthysterischer* Richtungslosigkeit, deren — wie auch hier — oft bemerkenswerte Verstandesschärfe und Willensgaben die Flachheit des Gemütes und die Schwächlichkeit der Triebe nicht übersehen lassen dürfen.

Gruppe II. — Aufbau des Charakters (zumal in seiner Wirkung auf Schicksal und Lebenshaltung gewürdigt).

Erstes Beispiel.

♀ Wir beginnen mit der Feststellung eines doppelten Widerstreites an dem Schreiberin aber nicht so sehr leidet, als daß sie vielmehr daraus auch grade ihre stärksten Kräfte und in gewisser Weise ihre Bestimmung schöpft.

Erstens streitet in ihr ein starker, ja fast leidenschaftlicher Ausdrucksdrang mit einem beträchtlich erschwerten Vermögen des unwillkürlichen Seelenausdrucks. Sie gehört zu jenen Naturen, die sehr „in ihrer eigenen Haut stecken", nicht leicht aus sich herausgehen und viel weniger deshalb verschlossen sind, weil sie verschlossen sein wollen, als weil es ihnen im allgemeinen versagt ist, ihr Inneres unmittelbar zu erschließen. Fügen wir gleich hinzu, daß sie deswegen im Leben häufig kälter, unteilnehmender und dorniger erscheinen dürfte, als sie tatsächlich ist, und gar leicht in Gefahr geriete, inbezug auf gemütliche Artung verkannt zu werden und darunter entsprechend leiden zu müssen, wofern sie sich nicht in andrer Richtung gewissermaßen eine Bresche gebrochen und einen Weg zu sachlicher Selbstdarstellung gebahnt hätte.

Zweitens besteht in ihr ein Widerspruch zwischen hochfliegender Begeisterungsfähigkeit des Herzens und einem sehr nüchternen Wirklichkeitssinn des Verstandes. Sie hat echtes Pathos und aufgrund dessen ein echtes Bedürfnis nach Größe, Weite, Tiefe des Erlebens; aber sie hat nicht die Gabe des webenden Träumens, welche entweder die gegenständliche Wirklichkeit mit dem Schleier der Poesie zu verkleiden (wie man gewöhnlich sagt, zu „verklären") oder aber die Seele zu entrücken vermöchte in die Welt einer quellenden Innerlichkeit. Es fehlt ihr, kurz gesagt, an eigentlicher Phantasie.

Beide Unstimmigkeiten gehören wesenhaft zusammen und sind — wenigstens hier — nur gleichsam Seiten einer Grunddissonanz: Trieb ohne Bildkraft des Triebes — Gefühl ohne Körperlichkeit des Gefühls — Seele und „Soma" getrennt und darum nur gewaltsam wieder vereinbar.

Bei wesentlich „subjektivistischer" Gesamtverfassung ginge daraus unfehlbar persönlicher Herrschtrieb hervor und leicht auch Unverträglichkeit und Mißgunst. — In der Tat fehlt es der Schreiberin nicht an starker innerer Selbstbetonung und an sehr entschiedenem Unabhängigkeitsdrange. Sie will ihren eigenen Lebensweg gehen, unbekümmert um die Werturteile der „Leute" und ohne allzuviel Rücksicht auf bürgerliche Empfindlichkeiten, und sie würde es mit schroffer Fehde erwidern, wenn man sie daran hindern wollte. Zwar hat sie kein ehrgeiziges Anerkennungsstreben, aber eher deshalb, weil ihr die Beifallsspender nicht wichtig genug, als weil sie sich etwa zu unwichtig wäre! Keineswegs ohne Gemütsbedürfnisse, ja selbst zu gelegentlich leidenschaftlichen Regungen befähigt, ist sie doch keine hingebende Natur; denn ihre selbstgesetzten Ziele sind ihr zuletzt wichtiger und bestimmender als Forderungen des Herzens. —

Allein alles in allem eignet ihr nun eine mehr „generelle" Gesamtverfassung; und das will sagen, sie weiß die Sache über das Reinpersönliche, das Ziel um des Zieles willen über das Bewußtsein des „Könnens" zu stellen. So könnte sie denn entweder im Dienste etwa einer genossenschaftlichen Unternehmung organisatorisch wirken oder auch sich einer Wissenschaft oder endlich einer Kunstausübung widmen. Für beides brächte sie scharfe Auffassungsgabe, große Geistesklarheit und erhebliche, wenn auch nicht völlig gleichmäßige, Energie mit.

Wenn wir nun hören, daß sie die Plastik erwählte, so können wir zwar aus der Handschrift niemals, also auch hier nicht, bestimmen, ob sie zu schöpferischen Leistungen fähig sei; wohl aber können wir sagen, daß sich unter den Künsten keine andre finde, zu der ihre Persönlichkeit soviel Wahlverwandtschaft besäße als grade zur Plastik. In der besondern Auslese hat ihr Gefühl also jedenfalls richtig entschieden. Das bildhauerische Tun ist nämlich das dem täterischen nächststehende und läßt sich am ehesten vereinen mit phantasieschwacher Nüchternheit des Denkens. Soweit ihr überhaupt das Gelingen beschieden ist, dürfen wir vermuten, daß es in der Selbständigkeit der Technik, in der Stärke des Ausdrucks — denn hier bricht sich nun Bahn die im Leben gehemmte Äußerungsneigung! — und möglicherweise selbst in Zügen ganz eigener Stilgebung beschlossen liege; dagegen schwerlich in der Eigenart der „Ideen" und Entwürfe und wohl auch kaum in jenem Glanz der Schönheit, den die Griechen dem Stein entstrahlen zu lassen vermochten. —

Viel, sehr viel Fleiß. Großes Ernstnehmen des Lebens. Mangel an Anpassungsgabe an Menschen und Verhältnisse. Keine Leichtigkeit des Umganges, jedoch in einmal erwählten Beziehungen beständig. Innerlich vielfach ringend und selbstkritisch und teilweise noch mit der Selbstbefreiung von Resten überkommener Wertungen beschäftigt.

Zweites Beispiel.

♀ Eine zwar nicht harmonische, aber innerlich tüchtige Frauennatur, mit Herzenswärme und sorgendem Teilnahmevermögen begabt, die jedoch wahrscheinlich in einer nicht völlig angemessenen Umgebung aufwuchs und dadurch allerlei Kopfgedanken und Scheinbedürfnissen Raum gab, deren anspruchsvollere „Modernität" ihrem imgrunde einfachen und mehr häuslichen Wesen widerspricht. Mit ziemlich lebhafter und insbesondere nachhaltiger Eindrucksfähigkeit, einem für ihre Jahre sehr kräftigen Verstande und selbst einer beachtenswerten Phantasie ausgerüstet, mußte sie ihre Erfahrungen nachdrücklich zu verarbeiten und den Boden selbständigen Denkens zu gewinnen versuchen. Wenn nun auch solches Trachten im einzelnen keineswegs erfolglos blieb, so gelang es ihr in Ansehung der soeben vermutungsweise gekennzeichneten Verhältnisse doch nicht, den für *ihre* Natur passenden *Maßstab* zu finden. Ohne etwa eitel und in äußerlicher Weise erfolgsbedürftig zu sein, hat sie doch einen ausgesprochenen Geltungstrieb *vor sich selbst*, der sich solcherart unvermeidlich mit Begriffen von außergewöhnlichen, *nicht* alltäglichen und ins etwas unbestimmt Großartige gehenden Erfüllungen verwickelte. So kam ein heimlicher Zwist in ihr Wesen, hinsichtlich dessen sich heute noch nicht absehen läßt, ob er sich weiter auswachsen oder überwunden werden wird. Die beste Lösung wäre in diesem Falle fraglos eine glückliche Ehe. Denn Schreiberin hat, wie schon bemerkt, Gemüt, ist in ihren Gefühlen das Gegenteil von flatterhaft und würde ein seelisches Verstehen und Entgegenkommen mit starker und inniger Anhänglichkeit zu lohnen wissen. Derzeit ihr selbst vielleicht noch unbekannte Hausfrauentugenden würden sich aufs schnellste und schönste entwickeln, da sie denn im engeren Kreise des Familienlebens jene völlige Befriedigung fände, die sogar den heute scheinbar noch hinderlichen Zug von Eigenwillen und einiger Störrischkeit alsbald zum Schmelzen brächte. Wenn sich gelegentlich bei ihr eine selbst nachtragende Empfindlichkeit geltend macht, so muß das weniger aus Egoismus als aus dem mehr als gewöhnlichen Ernste verstanden werden, mit dem sie Angelegenheiten des Herzens aufnimmt. Sie gehört zu denen, die sich's einigermaßen „sauer werden lassen", die nicht leicht und obenhin entscheiden und wählen, umso mehr aber zähe festhalten und folgerichtig durchführen, *nachdem* ihre Wahl getroffen ist. Da versteht es sich denn, daß auch Herzens*wunden* nicht von heute auf morgen heilen können. — Im übrigen werde ausdrücklich hinzugefügt, daß sie *nicht* wie manche Frauen beanlagt ist zur „Ehe um jeden

Preis". Es gibt bei ihr eine entschiedene Grenze, jenseits deren sich gegen herzlose Bevormundungsabsichten ein fast männlicher Selbsbestimmungsdrang in ihr aufbäumen würde und alsdann auch, unleidlich gewordene Fesseln abzuschütteln, stark genug wäre. — Auch fehlt es ihr keineswegs an Allgemeininteressen und geistiger Begabung, wodurch sie sich im Fall des Fehlschlagens anderweitiger Wünsche mancherlei Ersatz zu schaffen vermag. Insbesondere ist Geschmack und Kunstverständnis anzumerken.

Gruppe III. — Schichtung des Charakters, von außen nach innen verfolgt.

Erstes Beispiel. (Paranoider Charakter.)

♂ Fassen wir zunächst die Außenschicht des schreibenden Charakters ins Auge, so wie sie sich im mehr oberflächlichen Verkehr einem aufmerksamen Betrachter darböte, so ergibt sich etwa folgendes Bild. Schreiber erscheint genau, pünktlich, gewissenhaft mit sogar einer Note von sorglicher Akkuratesse. Er zeigt in Kleidung, Auftreten und Betragen guten Geschmack und gewählte Formen. Seine Haltung ist abgewogen, rücksichtnehmend und hat ihre besondere Färbung von einem Anflug weiblich gemütshafter Vertraulichkeit und feinerer Eitelkeit. Es fehlt nicht an Schönheitssinn und einigem Kunstinteresse, und seine, wenn auch ungleichmäßige und lückenhafte, so doch immerhin bemerkenswerte Bildung wird vorteilhaft ergänzt durch einen Zug von nachdenksamer Beschaulichkeit und mehr als gewöhnlicher Unbeirrbarkeit des Urteils. Er legt vorübergehend großen Fleiß an den Tag und kann einmal gefaßte Pläne mit hartnäckiger Ausdauer verfolgen, wobei ihm eine stets rege, tiftelnde Kombinationsgabe zur Seite steht. Seine durch Feingefühl unterstützte Beobachtung ist zumal inbezug auf Einzelheiten hervorragend genau, wird aber nach Gegenstand und Auffassung stark von schon feststehenden Vorurteilen geleitet. Obwohl der eigentlichen Tatkraft entbehrend und überdies den Störungen abhold, die ein vorwaltend tätiges Leben nun einmal mit sich bringt, hat er dennoch weit mehr Erwerbssinn und Geschäftsgeist, als er infolge andersartiger Wunschbilder sich selber zugeben würde. Dahingegen mangelt ihm Weite des Gesichtsfeldes und überhaupt die Fähigkeit des zusammenfassenden Überblicks. Sein jeweiliger Leitgedanke gleicht mehr einer Schnur, worauf er Tatsache nach Tatsache aufreiht, als einem Tiegel, worin er sie zu einem Ganzen verschmölze. — So also die Außenschicht. —

Drängen wir nun um etwas tiefer ein, so würde uns zunächst entgegentreten ein vielleicht religiös gefärbter „Idealismus", der jedoch in höchst eigentümlicher Weise unauftrennbar verwoben wäre mit allerpersönlichstem Ehrgeiz. Schreiber will imgrunde „höher hinaus" und nicht sowohl freilich unter Leuten als vielmehr vor dem eigenen Bewußtsein eine besondere Rolle spielen. Er bespiegelt sich in dem Gedanken, eine Ausnahmenatur zu sein, und sieht sein ganz persönliches Bedeutungsbedürfnis aus dem Gesichtspunkt einer Art „höheren Bestimmung" an, die ihn berechtige, ja verpflichte, die eigene Denk- und Handlungsweise mit andern Maßen zu messen als die seiner Nebenmenschen. Und damit nähern wir uns denn bereits seinem Wesenskern. Was aus dem Alltagsverkehr mit ihm nur schwer zu ermitteln wäre, zeigt uns die Handschrift mit unmißverständlicher Deutlichkeit: daß nämlich das Letztbestimmende seines gesamten Verhaltens in einer Egozentrizität gesucht werden müsse, die u. E. als krankhaft zu betrachten ist.

Alles an den Tag gelegte Sachinteresse des Schreibers ist bloß eine Scheinbarkeit. Imgrunde beschäftigen ihn niemals die Menschen selbst, die Tatsachen selbst, sondern allein und ausschließlich deren Beziehungen zu seiner Person! Hingebung, sei es des Geistes, sei es des Gemütes, ist ihm völlig versagt. Sein Tun wie Unterlassen wird Punkt für Punkt durch heimliche Selbstdarstellungswünsche bedingt und zwar in solchem Maße, daß die unvoreingenommene Sachauffassung daneben überhaupt keinen Platz mehr fände! Daß er unter solchen Umständen — bei verhehlter Beeinflußbarkeit! — jeder Bildsamkeit und Entwicklung entbehrt, braucht keines Wortes! Wiewohl er einer immer größeren Vollkommenheit nachzugehen glaubt, dreht er sich doch in Wahrheit beständig ergebnislos um das frühere Ich. Sein Denken und Handeln ist also im tieferen Sinne unfrei und wie jedes privatisierte Verhalten schwer zu berechnen. Er kann für die Rolle, die er für sich fordert, sittliche Ideale benötigen, allein sofern er nach diesen handelt, geschieht es keineswegs aus Rücksicht auf andre! Seine Anpassung ist nur äußerlich und trägt insbesondere jener höchst mißtrauischen Vorsicht Rechnung, die sich in ihm unter dem Drucke seiner Eigenbezüglichkeit und Empfindlichkeit entwickelt hat. —

Zweites Beispiel.

♂ Schreiber mag bei oberflächlicher Kenntnis einfach erscheinen, ist aber in Wirklichkeit ein verwickelter Charakter. Wenn deshalb seine Bekannten ihn häufig verkehrt beurteilen werden, so gibt doch auch er sich mancherlei Täuschungen über sich selber hin. Wir wollen, figürlich gesprochen, von außen beginnen und nach innen vorschreiten. — Da sind also erst einmal eine Reihe guter Verstandesgaben. Schreiber verfügt über scharfes Beobachtungsvermögen, rasche Auffassung, Logik und leichte Gedankenverknüpfung, erhebliche Nüchternheit, verhältnismäßig gewandte Beurteilung der jeweiligen Lebenslage. Soweit nicht die weiter unten zu berührenden Wallungen ins Spiel kommen, weiß er recht wohl das Wesentliche vom Unwesentlichen zu unterscheiden und hätte mancherlei Voraussetzungen für mehr als gewöhnliche Menschenkenntnis. Dazu kommt ein gewisser Tätigkeitsdrang und Unternehmungssinn, der aber sozusagen improvisatorisch vorgeht, stark von augenblicklichen Eindrücken bestimmt wird und der Ausdauer und Folgerichtigkeit völlig ermangelt. — Damit haben wir schon einen ersten Schritt zur Innenschicht getan und fügen nun gleich hinzu, daß Schreiber zu einem Sichgehenlassen neigt, das ihn gelegentlich mit gänzlicher Haltlosigkeit gefährdet. Soweit daraus für ihn schwerwiegende Unannehmlichkeiten entstehen, wird er freilich um meisterliche Ausflüchte nicht verlegen sein und ist im großen und ganzen befähigt, sich mit schlauer Diplomatie aus der Schlinge zu ziehen. Während er daher vielfach eine sorglose Flottheit der Lebensführung an den Tag legt, ist er gegebenenfalls doch wieder von schwerdurchschaubarer Verschlagenheit. Und damit kommen wir zum eigentlichen Kern.

Es wäre zu wenig, wenn wir sagten, Schreiber habe schwankende Gesinnungen; wir müssen vielmehr sagen, er habe imgrunde überhaupt keine Gesinnung. Es fehlt ihm nämlich durchaus an klar ausgeprägten Grundtriebfedern, die sein Urteilen und Wollen, sein Tun und Lassen bestimmen könnten. Zwar ist nicht zu verkennen: Schätzung materieller Vorteile jeglicher Art, hochgradige Empfänglichkeit für sinnliche Lebensgenüsse in weitester Bedeutung; vor allem endlich ein auf gesellschaftliche Stellung, Rang, Ansehen gerichteter Ehrgeiz. Er will eine Rolle spielen und wünscht, unabhängig, ja sozusagen gebieterisch schalten zu können. Aber die Wirksamkeit aller dieser Neigungen wird viel zu sehr von vorübergehenden Stimmungseinflüssen und vorwegnehmender Ungeduld beeinträchtigt, als daß sie das Leben des Schreibers in eine feste Bahn zu leiten und seinen hervorragenden Mangel an Zucht auszugleichen vermöchte. Trotz insbesondere leicht entzündlicher und entsprechend flatterhafter Geschlechtlichkeit ist Schreiber mit alledem aber dennoch nicht etwa ein Muster des „Lebemannes“. Sei es nun, daß ihm irgendein Rest verborgener Jugendideale anhängt, sei es, daß er sich mit Unternehmerillusionen trägt, denen seine wirkliche Tatkraft schwerlich gewachsen ist, genug: er ist heimlich mit einem ganz erheblichen Selbstbewußtsein oder vielmehr mit einer Überzeugung von der besondern Bedeutung seiner Person ausgerüstet, die zu begründen er freilich wohl selber kaum in der Lage wäre. Damit hängt es u. a. zusammen, daß er tatsächlich sehr empfindlich (und gelegentlich reizbar) ist, so sehr er das auch nach außen gemeinhin geschickt zu verbergen weiß. — Halten wir alles zusammen, so scheinen uns hier nicht ganz unwesentliche Bedingungen für eine Hochstaplerlaufbahn gegeben. Will man das als eine Klippe erachten, so meinen wir, Schreiber werde diese nur dadurch vermeiden, daß er sich schließlich doch zum kundigen Praktiker und klugberechnenden Nützlichkeitsmenschen entwickelt. Welche dieser beiden Bahnen sein inneres und äußeres Schicksal ihn führen wird, steht vorläufig noch dahin. — Zu erwähnen sind endlich noch: Witz und Schlagfertigkeit, jener gelegentlich etwas galgenhumoristisch gefärbt, sowie einstweilen in Geldangelegenheiten eine fast leichtfertig zu nennende Großzügigkeit. —

Wir möchten zum Schluß der Vermutung Raum geben, daß hier eine gleichsam widersprüchliche Blutmischung vorliege. Vielleicht bietet seine Vorfahrenschaft einen Zusammenfluß niederer mit höheren Ständen. Indessen ist dies eine bloße Vermutung (die sich, beiläufig bemerkt, bestätigte).

Gruppe IV. — Zwiespältigkeit.

Erstes Beispiel.

♀ Ein Charakter nicht ohne Eigenart und vor allem reich an Besonderheiten, aber äußerst unharmonisch. Schreiberin hat heftige Triebe und eine starke Sinnlichkeit, steht aber unter dem Zwange sittlicher Hemmungen und hat darum weitgehend die Anmut der Seele eingebüßt. Ihr rastloser Unternehmungssinn, ihre männliche Entschiedenheit und Stoßkraft des Wollens, die bisweilen brüske Rücksichtslosigkeit ihres Auftretens sprechen zwar von einem großen Energievorrat, aber auch von Mangel an Befriedigung, von innerer Unruhe und einem fast beständigen seelischen Widerstreit, der zur Selbstzerreibung führen müßte, wenn er sich nicht einen Notausgang geschaffen hätte im Aufsuchen, Befehden und Brechen äußerer Widerstände! Schreiberin muß stets etwas einzurichten und in Ordnung zu bringen haben und zwar unter tatkräftiger Überwindung erklecklicher Hindernisse. Sie braucht Schwierigkeiten und

Gegensätze und geriete in eine höchst bedenkliche Stimmung, wenn ihr Lebensweg weniger dornig wäre! An einen Platz gestellt, wo Unerschrokkenheit, Streitbarkeit, scharfes Zugreifen erforderlich sind, mag sie zeitweise umso mehr eine fast organisatorische Begabung entfalten, als sie über einen scharfen, vielseitig disponierenden Verstand verfügt, und wird dort denn auch vorzügliche Dienste leisten. Auf geebneter Bahn und in sozusagen idyllischen Verhältnissen dagegen würde sie durch Herrschsucht, grundlose Nörgeleien, unbelehrbaren Eigensinn, Mangel an Takt und allgemeine Unverträglichkeit ihrer Umgebung alsbald unleidlich werden. Ihre imgrunde aktive Sinnlichkeit, gewaltsam abgedrängt in einen mußelosen Betätigungshunger, müßte stürmisch hervorbrechen und könnte die Schreiberin selbst der Gefahr völliger Haltlosigkeit überliefern. Denn ihre „Haltung" ist eine mühsam erkämpfte, um nicht zu sagen krampfhaft erzwungene; und wenn es ihr schon gelingen mag, sich nach außen zu beherrschen, so unterliegt sie innerlich doch unablässigen Stimmungsschwankungen. Leidenschaftliche Verliebtheit wechselt mit jähzornigem Aufbrausen. Im Affekt ist sie parteiisch, für Gründe unzugänglich, leichtgläubig, blind und vor allem der unsinnigsten Übertreibungen fähig. In Ansehung der letzteren darf man auch schwerlich immer auf die Wahrheit ihrer Worte bauen. Indessen wird sie gegebenenfalls sich dermaßen in etwas hineinreden, daß sie an ihre erdichteten Behauptungen schließlich selber glaubt. Dieser vielleicht bedenklichste Zug ihres Wesens legt den Verdacht nahe auf schwere Hysterie und läßt ihre Vertrauenswürdigkeit ungeachtet eines bisweilen betätigten Pflichteifers dennoch im Lichte der Fragwürdigkeit erscheinen. Es wäre nicht ausgeschlossen, daß sie eines Tages gänzlich zusammenbräche. — Für geistige Neigungen bleibt unter solchen Umständen gewissermaßen kein Raum mehr. Schreiberin hat zuviel mit sich selbst zu schaffen, als daß sie jemals bloß um der Sache willen sich mit etwas befassen könnte.

Zweites Beispiel.

♂ Diese durchaus nicht durchschnittliche und in mancher Beziehung begabte Persönlichkeit erhält ihr unterscheidendes Gepräge in erster Linie durch einen ganz ungewöhnlichen Reichtum an inneren Hemmungen, die zum Teil durch Lebensumstände erworben sein mögen, teils aber auf ursprünglichen Anlagen beruhen. Es besteht hier ein Widerstreit zwischen sinnlicher Genußfreudigkeit und einer fast asketischen Gewissensstrenge, die zu unablässiger Selbstbeurteilung des Charakters Anlaß gibt. Schreiber hat ein Bedürfnis nach großzügiger und erlebnisreicher Lebens b e t ä t i - g u n g und zwar sowohl im Sinn des eigenen Genießens und Wirkens als aber auch des gemütsweichen Teilnehmens an den Schicksalen andrer und einer werktätigen Hilfsbereitschaft. Solchen Regungen sich überlassend, könnte er indes ins Uferlose geraten, und dem steht nun entgegen ein stark sittlich gerichteter und aufs engste mit einem empfindlichen Ehrgefühl verschwisterter Wille. So erfreulich und fruchtbringend jede dieser Anlagen f ü r s i c h sein könnte, so sehr trägt ihre Verknüpfung hier den Charakter des Z w i s t e s . Schreiber k a n n nicht nur nicht in der Weise aus sich herausgehen, wie er imgrunde es möchte, sondern es liegt auch etwas in seinem Wesen, das ihm jedes „Sichgehenlassen" v e r b i e t e t . Sein heimlich bedeutendes Selbstgefühl l i t t e unter jeder Einräumung, die er dem lebensbedürftigen Herzen gestatten würde. So verbraucht er einen erheblichen Teil seiner nicht unbeträchtlichen Energie im Dienste unaufhörlicher S e l b s t z u c h t . — Graben wir tiefer, so müssen wir sagen, daß es seinen Trieben am i n n e r e n Regulativ wenigstens teilweise g e - b r i c h t. Er hat ein leicht umzuwerfendes Temperament und liefe wirklich Gefahr, die Steuerung zu verlieren, wenn nicht sein scharfer Verstand und sein eisernes Pflichtgefühl fortwährend Schranken setzten. Der Konflikt wird noch verschärft durch den Umstand, daß er zwar viel nüchternen Wirklichkeitssinn, aber sehr wenig Phantasie besitzt und deshalb nicht in der Lage wäre, sich mit Blütenträumen und Luftschlössern zu trösten. Seine stets wache und unbestechliche Urteilskraft richtet sich mit kritischer Schärfe nicht zuletzt gegen ihn selbst. Ja, so sehr er auch von andern Ordnung, Genauigkeit und Pflichterfüllung zu fordern gewohnt ist, so geht er doch fast noch schärfer mit den eigenen Leistungen ins Gericht. Seine hervorragende Strebsamkeit läßt es nicht zu, daß er einmal der Ruhe pflege und in beschaulicher Muße seinen Stimmungen lebe. Aber das Herz darbt dabei und darum gewinnt er aus seiner Tätigkeit selten volle Befriedigung. Trotz seinem außerordentlichen Fleiß wäre deshalb dennoch mit der Möglichkeit zu rechnen, daß er großen Anforderungen gegenüber plötzlich versagte. Das geflügelte Wort „Allzu straff gespannt zerspringt der Bogen" dürfte hier in ganz besonderem Maße Anwendung finden. — Kaum brauchen wir zu betonen, daß bei soviel gleichsam zwangsmäßiger Verschlossenheit die Anpassungsgabe verhältnismäßig enge Grenzen hat. Schreiber schließt sich schwer an und wird durch Zweifel und Vorsicht daran gehindert, sich einer Herzensbeziehung rückhaltlos hinzugeben. Anderseits wird er sicher Treue und Anhänglichkeit bekunden, wann er sich einmal ernstlich für jemanden entschieden hat.

Gruppe V und VI. — Verhältnis von Herz und Kopf, Mischung männlicher und weiblicher Züge.

♀ Schreiberin ist eine bewegliche, tätige Persönlichkeit : großzügig, freigesinnt, temperamentvoll, impulsiv und von vielfältigen Gaben des Geistes und des Herzens. Hier : Gemüt, Anteilnahme, Mitgefühl, Hilfsbereitschaft ; dort : praktische Klugheit, vielseitige, auch künstlerische Interessen, rasche Auffassungsgabe, Organisationsfähigkeit und nicht zuletzt männlicher Unternehmungsgeist. Daß eine so geartete Natur ein weites Feld braucht, um sich voll auswirken zu können, versteht sich von selbst. Schreiberin ist ohnedies nicht gewöhnt, sich in kleinen Verhältnissen zufrieden zu geben und weitgehende Beschränkung zu dulden. Sie braucht also in jeder Hinsicht Spielraum, um mit der ihr eigenen Frische, Entschlossenheit und gelegentlich sorglosen, ja etwas derben Unbekümmertheit ihr Schicksal zu gestalten. Es fehlt ihr dazu nicht an schwungvoller Energie, gleichzeitig aber auch nicht an kluger Besonnenheit, die sogar rechnen und einteilen kann.

So scheinen also alle Voraussetzungen zu harmonischem Leben vorhanden, und tatsächlich ist eine Art werktätigen Frohsinns im Bilde dieses Charakters unverkennbar. Dennoch : wer näher zuschaut, bemerkt bei allem Planreichtum viel Nüchternheit ; bei aller Mannigfaltigkeit der Aktionen eine gewisse L e e r e des Betätigungstriebes ; bei aller Rührigkeit einen toten Punkt. Schreiberin selbst wird von dieser Empfindung bisweilen beunruhigt und dann zu immer neuem Beginnen gedrängt, ohne aber dadurch innerste und dauernde Befriedigung zu finden.

Wo sind nun die Ursachen solcher Unzulänglichkeit zu suchen ? In dem allzu m ä n n l i c h e n Geist der Schreiberin. Er begabt sie zwar mit mehr als durchschnittlicher Sachlichkeit und Freimütigkeit ; aber er nimmt ihr auch jenes allerweiblichste Etwas, dessen wärmende Fülle wir mehr erfühlen als beurteilen können. — Wie gesagt, Schreiberin selbst empfindet einen Mangel, aber sie weiß sich auch damit abzufinden. Sentimentalen Grübeleien ist sie überhaupt abhold und bedrückende Stimmungen läßt sie nicht Herr werden. Sie erstrebt ehrlich die Anerkennung ihrer Freunde und gibt kleinen Empfindlichkeiten deswegen nicht Raum. Sie wünscht, sich Menschenliebe und Menschheitsglauben zu bewahren, und läßt sich durch Enttäuschungen nicht leicht entmutigen. Ja, wer als Bittender zu ihr kommt, wird ihr Herz fast immer weich und nachgiebig finden ; oft zum Leidwesen ihres recht kaufmännischen Verstandes ! Sie wird also gelegentlich „Dummheiten“ machen.

Im Benehmen ist sie herzlich, aber geradezu und nicht besonders rücksichtsvoll, sie ist in gewissem Maße gewohnt, den Ton anzugeben und Beachtung zu finden. Sie kann unwirsch, zuweilen auch heftig werden, aber sie trägt nicht nach. — Im Urteil ist sie beinahe etwas vorschnell, jedoch wohlwollend und eher zu rascher Begeisterung als zum Absprechen geneigt. — In materiellen Dingen kann sie unbeschadet ihrer Großzügigkeit recht genügsam sein.

Gruppe VII. — „Schein" und „Sein".

♀ Da es keine Charakterbeurteilung gibt, die vom Empfänger nicht zugleich im Sinne einer W e r t u n g genommen würde, auch wenn der Deuter dies nicht beabsichtigt hat, so empfiehlt es sich, in gewissen Fällen vorauszuschicken, daß ein Charakter jeweils in sehr verschiedenem Lichte erscheint, je nachdem welche A n s p r ü c h e man an ihn stellt. — Treten wir der Schreiberin mit den Erwartungen des „Gesellschaftsmenschen" gegenüber, so werden wir uns in sehr vieler Hinsicht für befriedigt erklären müssen. Sie hat Geschmack, „Haltung", gute und ein wenig aufs Aparte gerichtete Umgangsformen, Geselligkeitsbedürfnis und Unterhaltungsgabe, eine Ansprechbarkeit, welche ausreicht, um sie an den Vorlieben ihrer Umgebung teilnehmen zu lassen, und anderseits nicht tief genug ist, um zu verpflichten; und sie wird das ihr verliehene Mittelmaß von Gutherzigkeit in schönster Weise auch e n t f a l t e n können in — einer ihr h u l d i g e n d e n Umgebung! Mag sie auch nicht immer ganz zuverlässig sein und ihre Worte unbehindert von strenger Wahrheitsliebe nach dem E i n d r u c k modeln, den sie damit hervorzubringen wünscht, so fiele selbst das ja g e s e l l s c h a f t l i c h noch nicht als schwerwiegender Fehler ins Gewicht. — Dagegen sieht die Sache nun wesentlich anders aus, wenn wir s i t t l i c h e Maßstäbe anlegen oder gar eine selbständige P e r s ö n l i c h k e i t zu finden hoffen. Schreiberin ist überhaupt keine Persönlichkeit, sondern das Erzeugnis einer auf ziemlich äußerliche Erfolge gerichteten Erziehung. Sie hat keine eigenwüchsigen Urteile und Anschauungen, sondern Modemeinungen, und sie wird trotz launischer Unberechenbarkeit imgrunde durchaus von den jeweiligen V e r h ä l t n i s s e n bestimmt. Sie möchte um alles gern eine Rolle spielen, eine weibliche Rolle, versteht sich, mit, wie gesagt, einem kleinen Stich ins Aparte, „Originelle", gelegentlich auch ein wenig Abenteuernde. Da es ihr sowohl an Grundsätzen als auch an einem leidenschaftlichen Triebleben fehlt, während sie anderseits in äußerlicher Weise „empfänglich" ist, so darf man von ihr weder Ausdauer, Gründlichkeit, wirkliche Liebe zur Sache noch auch nur persönliche Festigkeit der Gesinnung erwarten. Ein Zug von kapriziöser Eigenwilligkeit erklärt sich leicht, wenn man bedenkt, daß sie Selbständigkeit vorstellen möchte, ohne sie aber zu haben. So wird sie denn grade in Nebensachen ihr Selbstbestimmungsrecht zu wahren trachten, während sie in der Hauptsache, nämlich in der Gesamtgestaltung des Lebens, sowohl von ihrem Verkehrskreise überhaupt als auch von mancherlei zufälligen Einflüssen abhängig bleibt. Für „liebevolle“ Annäherung ist sie empfänglich und dankbar, aber mehr aus geschmeichelter Eitelkeit, als weil sie selber tiefe Liebesgefühle zu geben hätte. Man darf also auch das Wort „kokett“ gebrauchen. — Intellektuell nicht ohne mancherlei Gescheitheit; zumal recht gute, weil durch weibliche Neugier geschärfte, Beobachtungsgabe.

Gruppe VIII. — Charakter und Umwelt.

♂ Im Verhältnis zu seinem Alter verfügt Schreiber über eine schon beträchtliche Lebenserfahrung. Das liegt begründet: einmal in der Stärke seiner Triebe, sodann in seinem Betätigungsdrange, endlich in seinem praktischen Verstand. Bei nicht unerheblicher Vielseitigkeit der Neigungen mehr nach außen als nach innen gekehrt, hat er sich gute Beobachtung, scharfe Auffassung und zielbewußte Gedankenführung erworben. Seinem lebhaften Betätigungsdrange steht entschlossene Energie zur Seite, die sich von den Schwierigkeiten der Aufgabe und der Größe der Widerstände eher angereizt als abgeschreckt fühlt. Ohne zu zaudern, greift er zu und weiß sich, wenn nötig, seinen Weg auch durch Gestrüpp zu bahnen, da er denn freilich auch seine Ellenbogen gebraucht und gelegentlich mit fast herrischer Entschiedenheit auftritt. Indem er es solcherart bisweilen an feinerer Rücksichtnahme fehlen läßt, wird er nicht selten Anstoß erregen; doch versöhnt damit, wenn auch nicht immer grade die Betroffenen, der Umstand, daß sein Durchsetzungsdrang auf wirklicher männlicher Kraft beruht und keineswegs auf Anmaßung und Wichtigtuerei. Damit berühren wir schon den dritten Punkt: die Stärke seiner Triebe. — Als ein Charakter von blühender Lebenskraft (auch in erotisch-sinnlicher Hinsicht) ist er fast leidenschaftlicher Gefühle fähig und demgemäß imstande, sich mit seiner ganzen Persönlichkeit für das, was er erreichen möchte, ins Zeug zu legen. Wie er dergestalt aus einem selbst bemühenden Wirken eine Art von Genuß zieht, so will er jedoch überhaupt das Leben genießen. Er ist in keiner Beziehung Kostverächter und wünscht insonderheit stets „mit dabei zu sein“. Beschaulichkeit, bloße Betrachtung, „Kontemplation“ sind nicht seine Sache, so sehr er übrigens immer bereit ist, im Erleben die Zügel auch einmal locker zu lassen. Wie wir schon sagten, zielt sein Wesen vorzugsweise nach außen : das führt uns auf seine leitenden Triebfedern.

Sachlich angesehen, sind sie vornehmlich praktischer und technischer Natur ; in persönlicher Hinsicht stehen im Vordergrunde : Besitzliebe, Erwerbssinn, Ehrgeiz, Unternehmungsgeist, Herrschtrieb. Bei aller Erlebnisbereitschaft hält er das Seinige zusammen und wünscht es zu mehren. Aber kaum weniger wünscht er zu herrschen, ob ihm gleich dieses minder bewußt sein dürfte. Denn solches Verlangen schmilzt mit seinem Wirkungsdrange zusammen, so zwar, daß schon die Wahl seines Tätigkeitsfeldes mitbestimmt wird durch die Aussicht, sich auch persönlich zur Geltung zu bringen. Wie sich von selbst versteht, ist eine solche Natur in der Liebe leicht eifersüchtig, im Beruf etwas reizbar, zur Kritik aufgelegt, nicht immer verträglich und hie und da eigensinnig. Immerhin werden dergleichen Züge durch einen ansehnlichen Zusatz von Nützlichkeitssinn und praktischer Klugheit gemildert. Dagegen wäre es eher schon eine Schwäche des Schreibers zu nennen, daß er mehr vielleicht, als er sich eingesteht, abhängt von der Schätzung der Nebenmenschen. Er nimmt seinen Maßstab etwas zu sehr aus dem Erfolg, etwas zu wenig aus den Geboten der eigenen Innerlichkeit. Ja, er wäre um einiges weniger auf Selbstdurchsetzung erpicht, wenn er nicht nötig hätte, sein Wertbewußtsein gelegentlich gestärkt zu sehen durch willige oder abgenötigte Anerkennung der „Anderen“. Hier liegen denn auch die Gründe feinerer Stimmungsschwankungen und einer sonst nicht recht in das Gesamtbild passenden Empfindlichkeit. — Inzwischen hängt dies anderseits auch wieder damit zusammen, daß er trotz aller Energie beileibe nicht etwa ein kaltherziger Willensmensch ist, sondern ein warmes, freundschaftsfähiges und teilnehmendes Herz hat. — In pflichtmäßiger Arbeit bei allem Eifer umsichtig, genau und gewissenhaft. — Alles in allem : unermüdlich und nicht unterzukriegen !

Gruppe IX. — Charakter und Erfolg.

♂ Reger Unternehmungssinn, Planreichtum, rastloser Tätigkeitsdrang sind dem Schreiber nicht abzusprechen. Auch verfügt er über eine ganze Reihe von Willens- und Verstandesgaben, die an und für sich wohl geeignet wären, ihn zur Durchführung seiner teilweise weitausgreifenden Absichten zu befähigen. Er hat nicht nur eine allgemein rasche und sichere Auffassungsgabe, sondern zumal auch ein schnelles Erfassen der Lebenslagen, dazu Wirklichkeitssinn, Welt- und Menschenkenntnis, „Routine", vielseitige Erfahrung. Er kann mit großer Entschiedenheit, ja Schärfe auftreten, weiß dadurch gelegentlich zu blenden und sich durchzusetzen. Auf der andern Seite stehen ihm alle nur denkbaren Kniffe geübtester Diplomatie zu Gebote. — Vervollständigen wir diese Liste erfolgverbürgender Eigenschaften gleich noch um diejenigen, die vom sittlichen Standpunkt freilich weniger wünschenswert erscheinen dürften!

Schreiber wird in der Wahl seiner Mittel von keinerlei andern Rücksichten als denen seiner persönlichen Sicherheit eingeschränkt! Seine alles bestimmende Triebfeder ist der Eigennutz, und zwar erstreckt sich dieser in erster Linie auf Erwerb und Vorteile jeglicher Art, in zweiter auf Herrschaft, Macht und tonangebende Mittelpünktlichkeit. Seine Gesinnungen wechseln, wie es sein Vorteil verlangt. Er kann berechnend höflich, aber auch von rücksichtsloser Schroffheit sein. Devotion nach oben und Härten nach unten sind ihm gleichsehr geläufig. Er spielt stets mit verdeckten Karten und versteht sich, wenn in die Enge getrieben, unverblümt gesprochen, aufs Schwindeln! Seine Erfindungsgabe in zweckdienlichem Lügen ist beträchtlich. Eine gewisse intellektuelle Feinfühligkeit kommt noch hinzu, um das Bild eines äußerst kundigen Praktikers zu vollenden. —

Wenn wir nun gleichwohl seine Erfolge in Zweifel ziehen, so geschieht es aus folgenden Gründen. Schreiber hat viel zu wenig Rückgrat, Folgerichtigkeit und Ausdauer, als daß er angesichts kräftiger Widerstände „bei der Stange" bliebe. Er nimmt in der Vorstellung mit Hast und Ungeduld die Erfüllung vorweg und hat weder Ruhe noch Sachlichkeit genug, um die Entwicklung der Tatsachen abzuwarten. Insbesondere aber wird er von widersprüchlichen Stimmungen und Wallungen beherrscht. Er ist geneigt, sich zuviel zuzutrauen, und wechselt mit der Taktik nur zu leicht auch das Ziel, wenn er sich enttäuscht sieht. Er kann zur Unzeit reizbar aufbrausen, durch mißgünstige und parteiische Kritik verletzen und durch rechthaberische Unverträglichkeit eine klug begonnene Sache verderben. — Zudem begünstigt seine leicht entzündliche Sinnlichkeit, die aber nicht etwa mit Güte und Herzlichkeit verwechselt werden darf, eine gelegentlich allzu sorglose Flottheit der Lebensführung. Aus allen diesen Gründen sind seine praktischen Erfolgsaussichten verhältnismäßig gering. — Im übrigen wird man ihm grade in Ansehung dessen ein gewisses „savoir vivre" zuerkennen müssen, das ihn bei oberflächlichem Verkehr als nicht bloß gewandten, sondern sogar unterhaltenden und anziehenden Gesellschafter erscheinen lassen mag, der nicht leicht das Spiel verdirbt.

Gruppe X. — Charakter und Beruf.

♂ Schreiber ist, wenn auch nicht eigentlich als frühreif, so doch als über sein Alter hinaus entwickelt zu bezeichnen, womit indessen nicht grade gesagt sein soll, daß er etwa schon „fertig" und mit einer Weiterentwicklung nicht mehr zu rechnen sei. Vielmehr unerachtet mancher Unfertigkeiten macht sich bei ihm ein fast männliches Triebleben geltend, ob auch, wie sich versteht, in den besonderen Farben der Übergangsjahre. Eine kräftige, zum Besitzergreifen neigende Sinnlichkeit läßt ihn selten zur Ruhe kommen und wendet seinen ohnehin unrastigen Tätigkeitsdrang vorderhand gern dem Unerreichbaren zu. Er möchte erlebend wirken und im Wirken erleben und würde aus solchem mit Ehrgeiz gepaarten Lebensbedürfnis selbst vor phantastischen Unternehmungen nicht zurückschrekken. Es scheint uns von Wichtigkeit, diesen Punkt besonders hervorzuheben. Wenn auch nicht ohne lebhafte Vorstellungsgabe, hat er nämlich durchaus nichts von d e r Phantasie, welche die Nacktheit der Tatsachen mit dem seelegewobenen Schleier der Träume umkleidet. Seinem Herzen fehlt es am Geheimnis der — Ferne, seinem Geiste an — Horizont ! Er hat sichere und rasche Auffassungsgabe, gutes Unterscheidungsvermögen, Neigung und Begabung zur Kritik, aber sein Gegenstand ist das Nahe, Gegenwärtige, Heutige, soweit es sich eng mit dem Schicksal der eigenen Person berührt. Darum gewährleistet die Beweglichkeit seines Planens und Trachtens dennoch keinen weitumfassenden Überblick, schließt hinwiederum sein Tatsachensinn nicht erhebliche Parteilichkeit des Urteils aus. Wir zählen ihn einigermaßen zu den Charakteren, die mit dem W i l l e n d e n k e n!

Wie aus dem Dargelegten schon hervorleuchten dürfte, wurzelt sein Wesen nicht im Beschaulichen, Künstlerischen, Theoretischen, sondern im Wollen und Handeln. Davon sind nun niemals völlig zu trennen : Unabhängigkeitssinn, Geltungsbedürfnis und Herrschtrieb. Innere Bedeutung wie Erfolgsaussichten derartiger Züge hängen nicht zuletzt davon ab, ob und wie weit ihr Träger sich im Zaume zu halten und seinen Augenblicksregungen zu s t e u e r n weiß. Damit ist es beim Schreiber vorderhand noch nicht zum besten bestellt. Es f e h l t ihm an einem s a c h l i c h e n Ziel und schon deshalb an festem Halt. Tatsächlich weit weniger selbständig, als er sich einreden möchte, neigt er dazu, s i c h z u w i c h t i g z u n e h m e n und für Grundsatz und Überzeugung zu halten, was seinem Bedeutungsbedürfnis zu schmeicheln und vorübergehende Stimmungswünsche zu befriedigen vermag. Er läßt sich gehen und findet nur zu leicht eine Rechtfertigung dafür. Seiner sinnlichen Erregbarkeit entspricht keine gleichgewichtige Rassigkeit und Ursprünglichkeit. Er kennt zwar starke und antreibende, durchaus aber nicht hingebende Gefühle. Der Mangel an aufbauenden Kräften in seinem Charakter läßt ihn mehr nach Fehlern als nach Vorzügen des Nebenmenschen spähen und dürfte mit fortschreitender Erfahrung einer mißtrauischen Wertungsweise zur Unterlage dienen. Auch sind ihm Regungen absprechenden Neides nicht völlig fremd, ob er gleich nicht geneigt ist, solche sich einzugestehen. Daß er dergestalt unter Einbuße an innerer Wahrhaftigkeit mancherlei Selbsttäuschungen anheimzufallen Gefahr laufe, braucht kaum hinzugefügt zu werden. Wenig gesonnen, noch Lehrling des Lebens zu sein, versteift er sich gegen reifere Einsicht in besserwissendem Eigensinn. Einige Launenhaftigkeit, nicht unbeträchtliche Reizbarkeit und gelegentliche Rücksichtslosigkeit sind Folgeerscheinungen dessen in der Lebenshaltung nach außen.

Mit einer derartigen Mischung von Tatkraft, Gefühlserregbarkeit und Nüchternheit taugt Schreiber unbedingt nur für einen praktischen Beruf, der ihm harte Aufgaben stellen und zugleich erhebliche Ellenbogenfreiheit in deren Durchführung gestatten würde. Er braucht Menschen für sein Herz, denn er wünscht im Mittelpunkte ihrer Gefühle zu stehen; und er braucht sie erst recht für seinen Willen, denn er wünscht, sie zu zu beherrschen. In kleinen Verhältnissen würde er sich verzetteln, und ohne Widerstände riebe er sich an Nichtigkeiten auf. Also täte not: ein großer Wirkungskreis, wo es etwas zu kämpfen und zu organisieren gäbe. Landwirt, Farmer, Offizier oder denn — Großunternehmer: an dergleichen ließe sich denken. Denn, ob auch derzeit noch Triebe und Flackergefühle die Oberhand haben, so fehlt es daneben gleichwohl nicht an jenem Rechensinn, dessen stärkere Entwicklung im späteren Alter der gewöhnliche Gang der Dinge ist.

Gruppe XI. — Grundsätzlich angelegte Charakterbilder.

Erstes Beispiel.

♀ Außerordentlich flotte, tatsächlich aristokratische, höchst rassige, kurzweilige und sozusagen tumultuöse Persönlichkeit, mit der verheiratet zu sein nun freilich ein mehr als gewöhnliches Maß von Geduld und Balance erfordern dürfte! — Schreiberin ist im vornehmen Wortsinn Gesellschaftsdame und besitzt als solche die starke, heftige und zugleich eigenwillige Energie dieser Klasse. Mit ihrer hervorragenden Selbstsucht versöhnt einigermaßen die ebenso hervorragende Naivität, derzufolge sie gleichsam mit bestem Gewissen voraussetzt, daß ihre Umgebung sich ihr anzupassen, ihre Wünsche zu erfüllen, ihren Launen gerecht zu werden habe. Sie ist nicht gewillt, sich einzuschränken, sei es wirtschaftlich, sei es seelisch, und sie verträgt insbesondere keinerlei Unterordnung und wäre nur durch diplomatische Nachgiebigkeit, niemals durch ausgesprochenen Gegenwillen zu beeinflussen. — Bei solchen Naturen versteht es sich fast von selbst, daß sie verschieden wirken, je nachdem man mit ihnen nur in mehr äußerliche oder aber in nahe und vertrauliche Berührung tritt. Im geselligen Verkehr wird sie gradezu bestechen können. Insbesondere fährt derjenige nicht schlecht, der sich von ihr bevormunden läßt. Denn sie ist gastlich, gesellig, von sprühender Lebhaftigkeit, von einfallsreicher Klugheit, zwanglos in der Art sich zu geben, dabei trotzdem von großer Sicherheit, niemals spießbürgerlich, sondern wirklich vornehm und ohne die mindeste Steifigkeit dennoch gesellschaftlich stets korrekt. Sie weiß mit Sicherheit und Anmut zu „arrangieren" und ihre Gäste immer in Bewegung zu halten; und sie kann insbesondere die liebenswürdigste Verbindlichkeit entfalten, sofern es entweder der Eingebung ihrer augenblicklichen Laune oder denn ihrer Neigung entspricht. Im engeren Verkehr jedoch wird man es oft recht schwer mit ihr haben. Während sie einerseits mit Zähigkeit, ja Starrsinn an irgendeinem Entschluß festhält, ob man ihr schon zehnmal beweist, daß er töricht sei, legt sie wieder in andern Fällen die größte Sprunghaftigkeit an den Tag und fühlt sich heute keineswegs mehr zu ihren Idealen von gestern verpflichtet! Will ihre Umgebung ihr darin nicht folgen, so wird sie höchst gereizt, kratzbürstig und selbst unerträglich. Mit Gründen, wie gesagt, ist dann garnichts zu machen; man muß einfach das Wetter sich austoben lassen! Obwohl man nun aber demgemäß eigentliche Gesinnungsfestigkeit von ihr nicht erwarten darf, so möchten wir dennoch eine gewisse Gefühlstreue bei ihr für wahrscheinlich halten. Überhaupt aber geht ihre Selbstsucht zwar auf rücksichtslose Selbstdurchsetzung, ermangelt jedoch durchaus jeder Kleinlichkeit. In ungünstigen Verhältnissen könnte eine solche Persönlichkeit darauf verfallen, ihre Umgebung zu quälen, ohne daß sie davon irgendwelchen „Vorteil" hätte!

Zweites Beispiel.

♂ Schreiber ist ein gefestigter, klarer, zielbewußter Charakter von geordneter Lebenshaltung, dessen beweglicher Tätigkeitsdrang auf der Grundlage eines energischen Willens fußt. Mit rascher Auffassung, guter Beobachtung, leichter Orientierung, vorwiegend sachlicher Einstellung und einem logisch geschulten Denken, welches das Wesentliche ergreift und festhält, verbindet sich die Gabe glücklicher Einfälle und eine zumal in praktisch-technischer Hinsicht erfolgreiche F i n d i g k e i t . Er ist nicht sowohl eindrucksfähig als vielmehr „aufgeweckt" und weiß daher die empfangenen Eindrücke unbemüht in den Dienst seiner Zwecke zu stellen. Seine immerhin mehr als durchschnittliche Vielseitigkeit birgt daher nicht die Gefahr der Beeinflußbarkeit und Zersplitterung. — Ohne leidenschaftlich oder gar hinreißungsfähig zu sein, hat er doch unverkennbar Gemütsbedürfnisse, die sich in doppelter Weise äußern : einmal durch das persönliche Moment, das den Grad der Nachhaltigkeit seines Eintretens für eine Sache mitbestimmt ; sodann durch das Verlangen nach freundschaftlichen und sonstigen Neigungsbeziehungen. Er ist also keineswegs der nur in beruflicher Betätigung und nützlichen Unternehmungen aufgehende, sondern zugleich ein geselliger Mensch, der das Leben in seelischer wie sinnlicher Hinsicht auch zu genießen wünscht. Da er in der Wahl seiner Herzensbeziehungen indes nicht n u r den Gefühlen folgt, sondern stets auch prüfende Überlegungen zu Rate zieht, dürfte er im allgemeinen vor Enttäuschungen bewahrt bleiben und mehr auf dauerhaftere als auf flüchtige Verbindungen angelegt sein. Kaum brauchen wir hinzuzufügen, daß er diesem gemäß auch einer herzlichen Teilnahme fähig ist und sich innerhalb derjenigen Grenzen hilfsbereit finden läßt, die aus der weiteren Darlegung von selbst hervorgehen.

Wenn wir ungeachtet des bis hierher harmonischen Gesamtbildes gleichwohl mit der Möglichkeit f e i n e r e r Konflikte rechnen, so veranlaßt uns dazu die genauere Untersuchung der bestimmenden I n t e r e s s e n des Schreibers. Hier durchkreuzen einander nämlich geistige und praktische und hinwieder sachliche und persönliche Neigungen, so zwar, daß die persönlichen und praktischen immerhin den Vorrang haben, aber nicht unbestritten ! Zunächst kann es keinem Zweifel unterliegen, daß Schreiber geistige Neigungen besitzt und insbesondere von Problemen wissenschaftlicher Forschung ohne Beimischung persönlicher Absichten gefesselt werden kann. Es kommt hinzu das artverwandte Bedürfnis nach umfassender Bildung, nach Vertiefung der Einsicht, ja sozusagen Vervollkommungstrieb. Fraglos stärker entwickelt sind aber die praktischen Triebfedern. Schreiber hat E r w e r b s s i n n und ausgeprägte B e s i t z l i e b e , und sein vorzüglicher Verstand steht nicht am wenigsten im Dienste der Lebensklugheit und einer gewandten Diplomatie ! Er trachtet darnach, im genossenschaftlichen Leben eine nicht nur selbständige sondern womöglich führende Stellung einzunehmen, wobei indessen der

Wunsch nach innerer Unabhängigkeit wesentlich mitspricht. Bei allem „Idealismus“ ist er dennoch weit mehr „Realist“ von vorbedenkendem Rechensinn. Damit verknüpft sich das vielen Praktikern eigentümliche Bedürfnis nach wirkendem Eingreifen, und dies pflegt wieder aufs engste zusammenzuhängen mit einigem persönlichen Ehrgeiz. Wenn auch die letztere Regung nicht im Vordergrunde steht, so will sie doch gleichfalls ihr Recht. — Halten wir das alles zusammen, so sind, wie gesagt, die Voraussetzungen feinerer Widerstreite gegeben. Einmal finden die Herzenseigenschaften eine Schranke am Nützlichkeitssinn, zum andern die Sachinteressen an den persönlichen. Obschon nun trotzdem die Einheitlichkeit überwiegt, so wird doch zum mindesten eingeengt die impulsive Ursprünglichkeit; und das ist in warmherzigen Naturen wie einer solchen des Schreibers niemals ohne einige Stimmungsschwankungen möglich. Daraus erklären wir: gelegentliche Unruhe und Unzufriedenheit, hie und da Reizbarkeit, Empfindlichkeit und eigenwillige Beharrlichkeit. — Wir betonen: es handelt sich um Nebeneigenschaften, die in der äußeren Lebenshaltung des Schreibers umso weniger zur Geltung kommen, als er sich trefflich zu beherrschen weiß und insbesondere jedem Sichgehenlassen aufs entschiedenste widerstrebt. Die Gesamtheit seiner Anlagen weist ihn auf ein Feld organisatorischer Betätigung von möglicherweise zugleich technischem Charakter hin. Wir können uns ihn besonders gut als Ingenieur vorstellen.

Gruppe XII. — Beantwortung der Frage nach Aufrichtigkeit.

♀ Die Frage nach Aufrichtigkeit und Wahrheitsliebe ist in den meisten Fällen und so auch hier nur aus dem Zusammenhange des Charakters zu beantworten.

Schreiberin ist gewandt, mitteilsam, impulsiv, anregungsbedürftig und etwas klatschhaft. Sie hat stets ein augenblickliches Interesse und weiß diesem mit Scharfsinn, Geistesgegenwart und Findigkeit nachzugehen. Es fehlt ihr nicht an rasch zugreifender Beobachtung, nicht an Nüchternheit der Auffassung, nicht an fast voreiliger Schnelligkeit des Urteils, und es tritt zu solchen Verstandesgaben noch verstärkend hinzu kombinatorische Beweglichkeit. Aber es fehlt allerdings an Weite des Gesichtskreises, an Vorblick und Überblick, an Einteilungsvermögen und unparteiischer Sachlichkeit. Eine gewisse Feinfühligkeit ist der Schreiberin nicht abzusprechen und befähigt sie angesichts ihrer immerhin bemerkenswerten Bildungsstufe auch zu gelegentlicher Teilnahme an geistigen Gegenständen.

Ihre leitenden Triebfedern jedoch sind lebenspraktischer Natur: persönlicher Ehrgeiz, der Wunsch, eine Rolle zu spielen, auch einiger Herrschtrieb treten zumal hervor. Ohne sich darüber deutlich Rechenschaft zu geben, trachtet sie nach allerlei Neuigkeiten und kleineren und größeren „Sensationen“, mischt sich auch wohl in Dinge, die sie nichts angehen und ist gerne mit besserwissender Kritik bei der Hand. Mangel an Ausdauer, Durchführungskraft und Folgerichtigkeit wird teilweise aufgewogen durch angriffslustige Schärfe, die aus leicht entfesselter Gereiztheit einen Zufluß an gefühlsmäßiger Energie gewinnt. Wo ihr indessen zielbewußte Widerstände entgegentreten, dürfte ihre temperamentvolle Verve und nervöse Spitzigkeit einem vorzeitigen Erlahmen ausgesetzt sein. Sie hat in der Beziehung zweifellos schon enttäuschende Erfahrungen durchgemacht, woraus sich miterklärt ein Grundzug von Unzufriedenheit und Unruhe.

Wesentlicher jedoch als alles bisher Erörterte ist ihre Herzensbeschaffenheit. Wenn auch ihr eigentlicher Egoismus nicht mehr als stark durchschnittlich entwickelt ist, so mangelt es ihr doch an ausgeprägten Gemütseigenschaften, an Wärme und an Hingebungsvermögen. Sie steckt zu sehr in ihren Sonderwünschen darin, als daß sie für ihre Nebenmenschen unmittelbares Verständnis gewänne und zu einer wohlwollenden und gefühlsmäßig bejahenden Haltung geneigt sein könnte. Sie hat zwar leicht entzündliche, leicht rückwirkende und vorübergehend aufflakkernde, nicht aber tiefe und entsprechend nachhaltige Gefühle. Sie ist anderseits zu aktiv, zu betriebsam und planend, zu mußelos und ungutmütig, als daß man auf ihr Entgegenkommen rechnen dürfte, insoweit es nicht auch durch ihren eigenen Vorteil gefordert wird.

Halten wir alles zusammen, so kommen wir inbetreff der Aufrichtigkeit und Wahrheitsliebe zu folgendem Endurteil: Ohne berechnend lügnerisch zu sein, wird Schreiberin in ihren Aussagen doch zu sehr von parteiischer Voreingenommenheit und dem oben erwähnten „augenblicklichen Interesse“ bestimmt, als daß man sich unbedingt auf ihre Worte verlassen könnte. Auch schießt ihre etwas rechthaberische Reizbarkeit in absprechenden Äußerungen oft über das Ziel hinaus. Endlich hält sie sich für den Mangel an Anpassungsgabe durch gelegentliche Malicen schadlos, wobei es denn ohne gefühlsbetonte Entstellung der Tatsachen nicht abzugehen pflegt. Gemildert wiederum wird letzterer Zug durch die immerhin anzuerkennende Feinfühligkeit und den Mangel an eigentlicher Bösartigkeit.

QUELLEN

Da wir Geschichte und Vorgeschichte der Graphologie in einem weiter unten anzuführenden Bändchen genau behandelt haben, beschränken wir uns auf Angabe der wenigen selbständigen Erscheinungen, die für die Technik der Handschriftendeutung teils entscheidend, teils mindestens nebenher ins Gewicht fallen. Nicht berücksichtigt werden Untersuchungen über Schriftvergleichung zwecks Urheberschaftsermittlung, weil sie nicht zum Gegenstand unsres Buches gehören; und ganz aus dem Spiele bleibt die in den letzten Jahren beängstigend angeschwollene Mitläuferliteratur, die, alles in allem genommen, die Wissenschaft nicht nur nicht gefördert, sondern das Ihrige dazu beigetragen hat, sie zu verschütten. Kann man doch nicht wirksamer der Gefahr charakterologischer Enthüllungen begegnen, die einer wissenschaftlich unterbauten Handschriftendeutung immerhin möglich sind! Insbesondere ist in einem so hohen Alter wie dem des Verfassers jede Stunde zu kostbar, als daß sie vergeudet werden dürfte an unwürdige Geisteserzeugnisse seiner Neider. — Wir geben die Buchtitel in alphabetischer Reihenfolge der Verfassernamen und fügen zur Orientierung für den Leser jedesmal einige Worte darüber hinzu, was er von der Lektüre zu erwarten hat und was nicht. Man wolle im übrigen die Erscheinungsjahre beachten.

Bauer-Mann. Die Graphologie der Schülerhandschrift. Ein praktischer Beitrag zur Schülerbeurteilung. Mit 39 Schriftproben. 63 Seiten. J. A. Barth, Leipzig 1933.

Die Erprobung gesicherter graphologischer Ergebnisse an den Handschriften von 39 Knaben und Mädchen im Alter von 11-14 Jahren durch Vergleichung mit den Urteilen der Lehrer über Leistungsfähigkeit und Verhalten beweist einwandfrei den Ausdruckswert jugendlicher Handschriften. Trefflich ausgewähltes Schriftmaterial.

Becker, Minna. Graphologie der Kinderschrift. 246 Seiten. Kampmann, Heidelberg 1926. 2. Aufl. Ellermann, Hamburg 1949.

Grundlegendes Werk über Kinderhandschriften überhaupt. Auf reiches Material gestützt, von dem 120 Schriftnachbildungen vorgelegt werden, erbringt Verfasserin den Beweis der Anwendbarkeit des Wissens vom Ausdruck auf Kinderhandschriften, ja sogar auf die von ihr erstmalig untersuchten Kritzeleien der Fünf- und Vierjährigen und erläutert an lehrreichen Beispielen die Bedeutung der Befunde für die Behandlung der Schüler.

Breil, Dr. M. A. Leistungsfähigkeit. 201 Seiten. S. Hirzel, Zürich 1950.

Das Buch zerfällt in zwei Teile, einen charakterkundlichen (155 Seiten) und einen graphologischen (46 Seiten), worin 31 Handschriften ausschließlich auf die Leistungsfähigkeit der Schrifturheber geprüft werden. Maßgebend sind dabei die Befunde des ersten Teils, die allein hier gewürdigt werden sollen.

Verfasserin unterscheidet die Leistungsfähigkeit von ihrer Auswirkung, Leistungsverhalten genannt; ferner Weite, Tiefe und Ablauf der Leistungsfähigkeit; ferner Leistungsfähigkeit und Berufssituation (isolierter Tätigkeitsbereich, Leistung im Zusammenhang mit anderen, unter anderen, an anderen, durch andere). Es folgen ausführliche Exkurse über Selbständigkeit, über das Verhältnis der Intelligenz zu den Triebfedern und Temperamentseigenschaften, über zahlreiche Besonderheiten von Ehrgeiz, Pflichtgefühl, Verantwortungsbewußtsein, über Organisationstalent usw. Hier droht eine kleine Gefahr: der beständige Wechsel der Gesichtspunkte bringt eine Überfülle von Einteilungen (mit oder ohne Tabellen) mit sich und erschwert dadurch den Überblick.

Als besonders verdienstlich sei erwähnt: Verfasserin zerstört mit vielseitigen und an instruktiven Beispielen erläuterten Gründen die Legende, daß es bestimmte Berufseigenschaften gibt; sie zeigt, daß mit Hilfe gänzlich verschiedener Anlagegruppen derselbe Erfolg (positiv wie negativ) erzielt werden kann; und sie gibt überzeugende Beispiele für die übliche Verwechslung von bloßen Eigenschaftsfolgen mit den Eigenschaften selbst. Sie hat ihre Hauptbefunde durch den Verkehr mit Arbeitnehmern und Arbeitgebern erprobt und die Ursachen von Mißerfolgen mindestens ebenso oft in fehlgreifender Verwendung der Angestellten durch die Arbeitgeber gefunden wie in falschen Ansprüchen und sonstigen Mängeln der Arbeitnehmer.

Busse, Hans H. Wie beurteile ich meine Handschrift? Populäres Lehrbuch der Graphologie. Mit 70 Handschriftenproben, 55 Tafeln und einem Graphometer. 2. Aufl. 92 Seiten. W. Vobach & Co., Berlin und Leipzig 1904.

Busse war ein genialer Handschriftendeuter. Oft genügte ihm ein Blick auf eine Handschrift, um mit ein paar stichwortartigen Bemerkungen, die dem Hörer unvergeßlich blieben, den Kern des Charakters zu treffen; aber er war kein Theoretiker und wußte das. Am besten gelangen ihm kleinere Sachen in den weiland „Graphologischen Monatsheften", so vor allem der Aufsatz über „Die Inkongruenz des Charakters mit seinen Äußerungen" (1898).

Gleichwohl enthält dieses Büchlein unter der noch stark an Michon erinnernden Überschrift „Die Eigenschaften und ihre graphologischen Zeichen" den wohl einzig dastehenden Versuch, die Namen von nicht weniger als 100 wichtigen Charakterzügen wie Ängstlichkeit, Empfindlichkeit, Genußsucht usw. jeweils künstlich so zu schreiben, daß sie die wichtigsten Hauptmerkmale der von ihnen bezeichneten Charaktereigenschaften darbieten. Sehr populär, jedoch teilweise von anschaulicher Überzeugungskraft.

Klages. Die Probleme der Graphologie. Entwurf einer Psychodiagnostik. Mit 178 Figuren und 3 Tabellen. 260 Seiten. J. A. Barth, Leipzig 1910.

Erster großangelegter Versuch, die gesamte Graphologie als Seitenzweig der Ausdruckskunde zu fassen. Das überreiche, um nicht zu sagen bisweilen überstopfte, Buch, seit Jahrzehnten vergriffen, wurde nicht wieder aufgelegt, weil alles Wesentliche daraus, aufgelockert und erweitert, Platz gefunden hat in späteren Werken des Verfassers.

Klages. Die Grundlagen der Charakterkunde. 1. Aufl. J. A. Barth, Leipzig 1910. 13. Aufl. Studienausgabe. 230 Seiten. H. Bouvier & Co. Verlag, Bonn 1966.

Das Buch war nicht nur die erste, sondern ist auch die bisher einzige wissenschaftliche Grundlegung einer systematischen und vollständigen Charakterkunde, will sagen einer solchen, die allen überhaupt denkbaren Spielarten menschlicher Charaktere zu genügen weiß, und bildet insofern das Fundament der ganzen Ausdruckswissenschaft.

Klages. Graphologisches Lesebuch. Hundert Gutachten aus der Praxis unter Mitwirkung von Fachgenossen. Mit 117 Handschriftenproben. 218 Seiten. J. A. Barth, Leipzig 1930. 5. Aufl. J. A. Barth, München 1954.

Wie schon im Haupttext angedeutet, gibt das Buch dem, der sich durch Selbststudium weiterbilden will, dazu Gelegenheit, indem es ihm nach ausführlicher Unterweisung (72 Seiten) hundert ausgiebige Handschriftenproben samt hundert Mustergutachten von insgesamt zwölf hervorragenden Berufsgraphologen vorlegt. Dem Leser, der nach den Handschriften eigene Gutachten ausführt und sie mit den Mustergutachten vergleicht, bietet das Buch dasselbe wie ein Übungskurs für Fortgeschrittene.

Klages. Graphologie. 89 Seiten (mit 81 Schriftproben). Quelle und Meyer, Leipzig 1932. 4. Aufl. 95 Seiten. Quelle und Meyer, Heidelberg 1949.

Dies schon erwähnte Bändchen gibt die graphologischen Grundeinsichten in ebenso knapper wie leichtverständlicher Fassung.

Klages. Grundlegung der Wissenschaft vom Ausdruck. 1. Aufl. Wilhelm Engelmann, Leipzig 1913. 8. Aufl. 366 Seiten mit 62 Figuren. H. Bouvier & Co Verlag Bonn 1964.

Hier gilt dasselbe, was oben von den „Grundlagen der Charakterkunde" gesagt wurde.

Meyer, Dr. Georg. Die wissenschaftlichen Grundlagen der Graphologie. Mit 31 Tafeln. 81 Seiten. Gustav Fischer, Jena 1901.

Obschon das Büchlein schon 55 Jahre alt ist, muß dem Theoretiker wie dem Praktiker die Kenntnisnahme dringend empfohlen werden. Sehen wir selbst von der geistesgeschichtlichen Bedeutung ab, die ihm anerkanntermaßen zukommt, sowie von der klaren Darstellungsweise, die auf Schritt und Tritt den besonnenen Forscher verrät, so bleiben als tagfällig wertvoll die Hereinziehung des Schriftmaterials Seelenkranker (Verf. war ursprünglich Psychiater) und die besondere Aufmerksamkeit, die der Entwicklung der Handschrift im Laufe des Lebens gewidmet wird. — Übrigens war Meyer der erste und — von unzulänglichen Versuchen abgesehen — bis heute einzige, der in den Jahren 1899-1900 systematische Experimente über Handschriftenverstellung durchführte, die in den weiland „Graphologischen Monatsheften" veröffentlicht wurden.

Peter, Herbert. 100 Fragen um eine Kinderhandschrift. Mit zahlreichen Schriftproben und 24 Kunstdrucktafeln. 44 Textseiten. Ernst Reinhardt Verlag, München/ Basel 1951.

Ein junger für sein Fach begeisterter Schreiblehrer kommt zum erfahrenen Graphologen und zeigt ihm die Handschrift eines vierzehnjährigen Volksschülers mit der Frage, ob er dazu mehr zu sagen wisse als etwa: „Schlechte Handschrift, verdient niedrige Zensur?" Der Graphologe entwirft ein in allen Hauptpunkten unerfreuliches Charakterbild, das selbst die Möglichkeit der Kriminalität nicht ausschließt. Der Lehrer ist sehr erstaunt; denn der Schülerbogen des Jungen weist folgende Einträge auf: „Notorischer Schulschwänzer, wechselndes Verhalten, ungleichmäßige Leistungen, absolute Gleichgültigkeit gegenüber Anordnungen, streitsüchtig, verlogen, bei verschiedenen Diebstählen ertappt." Aus der Tatsache, dass das nun folgende Gespräch zwischen dem „Neulehrer" und dem Graphologen wiederholt auf diese Schriftprobe zurückgreift, erklärt sich der Titel des Buches.

Der Haupteinwand des Neulehrers lautet naturgemäß, daß Knaben und Mädchen der unteren Klassen unmöglich eine deutbare Handschrift haben könnten, weil ihnen die Buchstabenformen und deren Verbindung vorgeschrieben und aufgezwungen wurden; noch dazu müßten sie auf vorgezeichneten Linien schreiben. Der Graphologe bringt widerlegende Schriftbeispiele von unwiderstehlicher Überzeugungskraft. Da finden wir etwa auf 8 Zeilen von 8 Neunjährigen derselben Klasse zehn bis zwölf Mal das grosse lateinische H abgebildet, und siehe da, jeder Schüler schreibt es so individuell, daß die H's keines einzigen mit denen eines andern verwechselt werden können. Ebenso unverwechselbar sind die zuerst von Minna Becker untersuchten Kritzeleien von 4 Sechsjährigen. Die Unterhaltung der beiden Gesprächspartner führt durch die ganze Graphologie hindurch, stets jedoch mit Bezugnahme auf die Erziehbarkeit, weshalb das Buch den Untertitel führt „Die Graphologie im Dienste der Erziehungsberatung". Das begleitende Schriftmaterial dürfte an Reichhaltigkeit einzig dastehen. Jeder Schreiblehrer sollte das Buch besitzen. — Obwohl Bauer-Mann und besonders Minna Becker bereits ähnliche Ergebnisse vorgelegt hatten, rechtfertigt sich die Ausgiebigkeit unsrer Besprechung durch den Umstand, daß dies originelle Bändchen bisher durchaus nicht genügend beachtet wurde.

Zu bedauern ist jedoch, daß bei den Literaturangaben offenbar nur Erstausgaben genannt werden, die überwiegend in der Sowjetzone herausgekommen sind, während die heutigen Auflagen sich fast alle in den Händen westdeutscher Verleger befinden.

Preyer. Zur Psychologie des Schreibens. Mit mehr als 200 Schriftproben nebst 8 Diagrammen und 9 Tafeln. 230 Seiten. Leopold Voss, Leipzig 1895. 3. Aufl. 1928.

Hat auch das Werk heute vorwiegend nur noch geschichtliche Bedeutung, so ist es für den Praktiker doch überaus lehrreich, sich aus ihm zu unterrichten, wie es mit der Handschriftendeutung und zwar bester Qualität in den Anfängen, d. i. vor mehr als einem halben Jahrhundert stand. Auch lernt er aus den zahlreichen und glücklich ausgewählten Handschriftenproben nicht weniges über den Durchschnittsduktus im letzten Drittel des vorigen Jahrhunderts.

Wieser, Dr. Roda. Die Verbrecherhandschrift. I. Die Handschrift der Betrüger, Diebe und Einbrecher. Eine charakterologische Studie. Mit 93 Abbildungen und 19 Tabellen. 96 Seiten. Julius Springer, Wien 1930.

W i e s e r, D r. R o d a. Die Verbrecherhandschrift. II. Die Handschrift der Sexualverbrecher. Mit 93 Abbildungen und 21 Tabellen. 128 Seiten. Springer, Wien 1933.

W i e s e r, R o d a. Der Rhythmus in der Verbrecherhandschrift. Systematisch dargestellt an 694 Schriften Krimineller und 200 Schriften Nichtkrimineller. Mit 86 Abbildungen und 15 Tabellen im Text. 226 Seiten. J. A. Barth, Leipzig 1938.

Von jeder der drei Schriften muß der Praktiker Kenntnis nehmen, zumal jedoch von der dritten, in der die Hauptergebnisse aller zusammengefaßt sind. Nicht darum natürlich handelt es sich, aus Handschriften zu erkennen, ob die Urheber Verbrechen begangen haben oder nicht, sondern darum, ob Anlagen vorliegen, die mit der Möglichkeit oder Wahrscheinlichkeit der Kriminalität rechnen lassen. Das Schriftmaterial, das dieVerfasserin in siebenjähriger Arbeit durchforscht hat, ist bis heute so reichhaltig nur hier zu finden. Die Zergliederung der Schriftzüge wird mit mustergültiger Sorgfalt durchgeführt, und die Einsicht, daß der persönliche Rhythmus schon die Strichführung mitgestalte, bedeutet für die Graphologie einen beträchtlichen Gewinn. Dagegen hat es da und dort Mißverständnisse hervorgerufen, daß die Verfasserin das früher einmal von uns selbst gebrauchte Wort Grundrhythmus so zu verwenden scheint, als ob es etwas vom Formniveau Verschiedenes bedeute. Wir glauben indes, mit ihr einig zu gehen, wenn wir erklären : es gibt nicht den Grundrhythmus n e b e n dem Formniveau, sondern das Formniveau ist der Rhythmus selbst, den man immerhin Grundrhythmus nennen mag, sofern dabei vorzugsweise die Gestaltung der Striche vorschwebt.

Daraus allein nun freilich lässt sich mutmassliche Kriminalität nicht ermitteln. Es gibt zügige und federnde Schriften Krimineller, starre wie lahme Nichtkrimineller. Daran aber lässt die Verfasserin auch keinen Zweifel. Bringt sie doch eine Mannigfaltigkeit teils bisher nicht genügend verwerteter, teils garnicht beachteter Bewegungsmerkmale, wie „Sperrung nach rechts", „Abriegelung", Stereotypien, die uns oft in den Stand setzen, das zu erkennen, was in der Seelenheilkunde die „psychopathische Minderwertigkeit" heißt und hinsichtlich möglicher Kriminalität gleichsam als Warnungssignal zu dienen vermag.

W i e s e r, D r. R o d a. Der Verbrecher und seine Handschrift. Systematisch dargestellt an 694 Schriften Krimineller und 200 Schriften Nichtkrimineller. Mit 122 Abbildungen und 17 Tabellen im Text. 2. völlig neubearbeitete Auflage von: „Der Rhythmus in der Verbrecherhandschrift". 334 Seiten nebst Figurenbuch. Ernst Reinhardt Verlag, München-Basel 1956

Die in der Besprechung des vorigen Buches verlautbarte Annahme hat sich nicht erfüllt. Vielmehr ist jetzt die Verfasserin dazu übergegangen, Grundrhythmus und Formniveau noch schärfer zu unterscheiden.
— Ein nur stark zwei Seiten langes Nachwort, „Ausblick" genannt, das der Herr Pfarrer geschrieben haben könnte, streicht den Inhalt des ganzen Buches durch. Nun, das wollen wir nicht allzu ernst nehmen. Es belehrt uns aber, daß es sich bei der Verfasserin weniger um Wandlungen der wissenschaftlichen Einsichten als um eine Gesinnungsänderung handelt, die dem Zeitgeist gemäß christlich religiös ausgefallen ist. — Ein von Dr. Hönel verfaßter „Anhang" bedürfte separater Würdigung.

Noch wäre anzufügen ein Wort über unsre F i g u r e n . Zahlreiche wurden sonstigen Arbeiten des Verfassers in den „Graphologischen Monatsheften“ (= Monatsheften = M.), einige aus andern Büchern von ihm, weitere den Abfassungen andrer Forscher entnommen, und zwar :

Fig. 138–139 der oben angeführten Schrift von Bauer und Mann; Fig. 41 der Broschüre „Bismarcks Charakter“ von Hans H. Busse; Fig. 9, 11–12, 85–87, 103–104 Aufsätzen desselben Autors in den M. ; Fig. 67, 117 der deutschen Übertragung von „L'Ecriture et le Caractère“ Crépieux-Jamins; Fig. 17, 22, 24–25, 38 unserm „Graphologischen Lesebuch“ ; Fig. 34-36, 129 unsrer „Graphologie“; Fig. 77 dem Buche „Die Schrift bei Geisteskrankheiten“ von Dr. R. Köster ; Fig. 134, 137 der „Technik der Feder“ von Georg Lang ; Fig. 128 den „Beispielen künstlerischer Schrift aus vergangenen Jahrhunderten, 4. Serie“ von R. von Larisch; Fig. 49–50, 99–102, 111–112 verschiedenen Arbeiten von Dr. Georg Meyer in den M. und im „Archiv für gerichtliche Schriftuntersuchungen“; Fig. 97–98 einem Aufsatz von D. Poppé in den M. ; Fig. 64 einem solchen ebendort von Römer und Zinndorf ; Fig. 136 dem „Neuen Leitfaden für den Schulunterricht“ von Ludwig Sütterlin ; Fig. 3, 88 der Broschüre „Nietzsche im Spiegel seiner Schrift“ von I. v. Ungern-Sternberg ; Fig. 6–7, 26, 39, 96, 122–124 Aufsätzen derselben Autorin in den M.; Fig. 74–76 dem oben an dritter Stelle genannten Werke von R. Wieser.

TABELLENANHANG

zu Handschrift und Charakter

von

Ludwig Klages

Für die Deutungspraxis bearbeitet und ergänzt

von

Bernhard Wittlich

Tabellenübersicht

Vorbemerkung

Man kann der ungeheuren Vielfalt graphologischer Deutungsmöglichkeiten durch noch so ausführliche Tabellen, die Merkmale und Eigenschaften zusammenstellen, niemals gerecht werden. Daher ist eine Verkürzung der Tabellen für die Praxis berechtigt und vertretbar, wenn in ihnen nur deutliche Hinweise für die einzuschlagende Richtung der Merkmalsauswertung gegeben sind. Der Gutachter wird selbst immer wieder selbst Ausdrücke und Benennungen von Eigenschaften finden, die in die betreffende Gruppe der Tabelle ergänzend hineingefügt werden könnten.

Die nachfolgenden Tabellen sind daher verkürzt und anders angeordnet als im Text, auf den überall verwiesen wird. Die Anordnung ist so getroffen worden, daß die beiden Eigenschaftsgruppen, die für die Deutung bei gut ausgeprägtem Rhythmus in Frage kommen, links nebeneinander stehen, die beiden Gruppen bei fehlendem Rhythmus dagegen rechts. Dadurch wird dem Gutachter die Deutung erheblich erleichtert. Jede Tabelle erhält außerdem eine Überschrift, die auf die Hauptbedeutung hinweist. Jedoch ist darin nicht mehr als eine ganz allgemeine Kennzeichnung zu sehen.

Es werden jedesmal nur vier Eigenschaften ausgewählt, die zur Kennzeichnung des entsprechenden psychischen Umfeldes dienen sollen.

Für die Wahl unter den Tabellengruppen ist also jedesmal der betreffende Rhythmus heranzuziehen.

Die von Klages als Kennzeichen hohen Formniveaus genannte Lebendigkeit erscheint im Schriftbild sowohl in der Bewegungsführung wie auch in der Formgebung und Verteilung. Man kann also die Lebendigkeit in der Bewegtheit wie in der Geprägtheit suchen, und in beiden Fällen ist es die Stärke des Rhythmus, die wir dabei erleben und meinen.

Der Rhythmus der Bewegung, der Ablaufsrhythmus, kann am leichtesten erkannt werden, wenn man die Schrift nachzuschreiben unternimmt, bis dann plötzlich der besondere, individuelle Rhythmus dabei aufklingt. Man unterscheidet zweckmäßigerweise zwischen federndem und schwingendem Ablaufsrhythmus.

Der federnde Rhythmus bevorzugt die „gespannte" gerade Linie, den

Winkel; der Schreibvorgang läßt sich dem federnden Abspringen eines Balles zwischen zwei Wänden vergleichen; sehr deutlich ist häufig am Wortende dieser nach oben federnde, winkelige Endzug.

Der schwingende Rhythmus bevorzugt die Kurve, die Girlande und die Schrift macht mehr einen rollenden Federzug erkennbar, sie ist auch durchaus elastisch, aber nicht so „gespannt".

Wenn Rhythmus ganz allgemein als Wiederholung ähnlicher Formgestalten in ähnlichen Zeiten bestimmt wird, so können wir neben dem Ablaufsrhythmus einen Formrhythmus erkennen. Der Begriff der Polarität meint eine solche „rhythmische Seitlichkeit", die sich also der ganz allgemein verständlichen „rhythmischen Zeitlichkeit" zuordnen läßt.

Endlich ist die Verteilung der Zeilen und Worte auf dem Schriftfelde unter dem Begriff der rhythmischen Gliederung gut zu fassen, so daß wir als dritte Qualität den Verteilungsrhythmus bestimmen können.

Diese drei Rhythmen sind aber nichts anderes als drei Seiten des einen, individuellen Rhythmus'. Ihre Unterscheidung bietet uns eine wichtige Hilfe bei der Deutung der einzelnen Merkmale.

Die Eigenschaften bringe ich entsprechend einem Grundsatz, der auch meinem „Wörterbuch der Charakterkunde" zugrunde liegt, nämlich nur die Begabungs- und Richtungseigenschaften (d. h. Triebfedern, Strebungen, Interessen) als Substantiva, dagegen alle anderen Wörter als Adjektiva.

Das sind die Aufbaueigenschaften, die Reaktions- (Verhältniseigenschaften), Betragens- und Folgeeigenschaften. Obwohl die Sprache nicht immer deutlich erkennen läßt, ob z. B. eine Begabung, eine Triebfeder oder eine andere Eigenschaft gemeint ist, wenn man etwa von Ehrgeiz, oder Pflichtgefühl spricht, so empfiehlt es sich doch sehr, besonders bei der Formulierung eines Gutachtens, ein Übergewicht der Substantiva zu vermeiden. Sie machen das Gutachten schwerfällig und auch schlecht lesbar. Dafür soll diese Unterscheidung eine Anregung, keine Norm geben.

Die Zuordnung zu den sechs sogenannten Stammbegriffen oder Charakterzonen wird erleichtert durch die Fragestellungen:

1. Mengeneigenschaften (Begabung des Verstandes, des Willens, des Gefühls, des Selbstgefühls, der vitalen Triebfunktion): „Was hat er?"
2. Richtungseigenschaft der Lösung, Triebfeder: „Welchen Antrieben folgt er?"
   Richtungseigenschaft der Bindung, Strebung, Interesse: „Welche Strebungen hat er?"
3. Aufbaueigenschaft: „Wie stimmen seine Eigenschaften zusammen?"
4. Verhältniseigenschaft (Reaktion): „Wie reagiert er?"
5. Betragenseigenschaft: „Wie benimmt er sich?"
6. Folgeeigenschaft: „Wie erfüllt er die Forderungen der Gemeinschaft?"

Tabelle I

(vgl. S. 15)

Regelmäßigkeit des Gesamtbildes
besonders hinsichtlich Größe, Lage, Weite, Breite, Bindungsform und Verbundenheit

Hauptbedeutung: Willensvorherrschaft

mit Form- und Verteilungsrhythmus		ohne Form- und Verteilungsrhythmus	
regelmäßig	unregelmäßig	regelmäßig	unregelmäßig
Willensstärke	Gefühlsstärke	Gefühlskälte	Willensschwäche
Konsequenz	Gemüt	Nüchternheit	Reizbarkeit
Steuerung	Leidenschaftlichkeit	steif	launisch
Ausdauer	impulsiv	gleichgültig	ablenkbar
(Einordnung)	(Individualismus)	(Spießertum)	(Außenseiter)

Tabelle II

(vgl. S. 28)

Ebenmaß der Schriftverteilung

Hauptbedeutung: Gefühlserregbarkeit

guter Verteilungsrhythmus		schwacher Verteilungsrhythmus	
Ebenmaß	kein Ebenmaß	Ebenmaß	kein Ebenmaß
gleichmütig	Aufgeschlossenheit	stumpf	störbar
gelassen	Zartgefühl	Starrsinn	Reizbarkeit
ruhig	Sensibilität	apathisch	Empfindlichkeit
Beschaulichkeit	Empfänglichkeit	dickfellig	launenhaft

„Optisches Gleichgewicht" der Wortkörper und Zwischenräume spricht für gutes Ebenmaß und damit auch für (unbewußten) Verteilungsrhythmus

Tabelle III

(vgl. S. 70)

Merkmale der Eile ohne Ausdeutung

Tabelle IV (vgl. S. 81)

Allgemeine Größe
im Hinblick auf das gegebene Format des Schriftblattes
Hauptbedeutung: Pathos

mit Ablaufsrhythmus		ohne Ablaufsrhythmus	
groß	klein	groß	klein
	I. Wille (zugleich eher Regelmaß)		
Tatendrang	Konzentrationsfähigk.	Mangel an Konzentr.	pedantisch
Freiheitsdrang	Pflichtgefühl	leichtsinnig	Egoismus
großzügig	Mäßigung	flüchtig	keine Leistungskraft
Durchsetzung	Kritikfähigkeit	unvorsichtig	Beschränktheit
	II. Gefühl (zugleich eher Unregelmaß)		
Begeisterungsfähigk.	Wirklichkeitssinn	M. a. Wirklichkeitssinn	M. an Begeisterungsf.
schwärmerisch	Gründlichkeit	parteilich	Nüchternheit
Idealismus	Besonnenheit	Kritiklosigkeit	Strenge
Gefühlstiefe	Feingefühl	hemmungslos	Scheinsachlichkeit
	III. Selbstgefühl		
Stolz	Demut	Dünkel	Selbstzweifel
Würde	anspruchslos	anmaßend	ängstlich
Ernst	Genügsamkeit	eingebildet	kleinmütig
Repräsentation	beschränkt	anspruchsvoll	Selbstquälerei

Tabelle V (vgl. S. 83)

Schreibeile

also nicht die absolute Schreibgeschwindigkeit ist damit gemeint, sondern der Ausdruck dafür, ob das Schreiben als ein der Denktätigkeit entsprechendes oder hinderliches (zu schwerfälliges) Ausdrucksmittel erlebt wird

Hauptbedeutung: Innere Ansprechbarkeit

mit Ablaufsrhythmus		ohne Ablaufsrhythmus	
eilig	nicht eilig	eilig	nicht eilig
	I. Wille		
Aktivität	Konzentrationsfähigk.	unruhig	untätig
Initiative	zuverlässig	flüchtig	Unschlüssigkeit
eifrig	ruhig	hastig	träge
Gewecktheit	Besonderheit	ablenkbar	Willensschwäche
	II. Gefühl		
lebhaft	Beschränktheit	Erregbarkeit	stumpf
beweglich	gelassen	Haltlosigkeit	indolent
impulsiv	gleichmütig	verführbar	apathisch
eifrig	Stetigkeit	ungeduldig	Furchtsamkeit

Tabelle VI

(vgl. S. 86)

Wucht (Reibungsdruck)

Hauptbedeutung: Kraft der Vitalität

mit Ablaufsrhythmus		ohne Ablaufsrhythmus	
Spannung stark	schwach	stark	schwach
I. Wille (Spannkraft, Hervorrufen und Überwinden von Widerständen)			
Willenskraft	Unternehmungslust	Härte	Willensschwäche
Ausdauer	beweglich	Strenge	Unbeständigkeit
Energie	gewandt	Gehemmtheit	Haltlosigkeit
Aktivität	anpassungsfähig	rücksichtslos	Oberflächlichkeit
II. Reaktiver Wille			
Eigensinn			ablenkbar
Rechthaberei			folgsam
trotzig			erziehbar
Unverträglichkeit			verträglich
III. Gefühl			
Triebstärke	Zartgefühl	Reizbarkeit	labil
Kampflust	Erregbarkeit	aggressiv	Empfindlichkeit
impulsiv	Sensibilität	heftig	Furchtsamkeit
Leidenschaftlichkeit	Feingefühl	aufbrausend	Triebschwäche

Der Druck verliert an diagnostischer Bedeutung um so mehr, je mehr der Kugelschreiber in Gebrauch kommt. Er ist dann oft überhaupt nicht mehr feststellbar

Tabelle VII

Griffdruck

Hauptbedeutung: Gespanntheit

mit Formenrhythmus		ohne Formenrhythmus	
stark	schwach	stark	schwach
Formungswille	zwanglos	Hochmut	nachlässig
Gestaltungsdrang	unbekümmert	Bewußtheit	faul
Haltung	Sorglosigkeit	verlegen	bequem
Distanz	munter	gezwungen	unordentlich

Starker Griffdruck ist u. a. Voraussetzung für genaue Führung des Schreibgerätes und für deutliche Einzelbewegung

Tabelle VIII
(vgl. S. 93)

Binnengliederung (Weite)

Hauptbedeutung: Persönlicher Eifer

mit Ablaufsrhythmus		ohne Ablaufsrhythmus	
weit	eng	weit	eng
strebsam	Selbstbeherrschung	flüchtig	gehemmt
zwanglos	Haltung	voreilig	ängstlich
eifrig	Mäßigung	hemmungslos	Mißtrauen
Aufgeschlossenheit	Vorsicht	Verschwendungssucht	Mangel an Antrieb

Hierunter ist die deutliche Trennung (Lücken) zwischen je zwei Buchstaben zu verstehen, unabhängig von der sogen. Breite der Buchstaben selbst. Besonders auffällig wird das z. B. an einer Buchstabenfolge wie m-m-e-n. In einer weiten Schrift ist jeder Buchstabe für sich gesetzt, in einer engen Schrift bilden diese Buchstaben eine Reihe von neun Bögen

Vgl. Tabelle XXIV

Tabelle IX
(vgl. S. 100)

Schriftlage

Hauptbedeutung: Umwelteinfügung

mit Verteilungsrhythmus		ohne Verteilungsrhythmus	
schräg	steil	schräg	steil
gesellig	Vernunft	Unbesonnenheit	Kälte
gewandt	Disziplin	Zügellosigkeit	ungesellig
anpassungsfähig	Selbstsicherheit	unruhig	Starrsinn
Leidenschaftlichkeit	unabhängig	Triebhaftigkeit	unzugänglich

Linkslage (übersteil)

Selbstdisziplin	gehemmt
Selbstverleugnung	Künstlichkeit
Selbstkritik	Selbstgerechtigkeit
Selbsterziehung	Hochmut

Tabelle X
(vgl. S. 103)
Strichbildung (Teigigkeit)
Hauptbedeutung: Selbstdisziplin

mit Ablaufsrhythmus		ohne Ablaufsrhythmus	
teigig	**scharf**	**teigig**	**scharf**
Sinnlichkeit	Selbstdisziplin	Sichgehenlassen	Unsinnlichkeit
Genußfähigkeit	Haltung	nachlässig	gezwungen
Vitalität	Kritik	Triebhaftigkeit	Trockenheit
Anschauungskraft	Anspannbarkeit	Haltlosigkeit	Kälte

Ein Merkmal, das beim Kugelschreiber verschwindet, und daher immer geringere diagnostische Bedeutung hat

Tabelle XI
(vgl. S. 118)
Bindungsform
Hauptbedeutung: Verhältnis der Triebfedern zur Selbsterhaltung (Steuerung)

mit Formenrhythmus		ohne Formenrhythmus	
Girlande	**Arkade**	**Girlande**	**Arkade**
Mitgefühl	zurückhaltend	Mangel an Initiative	Mißtrauen
Aufgeschlossenheit	Selbstkontrolle	bequem	berechnend
Toleranz	formell	ablenkbar	Mangel an Kontakt
natürlich	verschlossen	unselbständig	unaufrichtig
Faden	**Winkel**	**Faden**	**Winkel**
vielseitig	Festigkeit	Schauspielerei	Härte
gewandt	Ausdauer	Verstellung	M. an Anteilnahme
diplomatisch	Entschiedenheit	Verschlagenheit	Kälte
anpassungsfähig	Unbeirrbarkeit	hysteroide Natur	rechthaberisch
stilisiert	**schulmäßig**	**stilisiert**	**schulmäßig**
Distanz	Pflichtgefühl	Eitelkeit	unreif
Würde	anpassungsfähig	wichtigtuerisch	schablonenhaft
Eigenart	korrekt	Nachahmungstrieb	unaufrichtig
künstler. Neigung	Selbstbeherrschung	Unechtheit	Enge des Horizontes
Doppelbogen	**wechs. Bindungsform**	**Doppelbogen**	**wechs. Bindungsform**
offen	vielseitig	Schwäche	Haltlosigkeit
Selbstlosigkeit	schöpferisch	schwatzhaft	Mangel an Disziplin
versöhnlich	unruhig	unüberlegt	unzuverlässig
Aufgewecktheit	Einfallsreichtum	grob	unwahrhaftig

Tabelle XII
(vgl. S. 131)
Verbundenheit
Hauptbedeutung: Geistiges Beziehungsvermögen

mit Ablaufsrhythmus		ohne Ablaufsrhythmus	
verbunden	unverbunden	verbunden	unverbunden
Kombination	Initiative	unselbständig	Mangel an Logik
Logik	Findigkeit	schablonenhaft	sprunghaft
Besonnenheit	Schlagfertigkeit	schwerfällig	launisch
prakt. Tüchtigkeit	selbständig	Gedankenarmut	asozial

Vgl. Tabelle XXV

Tabelle XIII
(vgl. S. 139)
Reichhaltigkeit
Hauptbedeutung: Anschauungsgabe, Phantasie

mit Formenrhythmus		ohne Formenrhythmus	
flächig	mager	flächig	mager
Phantasie	Scharfsinn	Mangel an Kritik	Mangel an Phantasie
Anschauungsgabe	Nüchternheit	Unklarheit	Trockenheit
Wortreichtum	Kritik	gesprächig	Kälte
künstl. Sinn	Klarheit	Kontaktsuche	sperrig
bereichert	vereinfacht	bereichert	vereinfacht
Darstellungstrieb	Ordnungsliebe	umständlich	schablonenhaft
Gestaltungskraft	Disziplin	übertrieben	ungenau
Geschmack	Scharfsinn	weitschweifig	flüchtig
„Arrangieren“	rasche Auffassung	pedantisch	Sorglosigkeit
		verschnörkelt	vernachlässigt
		Eitelkeit	versteckt
		Gefallsucht	unzuverlässig
		wichtigtuerisch	ungründlich
		anspruchsvoll	Mangel an Ordnung
Nachbesserungen		Nachbesserungen	
Selbstkontrolle		M. an Konzentration	
Selbsterziehung		Minderw.komplexe	
Kritik		ablenkbar	

Vor allem sind zu beachten die Schleifen des b, f, h, k, l, aber auch die Rundungen des a, o und g und die Form der Großbuchstaben wie B, G, L, P, S u. a.

Tabelle XIV
(vgl. S. 149)

Richtungstendenz

Hauptbedeutung: Streben und Bewahren

mit Verteilungsrhythmus		ohne Verteilungsrhythmus	
a rechtsseitig	b linksläufig	a rechtsseitig	b linksläufig
Wohlwollen	Tatkraft	Willensschwäche	Egoismus
Güte	Erwerbsinn	unentschieden	Neid
Mitgefühl	Entschiedenheit	beeinflußbar	Habsucht
c rechtsläufig	d linksseitig	c rechtsläufig	d linksseitig
Tätigkeitsdrang	Beschaulichkeit	M. an Beschaulichkeit	Empfindlichkeit
gewandt	Innerlichkeit	mußelos	egozentrisch
rasch	gesammelt	geschäftig	sentimental
unternehmend	phlegmatisch	eilfertig	streberhaft
a = Schenktrieb	b = Aneignungstrieb	c = n. außen gekehrt	d = n. innen gekehrt

Verminderung vorlagegemäßer Rechtszüge (Linkszüge) bedeutet schon eine Linksläufigkeit (Rechtsläufigkeit)

Tabelle XV
(vgl. S. 154)

Anfangsbetonung

Hauptbedeutung: Persönlicher Geltungswunsch

mit Verteilungsrhythmus		ohne Verteilungsrhythmus	
betont	unterbetont	betont	unterbetont
Stolz	einfach	Dünkel	Minderwertigk.gefühl
Ehrgefühl	bescheiden	Geltungssucht	furchtsam
Selbstbewußtsein	selbstlos	Eitelkeit	ängstlich
überlegen	verträglich	anmaßend	würdelos

Anfangsbetonung erscheint in Vergrößerung oder Verbreiterung des ersten Buchstabens im Wort, auch wenn es kein Großbuchstabe ist

Tabelle XVI
(vgl. S. 158)
Längenunterschiede
Hauptbedeutung: Strebsamkeit

mit Verteilungsrhythmus		ohne Verteilungsrhythmus	
LU groß	LU klein	LU groß	LU klein
Selbstgefühl stark	Selbstgefühl stark	Selbstgefühl schwach	Selbstgefühl schwach
Geltungsdrang stark	Geltungsdrang schwach	Geltungsdrang stark	Geltungsdrang schwach
strebsam	bescheiden	Ehrgeiz	gleichgültig
Ehrgeiz	anspruchslos	unzufrieden	apathisch
unternehmend	zufrieden	Mißverhältn. zwischen Wollen und Können	indolent

Die Schulvorlage für die sogenannte Normschrift verlangt etwa: Lang- zu Mittel- zu Kurzbuchstaben (also: z. B. f zu b zu m) wie 3 : 2 : 1

Tabelle XVII
(vgl. S. 161)
Längenteilung
Hauptbedeutung: Geistigkeit

mit Verteilungsrhythmus		ohne Verteilungsrhythmus	
O - betont	U - betont	O - betont	U - betont
Begeisterungsfähigk.	Gemüt	oberflächig	M. an Denkfähigkeit
Idealismus	Realismus	unsachlich	Nüchternheit
Du - Richtung	Wärme	flüchtig	pedantisch
geistige Neigungen	Praktiker	M. an Konzentration	schwerfällig
		verkümmerte U-Läng.	verkümmerte O-Läng.
		Mangel an Energie	M. an geist. Aktivität
		träge	kränkbar
		„intellektuell"	Phlegma

O - betont = Leichtigkeit des Geistes; O > U.
U - betont = Schwere des Geistes; U > O.

Die Normschrift verlangt etwa gleiche Ausdehnung der sogen. Oberzone (über den Kurzbuchstaben) und der Unterzone. In diese ragt heute nur noch das f, g, p, q, y hinein. Dem g kommt dabei besondere Bedeutung zu

Tabelle XVIII
(vgl. S. 171)

Zeilenlauf
Hauptbedeutung: Umwelteinstellung

1) Gerade Zeile:	mit Verteilungsrhythmus gleichmütig Ordnungssinn	ohne Verteilungsrhythmus M. an Feinfühligkeit unlebendig
2) Steigende Zeile:	mit Verteilungsrhythmus Gehobenheit eifrig	ohne Verteilungsrhythmus leichtsinnig Unrast
3) Dachziegelförmig steigende Zeile:	Beherrschungstendenzen	
4) Flach gewölbte Zeile:	Lebhaft bei geringer Energie	
5) Fallende Zeile:	mit Verteilungsrhythmus Melancholie	ohne Verteilungsrhythmus depressive Stimmung Entmutigung
6) Dachziegelförmig fallende Zeile:	Ankämpfen gegen trübe Stimmungen	
7) Flach gehöhlte Zeile:	Allmählich erwarmender Eifer	
8) schwankende Zeile:	Stimmungsschwankungen und Gesinnungswechsel	

Tabelle XIX

Gliederung
Hauptbedeutung: Gemeinschaftseinordnung

mit Verteilungsrhythmus		ohne Verteilungsrhythmus	
betonte Gliederung		betonte Gliederung	
Wortabstände groß	Zeilenabstände groß	Wortabstände groß	Zeilenabstände groß
Gedankenklarheit	M. an Kontaktwunsch	Mangel an Kontakt	Neurotisch
Distanz	Begrifflichkeit	untätig	Eigenbrötler
Objektivität	problematische Natur	Isoliertheit	eigenwillig
Theoretiker	Einzelgänger	innere Leere	selbstgerecht
unbetonte Gliederung		unbetonte Gliederung	
Wortabstände klein	Zeilenabstände klein	Wortabstände klein	Zeilenabstände klein
Kontaktsuche	Anschauungskraft	oberflächlich	Unklarheit
Praktiker	Gemeinschaftsgefühl	unsachlich	taktlos
gesellig	geschäftig	subjektiv	rücksichtslos
unbedenklich	eifrig	zudringlich	Unechtheit

Die Gliederung wird nach dem Verhältnis und der Ausgewogenheit der Zeilen- und Wortabstände und der Randbildung abgeschätzt

Tabelle XX
Gleichförmigkeit (Einheitlichkeit der Formgebung)
Hauptbedeutung: Gesinnungsfestigkeit

mit Formenrhythmus		ohne Formenrhythmus	
gleichförmig	ungleichförmig	gleichförmig	ungleichförmig
gesinnungsfest	Gewissensfreiheit	autoritätsabhängig	gesinnungsschwach
Zielstreben	aggressiv	unlebendig	Kritiklust
Ausdauer	beweglich	Mangel an Anpassung	Phantasielüge
Disziplin	lebendig	schablonenhaft	labil

Besonders zu beachten ist die gleiche Form der Großbuchstaben, aber auch z. B. der g-Schleifen, und überhaupt eine Stileinheit des Schriftbildes

Tabelle XXI
Breite der Buchstaben
Hauptbedeutung: Betragen, Auftreten

mit Verteilungsrhythmus		ohne Verteilungsrhythmus	
breit	schmal	breit	schmal
Durchsetzungsdrang	Mäßigung	großspurig	Lebensangst
zwanglos	Vorsicht	Eitelkeit	pedantisch
freimütig	bescheiden	arrogant	schüchtern
lernwillig	Selbstbeherrschung	taktlos	Vorurteile

Als Norm gilt die quadratische Form, z. B. des n. Hat dieses die Form eines liegenden Rechteckes, so ist die Schrift breit, ist es ein stehendes Rechteck, so ist die Schrift schmal

Tabelle XXII
Höhe der Mittelzone
Hauptbedeutung: Selbstgefühl

mit Verteilungsrhythmus		ohne Verteilungsrhythmus	
hoch	niedrig	hoch	niedrig
Stolz	bescheiden	anmaßend	Minderwertigkeitsgef.
Ernst	anspruchslos	rücksichtslos	Selbstzweifel
Sicherheit	verträglich	egozentrisch	ängstlich
Seelisches Gleichgew.	Sachlichkeit	unfreundlich	unsicher

Bei der Höhe wird also nur das Verhältnis der Kurzbuchstaben (m, n, a, e usw.) zu den Mittelbuchstaben, die in die obere Zone reichen (b, d, h, k, l, t), abgeschätzt

Tabelle XXIII Drehsinn
Hauptbedeutung: Innere Gespanntheit

mit Ablaufsrhythmus		ohne Ablaufsrhythmus	
rechtswendig	linkswendig	rechtswendig	linkswendig
fleißig	Güte	fügsam	Schwäche
Geduld	Mitgefühl	kleinlich	diensteifrig
Anerkennungswille	aufgeschlossen	unaufrichtig	Empfindlichkeit
Kontaktneigung	weich	verschlossen	kränkbar

rechtswendig = Arkade und Gegengirlande betont
linkswendig = Girlande und Gegenarkade betont

Gedeutet werden nur solche Schleifen und Bögen, die nicht der Schulvorlage gemäß sind, also nur eigenwillige mit (rechtswendig) oder gegen den Uhrzeigersinn (linkswendig) ausgeführte Formen und Übergänge

Tabelle XXIV Zentriertheit
Hauptbedeutung: Ichbezogenheit

mit Verteilungsrhythmus		ohne Verteilungsrhythmus	
mittelpunktsflüchtig	-strebig	-flüchtig	-strebig
Machttrieb	abgeschlossen	eingebildet	pedantisch
Planlust	Kritik	äußerlich	Minderwertigkeitsgef.
Gespanntheit	Intensität	haltlos	unsicher
Zielstreben	Sachlichkeit	uninteressiert	Enge

Zentriert ist eine Schrift dann, wenn die Wortkörper zusammengedrängt erscheinen. Eine solche Schrift ist im Grenzfall eng und schmal zugleich
Vgl. Tabelle VIII

Tabelle XXV Verknüpfung
Hauptbedeutung: Intelligenz

mit Formenrhythmus		ohne Formenrhythmus	
gut, gewandt	fehlt, ungewandt	künstlich	fehlt, ungewandt
Abstraktion	Beobachtungsgabe	flüchtig	Verbohrtheit
Logisches Gedächtnis	Sammeltrieb	Unaufmerksamkeit	Mangel an Anpassung
fleißig	anschauliches Denken	gesellig und	ungebildet
Systematik	Gedächtnis f. Einzelnes	zudringlich	Geiz

Mit Verknüpfung ist ein anderer Sachverhalt gemeint als mit Verbundenheit. Während diese nur die korrekte und auch überbetonte Einhaltung der schulmäßigen Bindung von Buchstabe an Buchstabe meint, ist unter Verknüpfung jede gewandte „selbstgefundene" Knüpfung solcher Buchstaben oder Buchstabenteile zu verstehen, die sich vorlagegemäß eigentlich nicht verknüpfen lassen. Musterbeispiele für gewandte Knüpfung sind das sogen. Einbinden der i-Punkte oder t-Querstriche mit dem nachfolgenden Buchstaben; ebenso die Weiterführung der d-Kopfschleife zum folgenden Buchstaben usw.

Vgl. Tabelle XII

Tabelle XXVI

Strichcharakter (Umrißform)

Hauptbedeutung: Umweltzuwendung

mit Ablaufsrhythmus		ohne Ablaufsrhythmus	
bogig	gradlinig	bogig	gradlinig
Wärme	Sachlichkeit	weichlich	Nüchternheit
Kontakt	Zielstrebigkeit	Anlehnungsbedürfnis	Härte
verträglich	Klarheit	beeinflußbar	Eigensinn
freimütig	Entschlossenheit	unkritisch	pedantisch

Maßgeblich ist die Gestalt des Langbuchstabens f, der Schleife des g und aller Großbuchstaben. Typographische Formen (script) gelten als gradlinig

Tabelle XXVII

Bewegungsverlauf (Hin- und Herbewegung und Einzelbewegung)

Hauptbedeutung: Bewußtheit

mit Ablaufsrhythmus		ohne Ablaufsrhythmus	
Hin- u. Herbewegung	Einzelbewegung	Hin- u. Herbewegung	Einzelbewegung
natürlich	Bewußtheit	hemmungslos	verkrampft
vital	Steuerung	affektiv	geziert
Sorglosigkeit	Kritik	rücksichtslos	künstlich
sicher	Beobachtungsgabe	zudringlich	Unechtheit

Hin- und Herbewegung ist die lockere Auf- und Abbewegung, die unter Umständen so überwiegt, daß die Leserlichkeit der einzelnen Buchstaben verlorengeht

Tabelle XXVIII

Endbetonung

Hauptbedeutung: Durchsetzungswille

mit Verteilungsrhythmus		ohne Verteilungsrhythmus	
betont	unterbetont	betont	unterbetont
Durchsetzungskraft	rasch	rechthaberisch	matt
Selbstgefühl	beweglich	rücksichtslos	ängstlich
Ehrgeiz	offen	Eigensinn	scheu
unbeeinflußbar	anpassungsfähig	Härte	Unentschlossenheit

Endbetonung führt zu Druckstärke am Ende des Wortes, zur Vergrößerung oder Bereicherung zu langen Endstrichen usw. Endunterbetonung zum Fehlen der Endstriche; zur Verkleinerung, Drucklosigkeit oder über der Zeile schon abgebrochenen Grundstrichen der Endbuchstaben

HANDSCHRIFTEN-PROBEN

ZU HANDSCHRIFT UND CHARAKTER

VON

LUDWIG KLAGES

28. AUFLAGE

(STUDIENAUSGABE)

1982

BOUVIER VERLAG HERBERT GRUNDMANN · BONN

Tafel I.

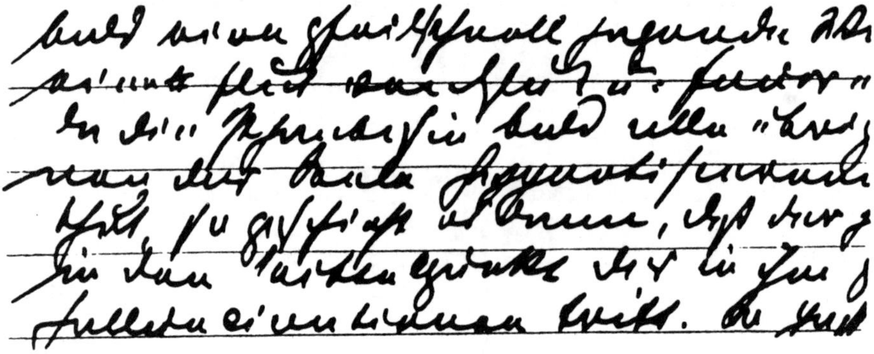

1 (Klages)

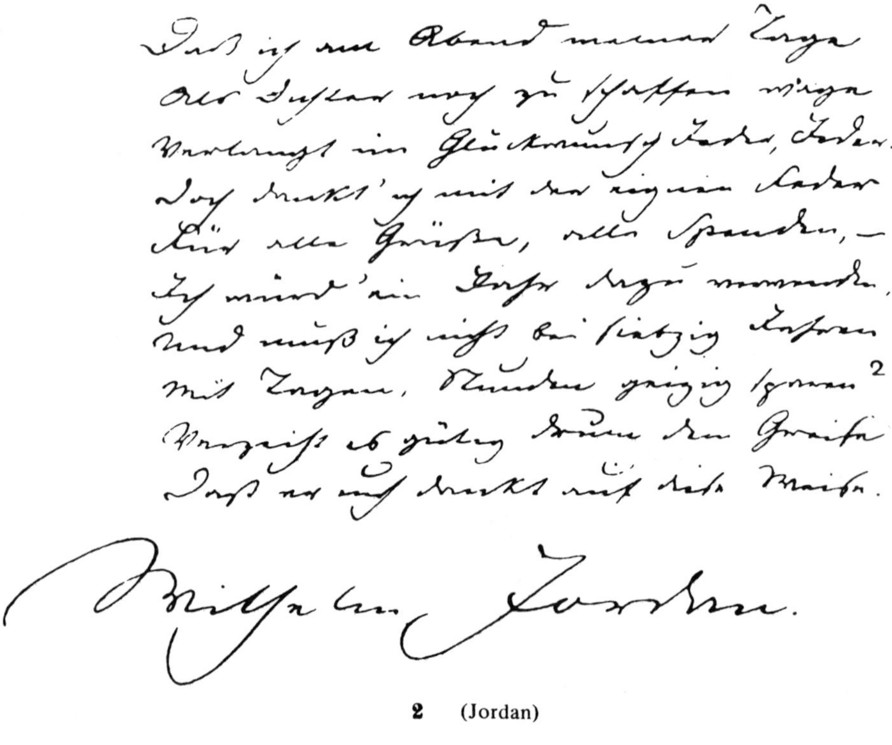

2 (Jordan)

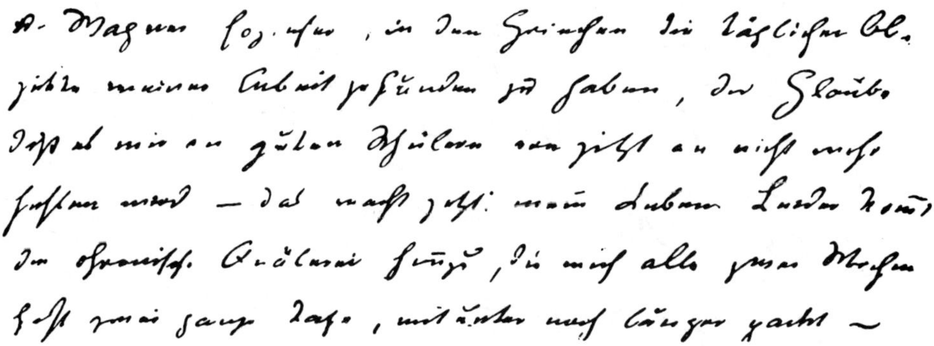

3 (Nietzsche)

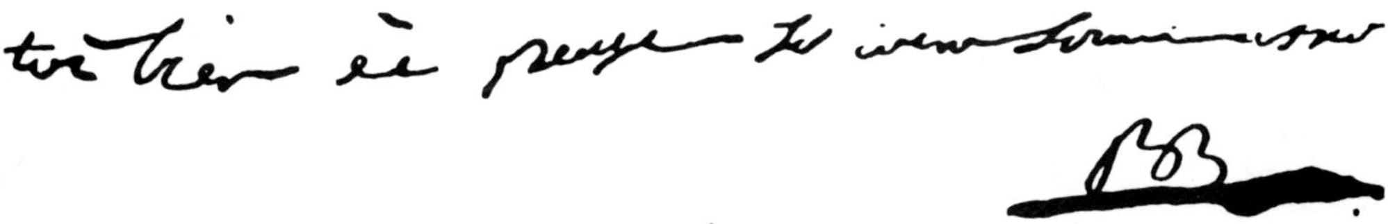

4
(Napoleon)

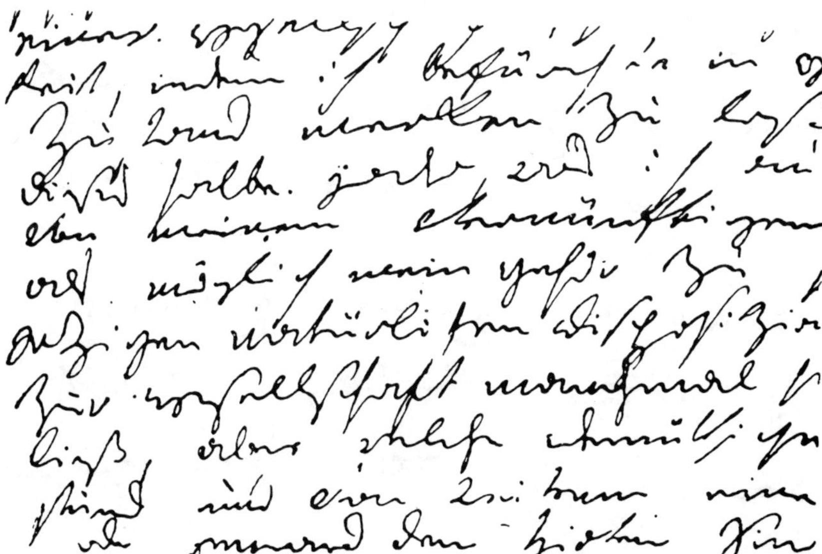

5
(Beethoven)

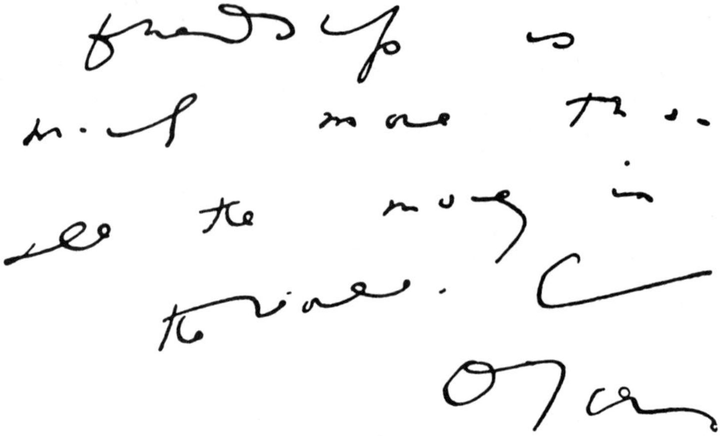

6

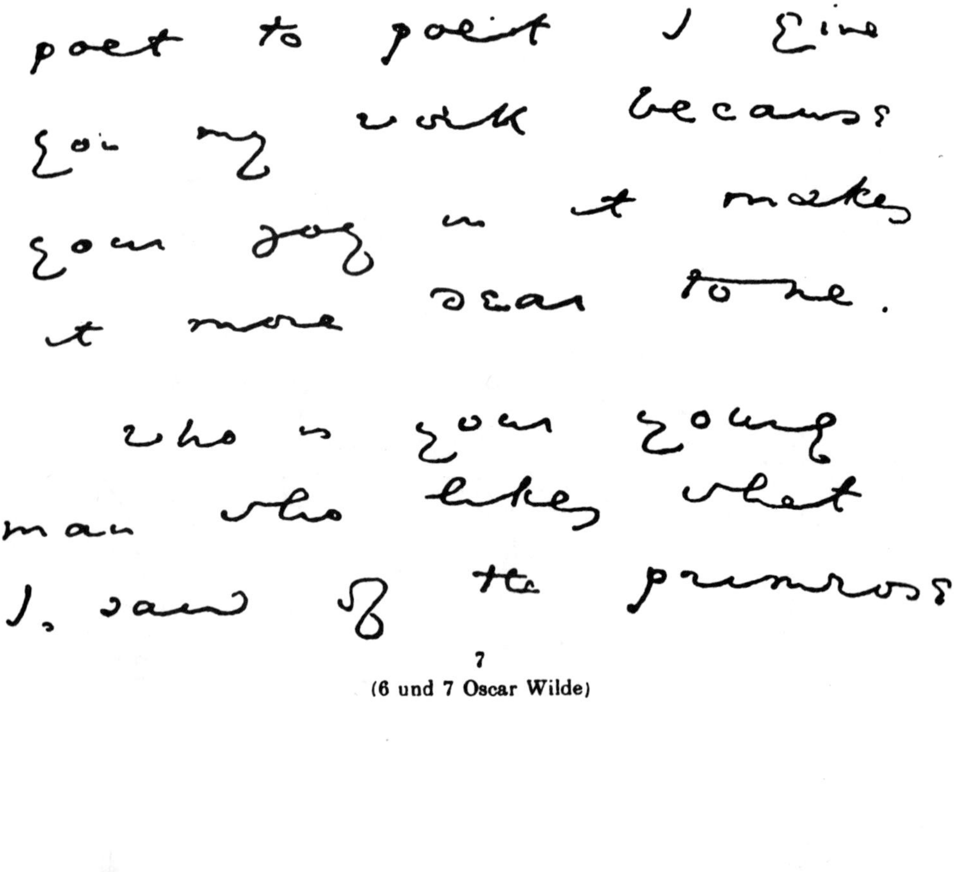

7

(6 und 7 Oscar Wilde)

Tafel IV.

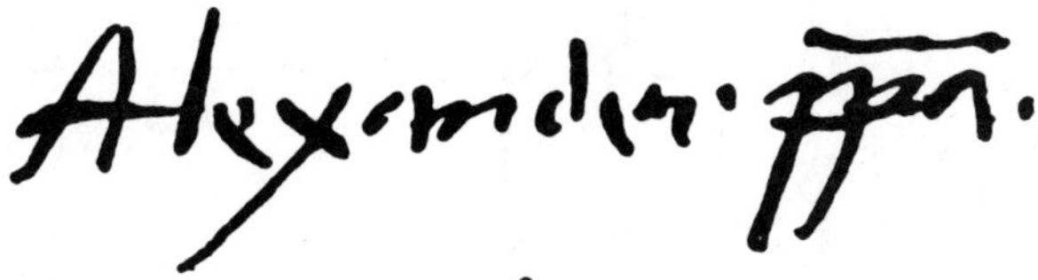

8

9

10

11

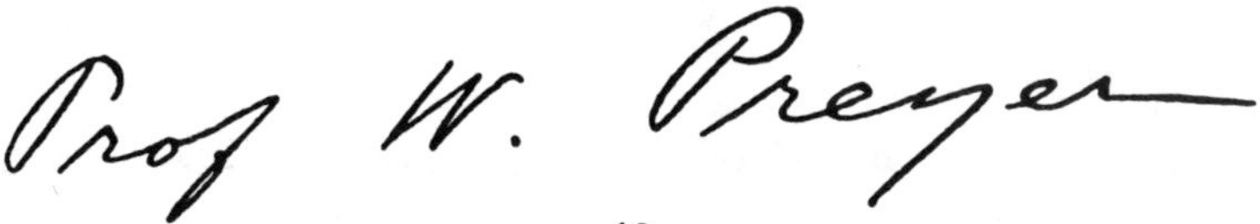

12

13

14

Tafel V.

15

16

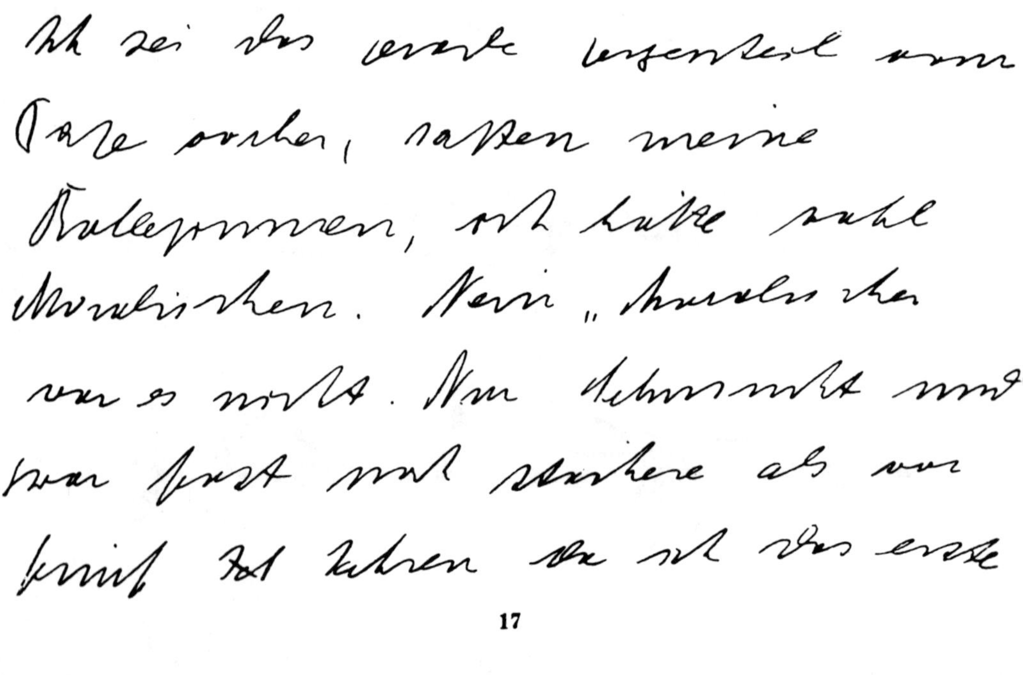

17

Tafel VI.

18

19

20

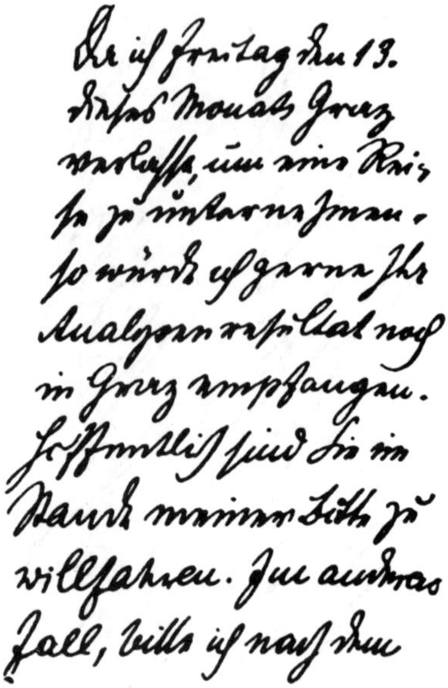

Da ich Freitag den 13.
dieses Monats Graz
verlasse, um eine Rei-
se zu unternehmen,
so würde ich gerne Ihr
Analysenresultat noch
in Graz empfangen.
Hoffentlich sind Sie im
Stande meiner Bitte zu
willfahren. Im andern
Fall, bitte ich nach dem

21
(Um die Hälfte verkleinert)

22
(Metternich)

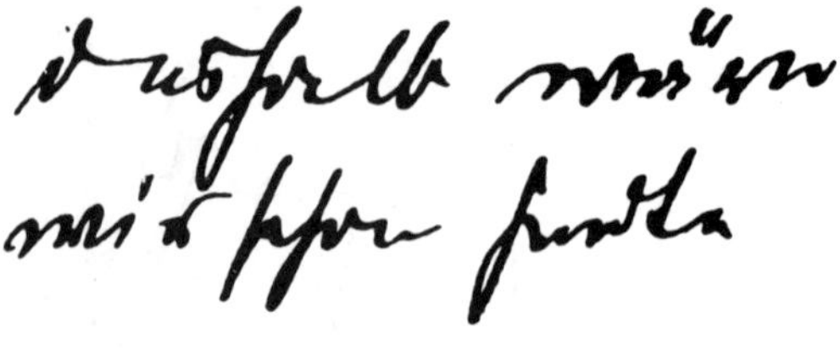

23 (Albert Hentschel)

24

25

Tafel VIII.

26

27

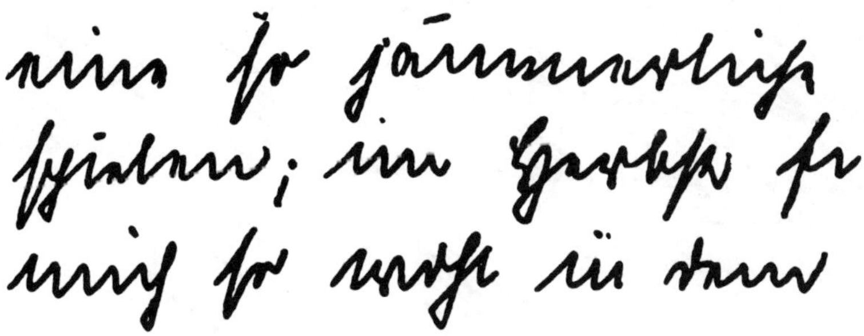

28

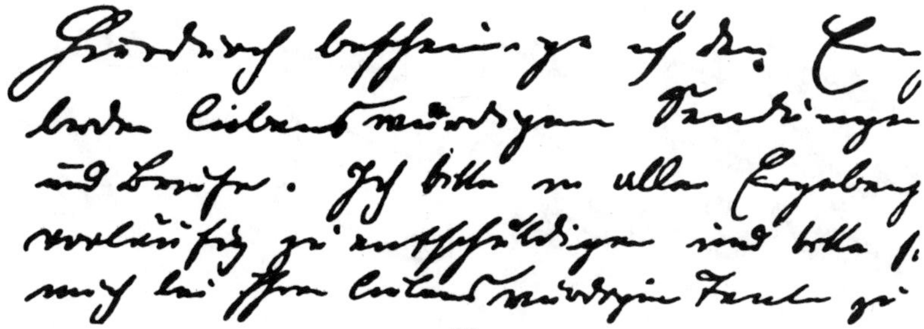

29

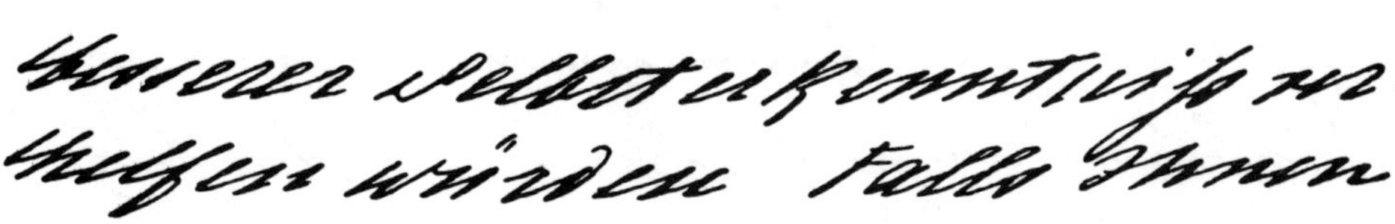

30

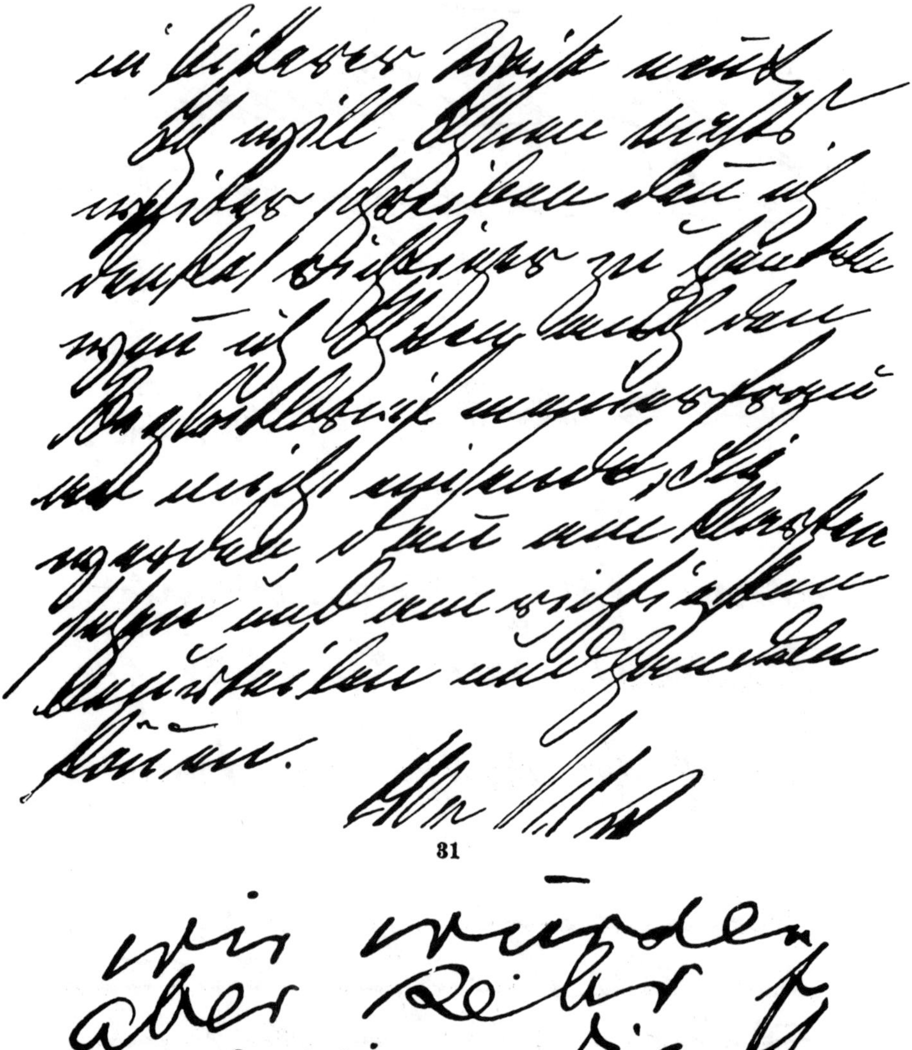

31

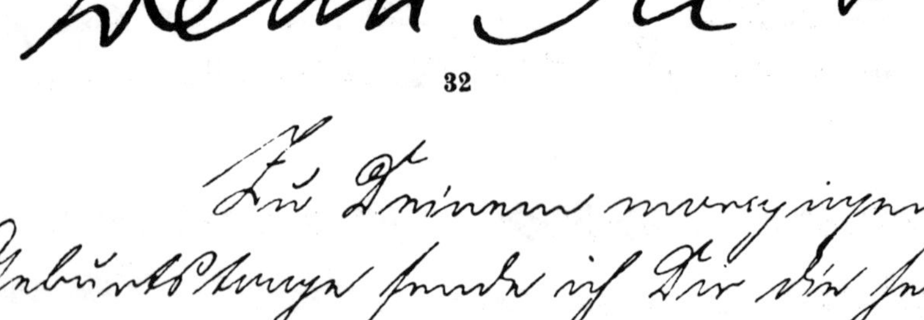
wir würden
aber Zeit
wenn Sie

32

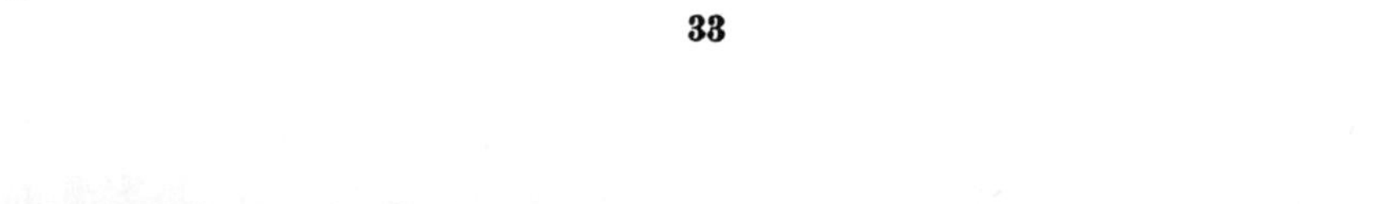
Zu Deinem morgigen
Geburtstage sende ich Dir die herz

33

Tafel X.

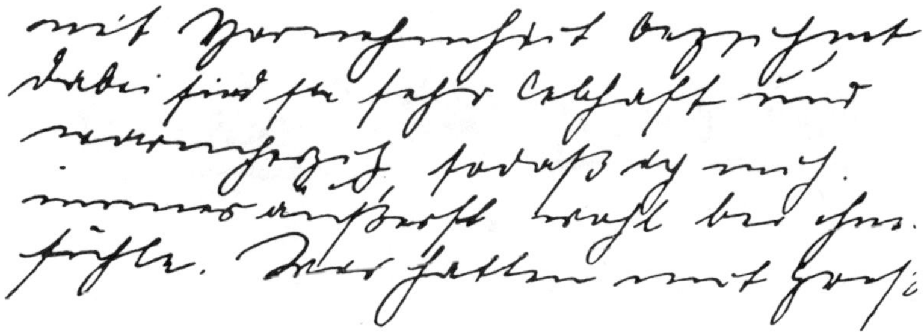

34 (Helene Klages)

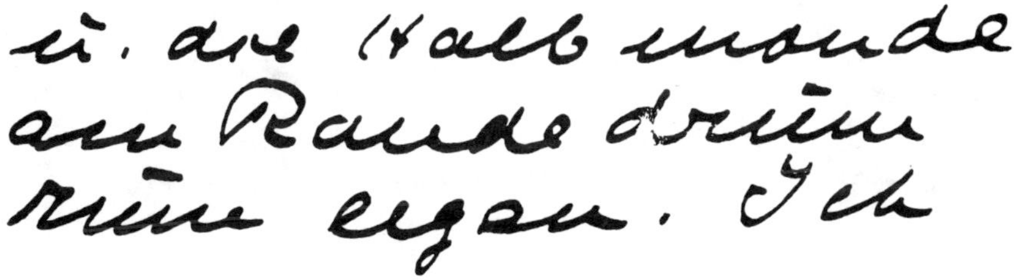

35 (Helene Klages)

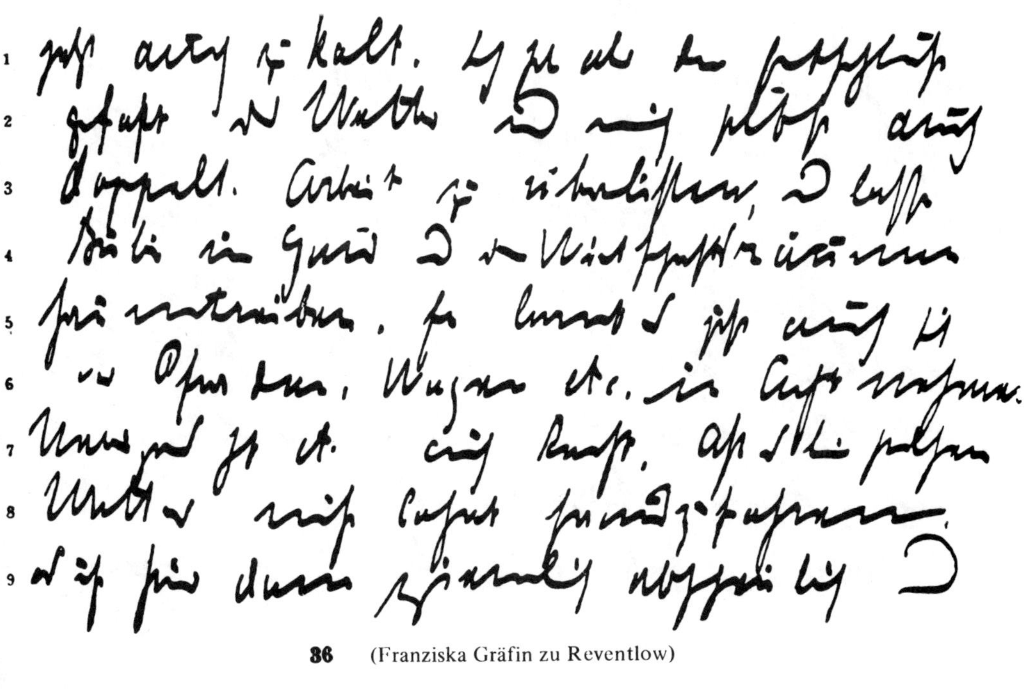

36 (Franziska Gräfin zu Reventlow)

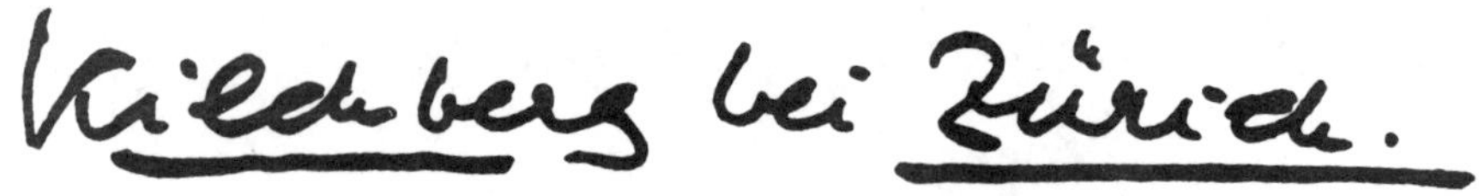

87

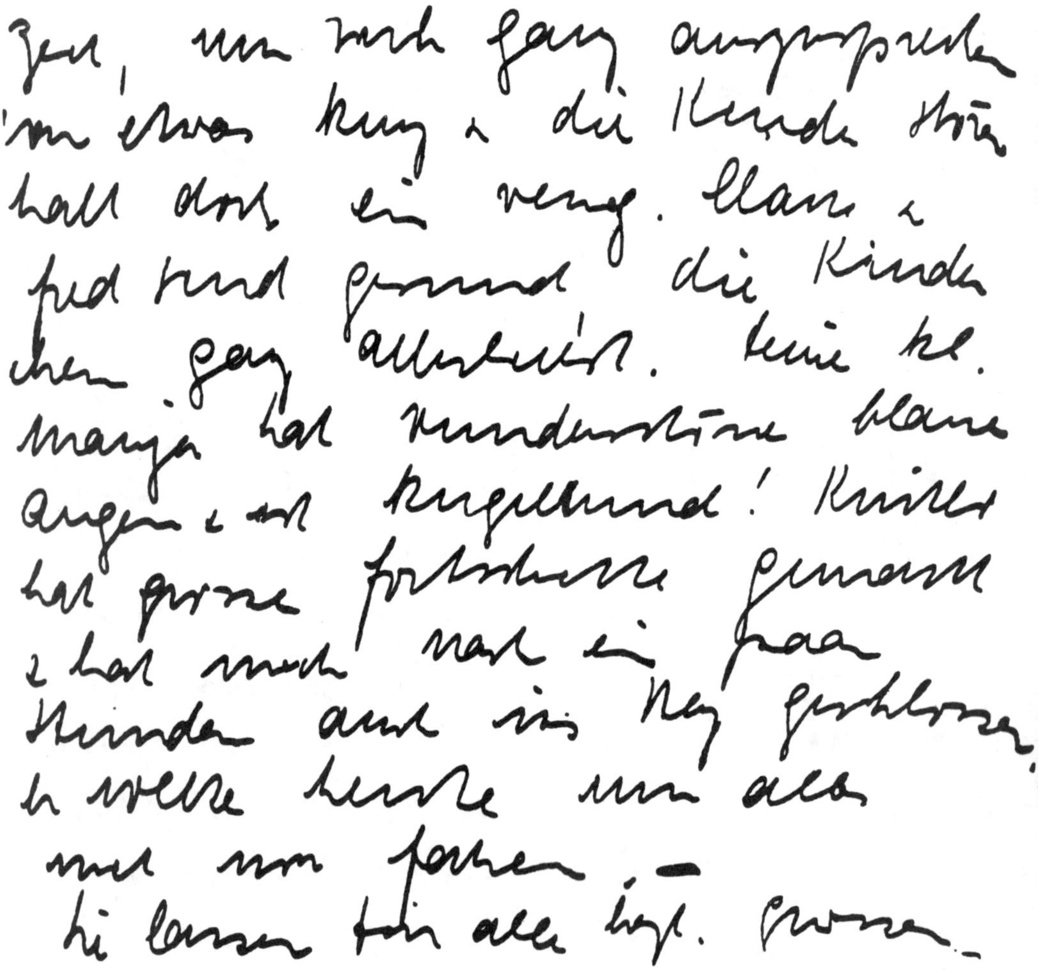

88

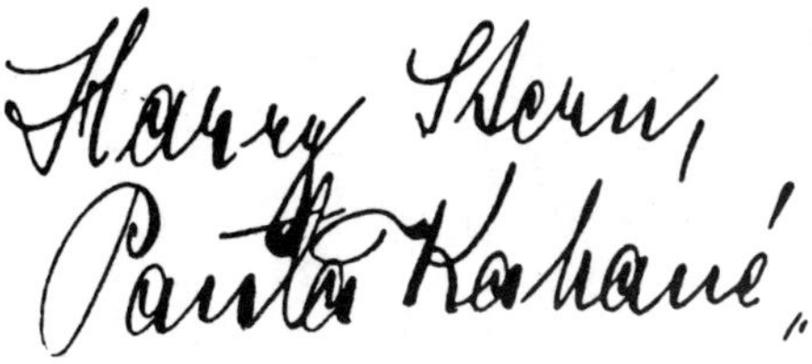

39

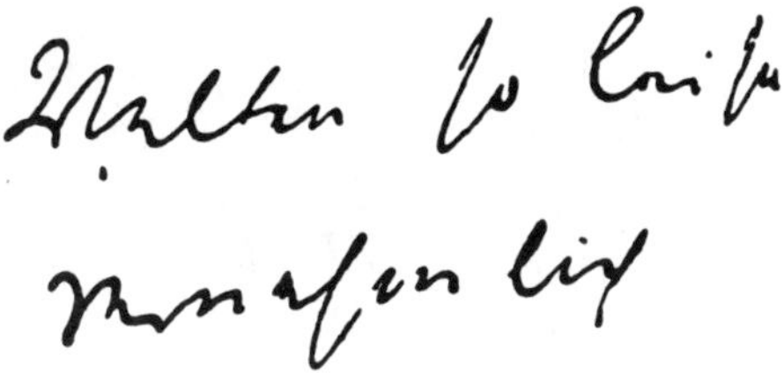

40

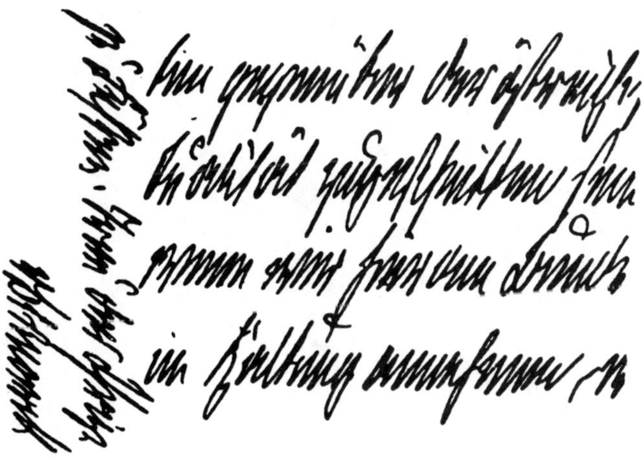

41
(Bismarck)

43

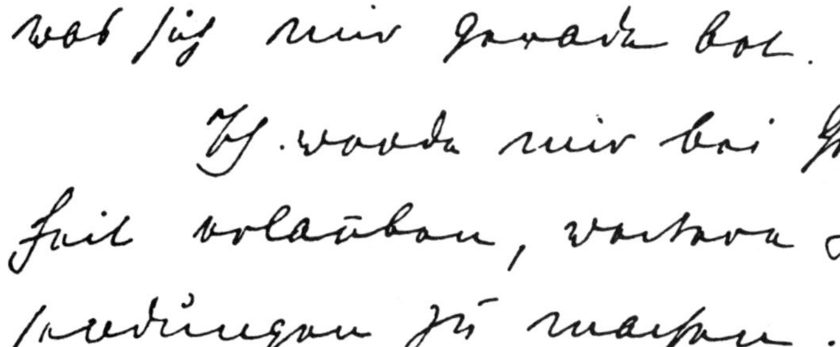

42

Tafel XIII.

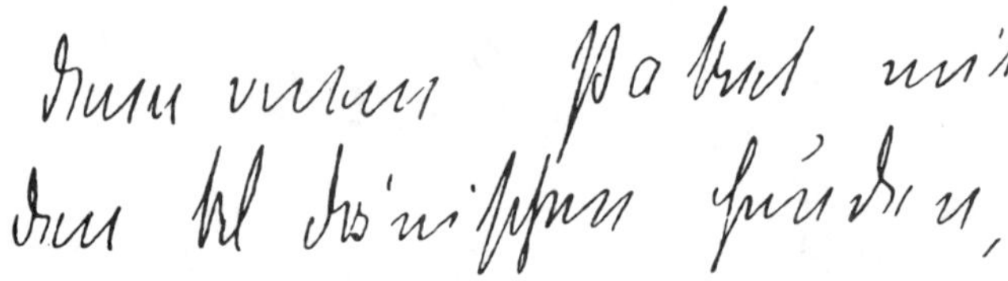

44

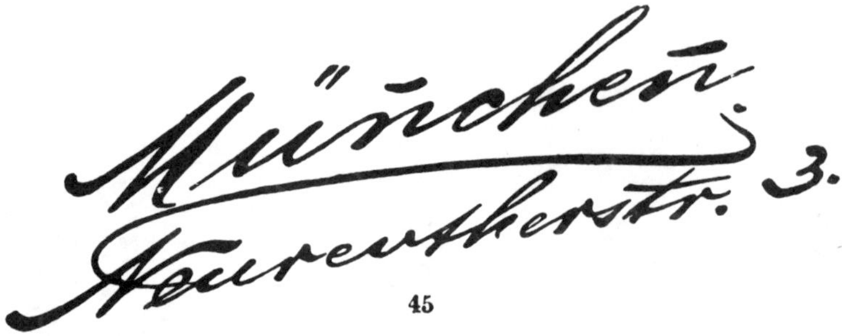

45

46

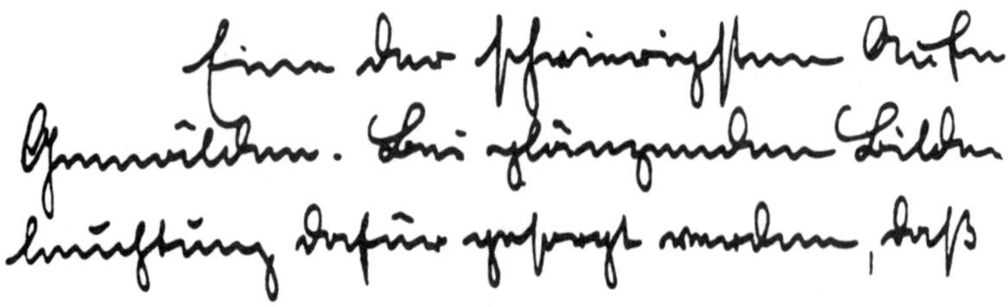

47

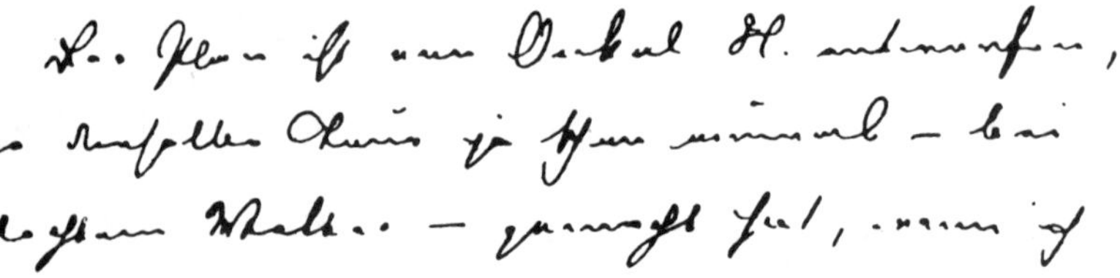

48

49

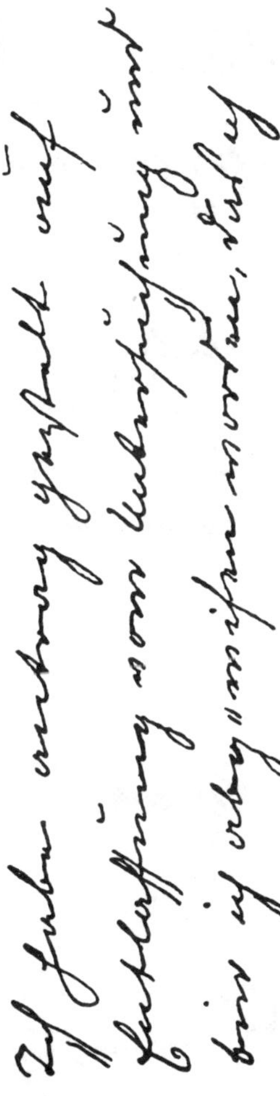

50

51

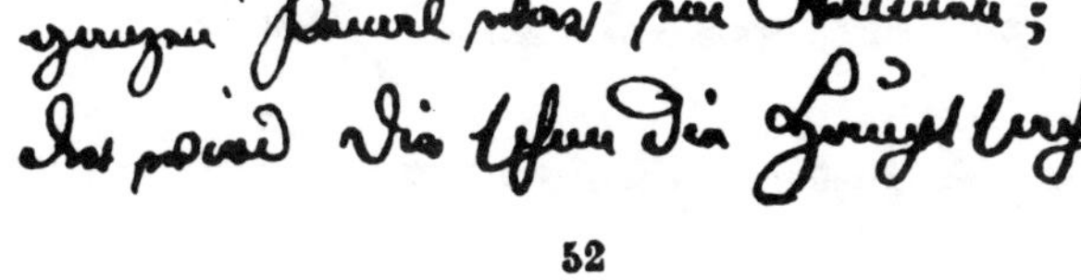

52

53 (Lavater)

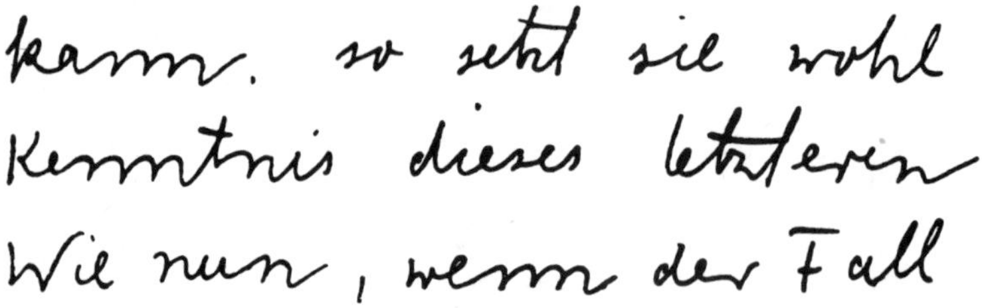

54

56

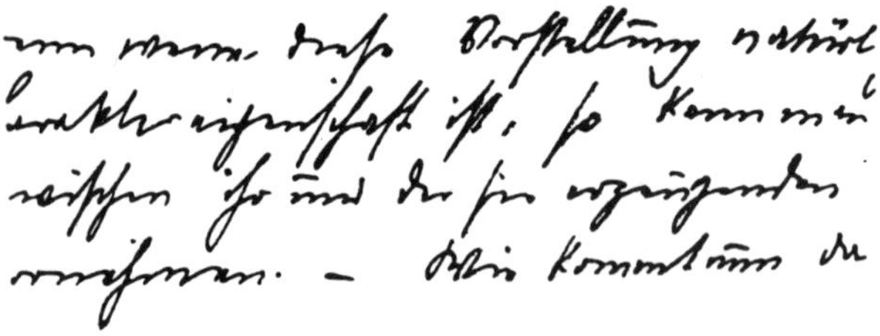

55

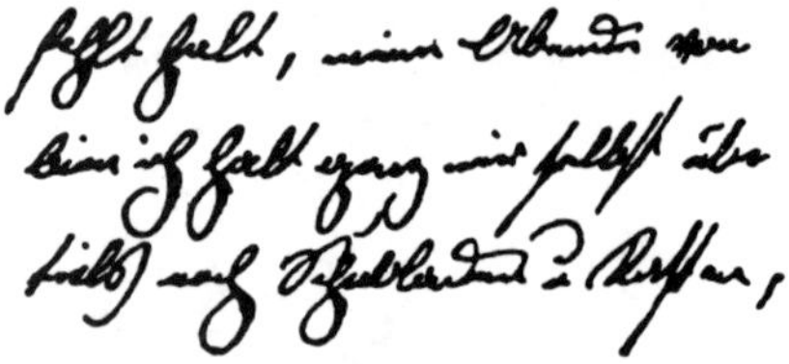

57

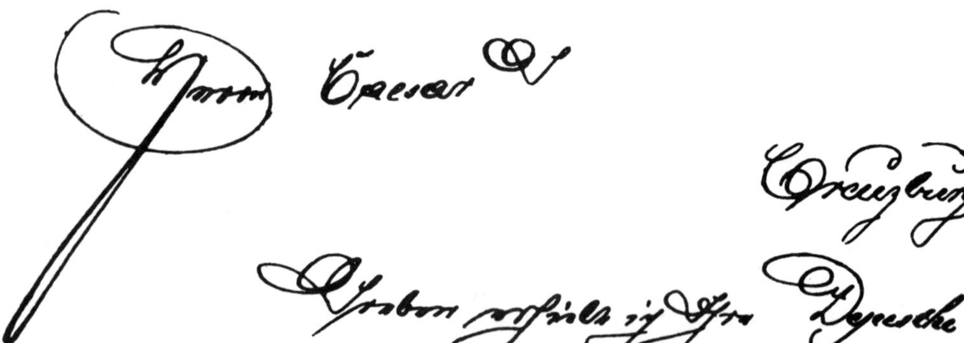

58

59

Tafel XVI.

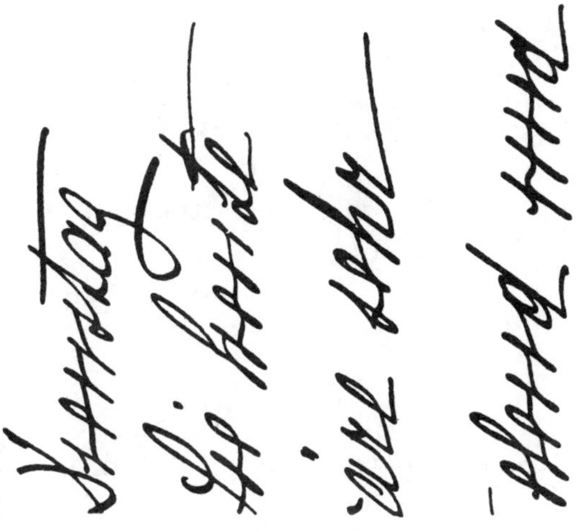

61

60

62

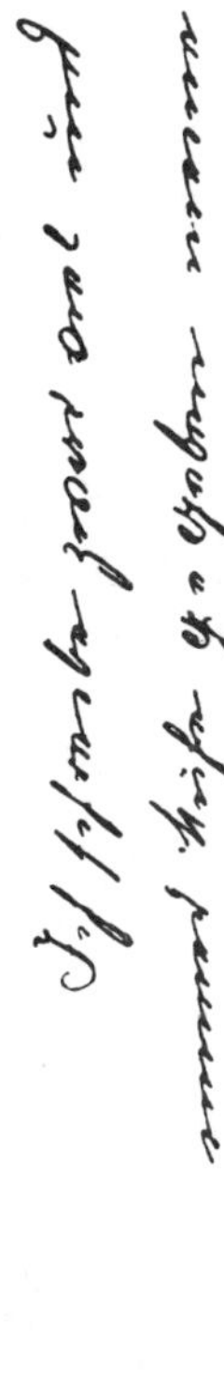

63

64

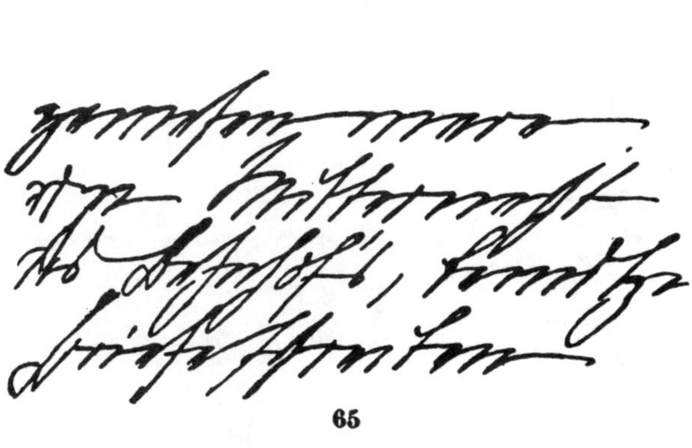

65

66

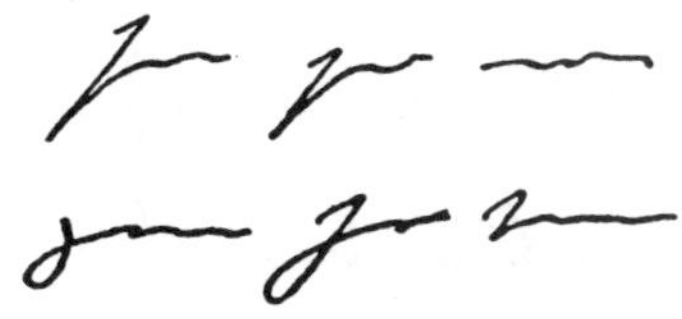

67

Tafel XVII.

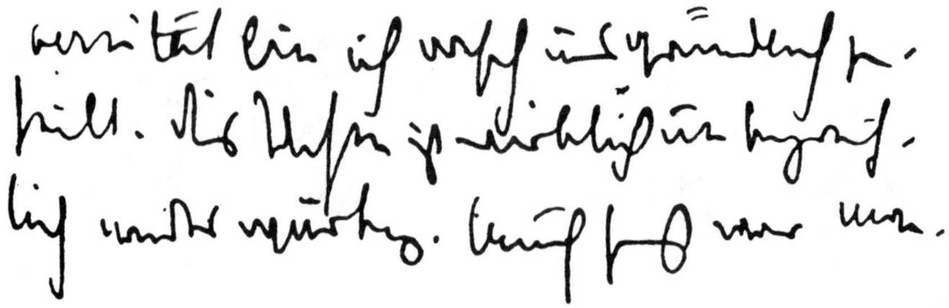

68 (Wolfskehl)

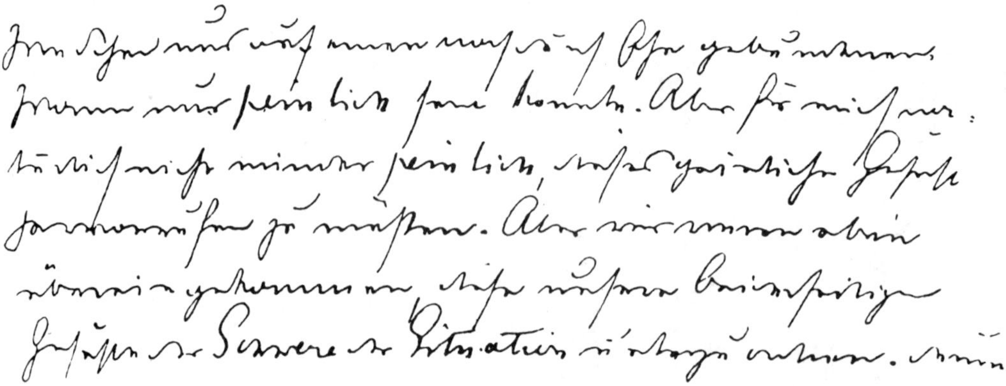

69 (Max Scheler)

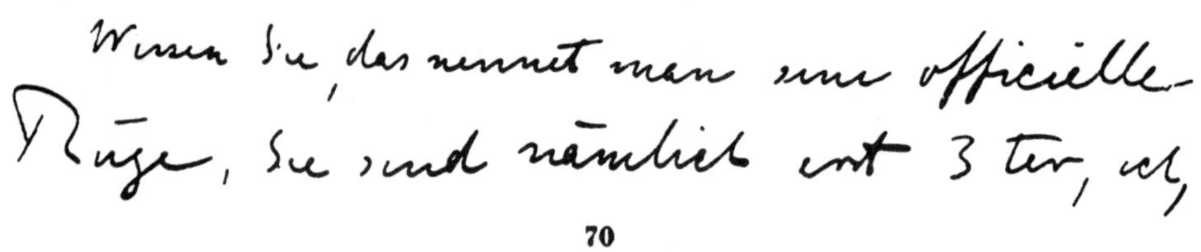

70

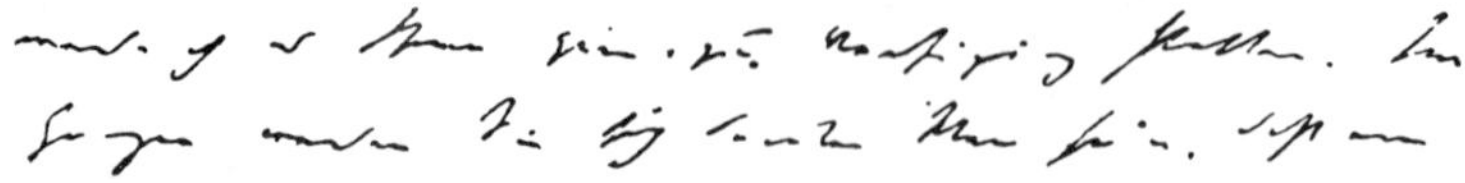

71

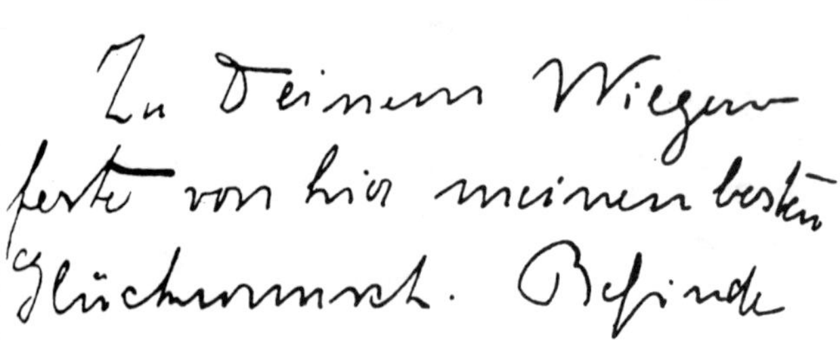

72

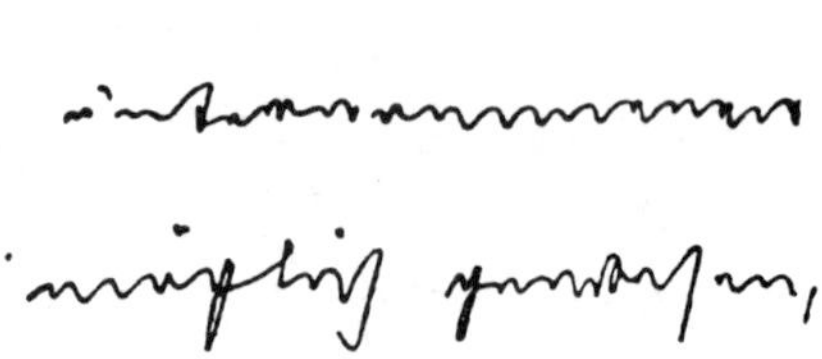

73

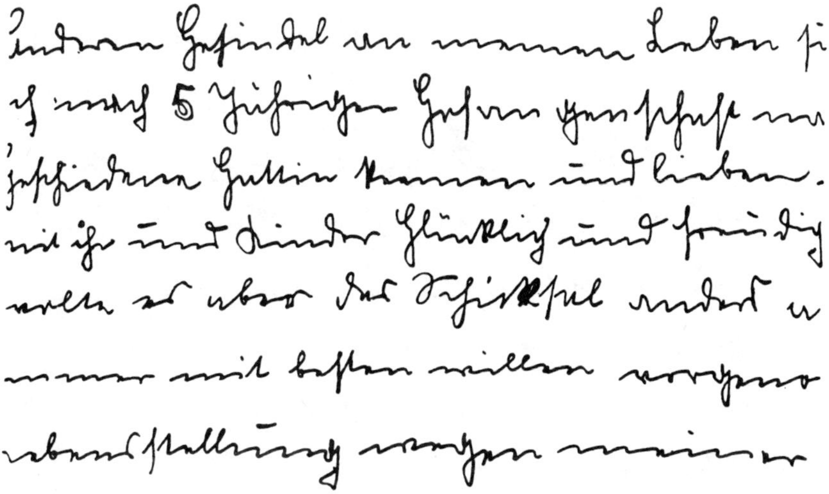

74

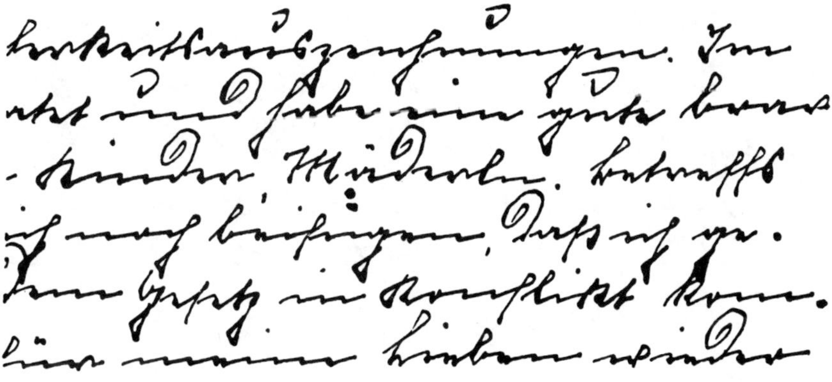

75

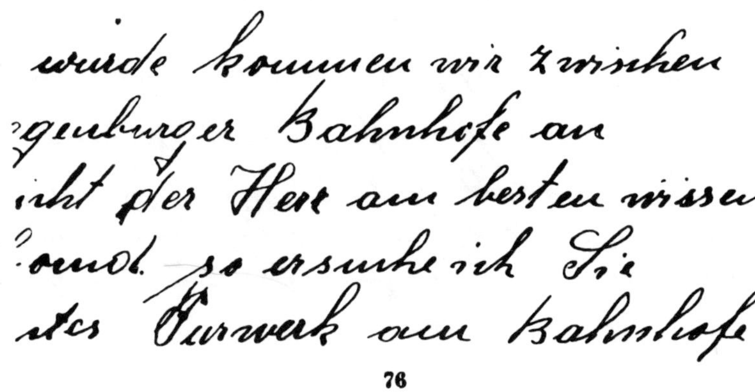
würde kommen wir zwischen
genburger Bahnhofe an
icht der Herr am besten wissen
und. so ersuche ich Sie
stes Vorwerk am Bahnhofe

76

Tafel XIX.

Gießen, den 11. Juli 1902

Liebes Käthchen! zu Euch komme
ich auch nicht mehr ich will von euch auch
nichts mehr wissen ihr seid auch ganz freche
Leute. Liebe Käthe ich bin ganz verlassen
niemand bekümmert sich um mich voriges
Jahr war ich um diese Zeit bei euch. Liebe
Käthe was machen die Kinder? du sollst dich
doch schämen fünf Jahre verheiratet und noch.
kein Kinder. Ach ich muß sterben ich muß
verbrennen wenn ich nur Gift hätte oder
sonst was schweres und ein Fenster auf wär
es ist einerlei ich muß. Aber die andere Klinik
ist schuld die haben mich hipnotisiert die
frechen Doktor die haben mich krank gemacht.
aber wenn ich wieder fort bin dann zeige
ich sie an am Gefängnis ich weiß alles was
sie mit mir gemacht haben. Ach Vater und
Mutter stirbt ich sterbe alles stirbt ach wir
tod ach hätte ich ein Messer ich würde mir
meine Hände abschneiden. Liebe Käthe

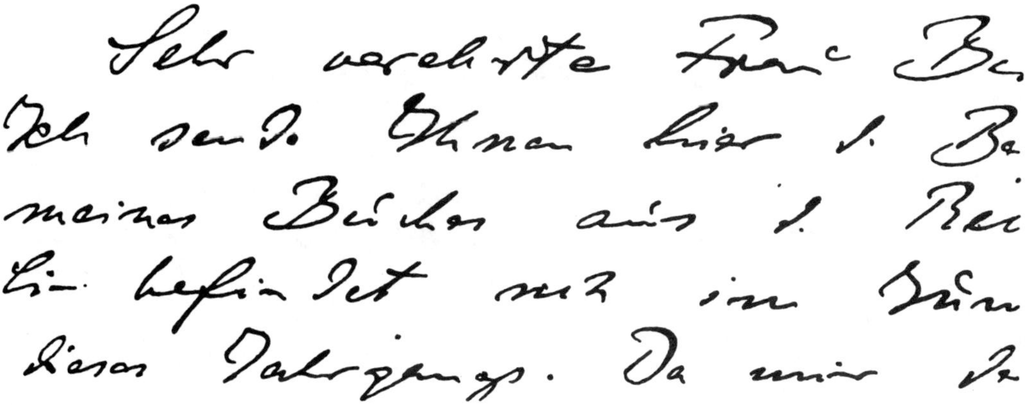

Sehr verehrte Frau Be
Ich sende Ihnen hier d. Be
meines Buches aus d. Rei
hin befindet sich im Bän
dieses Jahrgangs. Da mir d

78 (Georg Meyer)

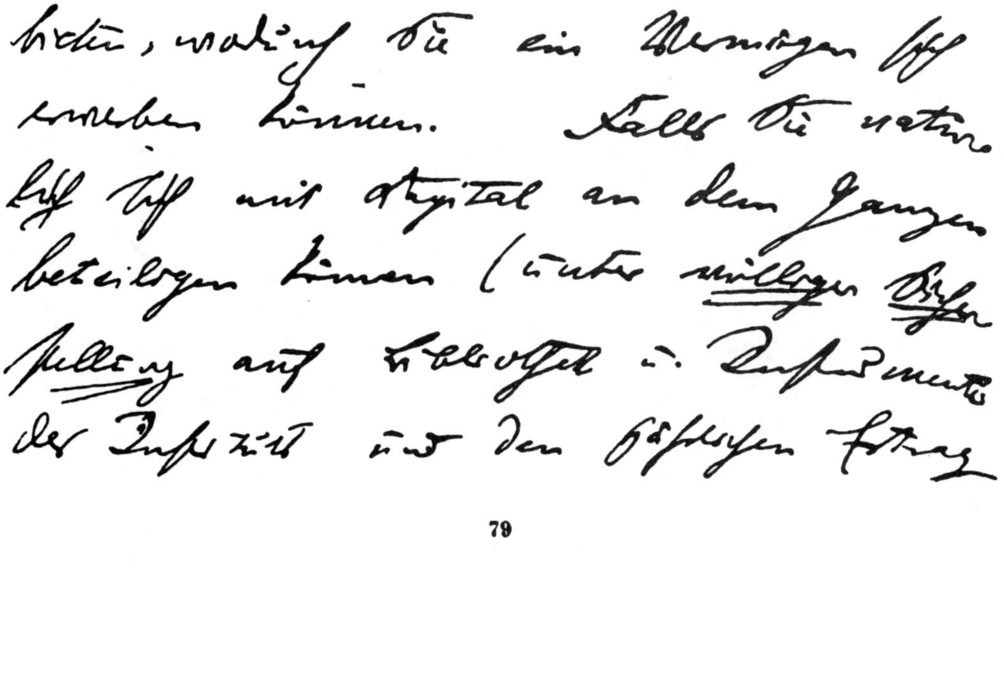

bieten, wodurch Sie ein Vermögen sich
erwerben können. Falls Sie naturge-
mäß sich mit Kapital an dem Ganzen
beteiligen können (unter williger Sicher-
stellung auf Bibliothek u. Instrumente
der Institute und den häuslichen Ertrag

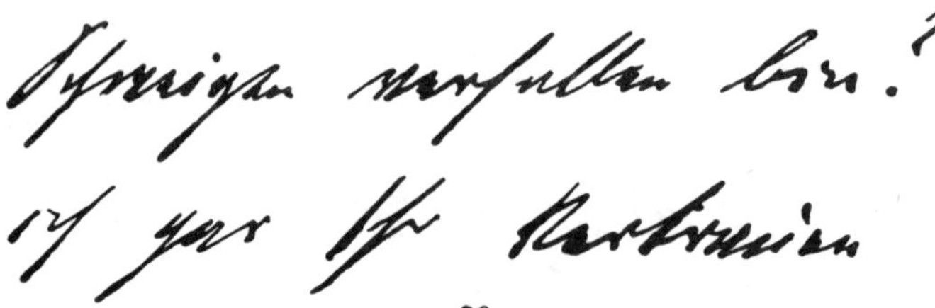

80

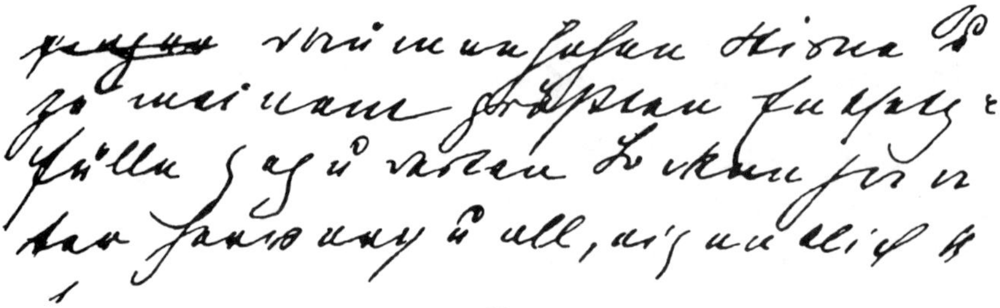

81

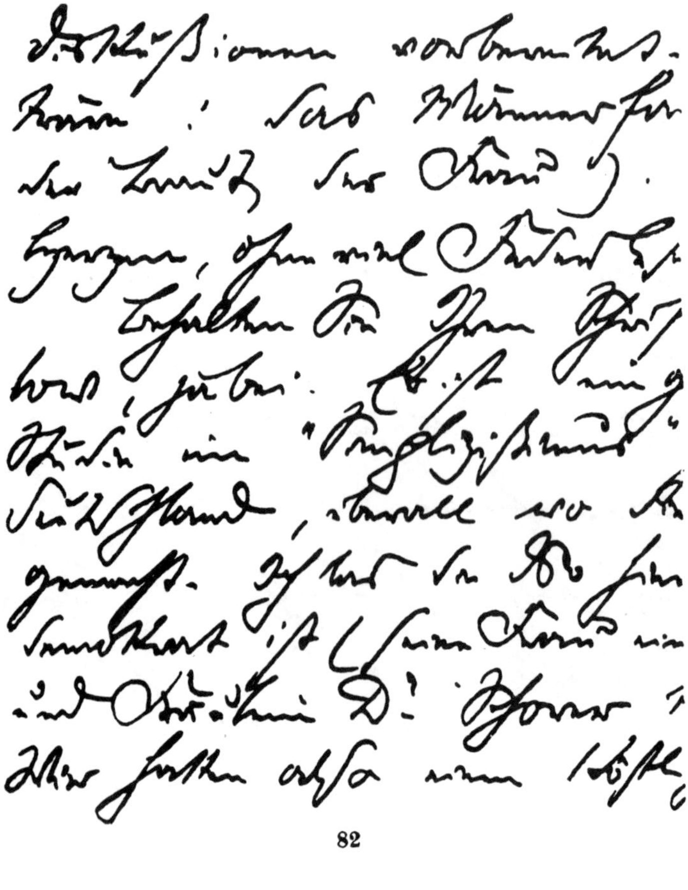

82

83

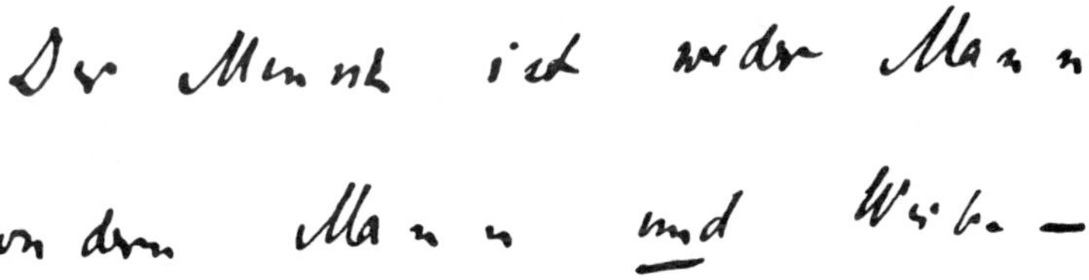

84

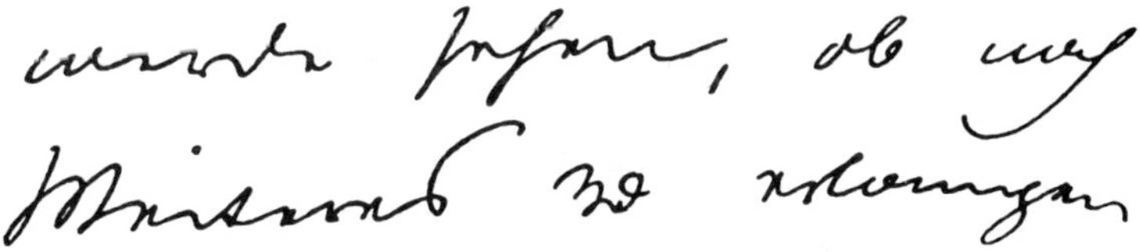

85

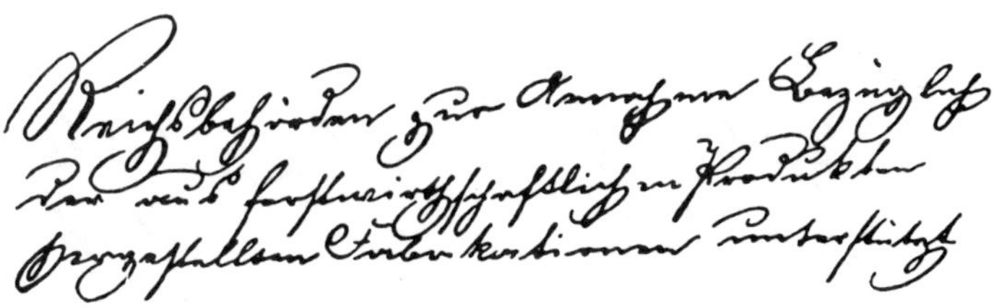

86

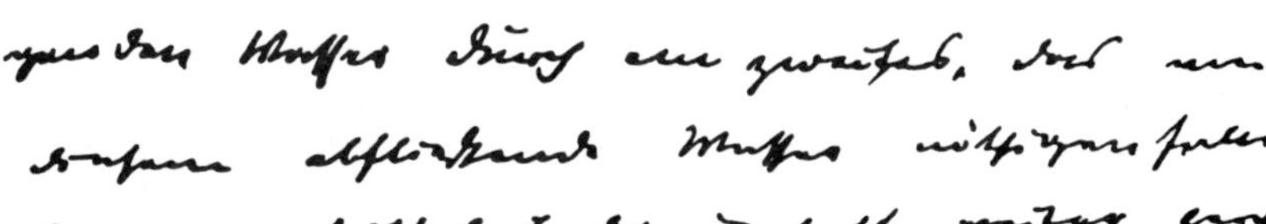

87

Sie steigen dann bei mir ab, und
schlafen die beiden Nächte im
im Tribschener Fideicommisshaus.
Nun lassen Sie sehen, wie
Sie sind. Viel erfreuliche Erfah-
rungen habe ich noch nicht
an deutschen Landsleuten
gemacht. Retten Sie meinen
nicht ganz unerschütterten
Glauben an das, was ich —
mit Goethe u. einigen Andern —
deutsche Freiheit nenne. —
Herzlichen Gruss von
Ihrem
ergebenen
Richard Wagner

Luzern.
3 Juni 1869

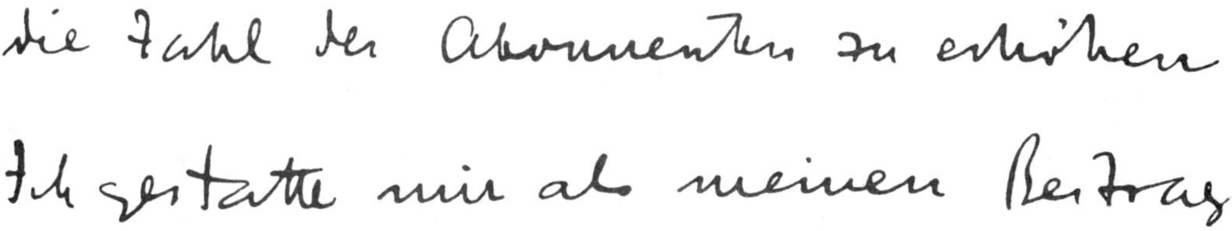

89

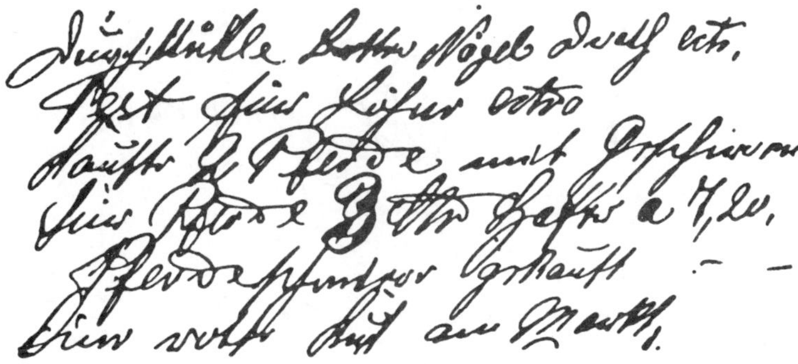

90

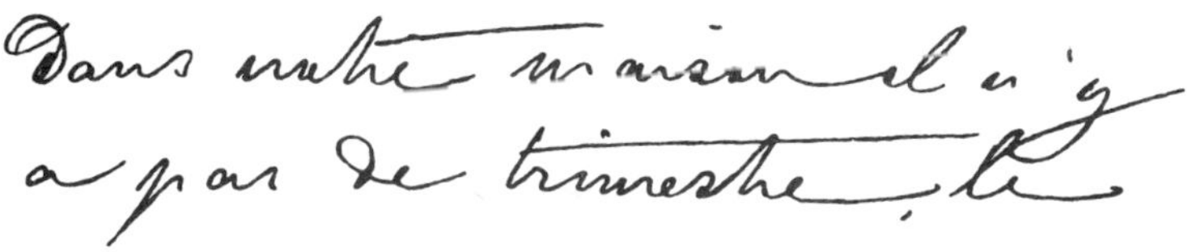

91

95

92

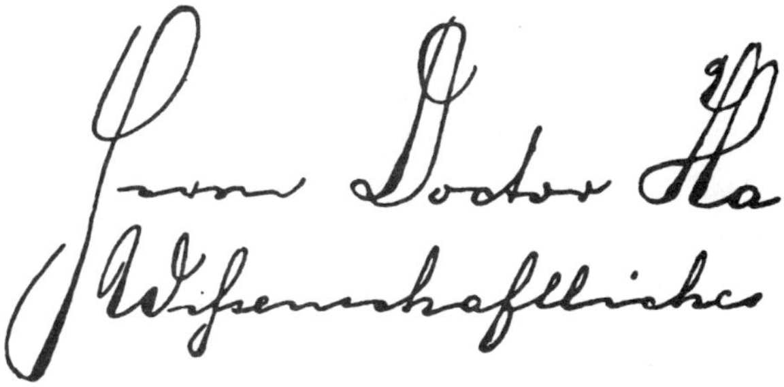

93

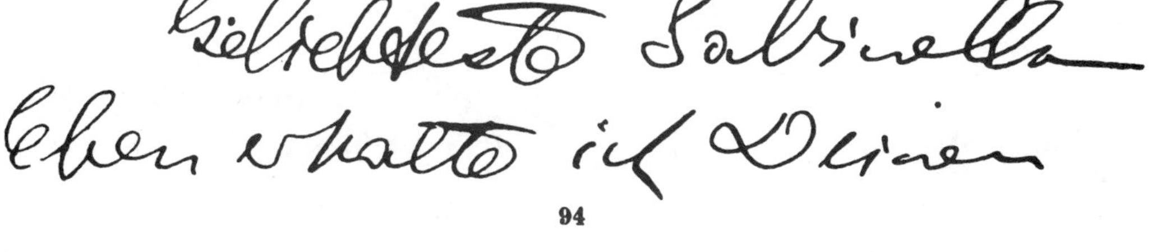

94

Tafel XXV.

99

100

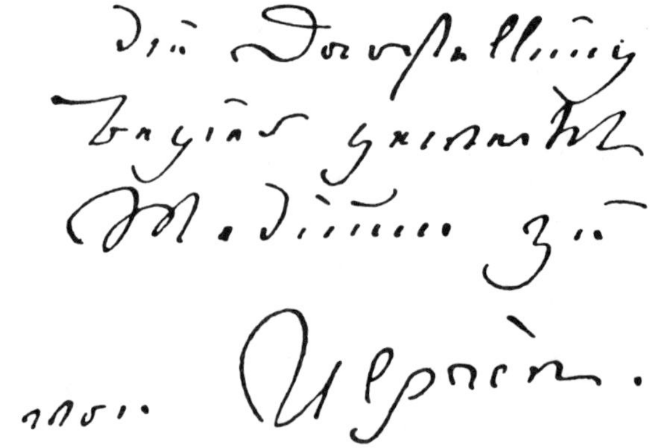

96

97

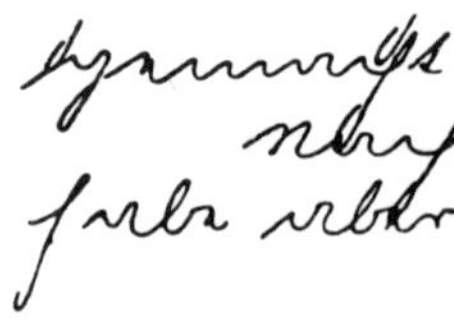

98

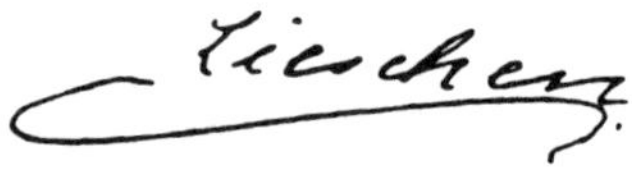

101

102

103 (Hans Busse)

104 (Hans Busse)

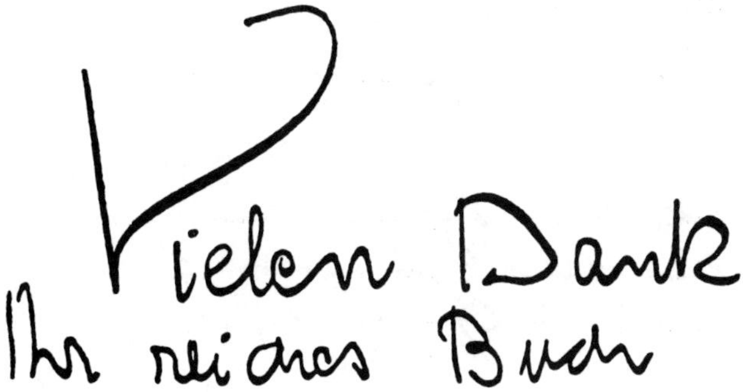
Vielen Dank
Ihr reiches Buch

105

108

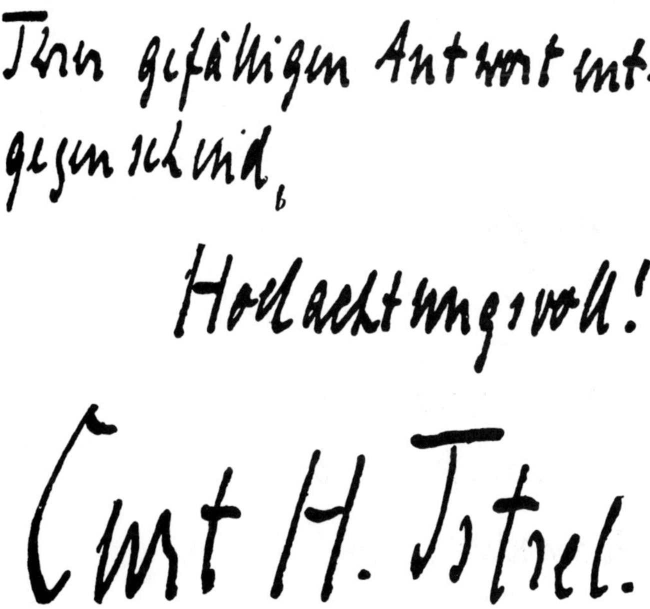
Ihrer gefälligen Antwort ent-
gegensehend,
Hochachtungsvoll!
Curt H. Israel.

106

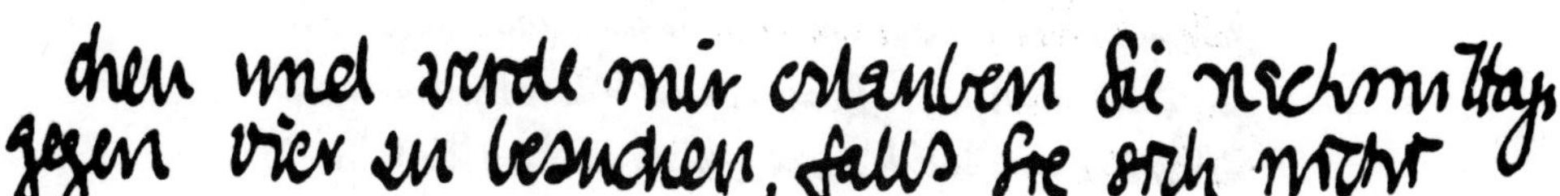
chen und werde mir erlauben Sie nachmittags
gegen vier zu besuchen, falls Sie sich nicht

107 (Klages)

Tafel XXVII.

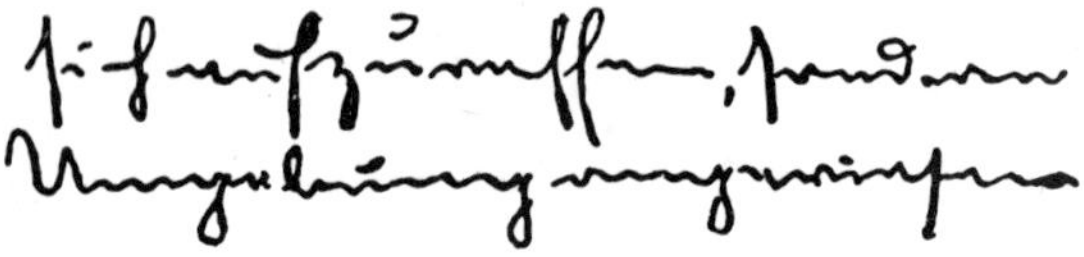

109

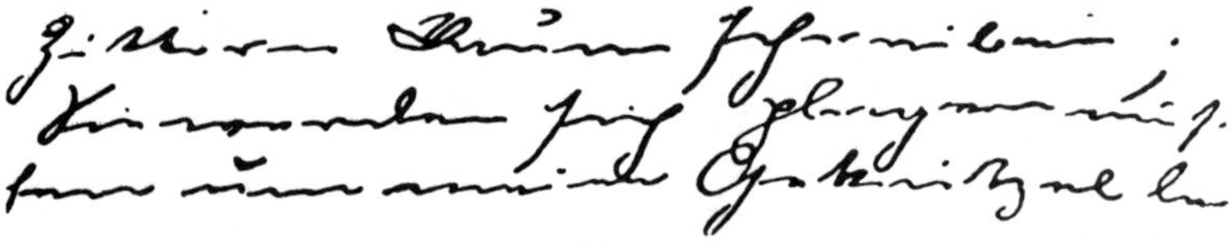

110

111

112

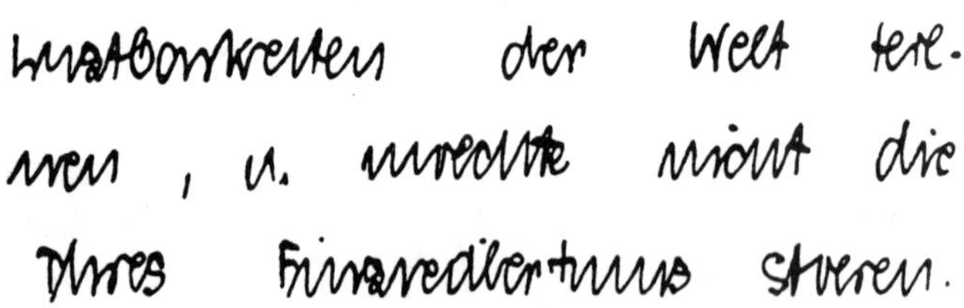

113

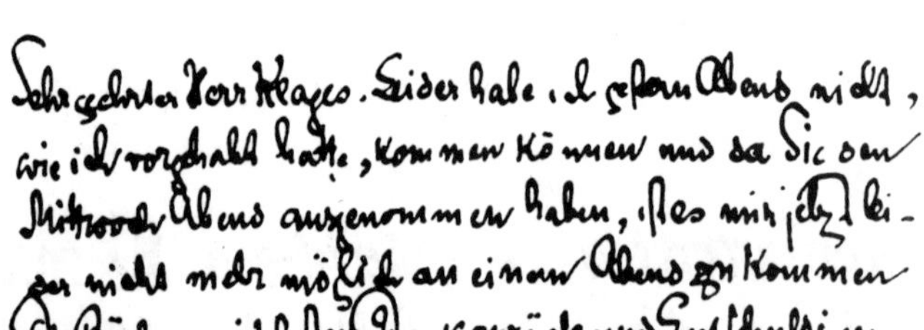

114

115

119

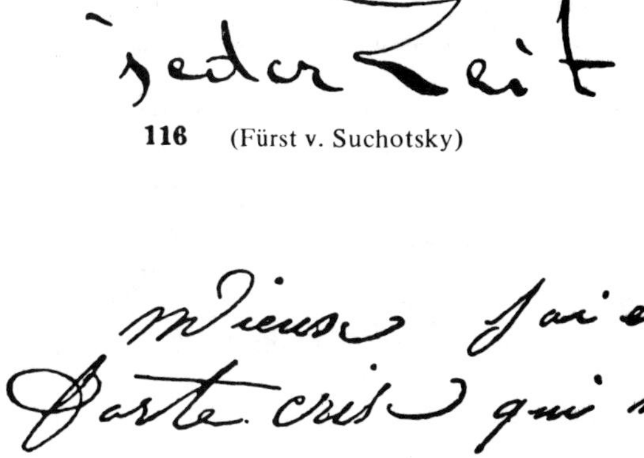

116 (Fürst v. Suchotsky)

117

118

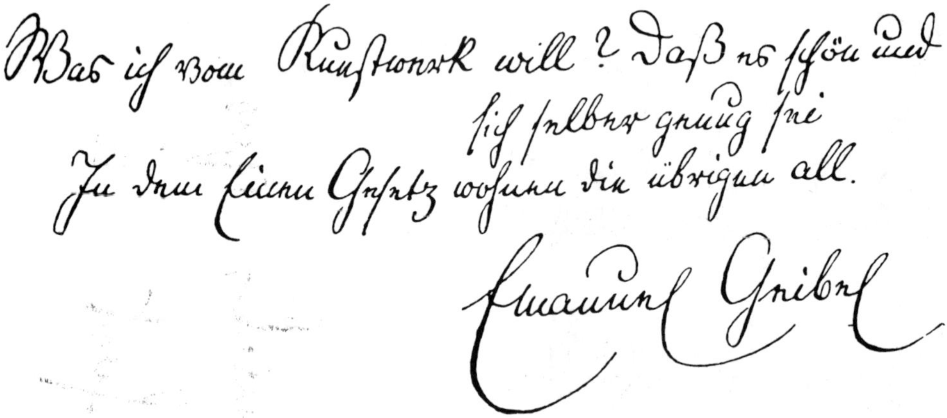

120 (Um 1/3 verkleinert)

121

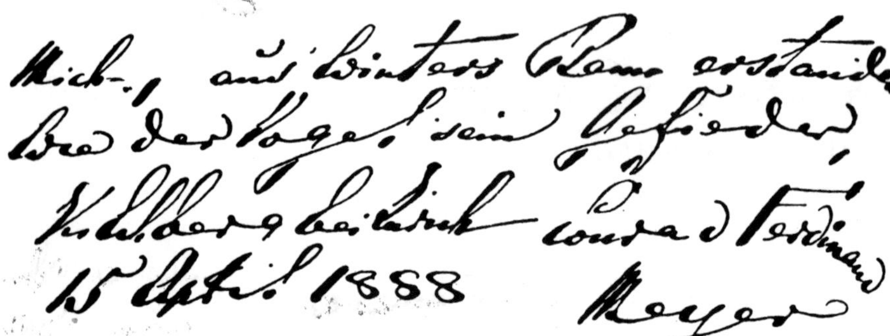

122 (Um 1/3 verkleinert) (C. F. Meyer)

Heute fanden meine Schritte mein vergessnes Jugendthal,
Seine Sohle lag verödet, seine Berge standen Kahl.
Meine Bäume, meine Träume, meine buchendunkeln Höhn –
Ewig jung ist nur die Sonne, sie allein ist ewig schön.
Drüben dort im schilfgen Grunde, wo die müde Lache liegt,
Hat zu meiner Jugendstunde sich lebendge Flut gewiegt.
Durch die Haiden durch die Weiden ging ein wandernd Herdgetön –
Ewig jung ist nur die Sonne, sie allein ist ewig schön.

Kilchberg 20 Febr. 1895
Conrad Ferdinand Meyer.

Tafel XXXI.

124 (Goethe)

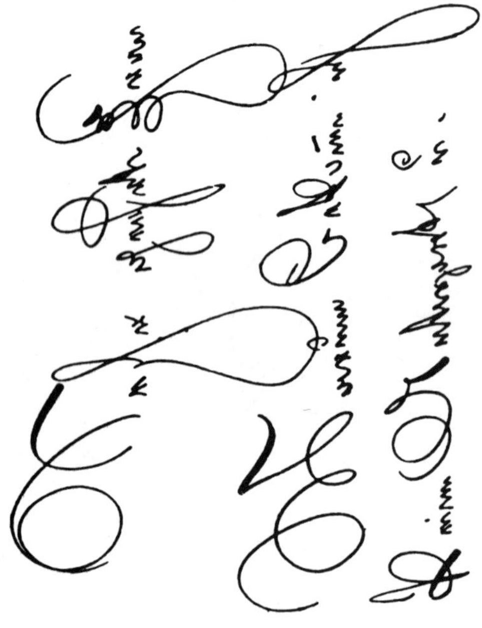

125

126

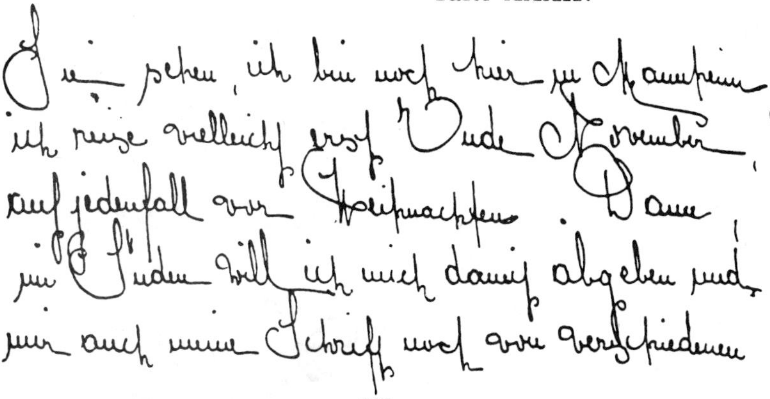

127

131 (Schuler)

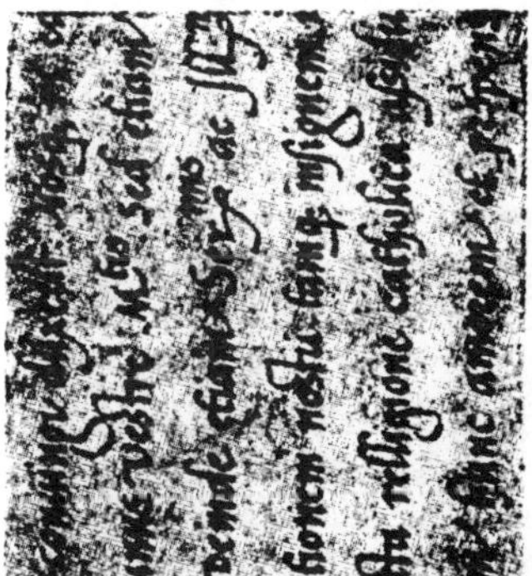

128

129 (Hans Busse)

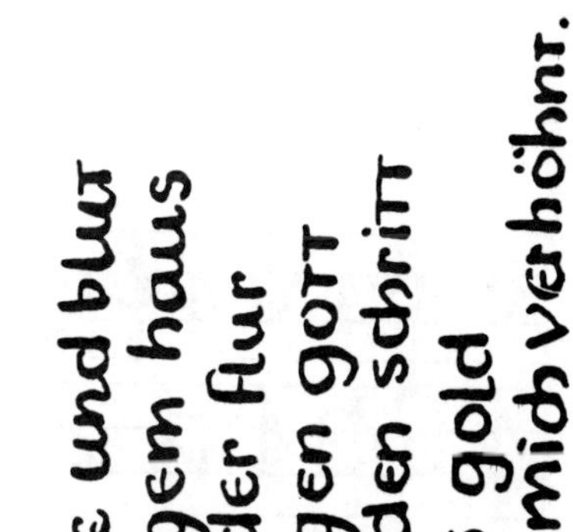

130 (Stefan George)

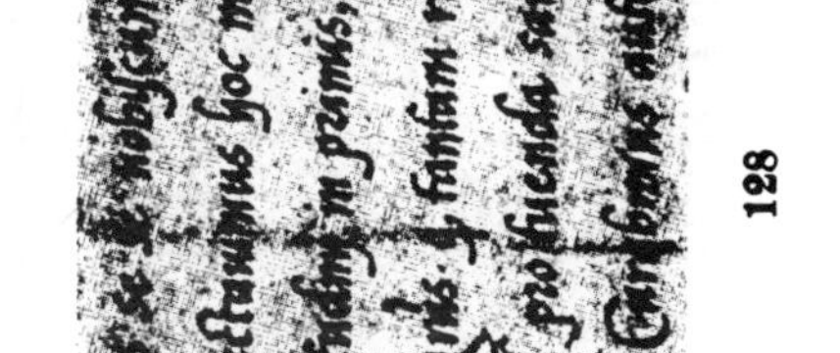

132

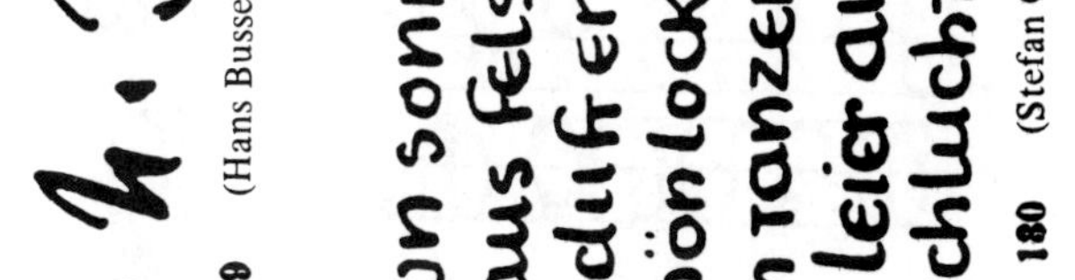

133

Tafel XXXIII.

134

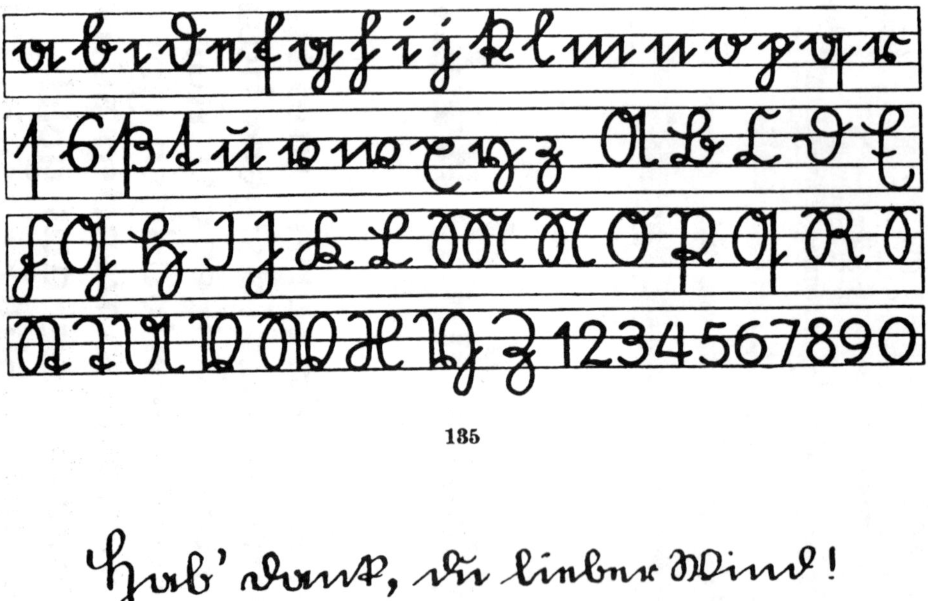

135

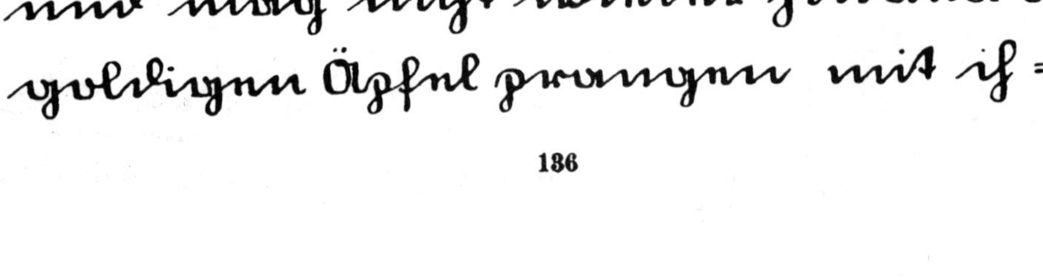

136

Tafel XXXIV.

137

Nacht hindurch in der Stube beiei-
nander auf beteten beständig.
Die Großmutter las aus einem al-
ten Gebetbuch vor. In einem „Ge-
bet zur Zeit des Krieges" kamen
die Worte vor: Gott wolle einen

138 (Um $^1/_3$ verkleinert)

Krieges in so großen Äng-
sten. Besonders war eine
Nacht für sie sehr fürchterlich.
Der Feind nahte sich der Gegend,
der nächtliche Himmel
war bald da bald dort von

139 (Um $^1/_3$ verkleinert)

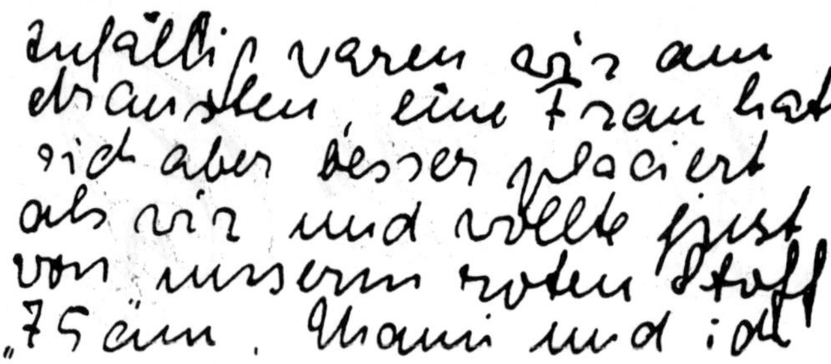

140

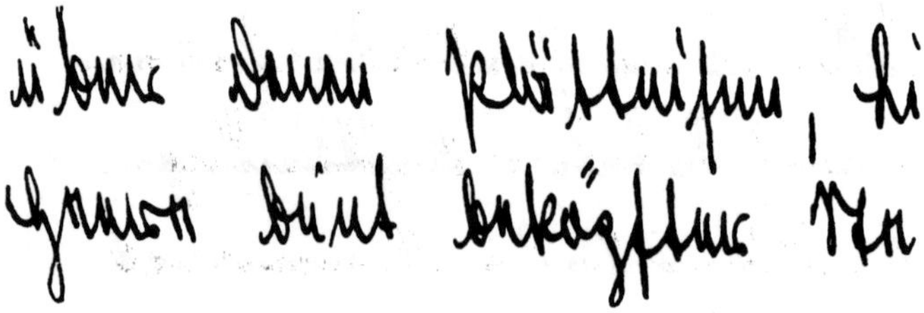

141

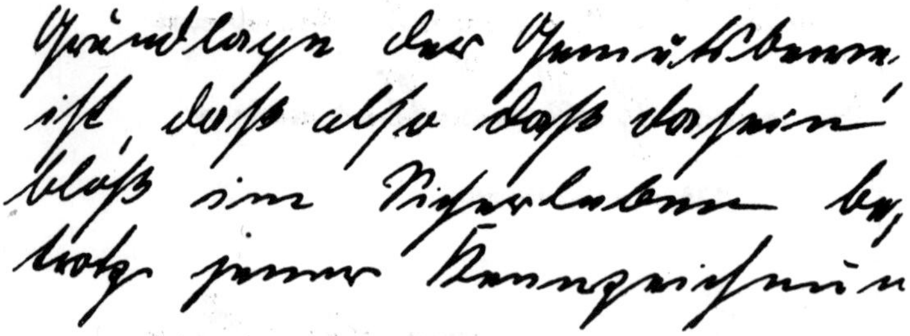

142

144

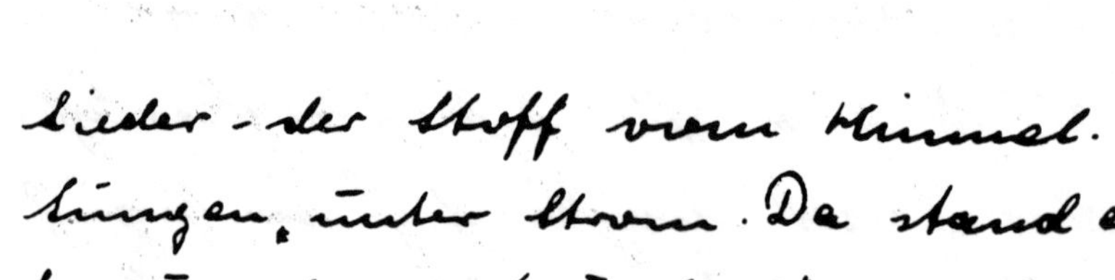

143